经以致用
建设前景
贺教育部
重大攻向项目
心里主版

李明祥
湖北方八

教育部哲学社會科學研究重大課題攻開項目

"十三五"国家重点出版物出版规划项目
"完善学校突发事件应急管理机制研究"（10JZD0042）最终成果

完善学校突发事件
应急管理机制研究

RESEARCH ON
SCHOOL EMERGENCY MANAGEMENT
MECHANISM IMPROVEMENT

马怀德
等著

中国财经出版传媒集团
经济科学出版社
Economic Science Press

图书在版编目（CIP）数据

完善学校突发事件应急管理机制研究/马怀德等著．—北京：经济科学出版社，2017.11

教育部哲学社会科学研究重大课题攻关项目

ISBN 978 - 7 - 5141 - 8668 - 0

Ⅰ.①完… Ⅱ.①马… Ⅲ.①学校 - 突发事件 - 安全管理 - 研究 Ⅳ.①G474

中国版本图书馆 CIP 数据核字（2017）第 281649 号

责任编辑：王 丹 王 莹
责任校对：靳玉环
责任印制：邱 天

完善学校突发事件应急管理机制研究

马怀德 等著

经济科学出版社出版、发行 新华书店经销

社址：北京市海淀区阜成路甲 28 号 邮编：100142

总编部电话：010 - 88191217 发行部电话：010 - 88191522

网址：www. esp. com. cn

电子邮件：esp@ esp. com. cn

天猫网店：经济科学出版社旗舰店

网址：http：//jjkxcbs. tmall. com

北京季蜂印刷有限公司印装

787×1092 16 开 30 印张 570000 字

2017 年 12 月第 1 版 2017 年 12 月第 1 次印刷

ISBN 978 - 7 - 5141 - 8668 - 0 定价：75.00 元

课题组主要成员

高小平　王敬波　戚建刚　林鸿潮　詹承豫

赵　颖　陆伟明　曹　鎏　彭　涛　赵军燕

邢淑芬　夏　雪　方　然　徐　君　田　园

王　翔　杜飞扬　张　娜　姚桂红　郭永良

姜　漪　王伟昌　沈成骄

编审委员会成员

主　任　周法兴
委　员　郭兆旭　吕　萍　唐俊南　刘明晖
　　　　陈迈利　樊曙华　孙丽丽　刘　茜

总 序

哲学社会科学是人们认识世界、改造世界的重要工具，是推动历史发展和社会进步的重要力量，其发展水平反映了一个民族的思维能力、精神品格、文明素质，体现了一个国家的综合国力和国际竞争力。一个国家的发展水平，既取决于自然科学发展水平，也取决于哲学社会科学发展水平。

党和国家高度重视哲学社会科学。党的十八大提出要建设哲学社会科学创新体系，推进马克思主义中国化时代化大众化，坚持不懈用中国特色社会主义理论体系武装全党、教育人民。2016 年 5 月 17 日，习近平总书记亲自主持召开哲学社会科学工作座谈会并发表重要讲话。讲话从坚持和发展中国特色社会主义事业全局的高度，深刻阐释了哲学社会科学的战略地位，全面分析了哲学社会科学面临的新形势，明确了加快构建中国特色哲学社会科学的新目标，对哲学社会科学工作者提出了新期待，体现了我们党对哲学社会科学发展规律的认识达到了一个新高度，是一篇新形势下繁荣发展我国哲学社会科学事业的纲领性文献，为哲学社会科学事业提供了强大精神动力，指明了前进方向。

高校是我国哲学社会科学事业的主力军。贯彻落实习近平总书记哲学社会科学座谈会重要讲话精神，加快构建中国特色哲学社会科学，高校应需发挥重要作用：要坚持和巩固马克思主义的指导地位，用中国化的马克思主义指导哲学社会科学；要实施以育人育才为中心的哲学社会科学整体发展战略，构筑学生、学术、学科一体的综合发展体系；要以人为本，从人抓起，积极实施人才工程，构建种类齐全、梯队衔接的高校哲学社会科学人才体系；要深化科研管理体制改革，发挥高校人才、智力和学科优势，提升学术原创能力，激发创新创造活力，建设中国特色新型高校智库；要加强组织领导、做好统筹规划、营造良好学术生态，形成统筹推进高校哲学社会科学发展新格局。

哲学社会科学研究重大课题攻关项目计划是教育部贯彻落实党中央决策部署的一项重大举措，是实施"高校哲学社会科学繁荣计划"的重要内容。重大攻关项目采取招投标的组织方式，按照"公平竞争，择优立项，严格管理，铸造精品"的要求进行，每年评审立项约40个项目。项目研究实行首席专家负责制，鼓励跨学科、跨学校、跨地区的联合研究，协同创新。重大攻关项目以解决国家现代化建设过程中重大理论和实际问题为主攻方向，以提升为党和政府咨询决策服务能力和推动哲学社会科学发展为战略目标，集合优秀研究团队和顶尖人才联合攻关。自2003年以来，项目开展取得了丰硕成果，形成了特色品牌。一大批标志性成果纷纷涌现，一大批科研名家脱颖而出，高校哲学社会科学整体实力和社会影响力快速提升。国务院副总理刘延东同志做出重要批示，指出重大攻关项目有效调动各方面的积极性，产生了一批重要成果，影响广泛，成效显著；要总结经验，再接再厉，紧密服务国家需求，更好地优化资源，突出重点，多出精品，多出人才，为经济社会发展做出新的贡献。

作为教育部社科研究项目中的拳头产品，我们始终秉持以管理创新服务学术创新的理念，坚持科学管理、民主管理、依法管理，切实增强服务意识，不断创新管理模式，健全管理制度，加强对重大攻关项目的选题遴选、评审立项、组织开题、中期检查到最终成果鉴定的全过程管理，逐渐探索并形成一套成熟有效、符合学术研究规律的管理办法，努力将重大攻关项目打造成学术精品工程。我们将项目最终成果汇编成"教育部哲学社会科学研究重大课题攻关项目成果文库"统一组织出版。经济科学出版社倾全社之力，精心组织编辑力量，努力铸造出版精品。国学大师季羡林先生为本文库题词："经时济世　继往开来——贺教育部重大攻关项目成果出版"；欧阳中石先生题写了"教育部哲学社会科学研究重大课题攻关项目"的书名，充分体现了他们对繁荣发展高校哲学社会科学的深切勉励和由衷期望。

　　伟大的时代呼唤伟大的理论，伟大的理论推动伟大的实践。高校哲学社会科学将不忘初心，继续前进。深入贯彻落实习近平总书记系列重要讲话精神，坚持道路自信、理论自信、制度自信、文化自信，立足中国、借鉴国外，挖掘历史、把握当代，关怀人类、面向未来，立时代之潮头、发思想之先声，为加快构建中国特色哲学社会科学，实现中华民族伟大复兴的中国梦作出新的更大贡献！

教育部社会科学司

摘　要

学校突发事件对师生的生命财产安全、学校的正常生活和学习秩序造成严重的危害。为了更好地预防和应对学校突发事件，必须建立有效的学校突发事件应急管理机制。然而在我国，作为公共应急管理一个特殊领域的学校突发事件，其应急机制还远不完善，学术界对这一方面的研究也远远不足。本书的目的，正是为了填补学校突发事件应急管理机制方面的研究漏洞，从理论上为其机制的完善提供建议，并形成若干可以付诸实际操作的方案。

本书从七个部分对学校突发事件应急管理机制进行了研究，除第一部分（本书第一章到第五章）是对学校应急管理的基本方法、策略的介绍，以及第七部分为附录之外，其他五个部分分别以解决学校突发事件应急机制的五个关键点的角度入手进行研究。这五个关键点是：学校应急管理的多元化协作应对机制（本书第六章、第七章），学校突发事件应急预案（本书第八章到第十三章），学校网络舆情的监测和管理（本书第十四章到第十九章），学校突发事件的危机心理干预（本书第二十章到第二十三章），以及学校应急管理的立法、纠纷解决与问责（本书第二十四章到第二十七章）。

在第一部分学校应急管理的基本方法和策略中，本书首先从学校突发事件及学校应急管理机制的基本介绍——尤其是基于学校这一特殊时空的特殊性入手，引出目前解决我国学校应急管理机制存在问题的关键，即在于本书所重点关注的五个部分。在此基础上，本部分还强调了学校应急管理机制法治化的重要性，并提出了基本思路。

第二部分是学校应急管理的多元化协作应对机制，这部分内容强调了学校、政府及社会三方力量合作与分工的重要性，提出确定高校主导地位、重新界定政府角色、明晰社会力量作用的协作方针。

第三部分是学校突发事件的应急预案，本书从应急预案的编制和管理两个环节出发，通过考察全国 100 所学校（包括 50 所高校和 50 所中小学）的现状，总结出我国学校突发事件应急预案编制管理过程中的实际问题。在发现问题的同时，与拥有比较完善学校突发事件应急预案的美国相比较，特别是研究具有代表性的美国印第安纳大学应急管理机制和预案的构成及运作，从中借鉴先进经验，以促进国内学校应急预案的制定与完善。

第四部分是学校网络舆情的监测和管理。基于网络舆情在当前对学校应急管理工作的重大影响，本部分在研究网络舆情的基本概念及演化逻辑的基础上，结合在北京 L 高校发生的网络舆情应对实例，提出了对高校网络舆情的管理与治理模式，并将其运用在应对学校突发事件应急管理机制上。

第五部分是学校突发事件的危机心理干预，本书提出如果对存在心理问题的学生进行及时干预可能会避免更严重危害的发生，而通过对中小学心理健康教师的调查，发现我国中小学心理健康教育的需求度和其专业化程度远不匹配。因此，学校需要努力提升对青少年心理危机预防和干预水平。

第六部分是学校应急管理的立法、纠纷解决与问责。本书从依法治校的角度论述了在当前如何构建和完善学校应急管理的法律体系，从而保证当学校突发事件发生时能够及时有效的确定责任主体，并保障相关纠纷能够通过合法有效的方式得以解决。

最后一个部分是附录，本部分提供了一些重要的应用性成果，包括课题组起草的《中华人民共和国学校安全管理条例（学者建议稿）》，用于支撑本书关键研究的调查问卷和数据分析，具有重要借鉴意义的《日本学校危机管理手册》，还提供了学校突发事件应急预案范本、学校突发事件应急演练方案范本，同时梳理了我国学校突发事件应急管理的法律文件目录和重要法律条文。

Abstract

School emergency causes serious harm not only to the life and property safety of teachers and students, but also to the normal life and learning order of the school. In order to prevent and deal with school emergencies better, we must establish an effective school emergency management mechanism. However, in our country, school emergency as a special field of public emergency management, its mechanism is far from perfect, and the academic researching on this area is also far from enough. The purpose of this book is to fill the researching flaws in the school emergency management mechanism, provide recommendations for the improvement of its mechanism theoretically, and form a number of practical solutions which can be put into practice.

In addition to the first part (Chapter 1 to Chapter 5) which is the basic method and strategy of the school emergency management, and the seventh part which is appendix, the other five parts are researching in the view of the five key points to solve the school emergency mechanism. The five key points are: the diversified collaboration mechanism of the school emergency management (Chapter 6 and 7 of this book), the school emergency plan (Chapter 8 to Chapter 13), supervision and management of the school internet public sentiment (Chapter 14 to Chapter 19), psychological crisis intervention of the school emergency (Chapters 20 to 23), and legislation, dispute resolution and accountability in the school emergency management (Chapters 24 to Chapter 27).

In the first part is the basic method and strategy of the school emergency management. The book firstly starts from the basic introduction of the school emergency and emergency management mechanism, especially based on the special time-space of school, then to induce the five keys of resolving the problems in the school emergency mechanism in China, which the book focuses on. On this basis, this part also emphasizes the importance of the legalization of the school emergency management mechanism, and offers some basic thoughts.

The second part is the diversified collaboration mechanism of the school emergency management. This part emphasizes the importance of the collaboration and division of power among schools, governments and society, and offers the cooperative policy of determining the dominant position of the university, redefining the role of the government and clarifying the role of the social forces.

The third part is the school emergency plan. This book starts from the preparation and management of the contingency plan, through examining the present situation of 100 schools (including 50 universities and 50 primary and middle schools), to sum up some practical problems in the process of the school emergency plan preparation and management. In the same time, from compared with the United States which has a comparatively perfect emergency plan, especially researching on the composition and operation of the school emergency management mechanism and plan in the American Indiana University, we can learn advanced experiences to promote the formulation and perfection of the domestic school emergency plan.

The fourth part is the supervision and management of the school internet public sentiment. Based on the impertamt impact which internet public sentiment has on the current school emergency management work, this part proposes the management and governance model of the college internet public sentiment and adopts it into the school emergency management mechanism , which is on the basis of studying the basic concepts and evolutionary logic of the school internet public sentiment, as well as combined with the internet public sentiment living responding example by L University in Beijing.

The fifth part is the crisis of psychological crisis intervention of the school emergency. The book suggested that if the students who hawe psychological problems can be intervened in time, more serious harm may be prevented. But through a survey of primary and secondary mental health teachers, we found that the needs of mental health education needs and degree of professionalism were far from match in the Chinese primary and secondary schools. Therefore, schools need to improve the level of prevention and intervention of adolescent psychological crisis.

The sixth part is legislation, dispute resolution and accountability of the school emergency management. From the perspective of managing schools by law, this book discusses how to construct and perfect the emergency management legal system of the school , so as to ensure that the main responsibility can be determined promptly and effectively when the school emergencies happen, and guarantee the related dispute can be resolved through legal and effective way.

The last part is the appendix. This part provides some important application results, including the drafting of the "Scholar's Draft of School Safety Management Regulations of the People's Republic of China ", the questionnaire and data analysis used to support the key research of this book, an important reference of "The School Crisis Management Guide of Japan", and "The Contingency Plan Model of the School Emergency of China", "The Emergency Drill Plan Design of the School Emergency", at the same time sort out the legal document catalog and the significant legal provisions of the school emergency.

目 录

Contents

Contents

3

7

学校应急管理的特点、原则和基本策略

学校突发事件作为公共应急管理的一个特殊领域，与其他领域相比有一定的特殊性。以往的应急管理研究对学校的特点重视不够，导致应急管理实践效果不很理想。本章分析了学校突发事件所具有的人口高密度聚集、情绪反应较强、社会网络复杂以及人群易感疾病等特点，提出了学校突发事件应急管理的基本原则，在此基础上研究了学校应急管理的一般要求，并针对学校发生得比较多的突发事件，从自然灾害、校园安全事故、学校特有事件3类突发事件分别提出了应对的策略。

2003年以来，随着国家公共应急管理体系的快速发展，我国各级各类学校的应急管理工作和体系建设也取得了长足进步，但仍然存在着很多问题，比较突出的是对学校突发事件的特点和规律缺乏深入研究，导致应对的针对性和有效性不够强，应急管理效率还有待提高。

一、学校突发事件的特点

学校突发事件应急管理作为公共应急管理的一个特殊领域，除了具备突发事件所固有的突然性、不确定性和危害性等特征外，还有自身的突出特点。认识和把握这些特点，才有可能找到学校应急管理的规律。

第一，特定时间内的人群密集性。学校是在正常上课期间具有较大规模人群

1

共同生活的特定社会单元，具备公共事件易发的先天条件。在学校这样人口高密度聚集的区域，突发事件往往具有频率快、规模大、传播广、形态复杂、损失较重等特点。学校的突发事件与学校的正常上课期间呈正比例关系，即在每学年的正常上课期间学校内的突发事件相对较多，但是在寒假以及暑假期间较大规模的学校突发事件相对较少，具有一定的时间。

第二，教师责任先定性。学校中教师与学生有着管教与被管教的关系，因此在危机来临的时候教师有义务领导学生摆脱危机，即在应对危机的时候教师预先承担有应对危机的责任。学校危机中的教师责任先定性是与其他公共场所中的突发事件不一样的，在其他公共场所，如城市广场有危机出现的时候在该场所中的人群相互之间的先定义务几乎不存在。

第三，情绪性。在学校人口构成中占绝大多数的学生群体，具有年轻化的特点，其人格塑造往往尚未完全成熟，对敏感事件容易产生情绪化反应，[①] 从而导致突发事件的产生和扩大。许多在其他场景下不易引发突发事件的因素，在学校环境下就可能成为突发事件的导火索。学校内的教师以及社会中的意见领袖对学生的情绪影响比较大。

第四，社会风潮性。学校是一个社会进行知识生产和知识传授的主要场所，高等学校更被喻为社会思想的发源地，具有社会思潮风向标的意义。各种新的社会思潮在学校易于得到接受，如学校人群中可能会比社会普通大众更易于接受同性恋。因此学校更易于在社会思潮发生变化的时候，或者出现社会风潮新动向的时候相应出现一些突发事件。

第五，连带性。学校的背后往往关联着巨大的社会网络，包括家长网络、校友网络、校董网络、友邻单位等，在学校发生的突发事件往往会在这些群体中产生巨大的反响。尤其是当学校自身成为突发事件的制造者或当事方时，学校通过动员这些社会网络而聚集起来的能量更加不容小觑。因此，在学校爆发的突发事件，对于人们产生的心理冲击往往会被放大，某些事件甚至还会产生深刻的政治影响和社会影响。

第六，相对集中性。有些突发事件集中出现在学校，在社会其他领域相对出现少一些。如突发公共卫生事件大部分发生在中小学校，[②] 因为与成人相比低龄学生因为体能差与心智弱而更易于患病或受到传染。低龄学生的心理素质与认知

---

① 高校基础设施建设质量问题甚至学生饮食及食品安全食堂伙食质量、分量、价格和食堂工作人员服务态度以及食堂就餐环境都可能诱发学校突发事件。参见何能、沈雕：《高等学校学生突发事件诱因及对策探析》，载于《重庆电子工程职业学院学报》2009 年第 1 期，第 106 页。

② 2004 年发生在学校的传染病占全国突发公共卫生事件的 64%。参见张颖、曾光：《2004 年全国学校突发公共卫生事件分析》，载于《中国学校卫生》2007 年第 1 期，第 81 页。

能力相对比较弱，在一些低龄学生中容易集中出现群体性癔病。因此学校突发事件具有某一类的突发事件相对集中的特性。

需要注意的是虽然学校的突发事件具有自身的特殊性，但是在现代社会学校突发事件同时还具有一定的社会共同性，即社会其他领域会出现的突发事件在学校也会出现。如"9·11"事件之后，美国教育部的应急管理与反应技术支持中心（Emergency Response and Crisis Management Technical Assistance Center）认为，美国学校开始面临一些潜在的恐怖袭击，诸如爆炸物、生物、化学以及放射性武器对学校的可能袭击。[①]在传统上恐怖袭击基本上是与学校无关的一种突发事件，但是在现代社会中学校与其他社会组织都可能会面临恐怖袭击一类的突发事件。

二、学校突发事件应对的基本原则

《中华人民共和国突发事件应对法》规定：突发事件应对工作实行预防为主、预防与应急相结合的原则。《国家突发公共事件总体应急预案》规定：全国的突发公共事件应对工作的原则是：（1）以人为本，减少危害。切实履行政府的社会管理和公共服务职能，把保障公众健康和生命财产安全作为首要任务，最大限度地减少突发公共事件及其造成的人员伤亡和危害。（2）居安思危，预防为主。高度重视公共安全工作，常抓不懈，防患于未然。增强忧患意识，坚持预防与应急相结合，常态与非常态相结合，做好应对突发公共事件的各项准备工作。（3）统一领导，分级负责、在党中央、国务院的统一领导下，建立健全分类管理、分级负责、条块结合、属地管理为主的应急管理体制。在各级党委领导下，实行行政领导责任制，充分发挥专业应急指挥机构的作用。（4）依法规范，加强管理。依据有关法律和行政法规，加强应急管理，维护公众的合法权益，使应对突发公共事件的工作规范化、制度化、法制化。（5）快速反应，协同应对。加强以属地管理为主的应急处置队伍建设，建立联动协调制度，充分动员和发挥乡镇、社区、企事业单位、社会团体和志愿者队伍的作用，依靠公众力量，形成统一指挥、反应灵敏、功能齐全、协调有序、运转高效的应急管理机制。（6）依靠科技，提高素质。加强公共安全科学研究和技术开发，采用先进的监测、预测、预警、预防和应急处置技术及设施，充分发挥专家队伍和专业人员的作用，提高应对突发公共事件的科技水平和指挥能力，避免发生次生、衍生事件；加强宣传和培训教育

[①] ERCMExpress, Volume 3, Issue 4, 2007, P. 2.

工作，提高公众自救、互救和应对各类突发公共事件的综合素质。

除了这些普遍适用的基本原则外，应对学校突发事件还应根据其特殊性坚持以下原则：

（一）全面原则

学校本身是一个"小社会"，各类突发事件在校园里都有可能发生，同时，学校又与外界巨大的社会网络形成共同体，因此在学校突发事件应对时需要考虑的就是要按照全面的原则；在事件的广度上要考虑到可能会在学校发生的所有突发事件；在事件的时间跨度上要考虑到突发事件的所有阶段；在事件影响的范围上要考虑到突发事件所有的可能影响以及与突发事件相关的所有利害关系人。学校突发事件应对的全面性原则可以从 4 个方面研究，即全危机、全阶段、全影响、全部人。

1. 全危机

学校突发事件具有复杂性，可能会同时具有多种危机的共性。如学校火灾可能会引发数量为学生人数几倍，甚至几十倍的家长蜂拥至学校，因而在火灾的危机中又会存在并发大规模群体性事件的危险。学校的食品卫生事件可能会因为学生的年幼易受影响而同时引发群体心因性反应，[①] 因此对于学校突发事件应当采取综合化的应急管理，手段绝对不能简单化。

2. 全阶段

美国于 1978 年提出了"突发事件应对的综合模式（Comprehensive Emergency Management Model）"[②]，在该模式中突发事件应对有 4 个阶段，即预防（mitigation）、预备（preparedness）、反应（response）以及恢复（recovery）。预防指防止或者减少灾害的措施，在该阶段突发事件还不存在，该阶段通常被认为是突发事件应对的第一阶段。预备阶段突发事件有所萌芽。反应指突发事件出现后的应对阶段。恢复指在危机结束后对社区关键功能的恢复与重建。[③]

---

① 《甘肃 68 学生"集体中毒"续：诊断为群体性癔病》，中国新闻网，http://news.sohu.com/20100502/n271889102.shtml（最后访问时间：2011 年 7 月 17 日）。

② National Governors' Association. 1978 Emergency Preparedness Project: Final Report. Washington, DC: NGA, 1978.

③ William L. Waugh, Jr. Living with Hazards, Dealing with Disasters: An Introduction to Emergency Management. Armonk, New York: M. E. Sharpe, 2000.

3. 全影响

学校与社会的各个层面息息相关，一般情况下学校安全易于被社会所关心，因此学校突发事件的影响能够达到社会的各个方面。在应对突发事件的时候应当将其所有的影响以及与事件相关的可能后果进行分析与讨论，比如学校的校车安全就与交通管理部门、车辆生产部门等部门管理相关，在处理该问题的时候势必要考虑到这些相关部门的意见。

4. 全部人

所有与突发事件相关的政府部门、私人机构、社会团体以及公众都应当紧密合作处理突发事件。政府不能认为学校突发事件是学校内部自己的事情而应当积极地参与到其中来，如澳大利亚政府专门设立了"学校应急管理网"① 以推广学校突发事件应对。公立与私立学校的力量联合起来能够帮助当地政府提高危机自理能力，如学校可以共享其资源提供避难场所，提供自然而然的政策等。

（二）借力原则

与常见的政府应对的突发事件相比较而言，学校的应对力量比较弱小、缺乏一些专业手段，因此学校突发事件应对中往往需要借助外界力量，通常除学校教职工之外还需要政府以及学校所在的社区积极参与。在借力原则实施中要注意而这些参与应对突发事件的组织与个体之间平时交往可能并不多，彼此之间缺乏了解，因此应当以相互信任、相互支持的团队精神来共同协作处理好危机事件。卡特里娜（Katrina）飓风结束后不久，美国《治理》杂志认为："对政府各机构发挥力量的最重要因素来说，就是他们是否具有能在高度压力之下共同工作的紧密联系。"②

从协作的角度来看，人与人之间的信任以及组织与组织之间的信任是危机处理过程中的核心要素。"人与人之间的信任是集体行为的关键，也是多个组织在复杂的行动中共同行为的关键，该信任在建立统一的突发事件应对系统中是最困

---

① http：//www. ema. gov. au/www/ema/schools. nsf（Last visited 2011 - 5 - 26）

② Jonathan Walters, FEATURES Contention over Catastrophes, Government Executive Vol. 37 No. 21, December 1, 2005, http：//www. govexec. com/features/1205 - 01/1205 - 01s3. htm（Laste visited 2011 - 6 - 16）.

难的部分。"①

坚持借力原则，就是要实现应对突发事件的学校与外部环境整体协调一致。为了坚持这一原则，20 世纪 80 年代美国发布了突发事件应对整体系统（Integrated Emergency Management System）标准，该标准要求在突发事件应对中，参与处理的政府单位以及相关私人机构、社会团体等不论其位在何处、人员有多少、机构有多少，都要将处理危机的能力协调一致，作为一个整体来处理危机。

（三）专业原则

学校突发事件应对必需尊重科学，在处理中应当以受过训练的专业人员为主实施。

突发事件应对中的专业原则要求：第一，遵守职业道德。我国目前的突发事件应对还比较薄弱，相关的职业道德还没有得到细化规定，但在国际范围内，国际突发事件应对协会（the International Association of Emergency Managers）所强调的以尊重、责任以及专业化为主的职业道德已得到了广泛的认可。我国可以在借鉴其职业道德要求的基础上规定自己的学校突发事件应对职业道德要求。第二，专业知识。学校突发事件应对人员必须了解学校突发事件应对的历史发展，尤其是其所负责的地区的突发事件应对历史；具备与突发事件应对相关的社会科学知识，如心理干预、预案制定等；具备突发事件应对的具体处理知识以及相关实践经验。一般来说这些知识都由专业的培训机构提供，如美国突发事件应对学院给承担公共危机处理责任的机构提供突发事件应对培训课程，只要申请者具备突发事件应对的资格，这些课程即可免费。② 这些课程中就有长达 8 个小时的针对学校突发事件应急管理的"学校应急预案"课程。③ 该课程针对学校的行政领导以及应急反应责任人设计，但是其他人，如老师、学生、司机、志愿者以及家长等，只要对该课程感兴趣就都可以申请参加该课程。该课程对学校的特殊情况设计得相当仔细，例如专门针对幼儿园以及小学之类存在较多年龄较小的学生的学校教师如何应对地震的专门应急管理课程。④ 第三，专业资格。突发事件应对人员要求通过专门的突发事件应对课程之后才能具备相关的处理危机资格。但是该

---

① Louise K. Comfort and Anthony G. Cahill. Managing Disaster, Strategies and Policy Perspectives. Durham, NC：Duke University Press，1988.

② http：//training. fema. gov/IS/（Last visited 2011 – 5 – 12）.

③ http：//training. fema. gov/IS/crslist. asp（Last visited 2011 – 5 – 12）.

④ See http：//training. fema. gov/EMICourses/crsdetail. asp？cid = E436&ctype = R E436 – Earthquakes：A Teacher's Package for K – 6（Last visited 2011 – 5 – 12）.

资格如同司法资格一样，只表明具备了处理危机的最低能力，危机处理人员能力与水平的提高还需要不断的培训与增加实践经验。

（四）弹性原则

各个学校所处的地理位置、社会环境、教职员工与学生的素质以及所在社区的条件都有所区别，因而各个学校发生的危机事件不可能完全一样，即便同一类的危机事件在不同的环境与时间中也会有不同的表现。这就需要在学校突发事件应对中发挥处理者的主观能动性创造性地解决危机，因此相关法律、政策以及应对程序保持一定的弹性就相当关键。

突发事件应对中，首要的是评估学校突发事件发生的风险以及遭受风险后整个学校系统的脆弱点所在，随后相应的提出应对策略来减少风险。但是任何一种风险都可能有若干种应对方法，因此预案中的处理方法以及相应策略中的应对方法都可能会被临时提出的一些更好的应对方法所替代，这就需要应对手段具有弹性。应对手段应当能够弹性的选择那些最有效率，同时也是最有可能实施的学校危机处理方法。如近年来发生的"南平血案""雷州血案"以及"南郑血案"等伤害无辜小学生的暴力事件之后，各地公安在小学上学与放学的时候在学校门口加派警力保护学生。从解决问题的根本与否上来说，该方法可能是治标不治本，但是在有效性上来说，该方法实施后迅速得遏制住了伤害小学生的犯罪，在短期效应上值得应用。

弹性原则体现在危机的预防、预备、应对以及恢复的所有阶段之中，只有保持了弹性，才能有成功的突发事件应对措施。

三、学校应急管理机制建设的重点

根据目前学校突发事件应急管理的案例来看，学校的突发事件主要有三大类：自然灾害、校园安全事故以及校园多发事件[①]。根据这三大类事件的一些共性规律，学校应急管理机制建设要从以下几个方面予以加强：

---

① 校园多发事件，指一些在学校发生比较多而在其他区域发生比较少甚至没有的一些突发事件。如高年级学生对低年级学生的敲诈、绑架学生、校园暴力、学生群体性癔病等。

（一）组建强有力的突发事件应对小组

学校突发事件应对的基本要求首先是建立应对的队伍，即学校突发事件应对小组。学校突发事件应对小组，应当是以接受过突发事件应对训练的学校教职工为主体组成。

应对小组的成员中产生一个组长实施指挥，由其指定当自己缺位的时候由某一位成员任替代指挥的人员。这样在需要紧急决策的时候不会产生无人领导的状况。应对小组的成员中应当包括一位学校的主要领导，以便在发生突发事件的时候能够及时与全校师生进行沟通交流。此外，还应当包括一些专家顾问、负责学生活动的教师、学校医院的人员、学校的心理辅导人员、行政人员、后勤中的物业管理人员、学校电工、保安、财务人员以及一些授课教师等。应对小组的规模取决于学校的类型及规模、学校自己内部是否有可供利用的专家以及学校潜在的风险等。

对应对小组成员的教师在应对期间不安排应对危机以外的其他事务，财务人员在应对危机期间应当将其所负责的资金专项应对危机。小组中的各成员都应当装备有移动通信设备且24小时开机。

小组成员在没有突发事件的时候分散在各自的岗位上工作，当危机来临的时候应对小组应当集中在一起处理危机。应对小组成员应当接受定期的培训与演习。小组成员应当能够由学生的行为中鉴别是否存在突发事件，应当能够判断学校所在社区的事件或者其他地方的突发事件是否能够影响到学校。一旦判断存在突发事件，应对小组就应当立刻采取行动。

（二）运用标准化的应对措施

学校突发事件的应对有一些共性的东西，可以通过标准化来应对，即应对措施与程序中以及应对物质准备中可以确定一定的标准，以标准对学校应对手段定量、定性检查，以提高学校应对突发事件的能力。如美国建立了指挥系统（Incident Command System，ICS）的标准，而且美国教育部以及国土安全部都推荐学校危机处理部门采取标准的突发事件指挥系统来处理学校危机。指挥系统的标准化，使各学校在处理学校突发事件的时候采用统一的概念、原则以及术语。

学校突发事件处理所采用的标准的指挥系统中的原则、程序以及术语与学校日常管理中的指挥是不同的。进入标准指挥系统后，系统内成员就要承担与日常工作职责不同的突发事件应对职责。随着突发事件的严重程度以及复杂程度的变化，成员在指挥系统的工作职责也会发生相应变化，因而学校校长可以根据学校需要而利用指挥系统。对于轻微的学校突发事件，校长一人就可以扮演指挥系统中的所有角色，而对于重大的学校突发事件，校长就可以激活指挥系统中所有的成员来参与指挥。

（三）加强信息沟通

设置新闻中心以便当地以及外地的媒体代表和采访设备有地方可以安置。现代社会是信息社会，媒体的报道会在社会上产生巨大影响，因此对于应对小组来说适当的控制媒体是突发事件良好应对的一部分，对媒体处理不当则会造成学校对外公共关系的灾难。

信息沟通。在学校突发事件发生之前、当中、之后及时、准确地发布学校突发事件的信息，也是成功的突发事件应对中的一部分。在突发事件处理过程中学校需要采用各种能够利用的方式进行信息沟通，同时为了避免群众对信息产生误解，应当采用一些简洁准确的语言来表达。

（四）实施分段应对

学校突发事件按照时间来划分主要有预防、预备、处置以及恢复四个阶段。从理论上来说，共有三类学校突发事件，而每一类都基本会经过这四个阶段，因此每一类学校突发事件都在这四个阶段有类似的应对措施。每一阶段学校根据突发事件的发展过程、影响程度来具体地确定应对手段的广度与力度。

1. 预防阶段

预防阶段学校的目的在于针对学校可能会发生的突发事件作出一定活动以降低这些事件发生的可能性，或者减少事件发生后可能产生的损失。

预防阶段最主要的活动是进行灾害分析与风险评估。虽然对学校来说一般不存在规定的方式来确定学校灾害的优先次序，所有的风险确定都得依据学校及其所在社区的特定因素而变化，但是通常可以采用将灾害发生的可能性、灾害造成的损害程度以及灾害对学校造成的创伤进行比较来确定学校风险的优先次序。应对小组必须对风险评估的数据进行日常性的收集与分析，并对相关数据及时更新，以确保制定的预案科学有效。

2. 预备阶段

预防措施不可能将所有的危机消解，因此在预备阶段学校要进行相应准备以便于能够对各种突发事件作出应对，即在突发事件出现以前预备阶段的各种预先性的措施，实质上是为了使应对阶段的应对更加迅速、协调以及有效。

预备阶段最重要的是制定突发事件的预案。学校校长要征询应对小组每一位成员的意见以及其他教职工的意见之后才能制定该预案。学校的预案应当每年进行修订，同时将最新的预案提交给政府相关突发事件应对部门备案。

3. 处置阶段

在处置阶段关注于消除危机及推进突发事件响应进入到恢复阶段，因此学校需要迅速在预防及预备阶段制定方法与预案并实施下去，以保护学校的人员及财产。

4. 恢复阶段

如果前面的预防、预备及应对阶段实施的比较成功，则恢复阶段就能够用最少的时间完成恢复。恢复阶段指教职工、学生家庭及学生恢复生产、生活及学习的过程。恢复不仅包括对学生、教职工的精神、情绪以及身体的康复，还包括学校的建筑物的重建，教学以及学术活动的重新开始。

教学活动的恢复。教学活动的恢复从学生到达紧急疏散区域的时候就可以逐渐开始了，在疏散区域可以实施有限的在线教学等方式进行恢复。在教学活动恢复的过程中可能需要对教学日程安排及学生毕业的标准等进行调整，调整之后才能恢复到危机发生前的正常标准。

四、各类学校突发事件应对的策略

每一个学校在自然灾害、校园安全事故以及校园多发事件这三类事件中都有自己的特殊性，因此学校突发事件的应对，应当在对这三类事件进行分析的基础上形成具有自己学校特色的全面的学校突发事件应对预案。应对小组应当以灾害分析及风险评估为基础确定学校每个建筑以及不同区域、学校所处的社会环境、所在的社区、全体教职工甚至具体到一些特殊个体，如残疾学生的个别需求等这些方面的弱点所在。

（一）自然灾害

1. 灾害分析及风险评估

不同地理区域的学校可能发生的自然灾害有一定的区别，如山区可能有泥石流，而沿海学校可能会有台风。各学校应当针对自己所处的地理区域进行灾害分析及风险评估，以确定自然灾害中最严重的威胁然后实施相应的预防措施。如美国的南弗吉尼亚地区委员会于 2005 年通过定性与定量的方法对历史数据以及一些个例数据进行分析与评估，在南弗吉尼亚地区减灾规划（Northern Virginia Regional Natural Hazard Mitigation Plan）中确定了台风、龙卷风、雷雨天气、暴风雪、洪水、极端温度等对学校威胁最大的 6 类自然灾害。其他的自然灾害，如雷电也会伴随着产生，但是在优先性上不如上述 6 类。因此针对这些具有优先性的灾害，在南弗吉尼亚地区的各学校都至少准备一部接收政府天气报警的专用电台。学校的职员只要将步谈机调至 13 频道就能接收国家天气通报。而每一个学校也必需在学校的上课期间指定一位教师监听国家天气通报的警告。

2. 紧急疏散资料包

学校在应对自然灾害的时候需要建立紧急疏散资料包，该资料包用于学校紧急疏散的时候保证关键的信息及物资不被损坏。由于自然灾害来临通常是突然的，而且往往具有巨大的破坏性，不预备紧急疏散资料包可能会导致学校重要资料的丢失。通常情况下紧急疏散工具包内装有学生应急病历卡、学校全体学生的花名册、学校突发事件应对预案的复印件、应对小组的花名册及各个成员的联系方式、急救药品、紧急疏散地点、有特殊需要的学生名册以及电气系统的位置与关闭该系统的操作手册等。该工具包中的这些资源能够保证学校在发生突发事件之后，最先应对的人能够得知学校的一些基本情况，做出最佳的应对。工具包中的资料需要根据变化及时进行更新并由应对小组的成员保管在学校的中心部位。

3. 应对小组指挥所

自然灾害来临时学校的建筑可能会被摧毁，这就需要设立应对小组指挥部所。该指挥所供学校发生突发事件的时候，应对小组在指挥所内来处理突发事件。一般说来，学校应当在校内以及校外建立两个指挥所。当发生突发事件而学校不需要紧急疏散的时候，应对小组在学校内指挥所进行应对，当需要紧急疏散的时候在校外指挥所进行应对。指挥所应设在有电话、网络等通信设备的场所。

4. 学生紧急疏散所

自然灾害发生后往往需要疏散学生，学生紧急疏散所最重要的地方是校外疏散所，该所用于将学生疏散至学校以外的区域。校外疏散所必需设置在步行能够到达的地方，或者有相应交通工具能够到达的地方，前者为首选场所。校外疏散所应当设置有两个，即第一疏散所与第二疏散所。第一疏散所应当与"家长会合中心"设置在同一场所，而第二疏散所起补充作用，以防第一疏散所在突发事件中不能使用。

5. 家长会合中心

家长会合中心用来集合学生家长，在该中心因突发事件与自己孩子分离的家长，可以与自己的孩子团聚且家长可以在该中心得到学校突发事件的相关信息。设置该中心主要是因为当突发事件发生的时候，家长通常都会蜂拥至学校来查看自己的孩子是否平安，而大量焦急拥入学校的家长无疑会对突发事件应对的秩序产生不利影响。为保证学校危机处理的秩序，需要设置家长会合中心，以安抚受惊的家长同时提供相关学校危机处理的权威信息。

6. 公共汽车集结所

该场所在学生疏散所场地不够使用或者学校校车的运输能力不够的时候紧急启动以解决问题。公共汽车集结所用来将学生转运至家长会合中心、转运至其他的学生疏散所或者在事件处理结束后转运至学生家里。

7. 重建

恢复阶段首要做的事情就是对建筑物以及一些基础设施（交通设施及工具、食物供应、教学设施及行政设施等）的损坏进行评估。评估数据用以作为重建的决策依据以及确定恢复正常活动的时间期限。

（二）校园安全事故

校园安全事故是基于学校设施的物理损坏或管理上的失误而引发的突发事件，因而通常无法预警。但是学校突发事件应对小组必须针对可能在学校发生的安全事有所准备，尤其是常见的由电、天然气所引发的火灾与爆炸、煤气及石油等化学品泄漏产生危险物质、学校建筑物的坍塌这三类安全事故。针对这些可能的事故学校应对小组应当多对相关部位实施检查工作，并且储备一定的救灾物资。

1. 庇护所

暂时将学生及教职工与外界有毒、有害气体隔离的场所。当发生爆炸、有害气体泄露或者放射物质泄露的时候，应当将学生及教职工集中到安全的区域加以庇护直到危机解除。

2. 疏散

将学生由校内不安全的区域疏散到校内安全的区域，或者校外安全的区域。校园安全事故发生后也可能会需要疏散学生，与自然灾害不同之处在于校园安全事故可能影响到学校的个别建筑而不会影响到学校的全部建筑，因此疏散所可能设立在学校不受到影响的建筑物中或空旷的场所内。

（三）学校多发事件

学校多发事件的预防。学校应对小组对于学校多发事件应当加强分析与评估，如社会环境的变化、学校周围犯罪率、毒品活动、非法交易活动、不当性行为的情况、自杀、政治示威以及游行等情况都是应对小组所应当分析与评估的因素。如果有学生明示或暗示进行威胁，或者学生的行为能够合理地表明其具有一定威胁的时候，学校官方应当对该潜在威胁作出评估，然后依法作出相应的反应。

1. 警戒

指学校为了防范在校园领域内潜在的暴力入侵者，将学生及教职工集中在教室或校园其他安全的场所加以保护，以防止侵入者进入警戒区域施加伤害的措施。该措施除了静态的保护外，也包括将快速地将学生及教职工由学校的非警戒区域，如体育场等地，集中到警戒区域的行为。如果实施了警戒措施，则学校的应对小组应当立即通告当地警方加派警员实施保护。

2. 封锁

通常用于阻止外部威胁进入学校，如当抢劫者接近学校时。封锁之后学生及职工在学校外部的活动被禁止，但是在封锁区域的内部他们还可以自由行动。

3. 情绪恢复

学校突发事件的恢复包括对全部学生、教职员工以及他们的家庭的情感需要进行分析，确认哪些人需要由专业人员进行心理干预。如果学校的心理人员不够用，也可以从学校所在的社区抽调一部分相关心理人员实施干预。通过学校与社区的合作，学生、教职员工可以得到短期及长期的心理治疗，从而在情绪上恢复到灾害发生以前的状态。在学校突发事件的恢复中除了对学生及教职工进行心理干预之外，对参与学校突发事件处理的工作人员、志愿者等也要实施一定的心理干预以防止其出现情绪的不稳定。

需要注意的是这些措施并不绝对不能混合使用，各种类型的措施仅仅是在本类型突发事件中相对应用多一些而已，并不是绝对不可以应用到其他类型的突发事件中。如针对自然灾害的紧急疏散资料包，一般情况之下学校多发事件中不会使用到该措施，但是如果发生大规模的校园暴力、学生群体性癌病等情况的时候也可能会使用到。

各种不同的措施实施的力度与规模是与突发事件的规模成正比的。比如建立的应对小组，如果只是发生了两个学生之间的小规模暴力事件，那么学校的校长或者其他主管人员一人就可以执行全部的应对小组的职能，但是如果发生了几十个学生之间的大规模暴力事件，则可能需要建立以校长为首的5~7人的应对小组。

第二章

学校应急管理的现状、不足和完善重点

近年来，频繁爆发的各类学校突发事件、应急管理面临的难题对我国学校突发事件应急管理体系的建设和完善提出迫切要求。提高、加强和完善校园安全管理各个方面的工作是预防、减轻安全事故带给孩子、家庭以及社会伤害的必要途径，也是当前的一项急迫任务。校园安全管理不仅需要学校切实加大校园综合治理力度、构建校园安全机制、增强学生安全与应急防范知识和能力、强化安全教育等，更需要国家在立法、制度上去建立健全校园安全管理制度，以此减少安全事件发生后带给学生、家庭以及社会的不安定因素，规范社会与学校的管理行为，合理划分社会、学校、家长及当事人的责任，尽力避免或减少校园安全事件的发生，使校园安全得到有力保障。

目前，我国学校突发事件应急管理工作形势十分严峻，出现了新的特点和情况。近年来，学校安全事故的数量依然居高不下，特大事故频繁发生，其中一些在社会上造成了恶劣影响，给国家和家庭带来了沉重灾难，如校园踩踏事故、交通事故、溺水事故、食物中毒事故、打架斗殴事件等时有发生，针对青少年学生的恶性刑事治安事件急剧增加，网吧等娱乐场所引发的安全事故接连发生。究其原因，除我国目前处于安全事故的高发期的社会原因外，主要在于对学校突发事件应急知识教育、应急管理不够重视，学校应急管理工作的硬件基础薄弱，学校应急管理工作缺乏理论支撑和政策法规支持，即使有法规，在执行过程中也难于落实。因此，学校突发事件应急管理工作的基础和前提就是学校和师生必须掌握安全理论、规章制度等系列基础知识，才能防患于未然。

目前，国家颁布的关于对未成年人保护的法律法规有《中华人民共和国未成

15

年保护法》《中华人民共和国预防未成年犯罪法》《中华人民共和国治安管理法》《中华人民共和国教育法》《学校体育工作条例》《学校卫生工作条例》《学生集体用餐卫生监督办法》《学生伤害事故处理办法》《中小学幼儿园安全管理办法》《中学生守则》《中学生日常行为规范》等。学校内部也根据国家法律法规和条例制定了内部的学校突发事件应急管理规章制度。

一、学校突发事件应急管理的现状及问题

社会治安综合治理是一项长期、复杂、艰巨的工作，是关系到国计民生的一件大事。其成效如何，直接影响着社会的稳定和经济的发展。学校作为社会中重要的一分子，同样面临着治安综合治理问题，即校园治安综合治理问题。

近几年来我国不断发生各种危急校园安全、学生安全的事件，从由于学校卫生状况不良引起的食源性疾病到各类传染病等疾病事件；从江西土塘中学踩踏6人死亡、四川广纳小学踩踏8人死亡，到湖北老河口踩踏4人死亡等由于人群密度太大、学校硬件设施设计不合理以及应急准备不足等原因引起的校园挤压事件；从珠海泥头车冲向学校4人死亡、温岭虐待儿童、马加爵凶杀4名同学、福建南平凶杀案8人死亡、雷城小学行凶案17人受伤、光山小学被砍事件、丰宁中学暴力行凶事件到南航金城学院刺杀事件1人死亡等，既有校内学生犯罪也有校外社会人员犯罪。由于青少年心理健康教育缺失、社会人员极端暴力而引发的暴力行凶事件；从中国矿业大学发生报复同学到复旦发生饮水中毒等由于同学矛盾、宿舍琐事等引起的投毒事件；从汶川地震造成6 000多名学生死亡到玉树地震造成199名学生死亡的自然灾害事件，由于校园防灾、建筑不固等原因导致死亡人数惨重。我国近年来校园安全事故的频发，揭露了当前校园脆弱的突发事件应急管理体系。如今学校突发事件应急管理已经成为社会安全管理的一个重要组成部分。在"科教兴国""人才战略"实施的当今，学校在我国的社会结构中具有重要的社会意义与社会影响。学校突发事件应急管理不仅是保障学校教学科研正常进行的大事，也是保障社会稳定、保障国家经济与社会健康发展的千秋大计。①

面对学校这样一个特定群体，如何搞好学校突发事件应急综合治理工作，构筑突发事件应急管理体系是每一位教育工作者、每一位致力于校园安全研究的学

---

① 叶燎原：《校园安全管理体系的探讨》，载于《工程抗震与加固改造》2005年12月增刊。

者都应思考的问题。我们认为，构建一个系统必须要有鲜明的理念和明确的定位，即在考虑如何构建学校突发事件应急管理体系之前，应该明确它的目标、主体、途径分别是什么，进而总结出构建模式。

学校突发事件应急管理通常具有以下特点：

第一，学生缺乏安全管理知识。有专家指出，通过安全教育等措施，提高中小学生的自我保护能力，80%的意外伤害将可以避免。目前我国很多中小学缺乏安全防范教育，安全知识匮乏，相应的安全意识也很薄弱。在面对突发事件时，自我防范的能力就很低。按照预防为主的要求，学校应根据学生年龄特点、认知能力和法律行为能力，确定各学龄阶段安全教育的目标，精心设计涉及广泛的安全教育内容，对师生开展宣传、培训、讲座、国外经验交流等多种形式的安全教育。通过提高安全知识量、教育强化中小学生的安全意识，提高自我防范的能力。

第二，管理者缺乏责任心。校园安全涉及每个学生、每个家庭，乃至社会稳定，然而在国家三令五申的整改过程中，校园事故仍然不断发生，对生命的尊重和重视只是口头上的一种宣讲。安全事故的发生给学生、家长以及社会带来巨大的痛苦和无可挽回的损失，不仅影响了学校正常的教育教学工作、家庭的幸福，还造成巨大的社会影响和损失。学校管理人员缺乏严谨的责任心和安全管理的意识是导致安全事件发生的重要因素。

第三，缺乏应对危机的能力。学校危机应对是指为避免或减少学校突发事件所造成的损害而采取的预测预防、事件识别、紧急反应、应急决策、处置以及应对评估等管理行为。[①] 校园安全事件的频发不但是突发事件应急管理制度上的漏洞，更是学校和师生在面对危机事件时应对能力的匮乏。很多学校、师生在危机事件面前手足无措，缺乏及时化解危机、减轻后果程度等应对能力。在面临危机事件时，紧急采取一系列必要措施，及时化解危机，维护校园稳定，保障师生正常工作学习生活，是学校及师生必须具备的能力。"5·12"汶川大地震，桑枣中学2 200多名师生在1分36秒的时间内撤离到安全地带，创造了无一人伤亡的奇迹，该学校扎扎实实地开展校园安全教育和演练。每周、每月、每学期都有安全方面的学习内容，每学期都进行一次灾害紧急情况演习，从模拟停电、火灾、垮塌到暴雨、地震，每个班、每个学生都有应对的疏散路线和安全疏散点，数年坚持，终见成效。可见，提高学校及师生应对突发事件的能力是一个校园安全管理工作不容忽视的重要方面。

第四，学校突发事件应急管理制度不健全。应急管理制度是安全管理工作科

---

① 丁海榕：《加强校园安全管理初探》，载于《江苏警官学院学报》2011年第6期。

学化、规范化的文化载体，它对师生员工在教学、管理、服务、生活中的安全行为具有明确的指导、约束作用，是做好安全工作的重要保证。目前一些中小学在学校突发事件应急管理制度建设方面主要存在着"微观的多，宏观的少；规定性的多，协调性的少；目标性的多，过程性的少；约束性的多，激励性的少"等问题。① 从长远角度考虑，一个学校只有规范健全的学校突发事件应急管理制度，才能严防安全管理的盲区，消除安全隐患。

第五，心理与生理健康教育缺失。青少年是社会发展的新生力量，是祖国的未来与希望。青少年时期会随着生理、心理的发育成熟、社会阅历的扩展及思维方式的变化，容易在学习、生活、人际交往、自我意识等方面，遇到各种心理困惑和问题，从而引发焦虑症、抑郁症、强迫症、自闭症等各种心理性疾病。据调查，现在中小学生中34%有心理障碍、12.5%有心理缺陷、28.1%有心理异常，青少年的心理健康问题不容忽视。目前我国很多中小学的突发事件应急知识教育往往忽略青少年的心理和生理健康教育知识。实际上，中小学生随着年龄、阅历、环境等不断发生变化，心理特征和特点也会产生变化，这种变化发展方向的好坏，都需要健康的心理教育来引导。

二、学校突发事件应急管理的研究视角和理论基础

（一）研究视角

关于学校突发事件应急管理体系的定位，我们得到的回答一般是：提供一个安全的校园环境，降低突发事件带来的危害和损失，便于学校管理。目前国内在学校突发事件应急管理研究方面主要有以下几种视角。第一种是目前的主流观点，即完全以学校为中心，把学校突发事件应急管理体系的功能定位为监管和管理，强调学校的责任。具体表现在加强学校的软硬件设施，包括学校电子监控系统、安全保卫人员、规章制度、应急预案以及安全教育等。第二种是从公共治理的视角出发，将校园安全视为一种公共责任，强调多中心治理和学校突发事件应急管理服务社会化。多中心治理意味着学校突发事件应急管理的主体不仅仅是学校，还包括政府、社区、家庭、社会组织等，这种模式倡导的是多元主体和多元

---

① 丁海榕：《加强校园安全管理初探》，载于《江苏警官学院学报》2011 年第 6 期。

参与。如日本的"地方学校安全委员会"和美国高校的警校联动机制。持此观点的学者有尹晓敏、方益权[1]、余中根[2]等。第三种主要从应急知识教育和应急文化建设的视角入手，强调了应急知识教育的重要性，但并未把应急知识教育放在学校突发事件应急管理体系构建的宏观层面中讨论。余珊珊[3]介绍了日本等国先进的防灾教育模式，王建军[4]从物质文化、制度文化和观念文化三个角度讨论了学校应急文化的建设问题。

综合学者们的研究成果，我们认为前人的研究多在微观和技术层面讨论了加强学校突发事件应急管理的措施和对策，但并未对突发事件应急管理体系的理念和定位进行探讨，这就导致了应急管理体系构建的偏差。首先，不论是学校主体说还是多元主体论，都忽略了学生这一个重要的主体。在这样的制度设计下，即使加强应急知识教育是题中之义，也难免流于形式。在这样的情况下，即使能够实现保障校园安全的目的，对于学生来说也是不够的，因为这并没有真正教授他们应对各类安全事件的能力。当他们走出校园，离开各种保护伞，他们还能否从容应对？其次，学校的功能在这种设计中被单一化了，因为学校不仅仅是管理主体，更是教育机构，其所提供的知识对于学生的一生都具有不可替代的作用。

（二）理论基础

1. 脆弱性理论

脆弱性这个概念曾经被广泛应用于自然科学的研究，而这个概念从自然科学向社会科学的引入，特别是在灾害研究中的应用，体现了人类对于灾害的全新认识。在传统的观念中，灾难是由自然因素引起的，是不可控的。但这一观念如今已经被深刻地改变：自然的物理运动（地震、海啸等危险）与人类社会自身固有性质和结构的脆弱部分产生的交集是导致灾难发生的原因（见图 2-1）。即一切灾害都有着"人为"的因素，风险和危害来自于人类自身的薄弱环节，这已经成

---

[1] 尹晓敏、方益权：《公共治理：我国校园安全管理的一种新范式》，载于《现代教育论丛》2011年第 3 期。

[2] 余中根：《构建有效的校园安全防范的学校、家庭与社区合作机制——美国巴尔的摩市的经验及其启示》，载于《外国中小学教育》2010 年第 7 期。

[3] 余珊珊：《浅谈国外防灾教育对校园安全教育的启示》，载于《才智》2009 年第 13 期。

[4] 王建军：《中小学校园安全文化建设的有效方法》，载于《中国现代教育装备》2012 年第 16 期。

为西方社会科学视角下的灾害研究界的共识①。

图 2 - 1　当危险遇到脆弱性就会导致灾难

虽然脆弱性与灾难的关系已经得到了公认，但是对脆弱性这个概念的界定却是颇有争议的。国外学者的研究主要以安德森、卡特、佩林等为代表，周利敏按照定义的内涵把他们对脆弱性的定义概括为 4 种，冲击论、风险论、社会关系呈现论和暴露论②。也有学者按照学科的维度揭示脆弱性内涵的不同，如大卫·麦克恩塔尔。虽然他们的定义和研究各有侧重，但总的来看，灾害研究中的脆弱性概念应该包含以下内涵和特征：一是灾难的危害程度，即灾难对人类社会损害的大小；二是风险，即灾难发生的概率；三是人类的一种固有状态，在灾难发生之前就已经存在；四是需要暴露在危险之下方能造成损害；五是对灾难的敏感性和应对恢复能力。简而言之，脆弱性所代表的概念是人类本身固有的因素，这些因素一旦暴露在灾难中，将会导致人类承受极大的风险，遭受极大的损害。这些因素在灾前、灾中的应对和灾后的恢复中也能够产生不同的效果。造成脆弱性的因素有很多，一般认为的有经济社会地位、年龄、性别、种族等。如在灾难和紧急事件中，儿童和老人更难以逃生；在灾难中遭受最大损失的往往是那些底层民众，而不是社会经济地位高的人。查尔斯·佩罗则是把脆弱性理解为"集中"，包括高危险地带的人口集中，危险物质在人口密集地区的集中，还有经济政治权力的集中③。

对于人类社会脆弱性的认识进而产生了灾难防治的一个新观点，即减少人类自身的脆弱性因素就可以降低脆弱性，进而减缓灾难的风险和损害（见图 2 - 2）。比如疏散灾难高发地带的人口，如美国政府在卡特里娜飓风中的做法，或者是将危

① 童小溪、战洋：《脆弱性、有备程度和组织失效：灾害的社会科学研究》，载于《国外理论动态》2008 年第 12 期。

② 周利敏：《从自然脆弱性到社会脆弱性：灾害研究的范式转型》，载于《思想战线》2012 年第 2 期。

③ Charles Perrow：Disasters Evermore? Reducing Our Vulnerabilities to Natural, Industrial, and Terrorist, Social Research, Vol. 75, No. 3, Disasters: Recipes and Remedies (FALL 2008), pp. 733 - 752。

险物质转移至人口稀少的地区等。这也是当代防灾减灾研究的重点所在。

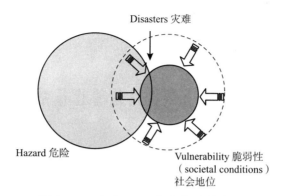

图 2 - 2　人们可以减少灾难的发生

2. 主体性教育理论

主体性是人区别于物的根本特征，体现在人的主观能动性和自主性。在我国传统的教育模式中，教育者与被教育者是主体和客体的关系，被教育者处于被动学习的地位，这极大地抹杀了被教育者的积极性，从而导致了灌输式教育的盛行。这种情形从 20 世纪 80 年代起在理论界逐渐引起关注，继而在教育学上引发了教育理念和模式的巨大转变。

主体性教育理论首先表现为受教育者地位的转变。受教育者不再被认为是教育的对象，而成为教育的主体，由此也被称为 "受教育者" 而不是 "被教育者"。教育者与受教育者由主客体二分的关系演变成了教育过程中的双主体，并更加强调受教育者的主体地位。受教育者在教育活动中的能动性和创造性得到尊重，这使得受教育者从被动角色转变成主动的学习者角色。主体性教育理论另一个重大的贡献是重新定义教育的功能。孙亭喜先生把教育的功能分为本体功能和社会功能，他强调教育的本体功能就是把人作为主体对待，把实现人本身的发展作为教育的目的，从而教育的价值就体现为人的完善和发展。在此基础上才能实现教育的社会功能，即自我实现的学习者对社会做出贡献。

在主体性教育理论的指导下，教育理念和教学实践也产生了可喜的变化。在教育实践中培养受教育者的独立性、自主性和能动性成为教育学的重要理念。教师从教育活动的主导者转变为引导者，学生在教育活动中的主动参与和创造性的发挥得到鼓励。教育的目标是追求受教育者自身的完善和发展，这更是教育界的共同追求。教育的过程不仅仅是为了当下学习成绩的提高，更被看作学生今后人生的储藏和积累。同时，在具体的教学方法上，教师更加重视学生的差异性，尊重学生的个性特质，讲究因材施教。

教育学理论的这种转变势必会影响到校园安全体系的构建，既然学生是教育的主体，那么学校突发事件应急管理体系的构建就不应该以监管和防范为最终的目标，而是以教育和发展为最终目标。

三、学校突发事件应急管理体系定位

脆弱性理论揭示了校园安全事故频发的本质原因，即中小学校园本身的脆弱性造成了他们暴露在危害下时所要承担的巨大风险和损失的严重程度。中小学生群体的脆弱性包含着年幼所带来的体力、智力与经验不足等脆弱因素。这些脆弱因素中，只有经验不足这一项可以改变。改变这一点的唯一方法就是加强中小学生的应急知识教育，让他们在突发事件应急管理的过程中增强/提高自身的安全能力，从而从根本上降低自身的脆弱性，减少危害的发生。

教育主体性理论则从学生是教育的主体这个角度说明了学校作为教育机构而不仅仅是管理机构所应该承担的角色。中小学校首先是教育机构，它负有安全教育的责任和义务。在学校突发事件应急管理过程中被放在第一位的应该是教育职能，而不是管理。作为启蒙教育机构，学校承担的教育职能是基础性和永久性的，它为学生所提供的知识与经验奠定了学生一生的基础。这就要求学校在应急管理的过程中不仅为学生提供保护，更应该为学生储备终身受益的安全知识和安全能力。不仅如此，学生作为教育的主体，在突发事件应急管理的过程中应该主动的参与，而不是被动地接受管理和保护。学校突发事件应急管理体系的最终目的是提高学生在社会风险中的安全能力，这与教育的最终目的——促进人的发展和完善，也是相契合的。

学校突发事件应急知识教育角色之所以重要还有另外一个原因，那就是在我国，家庭和社区几乎无法承担安全教育的职能。与在学校接受或多或少的安全教育的中小学生相比，他们的家庭和社区的安全知识更加匮乏。成长在二三十年前的上一辈人在启蒙教育阶段几乎没有接受过任何的应急知识教育，这样的教育在他们进入社会之后就更为稀缺了。另外，我国的社区缺乏良好有效的组织，只能承担简单的管理职能，要求社区普遍地为居民提供应急知识的培训并不实际。因此，中小学生安全能力的培养和提高还能对家庭、社区乃至社会产生辐射作用。

由此，我们将构建学校突发事件应急管理体系定位在应急管理、应急知识和应急文化这三个层级上。每个层级都有不同的目标、主体和途径，从而构建出不同的学校突发事件应急管理体系（见表2-1）。

表 2 – 1　　　　　　　学校突发事件应急管理体系定位

层级	目标	主体	途径
应急管理	营造安全的校园环境，加强学校管理	学校	加强学校软硬件设施，完善应急管理制度
应急知识	提高学生应对安全事件的知识和经验	学校、教师、学生	增设安全教育课程，提高安全应急知识
应急文化	为学生储备一生受益的安全能力，辐射家庭、社区和社会	学校、教师、学生、家长、社区	参与式的安全管理及教育，由学生自我发现和完善校园安全体系。以学生为纽带，将学校、家长、社区乃至社会形成一个相互联结的整体，通过文化传播的形式，形成共同的安全能力

　　在应急管理的定位中，学校是整个体系的主体，它肩负着保障校园和学生安全的责任，目标相对单一。实现这种体系的途径主要是完善学校的应急管理制度和规章，强调相关人员的责任，如相关领导、教师、安保人员等。加强学校的安保措施，如安装电子监控系统、增设安保人员等。这种体系致力于建立严格的管理制度，试图利用制度化手段降低校园安全危害风险，校园管理人员、师生以及其他工作人员处于被动接受的状态。这个体系的缺陷在于，学校试图把学生保护在校园这个坚固的堡垒之中，只满足于达成校园管理的目标。对于发生在校园之外的学生的安全事故完全免责，并对这一点感到满足。学生处于学校的保护伞之下，并没有掌握防范安全事故的知识和经验。

　　在应急知识层级指导下的学校突发事件应急管理体系，则是旨在提高学生应对突发事件的知识和经验。多元主体参与到管理之中，包括学校、教师和学生，其中学生是核心主体。实现的途径主要是学校通过增设应急知识教育课程，系统、完整地传授给学生应对突发事件的知识和技能，并带领学生定期进行模拟演练以积累经验。课程的设置和教授具有科学性和持续性，并且保证不同年龄阶段的学生都能够掌握。教育部 2007 年公布并实施的《中小学公共安全教育指导纲要》明确提出，要结合我们的国情，公共安全的教育内容主要包括预防和应对社会安全、公共卫生、意外伤害、网络、信息安全、自然灾害以及影响学生安全的其他事故或事件六个模块。操作上亦应因地制宜，科学规划，做到分阶段、分模块循序渐进地设置具体教育内容。[①] 要在内容、形式、方法、手段等方面努力创

---

① 教育部：《中小学公共安全教育指导纲要》（2007 年 2 月）。

新，力争把安全教育寓于学校生活的每一时段，贯穿于校园的每一个角落。[①] 在这样的安全教育之下，学生不仅能够应对突发应急事件，还能在日常生活中利用学校的应急管理体系知识和经验主动避免风险。应急知识层级下的学校突发事件应急管理体系，能够从根本上降低因中小学生自身的脆弱性而带来的各种风险。

在应急文化层级的定位下，为学生提供使他们终身受益的安全教育，并且对以学生为中心的家庭和社区乃至社会形成辐射作用成为学校突发事件应急管理体系的目标。学校、教师、学生、家长和社区都成为突发事件应急知识教育的主体。在教育活动中，学生的主体性得到激发，他们自主积极地参与到应急知识教育和管理中，为校园安全建言献策，不断完善突发事件应急管理体系。同时，他们接受的应急知识教育还能够辐射到家庭和社区，他们有能力发现家庭和社区的安全隐患并及时采取措施避免危害发生。同时，学生能够按照学校的要求或自己自觉通过人际交流进行应急知识技能的传播，从而起到辐射家庭、社区的作用。应急文化具有导向功能、内化功能和育人作用。[②] 这种突发事件应急管理体系能够对当下或未来的不特定社会范围形成辐射，比如学校教授学生急救常识，如人工呼吸、止血包扎等，这种技能在不特定的时间和地点可能会直接挽救他人的性命或间接形成新的人际传播效应。在应急文化定位下的学校突发事件应急管理体系不仅从根本上降低了中小学生的脆弱性，还充分发挥了受教育者的主体性。他们积极参与学习和管理，主动发现和完善安全漏洞。同时，以学生为纽带形成了人际传播效应，使学生家庭、社区和社会都从应急知识教育中收益。这对于我国这个应急知识教育缺失的国家来说是一种颇为有效的弥补方式，并且这种以学生个人为核心主体，并发挥辐射作用的方式还具有风险分散性，从而提高整个学校突发事件应急管理体系以及家庭、社会组织的抗逆性和恢复力。

需要指出的是，我们所说的应急知识、应急文化层级与有些学者所指的公共治理及安保社会化是有本质区别的。不论是应急知识还是应急文化层级中所指的多元主体都是应急知识教育的多元主体，而不是管理的多元主体。而在公共治理、多元协作及安保社会化语境下的多元主体则把家长、社区、公共组织等纳入管理的主体之中，他们所能够做的是提供安全保护、监护和知识。但实际上在我国，家长的安全能力甚至不及学生，社区与公共组织也缺乏良好的组织，所以使多元主体成为应急知识教育的主体似乎更加实际。

---

① 王道春：《西方中小学校园安全管理对我国的启示》，载于《江苏警官学院学报》2011 年第 2 期。

② 陈坤等：《基于 PDCA 循环校园安全管理体系探讨》，载于《重庆科技学院学报》（社会科学版）2009 年第 5 期。

四、完善学校突发事件应急管理的操作重点

近年来我国各地发生的校园安全事故，使我们认识到，学校突发事件应急管理工作并不是一项临时性的活动，而是一种常态化管理工作。这项工作贯穿学校整体管理，与教学管理一样不容忽视、不可懈怠，需要通过强化管理，将安全工作深入人心。

第一，构建突发事件应急管理小组，完善应急管理工作的长效机制。本着"安全第一，以人为本，防患于未然"的思想，把安全教育纳入学校的日常工作中。学校应设立应急管理工作领导小组，有专门机构、专门领导抓，明确工作职责、处置原则、处置程序、安全措施和责任追究等工作内容，与此同时，要保障应急管理工作的长期性，做到积极应对、多面预防、妥善处置。

第二，应急管理工作应纳入学校发展的总体规划。良好、有效的安全工作，需要付出比以往更多的人力、物力和财力，将应急管理工作纳入学校长远发展的总体规划，从而保证应急管理工作在学校日常工作中的优先地位。学校发展总体规划中应对安全工作要作明确、详细的部署，制定和完善各类安全管理责任制度，建立健全各类突发事件处置工作的预警预案，组织教职工人员学习安全管理知识，提高其责任心。[1]

第三，多渠道、常态化的突发事件应急管理和知识宣传教育的管理模式。(1) 加强对师生的法制观念和安全意识教育。让中小学生学习和了解一些法律知识，增强法制观念，提高自我防范意识，杜绝违法犯罪行为，这是现实社会形势的需要。首先，学好法律才能做到知法守法，用法律约束自己的行为，正确使用法律和处理自己周围的纠纷，从而保护自己合法权益，防止违法犯罪。其次，懂法才能正确地运用法律手段，保护自己的合法权益。学生享有法律赋予的生命权，健康权，名誉权，人身自由权、受保护权、受教育权、继承权等权利，学好法律才能自觉地维护法律的权威与尊严，同一切违法犯罪行为做斗争。因此学校应制定和利用校内各种活动场合，例如每周的升旗仪式、各级学生大会、班会以及专题讲座、广播、墙报专栏、知识竞赛等多种形式和手段对师生进行经常性法制观念和安全意识的教育，以此来提高师生的法制观念和安全意识。(2) 定期组织全校师生进行防空防灾应急疏散演练，增强安全事故防范意识。(3) 制定突发

---

① 杨大江等：《长效机制下的校园安全常态化管理》，来源于"徐闻教育网"，2011 年 12 月 7 日。

事件应急管理知识手册，重视校本教材的利用。校本教材对学生的德育教育作用，尤其是安全教育起到良好的宣传和学习作用。使学生掌握必要的安全防范及自救知识，提高自我保护能力。学校突发事件应急管理知识手册的制定应具有实用性、生活性、科学性于一体的综合性教材。学校并将其内容纳入学校的校本课程，课程内容主要包括有家庭安全、交通安全、饮食安全、安全逃生、防止受骗、自救常识等。通过对校本教材的充分利用，将教育内容精细化，让学生们接受生动、有趣、形象的安全自救教育，进一步增强了安全意识和自我防范意识。

第四，层层落实，签订安全协议书。学校对学生在校的生活和安全情况负有重大责任，学生、家长和班主任应签订在校安全协议书，班主任与年级组、年级组与学校再签订安全责任书，最后，校长与上级主管部门还要签订安全责任书，做到层层落实。学校各相关部门紧密配合，确保师生的人身安全和财物安全。安全宣传工作不但校内要做好，校外也同样要做好，定期召开家长会，让家长与学校紧密配合，确保学生在学校与家庭的安全。

第五，心理健康教育和健康观念培养。重视并经常开展对学生的心理健康疏导教育和健康观念培养，降低学生因心理问题引发的各种安全事故，把心理健康教育落到实处，这也是校园安全管理工作的一部分。学校应加强心理健康教育的师资队伍建设，加强心理健康教师的培训。针对未成年人的生理心理特点，认真上好心理健康教育课，定期对学生开展心理健康教育培训。对留守学生、单亲家庭子女、异质学生、贫困生进行重点教育，开展由班主任和年级组长负责的针对性教育，落实责任。通过开展形式多样的活动，例如利用班会、校会、活动课、安全健康课、学科渗透等途径，开展教育；利用学校广播、黑板报、警示牌、标语等宣传工具，营造教育氛围。从而使心理健康教育更加生动化、多样化、长期化。

第六，健全完善矛盾纠纷化解体系，有效消除纠纷隐患。校园安全事故除了各类自然灾害、意外伤害等以外，学生之间的矛盾引发的安全事故也是致命性的伤害。及时发现、及时化解各类人为矛盾是非常必要的一项工作，这就需要学校建立和完善解决矛盾纠纷的体系，消除纠纷隐患，防止因小事未及时处理而引发为大事件，个体事件发展为群体事件。

第七，加大校园周边环境的整治力度。很多校园安全事故也由校外周边环境混乱引起。学校应与管线区派出所等单位联合治理校外周边环境的秩序，有效解决校门外不良青年敲诈勒索及抢劫外宿学生财物、非法网吧、电子游戏室、贩卖盗版光盘等现象。对外宿学生的安全管理，学校应对其外宿情况登记造册，并与外宿生及其家长签订安全协议书。不定时组织学校相关部门人员、班主任等进行巡查，与家长及房东业主进行经常性的联系，及时了解并掌握外宿学生的学习生活情况，排查安全隐患。

第八，加强安保人员的正规化管理，实行"警—校联防"机制。校园安全问题包括很多方面，涉及交通安全、食品卫生安全、建筑安全、消防安全、人身安全等，做好每一方面的安全管理与监控工作，不仅需要具备专业化的知识和技能、配备相应的监控仪器和设备，而且更加需要一支素质整齐、能力出众、责任心强的安保队伍。安保工作不仅仅是停留在看守大门的层面上，而应让其也参与到学校安全管理工作中来，详细学习和掌握学校安全管理的各项工作，对安保人员定期培训，保证安保工作的正规化、制度化，提高其在应对突发性校园安全事件中的应对能力。借助管辖区派出所巡警的力量也是学校提升安保力量的一个不错的选择。现在我国很多中小学都实现"警—校联防"合作机制，巡查干警会按时到校门口巡查，特别是早晚上下学时间，并保证警车在校门口附近停放 10～15 分钟，为维护学校师生的平安提供了有力保障。

第九，学校食品安全、卫生安全制度化管理。食品安全一直是一个热门话题，同时也是我国领导及各界人士关注的一个重要问题。食品安全、卫生状况引发的事故给我们带来沉痛的伤害。严格执行《中华人民共和国食品安全法》《学校食堂与学生集体用餐卫生管理规定》，是学校必须遵守的规定。学校内部应制定对食堂工作人员的管理制度、对食堂卫生状况的安全管理制度、对食品原料购买、查验、存放、烹饪的管理制度以及食堂卫生安全应急预案等各项食品卫生制度，从制度上加强对师生用膳安全的管理。学校还应定期或不定期、不间断地对食堂、小卖部等为师生提供食品的部门进行监督检查，保证食品卫生工作的落实。

第十，校内各类设备、设施的建设和定期检修。经常检查消防设备是否合格，消防通道是否畅通，师生是否能够使用灭火器，供电设备和线路是否合乎电力部门的要求等工作，以便于提前发现安全隐患并消除，以保证学校师生安全和学校财产安全。重视校内安全防护设施的检查，做到防患于未然，例如包括：防滑、防踩踏、防高楼跌落、学生宿舍、体育活动设施的安全等，对不符合安全要求的设施及时维修；检查校内交通、学校车辆的安全状况，对外来车辆进行严格控制；抓好学校实验室、功能室安全工作；定期对检查这些设备的安全状况，填写检查记录，对存在的安全隐患提出具体的改进措施。

第三章

学校应急管理机制的完善及其法治化思路

学校突发事件及其应对具有与一般公共突发事件不同的特点与类型，因此有关学校突发事件应急管理机制的研究应当以此为基础。当前我国的学校突发事件应急机制远不完善，解决问题的关键在于完善学校应急管理的多元协作应对机制、学校网络舆情与突发事件信息传递机制、学校应急预案的编制与管理机制、学生心理支持与心理干预机制、学校突发事件问责机制等方面，并最终推动这些机制走向法治化。

近年来，学校突发事件呈现出发生率高①、形态复杂、规模升级、后果严重等特点，使其成为一个受到广泛的社会热点。② 人们普遍认为，校园安全形势的恶化与突发事件处置后果的不佳，很大程度上可以归咎于当前我国学校应急管理机制的不完善。有关学校应急管理机制的种种缺陷，从根本上说，又可以归因于人们对学校突发事件及其应对规律特殊性的认识不足。人们并没有从学校突发事件的自身特点出发，建立起一套有针对性的应急管理机制，基本上还是将学校应急管理作为公共应急管理的一个普通领域来对待的，套用公共应急管理的一般方法和机制。然而，学校突发事件及其应对具有与一般公共突发事件不同的特点与

---

① 例如，我国突发公共卫生事件 70% 发生在学校。参见雷芝樱等：《2004～2007 年广西学校突发公共卫生事件监测信息与对策分析》，载于《中华疾病控制杂志》2008 年第 10 期。在浙江省，中小学的突发公共卫生事件几乎占到全省的 71%。参见王臻等：《浙江省 2005～2007 年学校突发公共卫生事件分析》，载于《浙江预防医学》2008 年第 12 期，第 1～5 页。

② 在中国期刊网上以"学校突发事件"为题名查找近 5 年的论文约有 135 篇，在 Google 搜索引擎上以学校突发事件为关键词找到约 4 630 000 条结果，可见其社会关注度之高。

类型，因此有关学校突发事件应急管理机制的研究应当以此为基础。本章将从学校突发事件有别于一般公共突发事件的特性出发，揭示当前学校应急管理机制的短板所在：当前我国的学校突发事件应急机制远不完善，解决问题的关键在于完善学校应急管理的多元协作应对机制、学校网络舆情与突发事件信息传递机制、学校应急预案的编制与管理机制、学生心理支持与心理干预机制、学校突发事件问责机制等方面，并最终推动这些机制走向法治化。

一、学校突发事件的主要类型

一般情况下，人们将突发事件分为自然灾害、事故灾难、公共卫生事件和社会安全事件四大类型。毫无疑问，上述四类突发事件都有可能在学校发生。但很显然，在学校发生的自然灾害、事故灾难和公共卫生事件，就其特点和应对方法而言，较之在其他场所和情景下发生的同类突发事件并无根本上的不同。可以说，在学校突发事件中，最具特殊性、也是人们最为关注的，当属社会安全事件。而在学校发生的安全事件又以如下几种类型最为常见和突出：

一是就业压力诱发的突发事件。受到高校扩招政策和经济发展转型双重因素的影响，高校毕业生就业难问题非常突出，某些毕业生因压力过重实施自杀或侵害他人的行为。在当前人才结构、就业环境和社会经济急剧转型的大背景下，此类事件甚至有愈演愈烈之势，甚至已经演变为社会焦点问题。

二是网络群体性事件。学生（尤其是大、中学生）是我国最庞大的网民群体，这一群体对网络技术的使用极为熟练，网络早已是社会焦点问题或学校焦点问题在学校的信息传播中枢。一个热点事件的存在加上某种情绪化的意见，就可能迅速在学校中形成网络舆论，诱发群体性事件。

三是心理疾病类突发事件。我国当前在校学生的心理健康问题相当严重，大多数心理研究支持学生心理健康总体水平低于全国平均水平。近年来，因心理疾病而发生的学生出走、自残、自杀、杀人等事件呈上升趋势。

四是暴力伤害类事件。随着学校内外部环境的日趋复杂，发生在校园内、以学校师生为侵害对象的刑事暴力犯罪日益增多。学生人数众多而防御能力薄弱使其容易成为犯罪分子的袭击对象，而学生群体及其联动的家长群体、校友群体对此类事件的反应又极易酿成更加严重的社会事件。发生在学生之间、甚至师生之间的暴力伤害事件也日渐成为人们关注的焦点。

五是利益抗争类突发事件。学校作为一个独立法人有其自身的利益诉求，在其某种（正当或不正当的）利益诉求得不到满足的情况下，可能通过动员其师生群体、校友网络、海内外关系等资源与利益对立者、甚至政府机关进行抗争。近年来，这类原本罕见的突发事件呈现出明显的上升势头。

二、当前学校应急管理机制的不足

2003 年 SARS 危机之后，伴随着整个国家公共应急管理系统的快速发展，我国各级学校的应急管理机制建设也取得了长足进步，但仍然存在着严重不足，无法适应当前学校突发事件的发展形势。这种不足至少具体表现在：

第一，应对主体单一，未能建立起各种应急资源高效整合、协调一致的综合性应急组织。在大多数学校，应急管理仍然被视为学校本身的一项内部事务来对待，除了适当考虑政府（特别是教育主管部门）的参与，其他政府部门、周边社区、邻近单位、家长、媒体等资源在其应急管理体系并不占有一席之地。甚至在学校内部，各种应急资源也未能实现良好的整合，很多学校仍然将应急管理局限为保卫部门的职责，教师、辅导员、党团组织、学生社团的作用十分有限。

第二，应急指挥和应急管理机构不健全，综合协调能力较弱。对大多数学校而言，其现行的应急指挥和应急管理机构仍然带有浓厚的临时性色彩，往往在某个突发事件发生后或某项应急管理目标被强调时才临时设立，一般由学校主管领导牵头，学校相关部门负责人参加。而在平常状态下，除了保卫部门之外，学校并没有设立应急管理机构的专门机构或人员。这种临时性的应急管理组织，一方面使得绝大多数事前和事后的应急管理目标根本无法落实，另一方面也无法保证这样的组织在突发事件真正临来时具备应对能力。

第三，学校应急管理的视野仍局限于事中处置，事前的预防与准备、临事的监测与预警等应急管理机制严重缺失。现代意义上的突发事件管理对我们来说仍是一个重要的新课题，尤其是以主动预防和缓解突发事件为主旨的预警机制研究。① 大多数学校的应急管理机制都不是覆盖突发事件发生、发展、演变各阶段的全过程管理，这些学校的应急管理仍然被限定在突发事件爆发后短时间内的控制和处理。应急管理理念和视野的滞后，导致应急教育与宣传、应急演练、应急资源准备、心理危机干预、网络舆情管理、危机信息预警等机制在大多数学校都十分薄弱，甚至付诸阙如。

---

① 参见李余华等：《高校突发事件应急处置机制研究》，西南交通大学出版社 2007 年版，第 86 页。

第四，应急预案的编制和管理十分落后。近年来，大多数学校根据地方政府或教育主管部门的总体部署，陆续编制了应急管理预案。但多数学校只有一部范围上无所不包、内容上为抽象原则、基本不具备可操作性的总体预案，而针对具体类型突发事件的专项预案基本上是空白的。在这种条件下，预案的演练、评估、更新等机制根本无从谈起。

第五，学校应急管理的法律规范严重缺失，无法获得必要的制度保障。应急管理权——特别是应急处置权是一项极为危险的行政权力，应急管理活动对相关主体权利义务又必然产生剧烈影响，因此，任何公共应急管理活动都必然需要获得法律上的支撑和保障。而在我国，目前尚无学校应急管理方面的专门法律、法规，即使是现有的应急法律制度也并未明确规定学校的应急管理权责。如此一来，一方面学校采取的各种突发事件应对措施的合法性都可能遭到质疑，整个学校应急管理机制的合法性基础都将动摇；另一方面，那些经过实践检验被证明为行之有效的应急管理措施，也无法作为一项制度被固定下来持续发挥作用。

三、完善学校应急管理机制的关键环节

所谓应急管理机制，指的是人们在应急管理过程中运积累的相对成熟的、以某种形式确定下来的技术、方法和策略。按照突发事件全过程管理的理论，一般认为，应急管理机制应当涵盖突发事件的预防、准备、监测、预警、预控、处置、救援、恢复重建等全部阶段。而在我们看来，针对学校突发事件的自身特点，对其应对工作最具关键意义的应在以下几种机制：主体多元的协作应对机制、网络舆情与突发事件信息传递机制、应急预案编制与管理机制、心理支持与心理干预、突发事件问责机制。

第一，建立学校应急管理的多元协作应对机制。学校除集中了大量师生外，其背后往往还关联着巨大的社会网络，包括家长网络、校友网络、校董网络、友邻单位等，在学校发生的突发事件往往在这些群体中产生巨大的反响。建立学校应急管理多元协作机制，是为了充分发挥政府主管部门、学校、学生自治团体、社区、家长网络、社会团体以及媒体在学校突发事件预防、应对和处置等方面的作用，形成应急管理强大的社会网络。为此，需要明确这个社会网络中的多元参与主体、参与模式、利益诉求和协同机制等方面内容，有效调动各方面的社会力量参与学校突发事件应对，努力形成预防为主、多元协作的良好局面，切实提高学校突发事件的预防和应急处置能力。其目标是建立起一个以政府为后盾，以学

31

校为主导，学生自治团体、社区、家长网络、社会团体、媒体共同参与的"政府—学校—社会"多元协作应急管理机制，在此基础上进一步构建有利于整合上述多元力量的应急指挥和应急决策机制。

第二，建立学校网络舆情与突发事件信息传递机制。网络舆情对学生有正反两方面的影响作用。[①] 学校网络舆情分析需要明确突发事件网络舆情收集的内容，舆情收集、分析的程序和上报形式，及时掌握网络舆情动态，探索舆情的产生和变化规律，加强"敏感点"发现、"热点"预警、"爆发点"的掌控，维护校园稳定。网络环境下的舆情信息的主要来源包括新闻评论、BBS、博客、聚合新闻（RSS）等。学校网络舆情表达快捷、信息多元、方式互动，加上网络的开放性和虚拟性，决定了学校网络舆情具有以下三个突出特点：一是直接性，通过BBS，新闻点评和博客网站，可以立即发表意见，表达更加畅通；二是突发性，网络舆论的形成往往非常迅速，一个热点事件的存在加上一种情绪化的意见，就可以成为点燃一片舆论的导火索；三是偏差性，由于发言者身份隐蔽，且缺少规则限制和有效监督，网络自然成为发泄情绪的空间。在现实生活中遇到挫折，对社会问题片面认识等，都会利用网络得以宣泄。学校网络舆情在学校突发事件爆发和演变过程中，起着非常关键的作用。因此，建立学校网络舆情机制就是要通过对网络舆情的收集及分析，为学校突发事件的预防与应急处置提供有效的决策支持，重点通过网络传播渠道、节点、模式的分析，综合教师、学生、校友等多元视角，探索学校网络舆情传播和扩散的基本规律，为如何有效运用网络舆情，完善和提高学校突发事件应对的及时性、科学性和预见性提供支撑。

应对学校突发事件，还需要通过压缩组织层级，建立扁平型的、有利于信息快速流动的学校突发事件信息传递机制。这一机制解决的是如何规范学校突发事件应对中的信息报告与横向沟通程序，对信息报告范围、报告时限、报告要素、续报和终报、事件处置过程中的信息联络、事件的整体评估、事件信息的统一上报和发布、事件信息报告的责任主体、事件信息报告的通报和责任追究、事件信息日报制度等问题进行科学明确的规定。同时还要通过优化组织流程，整合信息资源，加强跨部门的信息共享与业务协同，完善学校应急管理机构与公安、消防、卫生等专项应急机构的会商通报机制，实现学校突发事件信息在各地区各部门之间的共享共通。

第三，建立学校应急预案的编制与管理机制。应急预案，简而言之就是依据相关法律法规，为应对可能发生的突发事件而事先制订的指导计划、行动方案和

---

① 参见秦秀清、刘婷：《网络舆情对大学生的影响及引导对策》，载于《长春工业大学学报》（高教研究版）2010 年第 4 期，第 96~97 页。

工作规程等。学校应急预案的编制与管理机制，就是为了应对可能的突发事件而事先做好的应急预案编制、管理、更新、修订和演练等方面的准备机制。建立这一机制的目的在于促进各种预案之间有效衔接，加强培训和演练，及时修订和动态完善，增强预案的针对性和可操作性，提高突发事件应对工作的及时性、科学性和有效性，其内容包括学校应急预案编制和学校应急预案的动态管理机制两个方面。

学校应急预案的编制，应当以开展风险辨识与评估为前提，收集相关文献资料并分析突发事件发生的原因（风险源）和各种直接灾害和次生、衍生事件，评估应急处置能力和各种应急资源保障能力。在此基础上，充分结合学校应急管理组织架构，总结归纳突发事件应对经验，梳理并确定突发事件应对流程，明确突发事件事前、事发、事中、事后各阶段的组织职责、工作机制和保障措施等，需具有针对性、操作性和实用性，实现相互之间的有效衔接。预案的编制要做到事件类型和危害程度清楚，应急管理责任明确，应急响应有序有效，应急资源准备充分。同时，还应积极探索应急预案编制中多元参与机制，增强学校应急预案的可操作性。

学校应急预案的动态管理，指的是在应急预案编制完成以后，有关应急管理主体应当根据相应的程序进行印发、备案与公布工作，定期开展培训和演练，并及时进行修订和完善。有下列情形之一的，应急预案应及时修订或细化：一是预案编制所依据的法律、法规、规章和标准发生了变化；二是上位的总体预案及相关专项、部门预案进行了修订；三是相关组织机构及其职责已经调整；四是经过风险评估或隐患排查之后认为存在一定风险及隐患，需要强化控制措施；五是应对事态相对严重的突发事件时出现了新情况、新问题，现行预案不能满足工作要求；六是突发事件应对工作结束后，通过总结对预案使用情况做出全面评价后认为预案应做修订；七是应急演练结束后，对预案使用情况做出全面评价认为预案应做修订。①

第四，建立学生心理支持与心理干预机制。心理疾病类突发事件已经成为当前我国学校突发事件的重要类型，学生心理疾病也已经成为许多突发事件的重要诱因。② 学生心理支持与心理干预机制的建立，包括两个方面的内容：一方面，在日常工作中建立起针对学生群体的心理测查、心理健康教育、心理咨询等工作

---

① 参见吴洁、金峰：《高等学校突发事件预警机制研究》，载于《北京工业大学学报》2009 年第 4 期，第 79 页。

② 从危机个案对大学生产生的负面影响来看，心理高危导致大学生产生自杀、自残意图行为的人数比例最高，达到 30.3%；其次为伤害他人和精神异常行为，均达到 15.2%。参见杨琴、林静：《湖南科技学院心理高危人群现状调查及干预机制研究》，载于《中国校医》2010 年第 3 期，第 209 页。

机制，预防学校突发事件的发生或者在学校突发事件初期能够进行有效的学生心理异常监测和预警工作；另一方面，在学校突发事件发生后，对受突发事件影响的学生及时给予适当、适时的心理援助，以最大限度地减少突发事件对其心理造成的危害，使之尽快摆脱困难或尽量减轻痛苦。建立这一机制，必须解决如下三个问题：

一是明确学生心理支持与心理干预机制应遵循的基本原则，这包括：（1）正常化原则，即恰当地向学生说明其心理的反应和表现是正常的，使其正确认识地自身的应激反应，从而主动参与调整自己的情绪；（2）协同化原则，心理支持与心理干预的专业人员和学生双方是一种协作互动的关系，必要的肯定和适当的安慰、鼓励，有助于增强安全感和确定感、恢复自信，而且心理援助人员之间要互相沟通、互相支持和帮助；（3）个性化原则，即遵循"以完整人为中心"的服务原则，设身处地地思考学生的躯体、心理、社会层面的具体情况，进行正确的评估。

二是设计学生心理支持与心理干预的工作流程。突发事件尤其是较大以上突发事件发生后，学校及相关部门应组织专家小组设立评估指标体系，进行心理灾害评估，并及时组织心理咨询专家，启动工作流程，对包括教师、学生、突发事件目击者、志愿者、当事人及其家属等在内的人员及时开展心理咨询、安抚救援工作，尽快帮助精神受伤害者恢复正常心理。

三是加强学生心理支持与心理干预的队伍建设。学校与教育、卫生等部门应当建立、完善社会心理援助体系，设立心理救援工作机构和稳定的专业队伍，鼓励建立兼职队伍，积极开展相关培训。积极开展跨地区和相关研究组织的合作，开展经验交流，提高心理支持与心理干预的水平。[①] 通过各种途径加强健康宣传教育，开展心理咨询网上服务和热线服务，加大设施、技术建设和资金投入，有效整合资源，完善专家库，充分发挥专业志愿者的作用，真正达到应有的专业效果。

第五，建立学校突发事件问责机制。一个完整的问责制，既应包括责任追究机制，又应包括特殊情况下的责任豁免与责任减轻机制。公共突发事件中的责任追究机制包括两种，一是对制造、引起或扩大突发事件的责任人加以追究；二是对突发事件应对过程中的违法、不当、失职行为进行责任追究。对于前一种责任的追究，主要是依托国家法律中的刑事责任、民事责任或行政责任等法律责任制度来完成的，一般而言，并不是应急管理研究的重点。而对于后一种责任的追

---

① 学校的基本功能是教学，但是在其关联功能中也可以实施一定的心理干预作用，如对农村留守儿童就可以由学校实施心理干预。参见胡湘明：《农村留守儿童心理健康的学校干预机制研究》，载于《山西青年管理干部学院学报》2009 年第 4 期，第 18 页。

究，一般是通过党政机关或单位内部的问责机制来完成的，这也是建立问责制的重点。在学校突发事件的发生和发展中，人为因素往往起主导作用。正因如此，相关应急管理机制对于控制事件发生、发展所发挥的作用，相对于其他领域的应急管理而言要更强一些。一套良好的责任追究制度有助于学校应急管理机制的良好运行，但当前我国有关学校突发事件应急管理的问责机制还存在着这样几个方面的明显缺陷：一是制度不统一，尽管中共中央办公厅、国务院办公厅已经出台了《关于实行党政领导干部问责的暂行规定》，其中包含了突发事件问责的相关规定，但在学校应急管理领域尚无具体制度。二是问责机制的启动不规范，即问责机制是否启动没有明确标准，往往受到许多非制度性因素的影响，随意性很强。三是问责对象不准确，即对于应当承担主要责任的对象（如单位主管领导）并不追究责任，而是往往通过追究较低层级人员的责任了结程序。四是责任与过错不相适应，在许多事件中，对责任人问责的力度往往受到社会环境、大众舆论、受害人压力、其他利益主体干预等因素的影响，经常出现被问责者所承担的责任与其过错不相匹配的现象。因此，完善学校应急管理中，责任追究机制关键便在于推动问责的制度化和规范化。

责任豁免与责任减轻机制是问责制的另一重要方面，没有责任豁免、责任减轻与之相配套，责任追究制度必然偏离其制度目标。责任豁免与责任减轻制度在应急管理中具有更加重要的意义，因为在特殊条件下的突发事件应急决策活动，往往具有如下特点：一是决策的约束条件非常苛刻，决策者在短暂的时间内无法完全了解其拥有的法定权力；二是在法定的决策主体无法履行职责时，需要由其他主体越权决策；三是法定的决策程序可能被抛弃，大多数情况下的应急决策将表现为个人独断；四是决策结果很难预料，可能产生违法后果。因此，有必要在制度上为这种特殊条件下决策主体、决策程序和决策内容等方面的权变性选择提供必要空间，还要确保其不脱离法治的基本轨道，为此就需要对有关责任豁免、责任减轻的条件、程序和方式作出必要的设计。

四、学校应急管理机制的法治化

任何一种应急管理机制，都不可能是纯粹的方法和技术，而必然以某种制度化的形式存在，才有可能在应急管理活动中持续发挥作用，而任何应急管理机制的应用也都不应该是一次性的、个案式的，因此，学校突发事件应急管理机制的完善，最终必然表现为包括法律、法规、规章和政策性文件在内的某种制度的制定、修改或废止。学校应急管理机制走向制度化和法治化的意义在于：

第一，有利于引导和约束人们应对学校突发事件的行为，保障应急管理机制有效运行。应急机制是人类付出巨大代价所获得的、经实践证明为行之有效的、相对稳定的对抗危机的策略和方法。但对于每一次突发事件中的应对主体而言，这种策略和方法往往并非源于其自身感性经验，因此未必能够获得其高度认同和自觉遵行。突发事件一旦来临，要求这些策略和方法在最短的时间内被有效实施，只有将这些机制中最重要的部分确立为制度才能确保其有效运行。

第二，有利于明晰人们在学校突发事件应对中的角色，保障应急机制有序运行。应急管理机制的实施，往往要求各类相关主体做出一定的角色转换，即人们在应急机制的实施过程中可能需要扮演某种有别于平常的角色。这种转变可能表现为公共权力的扩张和责任的增强，各种公共主体的权力界限被打破，公民权利的克减和义务的增加，非政府组织和个人获得权力并承担义务等。离开了制度上的安排，这种角色的转换在危机来临时将无从实现。

第三，有利于确保各种应急资源必要的准备和投入，保障学校应急管理机制有力运行。应急管理机制的运行，无论在事前的预防和准备，还是事中的处置和救援，抑或事后的恢复与重建，都需要以消耗巨大的人财物资源为代价。这些资源无论来自公共财政的投入，还是商业渠道的融资，或者对个人的劝募和征收，如果没有法律和制度提供的依据和工具，其保障都将变得十分脆弱。

因此，学校应急管理机制的完善，其目标的实现最终还将有赖于建立健全相关法律制度，譬如制定一部《校园安全法》，为学校应急管理的实施提供必要的制度保障和法制支持。同时，将那些被实践证明为行之有效的、相对成熟的应急管理机制上升为一定层级的法律规范和规章制度，以保障其持续发挥作用。[1]

---

① 从美国应急管理的发展经验来看，制度只有经过法制化后才能有秩序地向全社会推广从而推动应急管理的发展。参见闪淳昌等：《美国应急管理机制建设的发展过程及对我国的启示》，载于《中国行政管理》2010 年第 8 期，第 105 页。

第四章

我国学校应急管理的规范机制框架

当前我国各类学校的应急管理机制尚不够健全，综合应急能力不强。本章提出，加强学校应急管理规范化机制框架体系建设的思路。旨在通过建立规范化应急管理机制，促进学校在较短时间内按照规范的要求建立和完善突发事件应急管理制度，提高应急管理能力和水平。学校应急管理规范机制框架主要包括指挥、信息、行动和保障四个要素，本章研究和阐述了发挥这些要素的功能需要加强的工作，并对支撑应急管理机制的组织体系建设提出了建议。

近年来我国各类学校突发事件频频发生，暴露出学校应急管理存在着漏洞。突出的问题是学校应急管理机制尚不够健全，综合应急能力不强。加强学校应急管理规范机制建设，是当前提高学校应急管理水平和能力的重要途径。

一、我国学校应急管理机制存在的问题

2003 年以来，伴随着整个国家公共应急管理系统的快速发展，我国各级各类学校应急管理工作取得了长足进步，应急管理机制建设不断加强，但仍然存在着严重不足。当前学校应急管理机制所面临的主要问题有：

第一，应急预案编制和管理机制不健全。从我们调研的情况看，大多数学校按照地方政府或教育主管部门的总体部署，统一编制了预案。有的学校规定每年、每两年或遇到较大突发事件后，要修订预案；有的学校还建有以校长为负责

人的预案管理机构。但是，多数学校只有总体预案，缺乏专项预案，有的学校虽然有专项预案，但门类不全，往往只有应对火灾、水灾、食物中毒等常见突发事件的应急预案，而缺乏针对非常见类型突发事件的专项预案。总体来看，学校应急预案的内容失之简单，可操作性不是很强，多数学校的预案有的要素不全、细节不细，有的主体缺失、刚性不够，也存在各校应急预案相互雷同，没有根据各个学校的具体情况制定应急预案的现象。对应急预案的评估工作重视不够，多数情况是教育行政主管部门对学校建立预案以及预案评估并没有明确规定，因此预案评估工作开展得比较少，预案的更新机制很不健全。近年来，大多数学校组织了预案的演练，但制度化程度还有待提高。

第二，应急资源配置机制有待优化。学校突发事件的应对主体常常是政府，作为发生地的学校反而经常表现出缺位和被动局面，尚未建立起高效整合各种应急资源、协调一致开展综合性应急管理的组织机制。如，2011 年某地民办小学发生厕所倒塌压死伤学生事件后，从应急救援、医疗救助、后勤保障、善后工作等都由市政府出面组织进行，学校以及周边社区、邻近单位、家长、媒体等的作用未得到充分发挥。在学校内部，各种应急资源也未能实现良好的整合，不少学校将应急管理工作的职责局限于保卫部门，学校其他职能部门如何参与应急管理缺乏全面科学的安排，教师、辅导员、党团组织、学生社团的作用难以有效发挥。另外，应急资源配置中除了学校与政府之外，NGO 组织也是一个十分重要的资源，但是通常 NGO 组织难于加入到学校突发事件应急管理之中来。因此，应急管理的各种有效资源需要统一安排协调处理，以便于优化整理各种应对力量，形成合力。

第三，综合协调机制较为薄弱。对多数学校而言，虽然建立有应急指挥和应急管理机构，一般由学校主要领导或分管领导牵头，学校相关部门负责人参加，但是不够健全，有的学校在平常状态下除了保卫部门之外，未设立应急管理机构的专门机构或人员；有的学校的应急管理领导机构带有临时性质，仅在事件发生后或某项应急管理目标被强调时才临时设立；有的虽然设有专门机构，但是缺乏严格的工作制度。学校的应急管理协同机制往往把重点放在突发事件爆发后短时间内的控制和处理上，而未覆盖突发事件事前预防与准备、监测与预警、发展与演化全过程管理。对突发事件应急管理中学校专门机构与其他机构、学校与外部社区、其他部门的协调全面协同机制尚不健全。

第四，应急管理信息机制缺失。学校是全社会普遍关注的焦点部位和"敏感神经"，通常情况下学校发生突发事件极易引起较大社会反响，这对学校建立信息传递和传导机制提出了很高的要求。学校领导者和应急管理指挥者往往希望信息在内部迅速向教师和家长传递，以便形成紧急应对的联合体，而不愿意、不善于主动向外界公开相关信息将会导致社会不能及时掌握有效信息、难以积极配合学校进行应急处置。在突发事件发生之后，应急管理组织如何与向社会公众发布信息、如何与媒体沟通、如何收集应急处理的相关信息，在学校突发事件应急管理中都存在问题。因此，建设适应高效率应对突发事件的学校信息管控机制，由信息封闭转变为信息公开，通过信息公开加快信息在内部和外部的交叉传递速度，是提高学校应急管理绩效的重要环节。

第五，学校应急管理机制规范性程度低。上述几个问题的存在都与学校缺乏规范性的应急管理机制有关。我国目前尚无学校应急管理方面的专门法律、法规，现有的应急法律制度未明确规定学校的应急管理的权责及运行机制，学校应急管理难以获得具体的法律制度保障。各个学校自己摸索建立应急管理的机制，有的做得好些，有的走了弯路，有的不够重视，影响了应急管理工作。建设学校应急管理的标准机制，可以在一定程度上弥补法制建设的不足，促使各个学校通过机制方面的标准化、规范化建设，建立和完善应急管理制度体系，加强学校应急管理能力建设，提高危机应对效率。

二、建立学校应急管理规范机制框架的意义

目前我国学校应急管理所面临的困境、存在的问题具有一定的普遍性和全局性，需要从重新设计与建构结构性制度的高度进行谋划和设计。因此，从当前应急管理形势和任务出发，提出一揽子加强学校应急管理规范机制建设的框架，作为应急管理的基础性工程整体推进学校应急管理体系建设，十分必要。

建立学校应急管理规范机制的基本框架，是逐步推进应急管理层次化、标准化的需要。运用全方位立体式、应急管理和多元主体应对学校突发事件，有助于破解当前学校应急管理存在的主体单一、应对层级不合理、运行机制不健全等问题。通过标准化机制建设，可以进一步明确各级、各类突发事件的管理主体的职责和权限。在标准机制中针对不同的层级的危机有不同的应对主体规定，进而建立由单一应对主体转设为综合应对主体的应对体系。当危机比较轻微时，主要由学校或学校的部门解决，而危机比较严重时，以学校为主、其他单位为辅处理危机，只有当学校危机上升到区域甚至国家层面的时候，学校才成为辅助单位，由政府为主来处理，由此大幅度节省社会资源，提高危机解决的效率。

建立学校应急管理规范机制的基本构架，可以促使优质、高效的学校突发事件应急管理制度迅速在全国普及。就具体情况来看，全国学校的高低层次不一，学校实力强的完全可以自行制定比较完善的应急管理制度，但是这些学校少之又

少，而实力比较弱的学校难于制定有效的应急管理。因此通过建立全国性的学校应急管理规范机制的基本框架，可以对全国学校应急管理起到直接的示范作用。各地的学校只需要依照规范的要求来建立自己的应急管理小组，准备物资、具体化应急预案，以较小的投入换来较大的效益。从时间上来看，规范框架的提出也能够最快捷得推动全国学校应急管理的水平上一个台阶。

建立学校应急管理规范机制的基本框架，是优化应急管理资源配置的需要。应急管理机制与常态管理机制的区别在于，应急状态中的人员的角色和职责不是在日常生活中的级别与职务的照搬，而是按照应急管理功能需要和相应的技术原则重新进行的定位，并在此基础上实现结构重组。比如，在常态管理中领导者的管理幅度是 12 个人，而在应急管理中，每一领导者的管理幅度一般不超过 7 个人，这样才有助于以扁平化的组织模式实施应急管理。每一应对小组都应该实行领导负责制和"现场指挥官制"，即全权负责自己分管领域的工作，在这个领域里可以指挥比自己级别职务更高的人员。标准应急机制具有很强的适应性和弹性，可以应对多种学校突发事件，"以不变应万变"。在应急管理标准机制中，不同的应急管理岗位可以实现互相置换，如果哪一种功能的人员缺失，则应急管理机制会自动提出该功能由另外的人来履行。学校通过这些标准机制的建设，实现优化创新，增加效益，用较少的人员实现平时需要更多的人力才能解决的应急问题，以较少的投入实现较理想的危机处理结果。

建立学校应急管理规范机制的基本框架，是应急管理制度建设的需要。目前，国家层面应急管理的制度比较健全，而各类学校以标准机制为范本建设符合自己学校的应急管理标准机制的工作尚在推进之中。通过建立学校应急管理机制的基本框架，整体加强学校应急管理，可以起到规范与约束各类各级学校的应急管理建设的作用。学校应急管理的标准机制是对学校应急管理的基本要求，因此以标准机制的要素来要求所有的学校应当在应急管理中达到一定的基本标准，可以最大限度地减少学校突发事件所带来的损失。如美国在 1993 年的 Pertis 法案中就明确规定了学校应急管理的标准机制，通过标准机制要求各学位建立应急管理的标准应对机制。这一机制在美国发挥了巨大的作用，提高了学校的危机应对能力。目前，美国已经通过了全国性的学校应急管理标准机制，通过该标准机制要求所有的学校在应急管理上都应当达到一定基本的标准。

三、学校应急管理规范机制框架的基本构成

学校应急管理规范机制的基本框架由四个基本要素构成：指挥、信息、行动

和保障。

第一，指挥。学校突发事件应急管理规范机制要按照事先确定的标准，在发生突发事件后，第一时间就能根据事态性质和程度确定本次突发事件应急管理的指挥者。大多数突发事件由学校校长担任指挥者。校长应该在发生突发事件后第一时间到达事先确定的指挥部，迅速组成应对小组，在副校长、信息组长、安全组长以及联络人等应对小组成员的协助下行使应急指挥职能，以最快速度发布应对突发事件的校长命令。要当好指挥者，就需要经常评估学校和地区及国家的公共安全形势，并根据形势制定相应短期、中期和长期的应对策略。指挥者应当充分了解学校可以调动的应急管理资源，在应对过程中准确记录应急处置的决策和措施，随时、有效地与学校突发事件现场处理人员进行沟通。

第二，信息。学校突发事件应急管理规范机制要求所有与该次突发事件有关人员能够及时有效地获得相关信息。该机制发挥功能最少需要由两个成员来完成，一个是信息记录人员，一个是通信人员，他们直接对指挥者（校长）负责；如果突发事件的规模大，参与应急管理的人数多，则可以成立专门的信息小组，由信息小组的组长直接对校长负责。信息人员要对所得到的信息进行记录和评估，通过信息来随时评估突发事件所处的状态以及应急管理的进展情况。信息功能在危机应对中相当重要，只有准确、及时得掌握有效的信息才能对突发事件作出准确的判断与应对。信息小组在平时要负责搜集风险信息，预测多种可能性，在突发事件处置过程中要协助指挥者研判发展趋势。规模较小的中小学可指定由学校的图书管理员和历史教师来担任信息员，因其掌握比较全面的资料、认识的学生和教师多，从而可以取得比较好的效果。较大的学校一般设有党委宣传部，可承担对外宣传和发布信息的职责，而不适宜同时承担辅助指挥者决策的信息员职责，地方党委和政府的宣传部门平时与学校、公众之间对学校突发事件了解不多、沟通不畅，也不适合承担信息员职责。

第三，行动。学校突发事件应急管理规范机制要求建立"事件就是命令"的行动秩序，培养一支"第一响应者"[①] 队伍。学校应急管理行动小组和各部门、班级、所有教职员工和学生在突发事件发生后立即作出反应，主动承担起救援责任，成为现场的自救和互救力量，在指挥者尚未发布指令前，即一方面按照应急预案开展先期危机应对，另一方面所有人员处于紧急待命状态，将各种信息联系方式处于连接状态，当指挥者发出命令后即按照新的要求行动。为发挥"行动"

---

① "第一响应者"最早指在医疗领域通过培训能够在医疗应急救援中提供生命救助的人员。现在欧美国家广泛应用这一概念并付诸实践，强调在突发事件中包括志愿者和专业人员在内的所有在现场的或者到达现场的人作出正确的应急救援行为。参见宋劲松、刘红霞：《应急管理中第一响应者制度的产生与发展》，载于《中国应急管理》2011 年第 8 期。

机制的有效功能，需要在所有人员中确定一批核心成员，他们应当能具体实施以下比较专业的行动：急救、危机干预、搜救、现场安保、损失评估、疏散以及引导学生与家长会合等。为了实施这些核心行动，通常学校要成立相应的行动小组。行动小组的成员需要在平时锻炼，以具备在混乱环境以及社会系统残缺的情况下完成任务的能力。

第四，保障。负责协调对包括行动小组需要的人力、物力及装备等补给、组织，负责向参与救援的人员以及外来的志愿者提供服务。规范化的后勤服务机制要做好事前的物质储备和运行准备，在救援行动实施过程中主动提供服务，并与信息小组沟通以预备下一步应对危机发展之需。该功能一般可以由学校的后勤以及财务部门为主来实现。

整个学校规范化的应急管理机制体系可以用图4-1来表示：

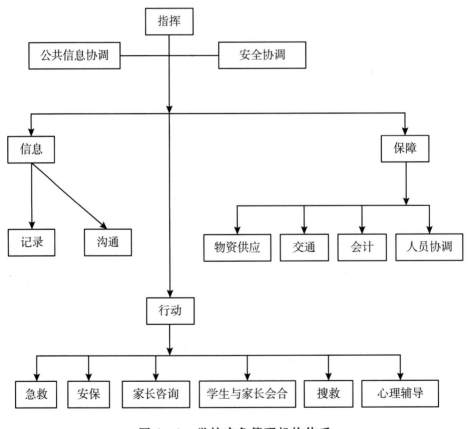

图4-1 学校应急管理机构体系

从实施的层级上来看，学校应急管理规范机制一般有五个应对层级。第一，学校的部门应对。该层级指比较轻微的学校突发事件，只需要学校的相关部门配合，如校长及相关处室领导人协调就可以解决的突发事件，常见的如个别学生自杀、被绑架等。第二，学校应对。该层级的突发事件比较严重，需要举全校各部门的综合力量进行应对。第三，地方政府应对。危机相当严重的时候依靠学校的力量已经不能应对，此时应当申请县级或更高层级地方政府介入，以公共权力和行政力量协调各方面对学校危机进行干预。第四，省际协调应对。突发事件进一步发展依靠，单个省级政府的力量也无法解决时，需要协调几个相邻省的力量综合应对。第五，国家应对。危机特大化之后需要以全国的力量来应对，如四川汶川大地震中对学校的救援。

四、学校应急管理规范机制的组织支撑

充分发挥应急管理规范化机制的功能，有赖于规范化组织体系的支撑。为有效实施规范化应急管理机制，建议学校在应急管理中建立以下组织，并形成有机联系的整体：

第一，突发事件应对指挥小组。该小组的职责是在学校突发事件发生时指挥相关人员进行应对。小组的组长依据突发事件的情形决定，小组的成员一般由专家顾问、负责学生活动的教师、校医院的人员、学校的心理辅导人员、行政人员、后勤中的物业管理人员、学校电工、保安、财务人员以及一些授课教师等组成。特别要注意的是，在发生较大突发事件的情况下，小组中应包括新闻发言人、协调人员和信息人员。新闻发言人代表学校官方向外界发布信息，负责与媒体沟通，评估媒体对学校突发事件的报道，并针对错误的媒体报道发布更正信息等。协调人员负责对指挥者作出应对决策进行评估，确保所采取的措施有效和本身具备安全性，督促决策措施的执行。协调人员在平时要注意和制止学校内任何危险活动，定期检查学校的安全状况，检查应急管理人员使用的设备的安全性能和使用年限，记录并保存学校所有的安全方面的文件，督促学校开展应急管理的教育、培训和演习等。信息人员的职责在前面已有论述。

第二，家长接待小组。学校突发事件发生后，通常家长都会蜂拥而至学校，查看自己的孩子是否安全。因此，需要一个专门小组来接待家长。家长接待小组首要职责的稳定前来学校的家长情绪，给他们提供学校应急管理的权威信息，引导他们与自己的孩子团聚，同时还要保证前来学校的家长在学校危机中的自身安全。该小组要安排富有同情心、感情敏锐、善于交流、有心理干预能力和抚慰知识的人员。

第三，学生看管小组。该小组的主要职责是在学校突发事件中负责全部学生的安全保障工作，看管、陪同、安抚受惊的学生，负责与家长接待小组联系，做好对接和将学生交给家长的工作。该小组要严格记录他们所看管的学生总数，并在每一位学生离开时做"消号"处理。必要时，学生看管小组要配备心理干预人员和安保人员，以便适时为学生提供相关帮助。根据国外经验，即便是高等学校也有必要在发生突发事件后成立学生看管小组，其职责与中小学略有差异，主要负责清点学生人数，为学生提供救助服务。

第四，档案小组。该小组的主要负责记录学校突发事件的发生、发展全过程以及学校实施应急管理的措施。这些记录可以为学校提高危机处理能力及预防能力提供重要的资料。需要记录的主要事项有：新闻发言人公布的所有学校突发事件的信息、学校突发事件应对小组与外界的所有交流信息、学生、教职员工的数量并及时更新、失踪学生及教职工的报告、学校的损失报告、记录学校在灾后重建的开销、保管学校在危机前的所有重要文件。

第五，心理干预小组。该小组在学校突发事件中除了负责给学生提供危机心理干预外，还可承担为应急管理指挥者、救援人员提供心理安慰，并为危机后心理复原提供支持。该小组在平时和危机应对中要及时与其他行动小组交流，以便确认学生与教职员工是否存在心理问题，这些心理问题在突发事件处置中会不会对应急管理效果产生影响，是否需要提前实施心理干预等。

第六，疏散小组。该小组主要负责在突发事件发生时疏散学生及教职员工，维持人流的疏散秩序，及时发现和找回走散人员和失踪人员。该小组在实施疏散行动中，要设法尽快从学校老师处获得失踪学生的名字及人数，及时向指挥者汇报，然后根据命令进行单独的或协助搜救小组对失踪者实施搜索与救援。

学校应急管理规范机制的组织支撑还包括根据需要建立的医疗急救小组、搜救小组、安保小组、设备小组、防火小组等。

学校应急管理规范机制所需要的管理系统呈现为伞状组织构架，各个应对小组下面还可设立若干分小组，形成协同型整体。为了更好地实施应急管理规范化机制，要定期组织开展训练、培训和演习。

第五章

资源约束视角下的学校安全管理创新

资源的严重匮乏是当前中小学安全管理面临的一大约束条件，导致其安全管理中权、责、能的严重错配，使学校安全管理的制度设计失去了正常运行的基础，并致使其对突发事件的应对长期停留在事后被动回应的低水平，还造成了安全管理过程的碎片化。在资源条件无法得到迅速改善的前提下，应当立足于管理创新来提高中小学安全管理实效，其主要措施包括安全管理组织的社会化、安全管理资源供给的市场化，以及安全管理模式的标准化。

近年来，中小学安全管理形势严峻，恶性事件频发，中小学安全问题成为一个社会焦点，也成为学术研究的热点。研究者针对其安全管理系统的完善、安全管理措施的改进提出了大量观点和建议，但这些研究大多没有充分注意到中小学安全管理的核心主体——学校本身所面临的资源约束，至少是对这一点没有给予足够重视。资源的严重匮乏导致中小学安全管理中权、责、能的严重错配，使学校安全管理的制度设计失去了正常运行的基础，并导致其对突发事件的应对长期停留在事后被动回应的低水平，还造成了安全管理过程的碎片化。

我们知道，一切的制度变革和管理创新都是有条件约束的。其中，管理者所拥有的资源是最重要的约束条件。如果我们对学校所面临的资源约束没有准确把握和清醒认识，对中小学安全管理所提出的任何对策、做出的任何安排就不可能具有针对性和实效性。我们认为，在资源条件无法得到迅速改善的前提下，应当立足于管理创新来提高中小学安全管理实效，其主要措施包括安全管理组织的社会化，安全管理资源供给的市场化，以及安全管理模式的标准化。

一、中小学安全管理中的资源约束

在有关中小学安全管理的研究中，人们习惯于将学校看作一个规模不等的"小社区"。因此，学校安全只不过是社会安全问题在这个"小社区"中的具体表现。尽管这个"小社区"的安全问题在诱因、类型、后果等方面有着某些特殊性，但通过照搬或修正公共应急管理的一般理论和方法，就足以提供学校安全管理的对策。这种研究思路忽略了一个重要背景：在通常的公共应急管理中，政府作为主要负责者的同时，也是权力和资源的掌握者，而在中小学安全管理中，作为主要负责者的学校并不拥有实施管理所需的大部分权力和资源，而对于这样的需求，政府往往也无法给予满足。这一点从根本上决定了中小学实施安全管理所面临的约束条件比一般的公共应急管理要苛刻得多。

我们以一所师生总数 500 人左右，即中等规模的中小学为例：在人力资源上，其安全管理人员按规定应包括安全员一名、校医一名、保安两名，其余工作由教师兼任。在经费来源上，公立学校的支出依赖教育行政部门拨款，每所学校所得经费比较微薄，学校对这些开支基本上没有自主权。一部分私立学校的财务状况好于公立学校，并有支出自主权，但其投资者出于成本收益计算，普遍不愿加大对学校安全的投入。在设备物资上，多数学校能够配备最基本的安全管理设施、设备，但只有少数学校有财力采用较先进的安防技术，至于应急物资储备，则几乎无从谈起。在专业能力上，中小学的管理者和教职工通过培训可以胜任其岗位的安全管理职责，但安全管理是一个专业性极强的领域，任何一所中小学都不拥有自主建立一个完备、科学安全管理系统的技术力量。

2008 年，一项针对北京 50 所中小学的调查发现，"95.7% 的学校建立了安全工作领导小组，但只有不到半数的学校设立了专职安全管理人员或群众性治安保卫组织"，"三年中，50 所被调查学校每年在安全经费方面的总投入为 344.7672 万元。每所学校在安全教育、安全设备设施和安全技术经费方面的年均投入分别为 0.8860 万元、4.2427 万元和 1.4126 万元。每所有事故理赔的学校在安全教育、安全设备设施和安全技术经费方面的年均投入分别为 0.2189 万元、1.0789 万元和 0.2542 万元，仅占 50 所被调查学校相应项目投入均数的 1/4。如果从 50 所被调查学校中剔除事故理赔学校，这个比例将减少到 1/5 ~ 1/6"。[①] 这

---

① 刘艳虹等：《北京市中小学安全管理现状调查》，载于《教学与管理》2008 年第 19 期。

既反映了中小学安全管理投入的不足，也表明了学校的投入水平和安全管理效果之间存在正相关性。2009 年，另一项针对广州中小学的调查发现，"目前许多学校因缺乏资金，无法为校舍配备基本的消防设施和防盗监控等安全设施设备"，"由于受人员编制的限制和政策的影响，除部分高校外，各级教育行政部门及中小学校，几乎都没有专门的学校安全工作机构或安全工作人员，基本上都是兼职"。① 作为相对发达地区的北京、广州况且如此，遑论其他。

二、资源匮乏带来的问题

资源约束对行为的影响是根本性的，上述的资源不足至少导致了这样几个严重问题：

第一，权、责、能严重错配，使整个学校安全管理的制度设计失去了正常运行的基础。权限、责任与能力相统一，是公共应急管理的基本原则之一，也是公共应急管理系统正常运行的制度性前提。而在中小学安全管理领域，由于学校的资源匮乏，三者出现了严重错配。一方面，立法规定政府及其部门、学校、其他组织和个人对突发事件应对在不同层面上负有责任，但这些责任在性质上是有区别的，政府及其部门承担的是相对宏观的监督、指导、协调、推动责任，学校则对本校的安全管理负有直接、全面、具体的责任；另一方面，这些立法又规定学校突发事件应对中的主要权力由行政机关行使，学校主要负有报告、服从、配合、协助等义务。与权限的集中相对应的是资源的集中，学校自身在安全管理中所能支配的资源是极其有限的，绝大部分资源都由属地政府及其部门掌握。如此就产生了一种奇怪现象：作为学校安全管理责任重心的学校不掌握大部分权限和资源，拥有权力和资源的政府及其部门却不是直接的责任人。由于学校所承担的安全管理职责大大超过了其能力，很多职责实际上未能得到履行，又由于这种情况过于普遍，主管部门也自然无从问责，相关的制度设计随之沦为摆设。以广受关注的《校车安全管理条例》（以下简称〈条例〉）为例，《条例》赋予各级政府及其相关部门（教育、公安等）相关责任的条款共计 12 处，而对于一个自备校车的学校而言，赋予学校及其工作人员（驾驶员、随车照管人员）相关责任的条款却多达 35 处。对于学校及其工作人

---

① 万华：《学校安全工作中的难题与立法思考》，载于《华南师范大学学报》（社会科学版）2009 年第 3 期。

员的这些责任，《条例》规定得十分全面、细致、严厉，但显然超出了许多中小学的承受能力。为了规避这些根本就承担不了的责任，部分中小学干脆取消校车，某些地区甚至为避免配置校车而恢复了刚刚被撤并的位置偏远或规模较小的学校。

第二，资源不足造成中小学对突发事件的应对长期停留在事后被动回应的低水平。突发事件应对是包括事前预防与准备、临时监测与预警、事中处置与救援、事后恢复与重建的全过程管理，并以事前管理为重心。目前，大多数中小学的安全管理体系在形式上覆盖了上述各环节，但由于资源和能力匮乏，大多数环节的工作并没有在实质上开展。例如，对于学生的安全教育，目前只有部分地区编制了教学大纲和教材，大部分地区需要依靠学校开发校本教材，但只有极少数学校具备这种研发能力。再如，风险排查是学校安全管理中一项十分重要的基础性工作，却很少有学校能够开展哪怕一次全面、有效的风险排查。至于突发事件发生后的应急处置和救援，学校所能做的就是向行政机关及时报告并积极配合，没有多少能力履行其先期处置职责。也就是说，学校对于突发事件的应对主要只体现在事后，如修复受损建筑和设施、恢复教学生活秩序、处理赔偿和抚恤、对学生实施心理干预等。至于其他工作，学校心有余而力不足。由于对风险进行主动干预和管理的能力十分有限，学校最主要的安全管理工作，就是在遭受一次次危机事件冲击后被动地、疗伤式地进行简单回应、疲于应付。

第三，资源匮乏还导致了安全管理过程的碎片化。突发事件类型的多样性是中小学安全管理复杂性的重要方面，大多数类型的突发事件都可能在学校中发生。此外还存在某些学校特有的突发事件，如学生伤害、学生自杀、考试安全、教学安全事件等，不同类型的学校突发事件还可能并发、复合、衍生。因此，一个健全的中小学安全管理系统，既要实现对常见类型突发事件的全覆盖，避免出现管理死角，又要做到综合协调，实现对不同类型突发事件管理的无缝衔接。但是，目前的学校安全管理却呈现出高度碎片化的状态。由于安全形势严峻，各种重大校园安全事件此起彼伏，不断刺激着社会舆论和公众心理，各级行政主管部门力图通过不断地颁发文件、召开会议、巡视督察等方式回应这些巨大的社会压力。"每当一起校园安全事件发生，都会伴随着当地政府乃至整个教育界的'大反省'和'大问责'：黑板报墙体倒塌导致学生受到伤害后，政府部署开展校园安全大检查；踩踏事故发生导致学生伤亡后，教育部门试行错峰放学和紧急疏散演练；学生被绑架案件发生后，公安部门开始在校园周边增加警力。针对一些地方接连发生的伤害在校学生和幼儿园儿童突发安全事件，公安部召开紧急视频会议、下发紧急通知，部署全国公安机关坚决严厉打击侵害师生安全的违法犯罪活动，进一步加强学校和幼儿园的安全保卫工作"。① 这些压力经过层层传导，最终还是落到了学校身上。而学校由于资源匮乏，根本就不可能完成主管部门提出的各种任务，大多数学校在同一时间内集中全力也只能完成一两件事。这就使得学校始终无法开展全面的安全管理，只能时而顾此、时而顾彼，被动应付。这种碎片化、运动式的管理模式，效果既微且暂，将学校安全管理带入了"按下葫芦浮起瓢"的恶性循环。"学校安全政策之所以出现问题构建错误，很多情况下是因为忽视了对教育问题的前瞻性构建，不去预测和制定以预防、鼓励、促进为主的积极性教育政策，而当问题严重的时候又急于出台消极性教育政策。"②

我们在揭示中小学面临的资源困境及其严重后果的同时，还不得不面对一个令人十分沮丧的事实：资源的匮乏将是长期化的，只能缓慢、渐进、有限地改善。任何寄希望于迅速改善中小学的资源条件，从而一举扭转局面的设想，都是不切实际的。唯一可行的思路是，在现有的资源约束条件下谋求管理创新，通过改革组织架构，优化资源配置，整合任务目标，最大限度地摆脱困境。

管理创新的概念源自企业管理，"是指企业家通过创新引入一种新的更有效的管理方式和方法，改变该企业原有的生产函数，建立起新的生产函数，从而使企业在要素不变的情况下，提高产出的水平，或用较少的要素投入，获得同样的产出水平。"③ 目前，这一概念已经被公共管理、社会管理等领域广泛接受，用于指称对一个系统中"软件"部分的创新，即通过对管理理念、组织架构、管理方法、管理流程进行创造性的变革，以更为有效地实现组织目标的活动。对于中小学安全管理来说，当前的管理创新主要应从三处着眼：一是安全管理组织的社会化，以实现政府、社会和学校应急能力的整合；二是安全管理资源供给的市场化，以提高资源配置效率；三是安全管理模式的标准化，以优化任务目标。

三、安全管理组织的社会化

公共应急管理的组织体系，指的是一个应急系统中各种力量的组合方式，对应急组织的设计，直接决定了一个应急管理系统的总体能力。对应急管理资源的

---

① 莫于川：《我国平安校园、和谐校园建设的法治路向》，载于《哈尔滨工业大学学报》（社会科学版）2011 年第 3 期。

② 杨颖秀：《结构性教育问题的危机与解除危机的教育政策重构》，载于《教育理论与实践》2006年第 1 期。

③ 李子奈、鲁传一：《管理创新在经济增长中贡献的定量分析》，载于《清华大学学报》（哲学社会科学版）2002 年第 2 期。

整合，首先是通过对应急管理组织的整合来实现的。中小学在应急管理中的资源困境，与组织的封闭性有着直接关系。学校在其内部只能整合自身资源，多借助家长和校友的帮助，对于政府和社会的资源则难以有效利用。许多研究者提出，学校应通过加强与政府部门、社区及其他社会组织的协作，扩大校园安全管理参与主体的范围，以增强应急管理能力。① 但这种意义上的合作并不是对资源的实质性整合，只是对组织外寻求援助，效果有限。安全管理组织的社会化，是指以学校安全为纽带，将全社会各种可能的应急力量连接起来，组成一个新的组织系统。学校和其他应急力量都是这个组织系统的一部分，而非不同组织系统之间的合作。这一点，接近于某些研究者提出的以学校为核心，包括政府部门、社区、社会专业团体、企事业单位、媒体、家长等在内的"多中心治理"框架。②

建立一个社会化的学校安全管理组织，要解决三个问题：

第一，构成。应急组织体系的构成原则是能力最大化，必须将能够利用的资源都以适当形式连接起来。美国始终强调学校安全是全社会的责任，千方百计利用各种社会资源为学校安全服务，这一理念在学校安全管理的各阶段都得到了良好体现。③ 在美国全国学校安全中心列举的学校外部资源中，包括社区居民、社会服务机构、商业领袖、政府代表、法律执行部门和媒体等。④ 国内的研究者则列举了公安、消防、医疗、卫生、交管、传媒、企事业单位、商店、社区服务中心、居民等。⑤ 上述这些资源可以分为两类，即政府的和社会的，其中的关键是政府应急资源与学校的有效融合，这种融合包括四个要素：理念、信任、协同与标准化建设。⑥

第二，角色。对不同应急力量的角色分配，是决定这些力量能否真正结合为一个整体的关键。在多元的应急组织体系中，学校并不掌握最多的资源，却居于枢纽地位，其角色在于协调各方，同时负责组织的日常运行。在这个组织系统中，家庭比学校对安全问题更为关切，可以直接视为学校的资源加以运用。日本

---

① 郭永刚：《国外学校危机干预综述》，载于《浙江教育学院学报》2008 年第 1 期；方展画、王东：《美国校园危机管理的组织架构分析》，载于《高等教育研究》2008 年第 9 期。

② 中国行政管理学会课题组：《高校应急管理机制建设研究报告》，载于《中国行政管理》2006 年第 10 期；尹晓敏、方益权：《公共治理：我国校园安全管理的一种新范式》，载于《现代教育论丛》2011 年 3 月。

③ 薛二勇：《学校应对突发危机的机制建构——以美国的学校实践为例》，载于《外国中小学教育》2009 年第 8 期。

④ National School Safety Center. National school safety center's handout on working together to create safe schools [EB/OL]. http://www.schoolsafety.us/pubfiles/working_together.pdf.

⑤ 方展画、王东：《美国校园危机管理探究——兼论国内高校突发事件的应对策略》，载于《大学教育科学》2011 年第 4 期。

⑥ 高小平、彭涛：《学校应急管理：特点、机制和策略》，载于《中国行政管理》2011 年第 9 期。

学校中广泛建立的父母与教师之会（Parent – Teacher Association，PTA）就是将家庭资源融合于学校的典范。[1] 日本 2006 年版的《警察白皮书》显示，地方自主成立的学生上学、放学途中保护团体达 12 816 个；防范学生安全志愿者团体达 19 515 个。[2] 政府的角色则不能满足于扮演一个监管者和协助者，而是应当将其应急权力和资源直接让渡、配置到学校当中去，使其由行政权力、行政资源转变为社会公共权力、公共资源。[3] 除了仿效美国建立校园警察之外，[4] 我们还可以对其他人适用类似制度，如校医同时隶属于基层医疗机构，安全员兼任综治部门的社区网格长，校长或政教负责人兼任人民调解员。对于社区，其安全管理应当自始至终与学校作为一个整体来对待，学校与社区应当共同编制应急预案、共同开展应急演练、共享其他应急资源。例如，学校应当被规划为社区的应急避难场所，而在学校发生暴力事件时，社区中的每个家庭也有义务为学生提供庇护。至于其他社会组织，为了获得其稳定支持，学校不能只寻求一般性的协助，而应通过签订协议等方式成为这些组织的客户或成员。

第三，运行。社会化的中小学安全管理组织体系具有多元性和开放性，其指挥、运作方式必然和一元、封闭、常规的安全管理组织不同，其运行可以考虑分层次、弹性化的设计。在美国，学校应急小组由地区应急、社区应急和校区应急三个层面构成。[5] 考虑到在中国社区的应急资源可以为政府所调动，某些社区资源和政府资源也很难清晰界分，因此只需要做两个层次的弹性化设计。第一个层次可以称为学校安全管理的核心小组，主要由学校内部人员构成，包括校长和副校长（兼人民调解员）、安全员（兼网格长）、校警的负责人（兼属基层警署）、校医（兼属基层医疗机构）和其他安全管理人员，该小组的功能是调动学校自身资源和政府向学校配置的资源以开展日常安全管理，独立应对较小规模的事件，并负责学校与政府部门、社区、非政府组织和家庭的信息沟通。第二个层次可称之为扩大小组，除核心小组成员之外，还包括教育、公安、综治、卫生、司法等公共部门的代表、社区负责人、非政府组织代表等。该小组的功能有二：一是确定学校安全管理的制度和规划；二是在较大规模的学校安全事件发生或预警状态下，最大限度地调动资源以实现学校响应能力倍增，接替核心小组负责事件的应

---

[1] 鲁霞：《日本学校教育中的 PTA、BCP 对灾害危机对应的作用》，载于《大连大学学报》2011 年第 6 期。

[2] 罗朝猛：《日本：全民动员给孩子个安全的校园》，载于《上海教育》2010 年第 11 期。

[3] 崔卓兰、宋慧宇：《高校公共安全服务社会化探讨》，载于《北方法学》2008 年第 3 期。

[4] 美国的学校警察由学校聘任，其升迁、淘汰由学校决定，经费开支由学校负担，但同时又拥有和普通治安警察相同的权力、职责和义务，适用相同的管理制度。

[5] 杨力、邢娟娟：《学校突发事件应急管理与预案模式探讨》，载于《中国安全生产科学技术》2010 年第 1 期。

急指挥。这种弹性化的运作机制，可以使学校安全管理组织的功能与不同状态下学校的能力和资源需求相适应、相匹配。

四、安全管理资源供给的市场化

安全管理组织的社会化还不足以使应急的资源配置达到最优，原因在于政府、学校和社区虽然都掌握着一定的应急资源，但都未必是这些资源的直接提供者，通过什么样的方式来生产这些资源，会在效率上大不相同。中小学安全管理的资源大致上可以分为三类：一是产品，即安防设施设备、校车、计算机软件等；二是人员，即安保、医疗、心理干预工作者等；三是服务，包括安全规划的编制、应急预案的编写、风险的评估与排查、应急演练的组织、安全课程的开发等。产品的供给较易实现市场化，因为无论是政府还是学校，都不可能自己去生产这些产品，只能从市场上购买。至于人员的供给，目前中小学对安全管理人员的要求还远远没有达到专业化的程度，也就不存在专门的学校安全人力资源市场了。而在服务的提供上则完全是非市场化的，要么由主管部门直接实施，要么由学校按照主管部门的要求自行完成。也就是说，除了作为"硬件"的产品之外，目前中小学安全管理资源的供给是非市场化的。

在政府和学校安全管理投入总体不变的情况下，如果转为以市场为主来提供资源，有可能显著提高资金的使用效率。首先，市场是最好的资源共享机制。在原有模式下各学校需要分别配置的人员或购买的服务，有一部分是能够通过市场机制实现共享的。例如，邻近的多所学校可以共同聘请心理医生、安全顾问，由于安全问题相似，还可以共享一套预案编制模板、应急演练方案和安全教育课程。其次，市场机制能够有效降低资源价格。通过市场的有效竞争，同等资源的价格将大大降低。无论是学校还是政府的主管部门，向市场上购买相应的产品或服务，都要比自己生产它们来得经济。最后，资源供给的市场化能够从整体上提升学校安全管理的水平。竞争压力和供需双方的频繁互动会促使市场逐步成熟，从而能够提供更高质量的专业人才，以及品种丰富且水准更高的服务，最终提升学校安全管理的水平，而这一切如果依赖公共部门自身来完成则将需要更长的时间。在美国，久负盛名的全国学校安全中心（National School Safety and Security Services）就不是政府建立而由一家企业建立。该企业为与其订有协议的学校、公共安全组织、青少年服务机构、政府机构等客户提供专业服务，服务范围涉及学校安全咨询、安全信息服务、学校安全培训、学校安全评估、防暴模拟、诉讼援助等，同时向那些从事学校安全的企业提供咨询。[1]

目前，我国的安全产业还处于起步阶段，主要只提供作为"硬件"的产品——包括中小学安全领域的产品。因此，政府需要着重培育的是中小学安全的人才市场与服务市场，这需要一系列的激励措施加以引导。在人才方面，应当通过就业政策的倾斜鼓励高校培养学校安全管理人才。在学校安全管理组织社会化的背景下，由政府主管部门招聘后向学校委派，或者由学校聘任后经主管部门认可，担任学校安全员、校园警察、校医、学校精神医生等工作。在服务方面，应当鼓励具备研发能力的科研机构、社会组织和科研人员将其成果转化为标准化、系统化的服务，培育出一批从事学校安全管理服务的专业化企业。

五、安全管理模式的标准化

安全管理的标准化，可以有两种理解：一是设定一个统一标准，要求所有中小学的安全管理都要达到这个标准；二是开发一套标准的管理方案，要求所有中小学遵照或参考其实施安全管理。这两点实际上是统一的，因为实现了后者也就必然实现了前者。对于标准化管理的意义，有研究者曾有较深入的分析："学校应急管理的标准化机制是对学校应急管理的基本要求，因此以标准化机制的要素来要求所有的学校应当在应急管理中达到一定的基本要求，可以最大限度地减少学校突发事件所带来的损失"，"学校通过这些标准化机制的建设，实现优化创新，效益倍增，用较少的人员实现平时需要更多的人力才能解决的应急问题，以较少的投入实现较理想的危机处理结果"。[2] 在我们看来，管理的标准化对于破解中小学资源困局是最为重要的。

首先，管理标准化有助于简化学校的目标任务。在碎片化、运动式的管理模式下，学校的工作重心不断地在学校安全管理的各个"片段"间切换，似乎永远也搞不清其全部目标到底是什么。而标准化管理通过对碎片化状态下那些重复、扭曲甚至相互矛盾的目标加以清理、消纳、整合，将使学校安全管理的全部任务得到完整、清晰、一次性的界定，能够大大减轻学校的负担。其次，管理标准化能够整合不同类型学校突发事件应对中的共性要素，提高有限资源的使用效能。例如，美国国土安全部和教育部推荐学校使用标准化的突发事件指挥系统（Inci-

---

[1] http://www.schoolsecurity.org/school-safety-experts/companyhtml.
[2] 高小平、彭涛：《我国学校应急管理机制规范化框架研究》，载于《中国应急管理》2012年第6期。

dent Command System）来处理学校危机。在标准化的指挥系统中，各学校处理突发事件时采用统一的概念、原则和术语，指挥者发出一个简短指令，现场的所有人都能立即明白其全部意义，显著提升了应急管理效率。[1] 再次，管理标准化等于向学校直接提供了一套完整的安全管理方案，节省了学校的探索成本。例如，学校在寻求恰当的外部合作者时需要付出许多努力，而美国国土安全部将美国红十字会和全国抗灾积极分子志愿者组织等非政府组织直接纳入其公共安全管理体系，将其职能写入国家应急预案中，由教育部将这些非政府组织列入危机管理资源库向所有学校推荐。[2]

政府对于学校安全管理标准化的推动无疑负有最主要的职责。在美国，联邦和州的教育部门、司法部门会为学校提供内容详尽的管理指南或管理计划，对学校安全管理的原则、组织、方法、流程和预案加以描述和指导，内容翔实周密。例如，1998 年美国教育部和司法部发布的《提前警告，及时回应：学校安全指南》明确规定了安全、无暴力学校的九条标准；2000 年美国教育部制定了《保护我们的孩子：行动指南》，为学校提供减少校园暴力的具体操作步骤；2005 年由美国司法部资助的《整合执法为学校安全：密尔沃基倡议》呼吁增加与学校安全相关组织的沟通与协作，规划和制定学校安全方面的政策以及实施的战略。[3] 最具代表性的是制定于 2003 年 5 月的美国教育部《危机计划的实用资料：学校与社区指南》，提出了"危机预防—危机准备—危机应急—危机后恢复"的安全管理四阶段模式，至今为美国的学校所通用。[4] 联邦应急管理署（FEMA）也致力于为学校安全管理提供标准化模式，FEMA 提出的危机管理原则和运行模式被广泛应用于校园危机应对预案的制定，FEMA 还向学校提供校园多风险防范预案、突发事件管理系统的学校应用、地震逃生教师手册等危机管理课程。[5] 在日本，其文部省也通过编订校园危机管理手册、收集学校安全模式等方式为学校提供具体指导。[6] 当然，对学校安全管理标准化的推动是一个长期的过程，对美国加利福尼亚州的一项调查显示，从 1993 年起，该州就要求教育机构建立紧急事态标准管理系统。但直到 2008 年，只有 65% 的学区以及 56% 的学校建立了这一

---

① 高小平、彭涛：《学校应急管理：特点、机制和策略》，载于《中国行政管理》2011 年第 9 期。

② 方展画、王东：《美国校园危机管理的组织架构分析》，载于《高等教育研究》2008 年第 9 期。

③ 李云鹏：《美国保卫校园的安全机制》，载于《外国中小学教育》2011 年第 2 期。

④ US Department of Education, Office of Safe and Drug – Free Schools. Practical information on crisis planning: a guide for schools and communities [EB/OL]. http://www. ed. gov/admins/lead/safety/emergencyplan/crisisplan-ning. pdf.

⑤ Emergency Management Institute. EMI School Program [EB/OL]. http://training. fema. gov/emiweb/emischool/.

⑥ 杨九斌、武亚丽：《学校、政府、社区共同构建安全的校园——日本校园安全防御机制的建设及其对我国的启示》，载于《现代教育论丛》2010 年第 7 期。

管理系统。其中，又只有41%的学区和21%的学校声称按照管理系统的要求开展了紧急事态管理及相关演习。①

目前，我国中小学安全管理的标准化建设还处于萌芽阶段，据我们不完全统计，自2000年以来，教育部等部门发布的涉及学校安全的规章和规范性文件多达81部，但直到2006年的《中小学幼儿园安全管理办法》才对中小学安全管理的规范、标准进行了初步整合。此后，主管部门不断致力于这一工作。2007年，教育部发布了《中小学公共安全教育指导纲要》；2009年，编制了教育系统突发事件的三个专项预案；2011年，中国教育学会组织编撰了《中小学幼儿园安全工作量化管理手册》；2012年，制定《中小学安全标准》被列入当年教育部工作要点；2013年，教育部发布了《中小学校岗位安全工作指导手册》。但到目前为止，只有上海市在2011年正式颁布、2012年实施了名为《中小学、幼儿园安全防范管理基本要求》的地方准则。因此，推动全国性标准的出台，并在标准的实施过程中研发出一套具有通用价值的中小学安全管理方案，就成了当务之急。

六、结 论

缓解资源困境当然不是中小学安全管理策略的全部，但所有的管理策略无疑都只能在现实的资源条件下展开，当既有的管理策略不能凭借现有的资源实现其目的时候，就必须谋求管理创新。本章所论及的各种管理创新途径，在最大限度地破解中小学安全管理的资源不足难题上是一致的：安全管理组织的社会化有助于利用政府和社会资源弥补学校的能力欠缺；安全管理资源供给的市场化有助于降低资源的使用成本；安全管理模式的标准化有助于整合需求使有限的资源和目标更加匹配。基于上述策略，在我国当前兼具迫切性和可行性的具体措施至少包括：第一，在已经启动的学校安全立法中，对政府、社会和学校的安全管理资源和应急保障措施做出统筹性的制度安排；第二，尽快出台鼓励政府、学校之外的第三方机构提供学校安全管理服务的措施；第三，集成既有的规范性文件、管理工具和地方标准，出台全国性的中小学安全管理标准。

---

① Megumi Kano. Public Schools Under-prepared for Disasters［EB/OL］. http：//www. start. umd. edu/start/publications/research_briefs/20060926_kano. pdf.

第六章

学校应急管理的多元协作与
应急决策机制

本章以学校突发事件及其应急管理的特殊性为切入点，结合有关理论，提出多元协作与多元决策是学校应急管理的应有之义和内在要求；明确了多元协作与多元决策的含义、主要内容和合理性基础，并厘清二者的关系；着重构建了学校应急管理多元协作和应急决策的一系列机制，并将机制中的普适性、强制性要求"升格"，对多元协作与多元决策的理念进行法制化，成为巩固和发展学校应急管理的根本保障。本章的基本结论有：第一，对学校应急管理的研究，要从其基础，即学校及学校突发事件的特殊性入手。明确当前研究重点，即相对薄弱的机制建设方面，以提出有针对性的完善对策。第二，为保障学校应急管理多元协作与应急决策的实现，从多元主体自身层面，对参与学校应急管理的多元主体进行角色定位，分析学校、政府和社会三方力量在学校应急管理中分别应当如何行为，界分各自的职责权限；从多元主体协作与决策过程层面，以流程型的应急管理新模式为指导，探讨学校、政府和社会在学校突发事件的整个生命周期中的机制建设。第三，在学校应急管理多元协作与应急决策机制的法制化方面，在明确多元主体应有的法律地位和法律关系的基础上，提出学校应急管理多元协作与应急决策的法制化思路。

当今社会是一个风险社会，面临着各种各样的社会危险，而人类也正处于日益严峻的不安之中。有学者总结，在全球化背景下国际社会所共同面临的社会危险主要包括国际恐怖主义、公共卫生事件、自然灾害和经济危机，而转型期我国社会所面临的突出社会危险则是自然灾害、事故灾难、公共卫生和社会安全事件。[1] 而我们的学校，不论是大学还是中小学、幼儿园，师生们也都生活在一个并不充分安全的自然环境和社会环境中，都毫无例外地可能面临各种自然的和社会的危险的考验、各类突发事件的威胁。特别是近年来学校突发事件频发，出现的校园暴力、食品中毒、疾病流行、地震灾害、火灾，特别是社会安全事件等方面都迫切要求我们设计出科学有效的制度加以预防和处置，采取应急措施积极应对学校突发事件，加强学校各种应急管理机制的构建。同时"由于法律规范本身所具有的属性，决定了由法来治理社会危险是比用道德或礼教来治理社会危险，更为科学的方法"，[2] 为了规范和有效应对各级各类学校突发事件，必须构建相应的应急法律制度作为保障。

应急管理是一项长期而复杂的系统工程，涉及体制、机制、法制等多个层面。自 2003 年我国取得抗击"非典"斗争的胜利以来，以"一案三制"（即应急预案，应急管理体制、机制和法制）为基本框架的应急管理体系建设取得重要进展："横向到边、纵向到底"的全国应急预案体系基本形成，以各级政府应急管理办公室为综合协调机构的全国应急管理体制逐步理顺，并于 2007 年颁布并施行了《中华人民共和国突发事件应对法》（以下简称〈突发事件应对法〉）。由此，我国"一案三制"中的应急预案、应急管理体制和法制建设有了重要进步，而应急管理机制方面仍有待推进和深化。

学校应急管理研究是我国应急管理体系建设中的重要内容，国务院及其办公厅也发文着重指出了关于加强学校应急管理工作的精神，[3] 尤其是在相对薄弱的学校应急管理机制建设方面。本章提出应当在学校应急管理机制建设中引进多元治理理念，遂以"学校应急管理多元协作与应急决策机制及其法制化研究"为题对有关问题展开探索。

本章研究的基本问题是：学校应急管理中的多元是什么？为何需要多元？如何实现多元协作与多元应急决策？要构建哪些机制？如何通过法制化保障学校应急管理多元协作与应急决策的理念和机制得到贯彻和落实？由此，本章以学校突发事件及其应急管理的特殊性为切入点，结合有关理论，提出多元协作与多元决策是学校应急管理的内在要求；明确了多元协作与多元决策各自的含义与主要内容，并厘清二者的关系；着重构建了学校应急管理多元协作和应急决策的一系列机制，并将机制中的普适性、强制性要求"升格"，对多元协作与多元决策的理

---

[1] 戚建刚：《中国行政应急法律制度研究》，北京大学出版社 2010 年版，第 4 页。

[2] 戚建刚：《中国行政应急法律制度研究》，北京大学出版社 2010 年版，第 4～5 页。

[3] 详见国务院于 2006 年出台的《国务院关于全面加强应急管理工作的意见》和国务院办公厅于 2007 年出台的《国务院办公厅关于加强基层应急管理工作的意见》的相关规定。

念进行法制化，成为巩固和发展学校应急管理的根本保障。本章的基本观点是：学校应急管理要着重构建由学校、政府和社会三方力量共同参与的应急管理机制，保障多元主体参与协作和决策，并通过法制化予以保障，以切实有效预防和应对学校突发事件。

希望本章的研究有一定的理论价值和实践意义，有助于学校、政府和社会认识到在学校应急管理实践中开展共同合作的重要性，为出台专门的应对学校突发事件的应急管理机制建设的指导意见或《校园安全法》提供研究基础，推动我国学校应急管理工作——包括学校应急预案编制、学校应急管理体制、机制和法制的逐步完善和提高，并以小见大地促进各级各类突发事件的应急管理工作逐步向制度化、规范化、程序化、系统化和科学化管理的方向前进。

一、学校应急管理多元协作与应急决策机制的基本理论

学校突发事件相对于在其他单位发生的突发事件，特殊性主要表现在其社会安全事件方面，在学校发生的自然灾害、事故灾难、公共卫生事件与在其他单位发生的这些事件并无太多特殊之处。学校突发事件的特殊性及其分类指明了学校开展应急管理工作的重点，以及学校安全立法的重点。

（一）学校应急管理多元协作机制的含义与主要内容

1. 学校应急管理多元协作机制的含义

近年来，学术界和理论界都越来越重视应急管理方面的研究，由于研究视角和理论基础的不同，各家研究结论不尽相同，但在应急管理中引进"多元协作"的理念却取得了共识。所谓多元协作，即多元主体协同合作，是指应对突发事件的多元主体基于一定的制度规范和信息共享，接受统一指挥，有效整合，协调有序，运转高效，最终有效预防和处置突发事件。其中，应急管理的多元主体如何有效整合，协调有序从而使得应急管理流程高效运转，成为评价应急管理绩效高低的关键。因而多元协作机制，就是构建能够有效促进多元主体协同合作的应急管理机制。具体地，在学校应急管理中，我们认为，"多元"即多元主体，主要指政府、学校和社会三方力量。学校应急管理多元协作机制，指在学校应急管理中，如何有效构建相关机制用于整合政府、学校和社会三方力量，共同预防和应

急处置学校突发事件。其中，政府包括学校所在地政府及其相关部门、学校所在地的教育行政主管部门等；学校指学校内部的教职工、学生、后勤部门等；社会方面包括了学生的监护人（家长）、周边社区、邻近单位、非政府组织、媒体、志愿者等。

2. 学校应急管理多元协作机制的主要内容

建立学校应急管理多元协作机制意在于能够充分发挥政府、学校和社会三方力量在学校突发事件预防、应对和处置等方面的作用。因此，需要明确有哪些多元主体、多元主体间协作的模式、各方职责权限及其利益诉求协调、多元协作的保障机制构建等方面的内容，以有效调动各方面力量参与学校突发事件的应对，努力形成"预防为主、多元协作"的良好格局，切实提高学校预防和应急处置突发事件的能力。该机制的主要目标在于建立起一个以政府为后盾，以学校为主导，学生监护人、周边社区、民间组织、社会媒体和志愿者等社会力量共同参与的"政府—学校—社会"应急管理多元协作机制，并在此基础上，进一步探索如何构建有利于整合上述多元力量的应急决策机制。[①] 为确实保障学校应急管理多元协作机制的构建和运行，我们认为，在具体探讨学校应急管理多元协作机制的主要内容之前，有必要对我国现行应急管理机制模式加以探讨。

第一，职能导向：我国传统的应急管理机制模式。钟开斌学者在其著作《风险治理与政府应急管理流程优化》一文中，指出我国当前应急管理机制建设中存在的问题以及主张应当转变我国现行应急管理机制的模式的观点。其对本章有启示意义，亦关系到学校应急管理中新型的多元协作机制的有效开发和运用，故在此加以探讨。

我国当前的应急管理机制建设仍然比较落后，存在着各种深层次问题。钟开斌学者指出，其中，最核心的问题在于，我国传统的应急管理机制仍以传统分割型的部门职能为基础，即"分类别分部门"的应急管理模式，"一种或几种相关重大突发事件由国务院对口主管部门为主负责预防和处置工作，其他相关政府部门参与配合。……各职能部门……分别建立各自的应急管理指挥体系、应急救援体系和专业应急队伍，并形成预警预报体制、部际协调体制和救援救助体制……"[②] 这种模式导致各部门应急管理合作时分工不明确，经常出现部门间分割而治、彼此职责交叉不清、管理衔接有间隙、应急准备低水平重复等现象，不

---

① 林鸿潮、彭涛：《论学校应急管理机制的完善及其法治化》，载于《北京航空航天大学学报》（社会科学版）2011 年第 4 期。

② 钟开斌：《风险治理与政府应急管理流程优化》，北京大学出版社 2011 年版，第 39 页。

仅减缓信息传递的速度，增加管理费用和成本，而且不利于资源的有效配置与综合应急反应水平的提高。这种以职能为导向的应急管理机制模式的典型特征有"部门分割、条块分治、议事协调、职能导向"，在应对非常规复合型突发事件时存在严重缺陷。概言之，这种模式的主要弊病有：一是职责权限界分模糊，责任不清，致使应急决策反应迟缓；二是各职能部门基于自身利益开展工作，彼此间互通情报少，横向沟通协调不畅；三是灵活性、敏感性和适应性不够，无法及时对各种新问题新状况进行认知和决策；四是地方缺乏制度化的授权和必要的激励机制，其无法在第一时间自主、主动地进行决策和处置。为此，需要改革传统的以职能为中心的应急管理机制模式，建立以流程为中心的运行机制。

第二，流程导向：我国应急管理机制的新模式。流程性应急管理机制模式本质上是一种精细化的管理模式，强调以岗位为单元、以流程为中心，事先规定好每个岗位的关键职责和权力。这种制度化的管理方式，使得不同部门、组织和岗位的权责和工作内容、要求、程序、时限等都通过各种制度规范予以明确界定，有利于减少非制度化管理中易发的互相推诿、扯皮以及过度依赖上级主管部门和领导的现象。不同于职能导向下的应急管理机制模式，流程型应急管理机制模式是在对以往工作的经验和教训总结、提炼后的产物，以"科学决策"为基础，实现了从"经验应急"到"科学应急"的积极转变。另外，流程型应急管理机制模式还是一种超越部门和地域的综合性管理模式，能够打破部门界限、跨越地域阻隔，有效整合各种组织和流程，形成整体合力。其突出特点和优点具体表现在：一是流程型模式的运行依据，是按照突发事件应对流程组织分工，将应急管理看作是各方共同参与全过程的管理过程。二是在纵向结构上，流程型模式的管理权力比较分散，弱化了上下级之间的"指挥—服从"模式，强调各职能部门间的平等和相互支持关系。三是在横向结构上，流程型模式是典型的扁平式组织体系，各职能部门按照突发事件应对流程建立对接口，实现有机衔接。四是不同于职能型模式适用于规模较小、性质较单一、不确定性较少的常规性突发事件，流程型模式适用于规模较大、性质较复杂、不确定因素较高的非常规性突发事件。

当然，流程型应急管理机制的新模式在当前我国应急管理体系建设的实践中是否可行，值得探讨。我们认为，实行该模式有一定基础，我国已初步具备了其实行的重要的制度基础、组织基础、技术基础和实践基础。第一，《突发事件应对法》等法律法规和规章、各级各类应急预案中有关应急管理工作的规定，为流程型应急管理机制模式的实行提供了保障性的制度基础。第二，以逐步建立和完善"国家统一领导、综合协调、分类管理、分级负责、属地管理为主"的应急管理机制为目标，应急管理综合协调部门的成立，为实行流程型模式建立了重要的组织基础。第三，信息技术尤其是电子政务的极速发展、国家应急信息管理系统网络建设的稳步推进，为流程型模式的实行提供了关键的技术基础。第四，政府机构改革和创新实践中政府流程再造的建设经验，如大部门机制的实行、在全国范围内展开的行政服务中心建设等，为流程型应急管理机制模式的实行提供了可贵的实践基础。

第三，基于流程型模式的学校应急管理多元协作机制的主要内容。要探讨流程型模式下学校应急管理多元协作机制的主要内容，首先有必要对应急管理流程、流程优化等与流程型应急管理机制模式相关的概念内容有所认知。

一是应急管理流程。要为应急管理流程下定义，则要从其上位概念"流程"一词入手。我们认为，本章所指流程，即过程，是指为完成某一目标或任务而进行的一系列有序的活动的集合。从其本质属性上看，具有很强的目的性、有序性；从对象范围看，包括了组织所有的活动，具有很强的系统性和整体性；从对外部环境的适应性上看，又具有一定的柔性和开放性。① 因此，应急管理流程可以理解为是在突发事件的全过程中，由多元主体经过多个环节的协调以及按照顺序的工作，共同完成应急管理活动的集合，也即突发事件应对过程中各种制度化、规范化、程序化的方法和措施。从突发事件的生命周期来看，应急管理流程包含了预防和应急准备、监测和预警、应急处置和救援、恢复和重建等整个过程；从参与主体上看，应急管理流程包含了多个地区、多个部门、多个岗位以及多个人员的相互协调和按照顺序共同完成应急管理活动的过程。② 从本质属性上看，应急管理流程反映了应急管理的特点和规律，将突发事件应对所需的人财物、信息和技术等要素也进行了有机整合。

二是流程优化。流程优化是指以组织流程为优化的对象，以建立标准化的操作程序为目标，分析组织现有的业务流程，保留其符合先进管理模式和信息化要求的内容，或改进或调整或重建不合理环节，实现组织科学合理的流程体系，从而提高组织运作效率、降低组织运行成本的过程。流程优化是一项组织策略，其目的在于通过不断地改革、调整、发展、完善和优化组织的业务流程，以让组织更好地适应外部环境的变化，保持组织的核心竞争优势。这种以流程为中心的流程优化工作，是对传统的以职能为主干的运行管理模式的重大变革。③ 流程优化具体可划分为不同的类型，其基本程序包括启动、梳理、描述、评估、设计、实施和改进等七个主要步骤，限于篇幅和本章写作的重点，此处不一一展开了。

三是基于流程优化的多元协作机制的主要内容。要构建基于流程优化的学校

---

① 钟开斌：《风险治理与政府应急管理流程优化》，北京大学出版社 2011 年版，第 61~62 页。

② 詹承豫：《中国应急管理体系完善的理论与方法研究——基于"情景—冲击—脆弱性"的分析框架》，载于《政治学研究》，2009 年第 5 期。

③ 钟开斌：《风险治理与政府应急管理流程优化》，北京大学出版社 2011 年版，第 65~70 页。

应急管理多元协作机制的主要内容，需要明确其基本程序和主要方法，并在此基础上构建该机制的基本框架。

设计和再造关键的应急管理流程，重点要把握的基本程序包括：（1）明确流程优化的基本原则在于提高应急管理效率，确定流程优化的基本框架；（2）有选择性地进行流程再造和流程规范；（3）对流程加以标准化和规范化；（4）建立横向的流程对接机制，实现流程体系的闭合循环，如提高标准、术语的通用性以加强各区各部门间的协调和配合；（5）建立流程持续优化和管理的配套岗位体系和制度。

基于我国学校应急管理的工作实际和国外应急管理先进经验的借鉴，构建流程优化的多元协作机制的主要方法包括：一是系统全面整合。从工作全过程而非单个步骤设计流程。确定了关键性的核心流程和辅助性的支持流程，并建立流程的标准化通用模板。二是管理重心下移。让最明白的人最有权，即职责和权限要适度下放。管理重心的下移和对下属的有效授权，有助于大大提高整个应急管理的效率，同时让"最明白的人"承担更大的职责，有利于其主观能动性的发挥，提升流程质量。三是以事为中心。从对人负责向对事负责转变。四是精简过程，消除不必要的环节。时间紧迫是突发事件的一个基本特征，减少一些不必要的过程性活动，有助于提高决策者对突发事件的反应速度。

根据突发事件的生命周期规律以及《中华人民共和国突发事件应对法》中对应急管理阶段的划分，本章拟将学校应急管理多元协作机制的主要内容或基本框架划分为两大类19项关键机制。第一大类为过程性机制，对应应急管理的4个阶段构建17项关键机制。其中，预防与应急准备阶段包括危险防范、预案准备、队伍建设、宣教动员、应对保障5项机制；监测与预警阶段包括事件监测、信息评估和事件预警3项机制；应急处置与救援阶段包括先期处置、快速评估、决策指挥、社会动员、信息发布5项机制；事后恢复与重建阶段包括善后恢复、救助补偿、调查评估和规划重建4项机制。第二大类为基础性机制，即贯穿于应急管理全过程的各种支持性、辅助性的工作流程，包括信息报告机制和成本分摊机制。为突出这两项机制的特殊重要性，同时基于研究的方便，可以把成本分摊机制看作预防与应急准备阶段的一项关键机制；而将信息报告机制作为应急处置与救援阶段的一项重要机制。具体的每项机制的构建将在后文论述。

（二）学校应急管理多元决策机制的含义与主要内容

在突发事件应急管理过程中，应急决策往往起着至关重要的作用。美国著名管理学家赫伯特·西蒙（Herbert Simon）有句名言："管理就是决策"。这句话切中了突发事件应急管理的要害。因为在应急管理中，首先要决定做什么，然后才谈得上怎么做。因此，"成也决策，败也决策"：决策正确，往往能化险为夷，转危为安；而决策失误是最大的失误，尤其是重大的决策失误，往往会造成不可估量的损失。[①] 如我国在 2010 年 3 月至 4 月的短短 40 天时间里，就连续发生了 6 起校园血案。[②] 这不但给孩子们的生命安全蒙上了浓重阴影，而且迅速引起了全社会的广泛关注。严峻的校园安全形势考验着政府和学校的应急管理能力，重视学校应急决策机制的构建具有重要意义。特别是存在多元主体的情况下，如何协调多个主体进行决策便成为应急管理中多元决策机制构筑的难点。

1. 多元决策机制的含义

突发事件应急管理决策是一种非常规的应急性决策，它要求决策主体在危机状态的高等逆境中，在时间紧迫、信息和资源有限的不利条件下，对突发事件应急管理措施作出决定性的选择。而决策机制是指有关决策流程和方式的制度化或潜制度化的组合方式。[③] 由此，应急决策机制可以理解为在突发事件应对过程中，对应急管理措施作出决定性选择的有关流程、步骤和程序。而多元决策机制即是指在突发事件应急管理中，有多个主体共同参与决策的情况下，如何对应急管理措施作出选择和决定的相关流程和方式。在学校应急管理中，特指政府、学校和社会三方力量如何协调，以快速做出科学有效决策的相关流程或机制的建设。理想的应急决策机制，要求能够满足应急管理和决策的实际需要，做到迅速有效、协调统一、科学精准、灵活规范、责任明确，因此应急决策机制同时是快速决策机制、协调决策机制、科学决策机制、依法决策机制和责任决策机制。[④]

多元决策不仅难度大，而且风险性高，因而必须事先为多元决策设计出比较科学的决策制度和决策程序。多元决策机制的有效运行，不仅需要建立高效率的决策体制，提供给决策所需要的充分准备，而且关键还要有法律和制度的保障。突发事件应急管理中的多元决策需要更多、更灵活的权力，决策的随意性和风险性加大，因而就更需要法律和制度做保障：一方面，应急管理决策需要法律的授权、制度的规范，尤其是紧急状态下的非常规应急决策，需要动用国家紧急权力，没有法律的授权、制度的规范，国家紧急权力就会成为脱缰的野马、失控的"利维坦"，不但起不到保护公共安全的作用，反而会侵犯公众权利，危害公共安全，使应急管理走向它的反面；另一方面，没有法律和制度的保障，应急管理决

① 黄顺康：《公共危机管理与危机法制研究》，中国检察出版社 2006 年版，第 140 页。
② 艾学蛟：《危机：突发事件经典案例解析与实用指南》，中国长安出版社 2011 年版，第 86 ~ 87 页。
③ 郭济：《中央和大城市政府应急机制建设》，中国人民大学出版社 2005 年版，第 107 页。
④ 郭济：《中央和大城市政府应急机制建设》，中国人民大学出版社 2005 年版，第 108 ~ 109 页。

策也很难提高效率，很难得到社会的广泛认同。[①] 因此，在明确了多元决策机制的含义和重要性后，有必要进一步思考在学校应急管理中，应当如何构建其多元决策机制，即该机制具体包括有哪些关键性内容和基本框架。

2. 学校应急管理多元决策机制的主要内容

从前面对学校应急管理多元协作机制主要内容的探讨可知，学校应急管理多元决策机制的构建思考是在其基础上展开的，目的在于如何有效整合政府、学校和社会三方力量的多元主体实行决策，以切实有效预防和应急处置学校各级各类突发事件的发生。

当然，此处探讨的多元决策机制的主要内容的设计同样是基于流程型应急管理机制模式下开展的，如流程优化的目标在于提高应急管理的效率，这就是要缩短信息点（突发事件发生地）和决策点（多元主体的决策地）之间的距离，减少不必要的决策链和信息链，缩短信息传递和沟通的时间，在尽可能短的时间内有效采取正确的应急措施，以减少人员伤亡和财产损失。为实现提高应急管理效率的目标，同样需要构筑扁平化的应急管理体制。决策需要以有效信息为基础，多元协作机制中，信息报告机制渗透于应急管理的全过程，因而广义上的多元决策机制主要内容也必然要贯穿于学校应急管理的 4 个阶段。不过，为了突出多元决策机制在应急处置与救援阶段中的特殊重要性，同时方便后文在整合了多元协作机制与多元决策机制的主要内容的基础上的全面、整体的机制构建，可以把应急管理多元决策看作是应急处置与救援阶段的一项关键性机制。具体来说，学校应急管理多元决策机制的主要内容包含了应急管理的 4 个阶段两大类 19 项机制，前文已有论述，此处不再累赘。另外，不同于多元协作机制构建的是，除了强调以流程为中心外，多元决策机制要求以相关组织机构为基础，如成立相应应急决策小组，该小组成员为政府、学校、社会三方力量中的代表，当然，不同级别和种类的学校突发事件中，该小组成员的组成不同，这就需要预先设定应急决策的原则和程序，以保障多元主体参与应急决策的运行机制有效实行。

（三）学校应急管理多元协作与多元决策之间的关系

学校应急管理中的多元协作必然导致有多元主体参与应急决策，即多元决策是多元协作的重要内容，成功的多元决策是良好的多元协作的体现；而要实现多元主体间有效决策，必然要求多元主体间协同合作，有序的协调合作局面有利于

---

① 黄顺康：《公共危机管理与危机法制研究》，中国检察出版社 2006 年版，第 141~143 页。

多元主体作出决策，因而多元协作是多元决策的题中应有之义。

1. 多元决策是多元协作的重要内容

突发事件共有的特征包括突发性和紧急性、一定的社会危害性或威胁性和不确定性等，尤其是我国学校突发事件在目前社会转型时期频频发生，而且原因复杂、种类繁多，社会对其关注度高、敏感性强，如近年来频频上演的校车安全事故。保障校园安全，维护学校师生人员正常的教学生活秩序，共同应对各种学校突发事件，不可能单靠政府，也不可能完全依赖学校，而是需要动员全社会的多元力量，需要多元主体参与协同合作，最大限度地吸纳多元主体参与学校应急管理工作。因此，保证学校突发事件应对中的多元协作是开展应急管理工作的一项基本原则。而多元协作的主要内容必然包括多元主体参与应急决策的过程，因此，多元决策是多元协作的重要内容，成功的多元决策是良好的多元协作的体现。

2. 多元协作是多元决策的应有之义

突发事件应急管理中的一项重要处置内容是控制事态发展，防止突发事件衍生、次生事件的发生。一旦这些事件相互影响、连锁反应，就会增加突发事件的复杂性以及突发事件应对的难度。而来自不同领域的多元的决策主体可能对突发事件的认知判断角度、偏好不同，价值观存在差异，应急知识层次不同，应急能力也有高低，导致对应采取哪些应急处置措施的看法也大有不同，造成决策冲突。这时就必须要协调多元决策主体间的各种差异，综合全面考虑各种决策因素，在有限时间内快速评估多元决策主体的多种行动方案，从而达成一个共同满意的结果。期间，要求多元决策主体之间协同合作，因此要实现多元主体参与应急决策，也必然要求多元主体之间协同合作，即多元协作是多元决策的重要前提和基础，是多元决策的必然要求和题中应有之义。

二、学校应急管理中的"多元"分析

（一）学校应急管理中多元主体的角色定位

要保障学校应急管理中多元协作与应急决策机制的有效运行，从多元主体自身的层面分析，首先要明确多元主体即政府、学校和社会三方力量各自不同的角色、功能和地位，各方力量中又包括不同层次的主体，如政府，不仅指学校所在地政府、教育行政部门，还包括公安机关、城管部门、交通、消防、食品安全等职能部门。因此，为实现多元协作和应急决策，必须明确不同主体的职能定位。

1. 政府的主导者地位受到质疑

马怀德指出，多元主体参与应急管理的制度设计的基本着眼点在于：一是科学规划和储备各类主体的应对能力；二是合理建构各类主体间的协同合作机制，以发挥储备的应对能力的效能。[①] 在突发事件应对中，由于政府承担着保护人民生命财产安全和维护社会正常运行与发展的基本职责，且政府拥有比其他社会主体更多的、大量的社会资源，因此政府在多元主体参与的应急管理中应当处于主导者地位，其他社会主体履行协同参与义务。这不仅是我国一直以来突发事件应急管理实践中政府的地位，也是《突发事件应对法》的一个基本精神。

那么，是否可以认为，在相对特殊领域即学校应急管理中，政府依然是唯一的主导者呢？当前，国务院提出要加强社区、农村、学校和企业等基层单位的应急管理工作。[②] 因此，学校应急管理作为基层应急管理工作的重要组成部分，引发了包括学术界在内的各界的重视。纪宝成指出，"高校危机管理是社会危机管理的有机组成部分，是政府危机管理的有效延伸"。中国行政管理学会课题组2006年的《高校应急管理机制建设研究报告》建议将高校应急管理有效纳入政府应急管理机制中，"建立由属地政府及高校为主导、各相关单位及有关方面参加的高校应急管理联席会议制度和信息沟通及联络制度"。[③] 而丁烈云等从学校主体角度出发认为，学校在突发事件应急管理中应当发挥主导作用，明确学校各职能部门、单位之间的职责分工和相互关系，同时充分调动一切积极因素，如学校民主党派基层组织、群团组织、专家队伍、志愿者等，实现应急管理参与主体的多元化。[④] 由此，由属地政府和学校共同作为主导者的建议似乎较为合理，然而实践中的可行性却有待考察，是否每一起学校突发事件，当地政府都必须介入和参与？政府若介入，是否每次都必须与学校处于同等主导者地位？若两方意见相左，如何协调以有效实施应急决策呢？

---

① 马怀德：《法治背景下的社会预警机制和应急管理体系研究》，法律出版社2010年版，第103~104页。

② 2007年7月31日，国务院办公厅发布《国务院办公厅关于加强基层应急管理工作的意见》，参照中央政府门户网站，http://www.gov.cn/jrzg/2007-08/07/content_709112.htm。

③ 中国行政管理学会课题组：《高校应急管理机制建设研究报告》，载于《中国行政管理》2006年第10期。

④ 丁烈云、杨新起：《校园突发事件应急管理》，华中师范大学出版社2009年版，第76页。

2. 职能定位与学校突发事件的"分级"

我们认为，马怀德提出的政府对突发事件适当的反应范围对本章有启发意义，主要有三种情形：一是社会主体能够自己解决的，包括个体自身虽然不能解决但其社会关系能够解决的情形，政府主要是提供鼓励和指导；二是社会主体不能解决但在社会可承受范围之内的，政府的作用主要是鼓励、指导和提供必要的支持；三是超出了可社会承受范围而演化为自身无法解决的突发事件时，政府要充分而全面地承担起其职责，发挥应有的职能职权，以有效应对突发事件。[①] 为此，判断属地政府应否介入的前提是，对每一起校园突发事件进行"分级"。

这可以借鉴《突发事件应对法》中第 3 条和第 42 条关于"分级"原则的规定，即按照社会危害程度、影响范围等因素，将其分为特别重大、重大、较大和一般四级；对可以预警的突发事件的预警级别，按照突发事件发生的紧急程度、发展势态和可能造成的危害程度分为一级、二级、三级和四级；具体的分级标准由国务院或者国务院确定的部门制定。[②] 因此，《突发事件应对法》也只是作出了较为原则性的规定，具体的突发事件级别认定，仍有待实践经验的总结和相关法律法规的完善。而判定学校突发事件中政府应否介入，可以借鉴一般性突发事件级别和分级标准的规定。在监测与预警阶段，实施初步级别认定的主体可以由学校相关突发事件应急管理办公室或机构承担，其应将认定结果上传到学校应急管理指挥与决策中心，由决策小组决定；在外部沟通方面，向上级教育主管部门汇报、与当地政府相关部门沟通，请求指导、协助或全面介入和帮助；在内部信息通报方面，向学校师生发布信息和指挥各学校职能部门做好相关工作。这里面很重要的一点是要建立健全信息发布机制，应当遵守《国家突发事件总体应急预案》中规定的信息发布的及时、准确、客观和全面的原则。信息的及时准确是有效决策的前提，一方面应当及时有效地尽可能收集完整信息；另一方面应当按照信息发布原则，及时有效地传递信息，保持信息发布的连续性和一致性，以稳定人心，控制事件局面。

总而言之，在学校应急管理多元协作与多元决策过程中，应当根据学校突发事件的级别对政府、学校和社会三类主体的角色进行不同定位。一般而言，学校

---

① 马怀德：《法治背景下的社会预警机制和应急管理体系研究》，法律出版社 2010 年版，第 106 页。

② 具体参照《突发事件应对法》第 3 条第 2、3 款，"按照社会危害程度、影响范围等因素，自然灾害、事故灾难、公共卫生事件分为特别重大、重大、较大和一般四级。法律、行政法规或者国务院另有规定的，从其规定。突发事件的分级标准由国务院或者国务院确定的部门制定。"第 42 条第 2、3 款，"可以预警的自然灾害、事故灾难和公共卫生事件的预警级别，按照突发事件发生的紧急程度、发展势态和可能造成的危害程度分为一级、二级、三级和四级，分别用红色、橙色、黄色和蓝色标示，一级为最高级别。预警级别的划分标准由国务院或者国务院确定的部门制定。"

是应急管理的主导者，政府是其坚强后盾，而社会组织和人员等是积极参与者。有关各级别多元主体角色定位的规定也应纳入流程化应急管理机制建设中，以制度化、规范化、程序化、法制化的流程指导和规范学校应急管理多元协作与应急决策的工作。

（二）学校应急管理多元主体的类型

中国行政管理学会课题组在 2006 年的《高校应急管理机制建设研究报告》中指出，我国高校应急管理机制存在的一个主要问题是：高校突发事件应对中参与的力量不足，而且主体单一。① 因为高校具有与其所在周边社区间的开放性和联通性，其应急主体应当包含所在地政府、教育行政主管部门、周边社区、临近单位和媒体等多元力量，走多元合作治理的模式。在新形势下，试图仅仅依靠自身力量来解决学校突发事件的做法被证明是不现实、不科学也不经济的。实践中，部分高校管理者在突发事件出现时：一方面，想尽办法试图不让突发事件出本组织，不向上级通报，也不和政府相关部门联系；另一方面，也不敢调动社会资源。② 这种做法使得学校、政府和社会间的联合作用无法发挥，更不可能高效协同合作，也由此出现了很多因相互间推诿、扯皮而贻误了突发事件应对的最佳时机的事例，更勿提及突发事件早期的有效预防和预警了。其实，2007 年颁布的《突发事件应对法》已经表明，"突发事件应对是一个多元主体协同行动的社会系统过程，是全社会共同的责任"。③

对于我国应急管理中多元主体参与存在的问题和原因，有学者以 2008 年的南方雪灾为例，指出多元参与的问题主要有多元主体危机意识淡薄、应急管理组织机构效率低下和多元间信息流通不畅三个方面。分析其深层次原因在于多元参与的法律制度缺失、传统组织结构对多元主体参与的牵制、缺乏信息共享平台以及信息披露机制不完善。④ 另有学者将多元主体参与不足的原因总结为 3 点：多元主体参与意识相对淡薄、参与法律地位尚需明确、参与组织网络体系不健全。⑤

因此，十分有必要对多元参与主体的角色予以定位，明晰各个主体在突发事件各阶段的职责权限，对多元主体如何协同合作展开思考。本节将对学校应急管

---

① 中国行政管理学会课题组：《高校应急管理机制建设研究报告》，载于《中国行政管理》2006 年第 10 期。

② 周之良、魏巍：《高校突发事件的诱因与应急管理对策研究》，载于《重庆职业技术学院学报》2008 年第 6 期。

③ 马怀德：《法治背景下的社会预警机制和应急管理体系研究》，法律出版社 2010 年版，第 103 页。

④ 李佳佳：《我国公共危机管理多元参与机制研究》，上海师范大学 2008 年硕士学位论文。

⑤ 刘芳芳：《多元主体参与公共危机管理的组织网络构建研究》，湘潭大学 2010 年硕士学位论文。

理中多元主体如何行为展开分析，明确学校、政府和社会三方力量在突发事件各阶段、每项机制中的职责权限，形成整体合力，实现协同合作效果。

1. 学校

本章认为，在学校应急管理多元协作与应急决策中，学校始终处于主导者地位。第一，学校应当做好日常突发事件的预防与应急准备工作，[①] 以减少重大学校突发事件的发生，最大限度地减轻重大突发事件的影响。第二，在突发事件的监测与预警阶段，应当根据突发事件的影响范围和可能造成的危害程度等因素，判断自身将多大程度上依赖于政府和社会，即参照马怀德提出的三种情况，及时有效地寻求帮助。第三，在应急处置与救援阶段，根据前述三种情况，具体分配学校、政府和社会三方的职责权限。在前两种情形中，学校处于主导者地位，政府和社会提供有效支持和协助。在第三种情形中，一般情况下，当地政府和学校将共同作为主导者；而当事件影响范围、危害程度等发展严重、超出了学校所能驾驭的范围时，政府将作为唯一主导者，全面负责事件的应对工作，学校和社会组织或个人应当积极配合和协作应对。第四，在事后恢复与重建阶段，学校、政府和社会组织或个人等依然按照"分级"分工，各自履行不同职责。

为有效开展学校应急管理多元协作与应急决策，学校内部需要建立相应组织机构，并明确各机构成员的职责权限。

第一，学校突发事件应急管理工作领导小组。领导小组的成员应为学校领导班子成员，组长一般由党委书记或校长担任，领导小组的主要职责在于负责统一决策、组织、指挥校园内各类突发事件的应急管理工作，下达应急行动方案和应急处置措施；出现重大问题时，及时向学校所在地政府及其相关部门，如应急指挥中心和教育行政部门报告。

第二，学校突发事件应急管理工作领导小组办公室。领导小组办公室设在学校办公室承担日常工作，在高校中其成员主要由学校办公室、组织部、宣传部、人事处、教务处、研究生院、学生工作部、研究生工作部、团委、保卫处、国际学术交流处、财务处、信息化办公室、基建规划处、后勤服务集团、校医院以及各个学院等单位的主要负责人组成。办公室的主要职责包括：一是根据领导小组

---

① 我国《突发事件应对法》规定"突发事件应对工作实行预防为主、预防与应急相结合的原则"，因此，学校突发事件应对工作中平时的预防能力建设十分重要，丁烈云等总结了几项应重点做好的工作：一是建立校园突发事件风险评估和隐患排查机制；二是深入开展宣传教育，提高师生危机意识和应急能力；三是制定应急预案；四是做好应急预案演练工作；五是校园建设规划和制度建设要满足安全需要和应急需要；六是健全应急管理的基本保障系统。具体参照丁烈云、杨新起：《校园突发事件应急管理》，华中师范大学出版社 2009 年版，第 91 ~ 100 页。

的部署，负责及时收集和分析相应的数据和工作情况，提出处理各类突发公共事件的指导意见和具体措施上报领导小组；二是督导、检查各单位落实突发公共事件应急处理工作的情况；三是对有关责任人进行责任追究。

第三，学校突发事件应急处置工作组。针对各类突发事件，在学校突发事件应急管理工作领导小组下设各个应急处置工作组。具体分类，可结合当地自然环境和社会状况、学校的特殊情况和历史情况加以划分，如社会安全类、事故灾难类、公共卫生类、网络与信息安全类、考试安全类等多种类型突发事件应急处置工作组。应急处置工作组的组成人员和办公室设置，可根据每类突发事件的实际需要予以确立。

应急处置工作组的主要职责有：传达、贯彻和执行上级的指示精神和要求，下达应急处置任务。突发事件发生后，应急工作组有关人员应及时前往事发现场，积极开展处置工作；及时向领导小组办公室汇报进度情况、处置情况、后续工作等事项。

2. 政府

多元合作主体的地位并不是完全平等的，政府依然占据着优势。其他社会主体和学校在共同作为突发事件应对的参与者的同时，还保留着作为普通社会主体的角色，仍要接受政府的管理。政府作为强有力的组织，一直在我国校园突发事件中占有主导地位，但这种做法遭到了理论界和实务界一些专家学者的质疑。我们对其角色定位已在前面阐明，这里不再赘述。以武汉市为例，2011年出台的《武汉市中小学校安全条例》第4条规定："市、区人民政府应当依法履行职责，领导本行政区域内学校安全工作，建立工作协调机制，并将学校安全工作纳入社会治安综合治理的考核内容……乡镇人民政府、街道办事处按照职责负责辖区内的学校安全工作。"第5条规定："市、区教育主管部门……负责本行政区域内学校安全工作，应当设立或者明确专门的安全管理机构，指导、监督学校落实安全管理措施，协调处理学校安全事故……公安、卫生、食品药品监管、工商行政管理、文化、新闻出版、城管、城乡建设、交通运输、环境保护、规划、土地、房管、水务、司法行政等部门按照各自职责负责学校安全相关工作。"据此，政府有关部门应当设置相应的组织机构，细化各机构职责权限，以有效支持和指导学校开展应急管理工作。

具体地，建议设立市、镇两级校园安全应急指挥机构，形成市、镇两级管理分级负责、分类指挥、综合协调、逐级提升的学校安全应急管理体系。市政府成立学校安全应急管理工作领导小组，下设办公室作为日常管理机构。领导小组的主要职责包括：一是负责指挥、协调和组织学校重特大突发事件的预防和处置工作；二是对重、特大学校突发事件预防和处置工作作出重要决策，协调解决预防和处置重、特大突发事件的重大问题，督促各有关部门和学校按预防和处置预案及时有效地开展工作；三是检查重、特大突发事件预防和处置工作的落实情况。

领导小组办公室的主要职责有：一是编制各类学校突发事件预防和处置工作的具体方案，建立健全工作制度和部门联动机制；二是加强现代化信息系统建设，保证信息报送渠道畅通、运转有序；三是根据职责分工负责组织处置一般性突发事件，协调解决处置工作中遇到的问题，承办预防和处置校园突发事件的处置工作；四是设立全市预防和处置校园突发事件工作总值班室，总值班室特定时期实行 24 小时全天候值班。

3. 社会力量

应对学校突发事件的应急管理过程中的多元协作与应急决策的社会力量涵盖诸多主体，包括学生监护人、周边社区、非政府组织、邻近单位、媒体、志愿者、社会公众及其国际资源等。我们将对目前发展较为成熟的、在学校应急管理中起较大作用的几个主体加以探讨。

第一，学生监护人。学生监护人，也即通常意义上的家长。家长是未成年学生的第一监护人，应当履行保护未成年学生人身安全的重要职责。在突发校园安全事件的情况下，应当积极协助学校开展好应急管理工作。《武汉市中小学校安全条例》第 6 条规定："学生监护人应当依法履行监护职责，加强对学生的安全教育和管理。学校可以组织成立学生家长委员会，监督、协助学校做好学校安全工作。"因此，学生监护人理所当然是学校突发事件应对中重要的社会参与力量。

第二，周边社区。社区作为当代城市社会的基层单位，在突发事件应急管理承担着基础性工作。加强社区参与是有效预防和应对突发事件的重要保障。动员学校周边社区及其范围内公民参与到学校应急管理工作中来，与校园师生第一时间共同应对突发事件，可以将突发事件遏止在萌芽状态，最大限度地降低生命和财产损失。

第三，非政府组织。非政府组织，也称非营利组织，其英文缩写词为 NGO。国际社会上对它的定义，广泛采用的是美国约翰－霍普金斯大学莱斯特·萨拉蒙（Lester Salomon）教授提出的 5 大特征来描述它的概念：非政府性，非营利性，自治性，组织性和志愿性。国内对它的界定有广义和狭义之分。广义上的 NGO 是指独立于政府和具营利性的企业之外的一切社会组织；狭义上认为，NGO 是指符合我国《社团登记管理条例》和《民办非企业单位登记管理条例》规定的社会组织，即"民间组织"，仅包括社团和民办非企业单位两类，本章所指的非政府组织，即是该意义上的社会组织。在 2008 年汶川特大地震中，我国民间组

71

织表现出来的无私奉献精神和发挥的巨大作用令世人瞩目。地震发生半个月后的 5 月 27 日，新华网即登载了一篇文章，[①] 对民间组织的抗震救灾行动给予高度肯定。另外，我国民间组织的积极参与也引起了海内外不少媒体的关注和好评。[②] 我们应当在学校应急管理工作中继续发挥我国民间组织的优势和积极力量。

第四，志愿者。所谓志愿者，根据曾担任联合国秘书长安南的定义，是指不为物质报酬，基于道义信念、良知和同情心以及责任，为改进社会状况而提供其服务、贡献了个人时间和精力的个人和群体。[③] 从改革开放至今，在每次国家出现重特大灾难事故中，我们都可以看到志愿者及志愿者组织参与抢险救灾的身影，1998 年南方特大洪灾、2003 年"非典"抗击、2008 年初的南方雪灾、2008 年"5·12"汶川地震、2010 年青海玉树地震……他们的出现为黑暗的灾难增添了一丝光明，也见证了我国公民社会的成长历程。有人总结，我国目前已形成以政府色彩的志愿者组织、公共服务机构的志愿者为主体的，以境外、企业、草根志愿者组织为两翼的志愿者参与应急管理的格局。[④] 在学校应急管理中，我们应当继续积极吸纳志愿者个人和组织有序参与到学校突发事件的预防和应对工作中来，同时通过立法和制度化的程序，保障志愿者的合法权益。

第五，营利组织。与非政府组织相同，营利组织也是学校应急管理过程中不可或缺的重要社会力量，特别是临近学校的营利组织。一方面，他们是直接利益相关者。学校发生重大突发事件，学校周边的营利组织利益也肯定受到影响，他们若能积极参与到学校突发事件的预防和应对工作中来，有利于减少自身和学校的生命财产损失；另一方面，他们是重要的物资支援者。从道义上讲，他们应承担一定的社会责任。学校发生突发事件时，可能需要紧急征用、借用他们的物资、技术设备和人员等，其应当提供必要的支持和帮助。

第六，媒体。我国三大传统新闻媒体包括报纸、广播和电视，随着信息技术的不断发展，涌现出的网络媒体、网络电视、手机及无线增值业务等，不但丰富了媒体种类，而且深刻影响着社会舆论。特别是近年来微博、微信等的发展，涌现出来的大量网民，对社会发展起到了不少积极作用。然而总体上，我国媒体仍具有一定政治色彩，被称为"党和人民的喉舌"。如何从法律制度上保障新闻媒

---

① "中国民间救助力量在抗震救灾中发挥积极作用"，新华网，http://news.xinhuanet.com/news-center/2008 – 05/27/content_8262510.htm。

② 如新加坡《联合早报》2008 年 5 月 17 日报道："四川汶川的大地震，提高了由非政府组织（NGO）为代表的民间力量的社会地位……通过这个劫难，中国的 NGO 将获得社会更大的尊重……"；加拿大《环球邮报》同日也报道称，"在这个民间慈善或社区行动传统不很彰显的国家，四川地震催生了一种值得注意的现象……中国第一次出现了广泛的公民社会……"

③ 莫于川、梁爽：《社会应急能力建设与志愿服务法制发展》，载于《行政法学研究》2010 年第 4 期。

④ 许希辉：《公共危机管理中的志愿者参与研究》，兰州大学 2010 年硕士学位论文。

体的独立地位，确立其行业宗旨，以正确反映和引导社会舆论，意义重大。在学校突发事件中，我们的政府和学校不但应当树立正确观念，及时、公开、准确地报告事件有关情况，而且不要排斥或阻止新闻媒体参与其中，保证其应有效能的发挥。

三、学校应急管理多元协作与应急决策机制的构建

应急管理的效能来源于科学完备的制度保障。在对学校应急管理多元协作与应急决策从其多元主体自身层面分析后，我们将从另外一个层面，即以突发事件的生命周期为主线来进一步论述如何构建四个阶段的机制以有效应对学校突发事件，同时通过对"福建南平校园门口的恶性凶杀案"的个案研究，补充论证多元协作与应急决策机制的相关理念和理论。

学校应急管理的过程性机制。从突发事件完整的生命周期来看，学校突发事件应对的全过程可分为四阶段十九项机制。学校、政府和社会三方要协同合作，共同保障应急机制的有效运行。

（一）预防与应急准备机制

《左传·襄公十一年》有言："居安思危，思则有备，有备无患"。现代应急管理的一条重要原则是"预防为主，准备在先"。有学者概括突发事件预防需要准备的主要内容，包括思想准备、组织准备、制度准备、技术准备和物资准备等五个方面。[①] 美国行政学院奥斯本和盖布勒也提出"有预见性的政府——预防而不是治疗"的治理范式，同样学校应急管理也应"使用少量的钱预防，而不是花大量钱治疗"。[②] 突发事件的预防与应急准备是应急工作的重要基础。按照前文流程优化模式的要求，该阶段包含六方面重要的子机制。

第一，风险防范机制。风险防范指对突发事件的风险管理过程，学校在平时要注重对校园内可能风险的识别、衡量和控制，以较小成本最大限度地降低风险所可能导致的损失。学校风险防范工作的主要内容包括：一是管理危险源和危险

---

① 黄顺康：《公共危机管理与危机法制研究》，中国检察出版社 2006 年版，第 109～119 页。
② ［美］戴维·奥斯本，特德·盖布勒：《改革政府——企业家精神如何改革着公共部门》，周敦仁译，上海译文出版社 1996 年版，第 205 页。

区域。即对校园内容易引发突发事件的危险源和危险区域进行调查、登记以及风险评估，并定期检查和监控，责令有关院或科室采取安全防范措施，并在学校网站或公告栏等处公布，告知教职工和学生们注意安全。二是调解处理矛盾纠纷。要建立矛盾纠纷的预警、排查制度，及时调解和处理可能引发校园安全事件的矛盾纠纷，防止矛盾激化或事态扩大。三是校园安全管理。学校有关部门要定期检查各项安全防范措施的落实情况，及时消除安全隐患。例如在 2008 年"5·12"汶川大地震中，灾区由于大量学校校舍倒塌导致师生伤亡惨重。震后反思，同样是在重灾区，有的学校伤亡惨重，而有的学校能够幸免于难，这些鲜活的例子告诉我们，虽然自然灾难不可避免，但并非完全无法预防，平时校园的安全管理工作到位，可以将损失减少到一个尽可能低的限度范围内。

第二，预案准备机制。预案准备是指要按照有关法律、法规和规章的规定，结合本校的历史经验、实践积累以及其他特殊情况，针对各种类型的校园突发事件事先制定一套行之有效的行动方案，即预案，并要对预案加强管理和实施演练。据此，预案准备主要包括 3 项内容：一是预案编制。要成立专门的应急预案编制小组，负责对预案的编制、发布和更新修订等内容。二是预案动态管理。对已编制成的预案要根据新的预测分析结果或事件现场反馈的信息等，对其进行实时动态调整，同时为规范预案动态更新行为，要确立基础原则和操作流程。三是预案演练。包括预案演练计划的编制、预案演练实施和演练评估等，目的在于不断提高预案的可操作性和针对性。

第三，队伍建设机制。应急队伍的建设为学校应急管理提供重要的人力资源保障。该机制主要包括两项内容：一是应急队伍的建设。政府要成立综合性和专业性应急救援队伍，以及由志愿者组成的应急救援队伍，政府要加强对志愿者的管理，包括其调配使用、保障和补偿等。学校内也要有效组织成立相应的应急救援队伍。二是应急队伍的培训和演练。特别是要加强政府、学校和社会其他成员间队伍的联合培训和演练，培养合作默契。

第四，宣教动员机制。应急知识的宣传教育是提高学校突发事件应对能力的重要途径。应急管理宣传教育和社会动员主要包括以下内容：一是学校安全教育和演练。组织编写大、中、小学及幼儿园的公共安全课程教材，开展预案、应急知识的普及教育；并由校领导带头组织教职工、学生以及后勤集团开展应急演练。二是政府普及宣传，以增强社会公众的公共安全意识和法律意识。三是媒体公益宣传。媒体应开展学校应急管理公益宣传报道，必要时政府给予支持和鼓励。四是领导、负责人员的培训。要加强对学校应急管理负责人、政府相关领导干部以及社会力量代表人员的培训。学校应急知识的宣传教育和应急救险的技能培训应当引起重视。2008 年 11 月 14 日，上海商学院一女生宿舍因使用"热得快"导致电器故障引发火灾，4 名女生慌不择路从 6 楼跳下当场身亡。事后反思火灾的发生固然有种种原因，但火灾当时如果 4 位学生事先接受过一定的逃生训练、具备一些应急救险的技能，就不至于在灾难来临时惊慌失措、走投无路。因此，学校的安全教育、生命教育至关重要，要培养一定的灾难意识并掌握必要的应急技能。

第五，应对保障机制。应对保障为学校应急管理提供重要支撑，主要包括：一是应急避难场所保障。学校建设规划处要统筹安排应对突发事件所需的基础设施设备，并确定可供避难的应急场所。二是应急物资保障。学校应当根据实际情况，储备必要的应急救援物资、生活必需品和应急处置装备，并注意监管，以保障需要时的供给。三是应急经费保障。学校财务处、教育行政部门等要有应急财政经费计划，学校可为在校人员统一购买巨灾风险保险和人身意外伤害保险，对社会捐赠要注意保管。在多元主体应急管理中涉及成本分摊问题，本章将其作为单独机制在后文探讨。四是应急通信保障。要完善学校通信网络建设，包括学校与政府、周边单位等的通信保障。五是应急科技保障。学校教研机构可培养应急管理专业人才，重大的应急管理科研攻关，研究和开发保障校园安全的新技术、新设备和新工具。

第六，成本分摊机制。学校突发事件常常给学校师生员工的生命财产安全带来巨大危害或威胁，造成不必要的损失，一个主要原因是没有建立学校预警系统。为什么没有建立预警系统？主要是因为没有保障预警系统建立所需的经费。学校也好，政府也罢，谁也不愿意为这笔经费埋单。

综观各国实践，突发事件应急管理的成败常常与是否建立起了合理的应急管理成本分摊机制有关。很多情况下，成本分摊机制不合理往往就是应急管理失败的间接原因，甚至是直接原因。学校应急管理失败与成本分摊机制的关系是：一是应急管理失败的原因往往是不愿支付预防、预警和预控成本。不愿做好预防和预警工作的原因是大家存有侥幸心理，侥幸心理使大家都把学校突发事件预防、预警和预控成本视为一种不必要的、额外的支出，不愿为其埋单，尤其不愿意为突发事件的预防、预警和预控支付成本。二是应急管理失败的深层次原因是成本投入不合理和成本分摊不合理。现代应急管理的一个重要理念是重心前移，应对学校突发事件亦是如此，不能被动应对，而要主动管理。灾害经济学家提出过一个重要的"十分之一"法则，即："在灾前投入一分资金用于灾害的准备和预防，通过降低灾害发生的概率或者避免灾难的发生，人类可以降低十分的损失"。[①] 因此，突发事件应急管理中，应急准备和预防阶段的资金投入和保障不仅符合成本收益理论，而且至关重要。

---

① 唐承沛：《中小城市突发公共事件应急管理体系与方法》，同济大学出版社 2007 年版，第 134 页。

学校应急管理的重心前移，需要建立一个利益平衡机制和成本分摊机制，学校突发事件前阶段的投入需要学校、政府和社会三方达成共识，要有制度的保障。首先，要大力宣传现代应急管理的理念，使各方力量对学校应急管理的成本分摊达成共识。其次，建立合理的应急管理成本分摊规则。我们认为，学校应急管理的成本分摊可按照责任大小和能受益大小两方面的规则来进行：第一，按照责任大小来分摊成本。包括三种类型的"责任"：一是引发突发事件的责任，即过错责任。如人为因素引发的突发事件，大都有责任者。二是因本身职责而应当承担的责任。如学校、政府。三是道义责任，如学生家长。第二，按照能受益大小来分摊成本。突发事件应急管理中，常常存在着一些明显的受益者和受害者。如学校应急管理中，师生员工是受害者，而某些行业则成为明显的受益者，如消毒水、口罩，以及板蓝根、白醋、碘盐等物品的生产和销售者。受益者应当根据其受益大小，承担一部分应急管理成本，对于受害者，政府则根据其受害程度的大小以及自身能力，给予一定补助。最后，将大家认可的成本分摊规则予以制度化，以有效保障成本分摊机制的运行。

（二）监测与预警机制

学校突发事件的监测和预警是学校应急管理开展的重要基础。所谓突发事件的监测和预警，是以先进的信息技术为平台，通过预测等技术，对各类潜在的安全隐患、威胁或危害进行有效监测，并做出前瞻性的分析判断，及时评估各类突发事件爆发的可能性和危险程度，进行预防和警示，并通过分析和判断各种影响因素综合发挥作用的状况以及各要素系统自身运行的状况等，制定针对性较强的应对措施的过程。[1] 监测和预警阶段的重要机制有如下 3 项。

第一，事件的监测机制。加强学校的监测机制建设，是提高学校信息收集能力，及时做好突发事件预警工作，有效预防、减少突发事件的发生，控制、减轻、消除突发事件引起的严重社会危害的基础。[2] 具体而言，监测内容包括以下三项：一是完善监测网络。这些工作主要由学校所在地政府负责，特别要健全校园安全事件监测网络。二是校园危险源和危险区域监控。对校园内不得已存在的危险源和危险区域，要建立对其实时监控系统。三是信息报告员制度。学校要建立专职或兼职信息报告员制度，如在各个班级、各个年级设立信息报告员。

---

① 钟开斌：《风险治理与政府应急管理流程优化》，北京大学出版社 2011 年版，第 93 页。
② 戚建刚、杨小敏：《北京城市应急机制法制化的理论与实务》，华中科技大学出版社 2009 年版，第 22 页。

第二，信息评估机制。学校的信息评估，是指在及时、全面和准确地捕捉突发事件的征兆后，对各类信息从多角度、多层面加以研判，为预警信息发布和预警措施实行提供科学的决策依据。具体来说，信息评估主要包括两方面内容：一是信息采集。一方面，学校有关机构、监测网点、信息报告员要通过多种途径全方位地收集各种信息；另一方面，获悉信息的师生员工、公众等，应主动向学校、教育行政部门等报告。二是信息评判。建立信息分析、会商和评估制度，对学校突发事件的预警信息进行汇总分析，必要时组织学校和政府有关部门、专业技术人员、专家学者等进行会商，对突发事件发生的可能性以及可能造成的影响进行评估。

第三，事件的预警机制。突发事件的预警，指根据预警信息和评估结果，依据事件的发展势态、紧急程度和可能造成的危害程度，确定相应预警级别，发布有关信息和采取相应举措。具体而言，学校突发事件的预警工作内容有：一是预警级别制度。这可以参照《突发事件应对法》第42条有关预警级别的规定，分为一级、二级、三级和四级，分别用红色、橙色、黄色和蓝色标示。二是预警警报的发布权制度。原则上，突发事件发生地的学校享有警报的发布权，但如果事件影响超出了学校范围，应当由当地政府甚至是上一级领导来发布警报。三是各级警报发布后应当采取的措施。如继续做好突发事件发展势态的预测，及时发布警告，宣传避免和减轻突发事件危害的常识等。如2013年3月12日中南财经政法大学党委研究生工作部在学校网站上发布的校园警情通报，[①] 称有名青年男子冒充韩国人在武汉各高校频繁行骗（包括骗财、骗色），主要对象是在校女大学生。据了解，该嫌疑人近日在我校南湖校区出现过。因此通报希望各位研究生，特别是女研究生，一定要提高警惕、相互提醒。如有发现该嫌疑人在我校出现，保护好自己的同时及时联系校保卫部，通报还附上了珞珈山派出所提供的嫌疑人照片。这则通报一经班群等媒介转发，学生们得以被广泛告知，就起到了一个很好的预警作用。

（三）应急处置与救援机制

应急处置与救援是指突发事件发生后，依法及时采取有效处置措施，组织救援，以最大限度减少损害，并防止事态的扩大和次生、衍生事件的发生。应急处置与救援要求决策者在面临紧急情况时，能够迅速收集信息，果敢做出重要决

---

① 中南财经政法大学党委研究生工作部：《校园警情通报》，http：//yjsb. znufe. edu. cn/news. asp？id =
2459.

策，它包含了紧急情况的认知能力、信息收集能力、对策研究能力以及果敢决断能力等要素，是对决策者能力的重要考验。①

第一，先期处置机制。先期处置一般由事件发生地即学校的有关部门，在领导小组未作出事件性质、规模判定以及预案启动之前，对事件进行的临时应急控制处置，并随时报告事件进展情况。先期处置主要包括两项内容：一是临时应急控制。即在事件发生的第一时间，及时采取各种临时性应急控制措施，如立即开展调查；向应急领导小组报告情况；向有关部门通报情况；现场救治和维护校园稳定的工作；收集、保护有关资料和证据；采取防止事态扩大的措施等。二是事态进展报告。包括向有关部门和领导报告事态进展情况，必要时请求其支援。

第二，快速评估机制。所谓快速评估，又称盲估，指在学校突发事件发生后较短时间内，根据突发事件衰减模型估计受灾范围，并结合所掌握的灾区统计数据，估算灾区人员伤亡情况和直接经济损失，快速判定事件的性质、规模、影响及损失，为后续措施采取提供依据。该机制的主要内容包括：一是事态影响范围估计。根据所掌握的关于突发事件的情况，利用突发事件衰减模型得出。二是事件损失和影响评估。根据迅速收集到的事件的准确数据和详细信息，确定灾害损失情况和影响范围。

第三，信息报告机制。信息报告机制是为突发事件预防和应对提供信息支持和保障的工作过程。按照时间先后顺序，信息报告分为事件初始情况报告、事件进展情况报告和结案情况报告三个阶段，每个阶段都要明确信息报告的主体、内容、程序和时限，保障信息报告的及时、准确和客观。

第四，决策指挥机制。学校应急管理的决策指挥主要包含6方面工作：一是快速启动预案。要明确各级各类预案快速启动的标准和程序，实现学校、政府和社会三方主体的协调联动。二是现场决策指挥。包括现场指挥部的成立和不同主体间的指挥协调。该流程要明确现场指挥部的成立条件、构成要素、职能定位、组织架构和工作流程。三是资源调配拨付，包括校园内与校内外间的资源紧急调配。四是专家紧急参与，要明确专家参与的条件、方式和程序。五是紧急征用借用，包括紧急征用借用的启动条件和基本程序。六是临时救助安置。临时救助安置是一种不定期、不定量的临时救助和安排制度，要明确临时救助和安置的条件和程序。

其实，广义意义上的应急决策不只出现在应急处置与救援阶段，而是贯穿于突发事件应对的全过程中，只是为了突出应急管理的过程性，强调各个应急管理阶段相关机制的无缝衔接，加之应急决策指挥机制在应急处置与救援阶段的特殊

---

① 钟开斌：《风险治理与政府应急管理流程优化》，北京大学出版社2011年版，第95页。

重要性，故在此处叙述。学校应急管理多元决策机制的有效运行，必然要明确决策主体、决策程序和决策责任。有哪些多元决策主体，前文已有详细探讨，这里不再赘述。关于决策程序，理论认为，完整的应急决策程序包括突发事件性质的界定和风险评估、设定所要实现的解决突发事件的目标和从基本的战略选择中挑选可以实现目标的战略和政策 3 个步骤。[1] 应急决策主体、决策程序也应当遵循前文探讨的"分级"原则。一般当学校突发事件的级别较低、学校一方足以应对时，决策主体就只为学校一方，政府等相关部门不得干涉。而当发生重特大学校突发事件以学校一己之力难以应对，需要政府和社会力量共同参与时，应急决策的主体就是多元的了，也应当遵循不同的决策程序，各方也要承担相应的决策责任。

第五，社会动员机制。《突发事件应对法》第 6 条规定了社会动员机制，不过主要是从宣传教育的角度定义的，[2] 这里的社会动员，主要指狭义意义上，即在学校突发事件即将或已经发生的情况下，学校或政府动员校园师生员工进行自救和互救，动员社会力量参与学校应急管理的各种活动、方式方法。社会动员主要包括两方面工作：一是多元主体参与抢险救灾。包括学校受灾人员的自救互救、社会通过捐赠物资等形式参与抢险救灾、志愿者的组织与管理。二是救灾捐赠管理。包括组织捐赠与募捐、接受救灾捐赠和救灾捐赠款物的管理和使用。加强救灾捐赠管理，有利于保护捐赠人、受赠人和受益人的合法权益。该机制的建立健全，有助于为学校应急处置与救援工作提供有益的社会群众基础，推进工作的有序开展。

第六，信息发布机制。学校或政府在突发事件发生后，应及时、公开、透明地向学校师生和社会公众发布各种应急管理信息，以稳定师生情绪，减少恐慌。信息发布具体包括两方面内容：一是信息发布和舆论引导，如在学校网站快速播发校方公告和信息。二是决策者的现场沟通，如决策指挥人员和领导在学校现场安抚和救援师生员工。

（四）事后恢复与重建机制

事后恢复与重建是在应急处置与救援结束后，学校为恢复正常的教学和生活秩序而采取的一切措施的总和。恢复重建始于突发事件的稳定，结束于校园完全从事件后果中恢复。该阶段跨越周期较长，工作内容错综复杂，要予以重视。事

---

① 郭学堂：《国际危机管理与决策模式分析》，载于《现代国际关系》2003 年第 8 期。
② 《突发事件应对法》第 6 条规定："国家建立有效的社会动员机制，增强全民的公共安全和防范风险的意识，提高全社会的避险救助能力。"

后恢复与重建阶段包含四方面子机制。

第一，善后恢复机制。善后恢复指在学校突发事件过后，针对事件造成的破坏和人员伤亡等实施善后恢复相关措施的过程。该机制主要内容有：一是应急结束。根据事态进展情况，及时停止应急措施，同时采取或继续实施防止次生衍生事件的必要措施。二是事后评估。包括对学校师生员工需求的评估和突发事件影响评估两项，其目的在于为恢复重建方案的制定和实施提供科学的数据信息支持。三是学校正常的教学生活秩序恢复。要妥善解决因突发事件引发的矛盾和纠纷，恢复学校秩序。四是教学生活场所设施修复。学校所有场所、设备要排险加固，确认安全后使用。

第二，救助补偿机制。学校的救助补偿工作具体包括如下3方面内容：一是补偿赔偿。学校要按照预先设定的补偿赔偿的标准和程序，对应急处置阶段的紧急征用和借用情况、事件受伤或死亡的人员进行合理的补偿或赔偿。当然这也关系到前文成本分摊机制的有效构建。二是事后安置。包括师生的转移安置，学生监护人要尽量服从和积极配合学校安排，防止不必要争端的出现。三是心理救助。学校突发事件除了造成人员伤亡、财产损失和校舍破坏外，也对受影响的师生的心理造成了不可磨灭的损害。心理救助包括心理救援队伍建设和心理救援机制启动。

第三，调查评估机制。调查评估机制是指对学校突发事件原因、应对措施、解决效果等进行总结性论断的过程。该机制有助于学校和政府从这起事件中总结经验，推动学校应急管理机制的不断完善。调查评估主要包括3方面内容：一是事件调查。主要包括调查评估的主体、对象和流程，应急救援人员的表彰、补偿。二是责任追究。根据调查评估的结果，对相关责任部门或人员追究责任。三是整改学习。通过总结经验找到不足，提出改进学校应急管理工作的对策措施。开展调查评估，主要目的不在于责任追究，而是通过以查促改，发现工作中的薄弱环节，进而改进和推动学校应急管理。

第四，规划重建机制。学校应急结束，恢复正常的教学生活秩序后，将进入长期恢复重建阶段。该机制的主要内容包括：一是重建规划的制定实施。学校和有关政府部门在对事件损失进行全面调查评估后，应组织制定和实施学校的恢复重建计划。二是为恢复重建提供支援。学校的恢复重建可能需要所在地政府、教育行政部门、社区单位等的扶持和帮助，要启动相应的支援机制。

四、学校应急管理多元协作与应急决策机制之法制化

要保障学校应急管理多元协作与多元决策的实现，保障其相关机制的有效运

行，最行之有效的办法是从法制层面为其提供依据、规范和保障。在掌握我国学校应急管理法制现状的基础上，借鉴国外先进做法，重点分析学校应急管理多元主体的应有的法律地位和法律关系，最后提出我国学校应急管理多元协作与应急决策机制的法制化思路。总之，应通过将前述的 19 种应急管理机制法制化，在未来的学校安全立法中具体分配给各个主体相应的权利和义务，否则机制的构建和保障将失去意义。

（一）学校应急管理多元主体的法律分析

1. 学校的应有法律地位及其与其他主体间的应有法律关系分析

我们认为，我国学校具有 3 种法律身份地位，即法律、法规授权的行政主体、法人和行政相对人。与学校应急管理中多元协作与应急决策关联较为紧密的是其法律法规的授权组织和行政相对人身份，下面将分别论述，并对如何完善其与其他主体间的法律关系展开探讨。

第一，法律、法规授权的行政主体。《中华人民共和国教育法》① （以下简称《教育法》）第 28 条对各级各类学校的权利义务做出了明确规定，其中权利的第 8 项规定，"拒绝任何组织和个人对教育教学活动的非法干涉"。《中华人民共和国高等教育法》② （以下简称〈高等教育法〉）也有相关规定。从这些具有行政权力性质的规定可以判断，学校是法律法规授权的组织，也即行政主体，享有保护学校正常教育活动、维护学校安全秩序的权力。因此，学校可以以自己的名义行使行政职权维护学校安全，开展学校应急管理工作，而且要对由于其过错导致的安全管理责任独立承担行政法律责任。

第二，行政相对人。行政相对人作为行政法律关系中的一方，是指相对行政主体而言，享有一定权利并承担相应义务的公民、法人和其他组织。行政相对人与行政主体的法律地位是不平等的，在我国行政法中主要是作为行政主体管理的对象和身份出现的，有关规定更多的是义务性规范，而较少有权利性规范，并且政府的权力与行政相对人的义务以及行政相对人的权利与政府义务并非一一对应，权利与义务间并未保持平衡。因此，在行政法律关系中，作为被管理者的学

---

① 《中华人民共和国教育法》作为我国教育的基本法，于 1995 年 3 月 18 日第八届全国人民代表大会第三次会议通过，并于 1995 年 9 月 1 日正式实施。

② 《中华人民共和国高等教育法》于 1998 年 8 月 29 日第九届全国人民代表大会常务委员会第四次会议通过。

校实质上并没有独立法律人格，开展活动大多按照预定计划，听从政府命令和安排，其合法权益并没有得到充分的肯定。《教育法》《高等教育法》等现行的教育法律法规，一方面强调政府对学校的权力，忽视政府义务和责任；另一方面又缺乏对学校作为行政相对人的权利的具体规定。政府权力与学校权利之间存在着严重不平衡。

在行政法学中"平衡论"[①]"有限政府"和"有为政府"等观念的提出，为人们重视和重新认识学校的应有法律地位提供了重要思路。政府与学校间不应是单纯的管理者与被管理者关系，在共同面对学校突发事件时，为真正实现有效应急管理、整合资源和力量，二者之间应当构建的良好关系应是相互依赖、相互制约和在动态制衡中寻找合适的度。

2. 社会力量的应有法律地位及其与其他主体间的应有法律关系分析

在学校突发事件应急管理中，政府、学校和社会三方的角色定位应当是这样的：以学校为主导、以政府为坚强后盾、社会力量积极参与。因此，社会力量是突发事件应对中的重要基础力量。在前文多元主体的行为分析中，我们重点探讨了社会力量中的学生监护人、周边社区、非政府组织、志愿者、营利组织和媒体。总体而言，为保障学校多元应急管理的有序开展，社会组织和人员在突发事件应对过程中应当遵循服从学校或政府统一指挥、指导和管理的义务，当然更应当强调的是社会组织和人员合法权益的充分保障。目前我国对非政府组织、志愿者等参与应急管理活动还缺乏完善的法律保障。为充分吸纳和整合社会多元力量参与到应急管理工作中来，我们认为，不但要有相应激励制度和保障制度，以保护社会力量参与的积极性，而且要创新行政管理方式，比起用行政命令等的刚性管理方式，行政指导、行政合同等的柔性管理方式可能会取得更好的合作效果。

（二）学校应急管理多元协作与应急决策的法制化思路

处理学校突发事件，法律是保障。而要从法制上保障学校应急管理多元的实现，确保多元协作机制与应急决策机制的有据、有力、有序和有效运行，为将其吸收到未来学校安全立法中，必须构建其立法思路和基本框架。

---

① 罗豪才：《现代行政法的理论基础——论行政机关与相对一方的权利义务平衡》，载于《中国法学》1993 年第 1 期。

1. 确立保障学校应急管理多元协作与应急决策的法律原则

要明确学校应急管理多元协作与应急决策的重要法律地位，将学校应急管理多元治理理念作为我国未来学校安全立法的一项基本原则，以指导和保障学校应急管理工作。一是学校应急管理多元协作与应急决策的基本原则要在学校安全法的总则部分明确确立，以统领学校安全法其他章节的编纂；二是在有关应急管理机制的章节，要确保将这一基本原则和理念精神渗透到每个机制的具体构建中，以保障基本原则精神得到贯彻和落实。要体现多元的基本原则，须确立其他一系列具体原则来予以具体化，这些具体原则，我们认为重要的两项是快速决断、科学有序原则和统一指挥、分工协作原则。

第一，快速决断、科学有序原则。突发事件的应对，时间就是生命，如南平"3·23"恶性杀人案件事发时仅有短短的55秒，却造成了8死5伤的惨重后果。因此，学校突发事件的及时应对，要求决策者在最短的时间内做出正确判断，采取正确有效措施，迅速调动人力、物力和财力，实施救援。而科学有序的原则则是要求对学校突发事件的处理要抓住主要矛盾，分清轻重缓急和先后次序，集中力量抓好、应对好当务之急。同时，应急管理行为的实施，必须按照一定流程和标准，确定现场处置的工作程序，即应对要注意科学性，多征求特定领域专家的意见，杜绝盲目蛮干。

第二，统一指挥、分工协作原则。在学校突发事件应急管理过程中，要实现多元力量的有效整合，除了要设计符合多元实现需要的应急管理组织体系，设计一整套优化流程、应急管理的运作机制也至关重要。这也是当务之急，以使得学校、政府和社会三方能够实现协同运作，优化整合各种资源，发挥整体功效，最大限度地减少事件损失。这既是应急管理体系有效运行的要求，也是由学校突发事件的特性决定的。

2. 明确学校、政府和社会力量三方的法律地位及其法律关系

市场环境和行政环境的日益成熟和变革为学校和社会力量的发展带来了机遇，为学校、社会力量与政府的法律关系的变革提供了良好的外部环境，学校、社会力量与政府的权利分配应当在合法合理的渠道下展开，多方面取得共赢。

一方面，通过法律明晰三方的职责权限，特别要明确政府管理的法定范围和方式。政府与学校构成权利和义务互为依存的法律关系：政府有权力规定应急管理标准，对学校应对突发事件的行为进行宏观调控，对学校应急管理质量进行督导评估，学校则有执行突发事件应对标准，保障质量，接受政府的宏观管理和督导评估的义务。社会力量方面，一是要充分保障社会组织和人员的合法权益；二是

要明确社会组织和人员遵守服从学校或（和）政府统一指挥、指导和管理的义务。

另一方面，政府对学校、社会组织和个人进行管理时应顺应行政民主化的潮流，减少使用传统的刚性的行政管理方式，更多地运用非强制的管理方式。学校应急管理中政府与学校的法律关系主要表现为：教育法律监督关系、教育行政指导关系、运用行政命令直接管理关系、运用行政合同等的合作关系、政府对学校的服务关系。① 政府要多采用行政合同、行政指导等柔性管理方式综合协调学校应急管理工作，以达到优化资源配置、形成整体合力、减少执法成本等的良好效果。

3. 合理配置各方权利义务，保持各自权利义务基本平衡

为平衡学校、社会力量与政府的权利义务关系，在未来学校安全立法中应当明确、严格界定政府的行政权与学校和社会作为行政相对人的权利，对行政权和行政相对人权利均进行"显性"界定。而且设置政府权力与学校、社会的权利时，应当尽量采取"对峙"的方式，使大部分对学校、社会的权利直接产生影响的行政职权，均有相应的行政相对人权利与之抗衡，以真正实现三方良好合作的局面。

只有通过出台学校安全法，对各方主体的权利义务予以明确规定，学校突发事件的 19 项应急管理机制的运用和实践才能于法有据，对突发事件情形下公民权利的保障也才能有望，并且避免学校突发事件应对过程中可能出现的纠纷难处理、依据不足等问题。我们热切期盼我国尽早出台学校安全相关立法，"一个民族在灾难中失去的，必将在民族的进步中获得补偿。关键是要善于总结经验和教训。"② 当前我国学校安全的问题和教训已深深刺痛了每个国人的神经，是该深刻反思和有所重大举措的时候了。要取得里程碑式的进步，作为法律人，我们始终更愿把期盼寄托在立法之上，让法之曙光照亮学校应急管理的前程！

---

① 申素平：《谈政府与高校的法律监督和行政指导关系》，载于《中国高等教育》2003 年第 8 期。

② 温家宝总理 2003 年 6 月 17 日在中南海主持召开 "加强公共卫生建设，促进经济与社会协调发展" 专家座谈会上的讲话。具体参见中新网：《总理：一个民族在灾难中失去的必在进步中获补偿》，http://news.china.com/zh_cn/domestic/945/20030617/11490388.html。

第七章

高校应急管理的多元协作机制及其法治化

高校应急管理多元协作机制的合理性基础，既可从当代政治哲学思想、公法理论和法律的秩序之价值诉求中得到证成，也可以从美、日等国经验中得到体现。目前高校突发事件管理机制中的"多元"主体角色存在错位，亟须重新定义三方主体的地位，即确定高校主导地位；重新界定政府角色；明晰社会力量的作用。基于三者的"新角色"并结合突发事件的生命周期理论，需要在预防与应急准备、监测与预警、应急处置与救援以及事后恢复与重建等四阶段中构建多元协作的十七项机制。而多元协作机制的法治化进路则是：明晰多元主体的职责权限；明确政府管理的法定范围和方式；突出多元主体之间的协作性权利义务的配置。

一、问题的提出

由于突发事件具有复杂性、突发性、不确定性、危害性、甚至"诡异性"（Wicked）[①] 等诸多特点，学界普遍认为单一行政部门或者组织是无法对之予以有效应对的。正因如此，《中华人民共和国突发事件应对法》（以下简称〈突发

---

① Horst W. J. Rittel, Melvin M. Webber. Dilemmas in a General Theory of Planning. Policy Sciences，1973（4）：155－169.

事件应对法》）强调"突发事件应对是一个多元主体协同行动的社会系统工程"①。具体到高等学校（以下简称高校）领域，其具有易发突发事件的天然条件和人为因素。② 目前我国高校发生频率高、影响大的突发事件多集中在"招生与就业、群体性行动、心理疾患、校园安全与事故、师德与学风"等方面，③ 在应对上述突发事件中，高校大都建立了以"一案三制"为核心的应急管理体系。对于该体系，中国行政管理学会课题组的实证研究表明，其运作过程中参与力量明显不足，突出表现就是应对主体的单一："没有形成政府、学校、社区、用人单位、家长、媒体等利益相关方的联动机制。各方的信息成孤岛状态，没有联通。在高校内部，应急管理的内容并未很好地进入党团组织的工作日程，而各类学生社团及组织更多地扮演被管理者的角色；来自高校外部政府、社会及市场方面的参与力量则更少，其作用尚未得到充分发挥"④。不难想象，在风险社会背景下，任何主体试图依靠自身力量来解决高校突发事件的做法已被实践充分证明是不现实和不可能的。于是应对突发事件的多元协作机制就是高校明智的选择。然而，我们依然需要从理论上认真回答高校建立多元协作应急机制的正当性基础何在、多元协作应急机制的具体内容是什么，以及多元协作机制的法治化进程是什么等问题。

二、高校应急管理多元协作机制的正当性基础

根据《中华人民共和国教育法》（以下简称〈教育法〉）第 28 条和《中华人民共和国高等教育法》（以下简称〈高等教育法〉）第 11 条之规定，我国高校权力结构由行政权力、学术权力、其他利益群体的权力构成。但是从现状看，"我国高校的权力结构属于行政权力模式"⑤，高校应急管理权自然也属其中，而行

---

① 马怀德：《法制背景下的社会预警机制和应急管理体系研究》，法律出版社 2010 年版，第 103 页。

② 例如，高校一般在特定区域聚集较大规模人群共同生活，具有易发突发事件的先天"自然"条件；其人员构成以学生为主体，学生思想活跃、人格尚未完全成熟，容易对敏感事件发生过激反应；其社会关注程度较高，家长、社会、媒体等社会网络对高校影响较大，具有诱发或刺激突发事件的推波助澜作用。

③ 中国行政管理学会课题组：《高校应急管理机制建设研究报告》，载于《中国行政管理》2006 年第 10 期，第 6 页。

④ 中国行政管理学会课题组：《高校应急管理机制建设研究报告》，载于《中国行政管理》2006 年第 10 期，第 7 页。

⑤ 谢安邦、阎光才：《高校的权力结构与权力结构的调整——对我国高校管理体制改革方向的探索》，载于《高等教育研究》1998 年第 2 期，第 23 页。

政权并非民选，天然不具有正当性，人们对其实施的应急管理自然存在诸多质疑。多元协作机制则以制度化的样式将多元精神镶嵌至"行政"之中，为行政权的"自我证成"找到了合法化路径。

而高校应急管理多元协作机制本身的正当性基础，一方面，可从当代政治哲学思想及公法理论中的功能主义、冲突学派理论、合作治理理论、协同理论以及利益相关者理论中得到证成。譬如，合作治理的一个基本观点就是要超越传统行政管理中行政机关与相对人之间就管理事项严格区分公与私的界限，主张多方参与行政管理，与行政机关共同决策，并承担相应的法律责任。[1] 另一方面，也可以以法律的秩序之价值诉求作为合法性来源。秩序"总意味着某种程度关系的稳定性、结构的一致性、行为的规则性、进程的连续性、事件的可预测性，以及人身财产的安全性"。[2] 而本章所建构的高校应急管理机制，则以高校的稳定和秩序为诉求，以师生的人身财产安全为最终归宿，其要义是保证教学秩序的正常进行。在这一过程中，需要高校应急管理多元协作机制中的各个要素之间的整合以及各主体的通力合作，也需要各个机制的自我调节、自我控制和自我更新功能的发挥。

此外，美、日等国经验也可资借鉴。早在 2004 年美国国土安全局就推出了《全国突发事件管理系统》。该文件将联邦、州、地方等各层级政府以及私人企业和非政府组织紧密连接在一起，给各行业提供一个应对突发事件的"国家范本"。这种结构化、网格化、合作化的管理体系也为高校应急管理机制的运行提供了相应的规范图景。就美国高校而言，其形成了强有力的三方协作体系，政府负责指导、资助与监督、高校负责日常监控与应对、社会负责支援与协助。通过"地方为主、自上而下滚动负责、逐级负责"的结构模式架构，在保证地方灵活性的同时又保证应急的规范性。[3] 日本在高校应急管理机制运作中，提出"以生为本、实行自救、共救与公救相结合"，注重应急管理过程中"校园—政府—社会"三元主体的互动互治过程，建立了动员全社会参与的应急管理机制[4]。由于日本自然灾害频发，在应急管理机制运作中尤其重视学生危机意识的培养以及针对突发事件的日常训练。概而言之，国外经验表征了两个一般特点，一是法定协作机制健全；二是参与主体广泛，呈现多元化、立体化、网格化的高校应急机制格局。

---

① 戚建刚：《我国食品安全风险规制模式之转型》，载于《法学研究》2011 年第 1 期，第 41 页。

② 张文显：《法学基本范畴研究》，中国政法大学出版社 1993 年版，第 258 页。

③ 陈科、朱敏晓：《美国高校校园危机管理特征及启示》，载于《国家教育行政学院学报》2012 年第 12 期，第 89～90 页。

④ 李艳艳：《高校突发事件多元应对机制研究》，南京信息工程大学 2013 年硕士学位论文。

三、对多元协作机制之"多元"的重新定位

要构建高校应急管理多元协作机制，首先要明确"多元"的内涵是什么？我们认为，这里的"多元主体"指代的是政府、高校和社会三方力量。而现行机制中的三方主体角色定位存在一定程度的错乱。

（一）"多元"角色之错位

1. 政府的主导地位受到质疑

根据《突发事件应对法》第 48 条之规定，我国突发事件应对主体是国务院和各级地方人民政府。而根据《突发事件应对法》第 56 条之规定，作为突发事件发生地的高校在突发事件处置时被定位为协助执行地位，履行为地方人民政府及其有关部门的应急救援和处置工作提供协助的义务。诚然，在突发事件应对中，政府承担着保护人民生命财产安全和维护社会正常运行与发展的基本职责，且政府拥有比其他社会主体更多的社会资源，政府在高校应急管理机制中应当处于主导地位，其他社会主体履行协同参与义务。但是，在相对特殊的高校应急管理中，由于其人口多且密集、人员构成年轻且思想开放、社会关系复杂等原因，是否每一起高校突发事件，政府都必须介入和主导？政府若介入，如何定位高校角色？应对突发事件的责任义该由谁来承担？如果上述问题无法得到有效解答，那么政府的主导地位必然受到质疑。

2. 高校相对独立，缺乏与其他主体的联动

由于我国尚没有制定统一的《校园安全法》，法律制度的缺失造成高校规章及其实施的合法性易遭质疑。表现为高校应急管制度与机制的薄弱，例如，"不重视制度建设、制度措施不完善与不配套、制度规定程序不合理、为制定制度而制定制度、既有制度不落实等等"。[①] 而在既有的薄弱制度中，一些高校将应急管理等同于应急处理，忽略了预防机制的建设，对于与其他主体的协同联动，言

---

① 中国行政管理学会课题组：《高校应急管理机制建设研究报告》，载于《中国行政管理》2006 年第 10 期，第 7 页。

之甚少。例如，《高等教育内部保卫工作规定》第 6 条规定了高校内部保卫部门承担的 9 项主要任务，其中大多都是高校应急处置突发事件的职责规定以及特定的"报告"要求，并没有与其他主体协作的主动表述。这就导致，在现实中一旦突发事件发生，高校通常是自行处置，即先"捂"，"捂不住"了再上报当地政府。此外，高校缺乏调动社会资源的勇气和信心，根源还在于没有形成法定的协作机制。

3. 社会力量参与不足

"作为社会大系统的一个构成因子，学校不能完全独立地存在，它与其他社会组织总是联系在一起的"。① 长期以来，政府、高校几乎包揽了突发事件应对的所有工作，社会力量极少参与突发事件，多元合作的氛围远未形成。不论是 2004 年云南大学马加爵杀人事件，还是 2008 年郑州大学拒发毕业证书导致大规模骚乱事件等，社会力量在突发事件生命周期的各个阶段的参与不足问题明显。正因为此，学界普遍呼吁建立高校应急管理联席会议制度和信息沟通及联络制度，以"充分调动一切积极因素，如学校民主党派基础组织、群团组织、专家队伍、志愿者等，实现应急管理参与主体的多元化"。②

（二）"多元"角色之重新定位

综合以上问题，在高校应急管理中，亟须厘清相关主体的法律角色及其职责定位，改变传统政府主导的以支配、命令、集中为特征的"一元单中心结构"或者"中心—边缘结构"应急机制样式，构建"分级、分阶段"参与、合作应急的制度化、规范化、法治化的"网格结构"的多元协作模式。在该模式中，高校应是应急管理的主导者，政府是支持者，社会力量是积极参与者。

1. 确定高校的主导地位

我们认为，在高校应急管理多元协作机制中，高校在应对突发事件中应始终处于主导地位。原因在于，第一，根据《突发事件应对法》第 5 条规定的"突发事件应对工作实行预防为主、预防与应急相结合的原则"，高校在日常管理中应当做好突发事件的预防与应急准备工作，以减少突发事件的发生概率，例如，高校应重点做好：建立校园突发事件风险评估和隐患排查机制；深入开展宣传教

---

① 简敏：《校园危机管理策略创新：当代高校稳定的现实选择》，中国监察出版社 2007 年版，第 222 页。
② 丁烈云、杨新起：《校园突发事件应急管理》，华中师范大学出版社 2009 年版，第 76 页。

育，提高师生危机意识和应急能力；制定应急预案；做好应急预案演练工作；校园建设规划和制度建设要满足安全需要和应急需要；健全应急管理的基本保障系统等。① 第二，在突发事件的监测与预警阶段，应当根据突发事件的影响范围和可能造成的危害程度等因素，高校判断自身将多大程度上依赖于政府和社会，以求得最好的应对方案。可分为三种情形：一是高校经过初步评估，能够自己解决的，高校应自行应对，政府主要是提供鼓励和指导；二是高校不能解决但在可承受范围之内的，仍以高校为主，政府则主要是鼓励、指导和提供必要的支持；三是超出了高校可承受范围而演化为自身无法解决的突发事件时，政府要充分而全面地承担起其职责，发挥应有的职能职权，以有效应对突发事件。② 为此，判断属地政府应否介入的前提是，高校应对每一起突发事件进行"分级"。第三，在应急处置与救援阶段，根据前述三种情况，具体分配高校、政府和社会三方的职责权限。在前两种情形中，高校处于主导者地位，政府和社会提供有效支持和协助。在第三种情形中，一般情况下，当地政府和高校将共同作为主导者；而当事件影响范围、危害程度等发展严重、超出了高校所能驾驭的范围时，政府将作为唯一主导者，全面负责事件的应对工作，高校和社会组织或个人应当积极配合和协作应对。第四，在事后恢复与重建阶段，高校、政府和社会组织或个人等依然按照"分级"分工，各自履行不同职责。

2. 重新界定政府角色

在我国大政府小社会的传统观念和现实情境影响下，政府依然占据着天然的优势。高校和其他社会力量在主导和参与高校突发事件应对过程中，还保留着其普通社会行为主体甚至行政相对人的角色，仍要接受政府的管理。然而，由于突发事件的级别不同③，如若对于高校明显可以应对的突发事件都需要政府动用大规模资源去处置，明显违反比例原则，有"大炮打小鸟"之嫌。据此，结合上述"三情形"说，当突发事件波及范围、危害程度等明显超出了高校所能应对的能力范围时，"主导权"发生转移，从高校转至政府，政府就由参与方变为主导方。在其他情形中，政府角色定位为指导、支持甚至合作为宜。

---

① 丁烈云、杨新起：《校园突发事件应急管理》，华中师范大学出版社2009年版，第91~100页。
② 马怀德：《法治背景下的社会预警机制和应急管理体系研究》，法律出版社2010年版，第106页。
③ 《突发事件应对法》第3条第2、3款规定，按照社会危害程度、影响范围等因素，自然灾害、事故灾难、公共卫生事件分为特别重大、重大、较大和一般四级。法律、行政法规或者国务院另有规定的，从其规定。

3. 明晰社会力量的作用

在高校应急管理多元协作机制中，社会力量一般包括学生监护人、周边社区、非政府组织、临近单位、新闻媒体、志愿者、社会公众、利益相关者甚至国际资源等诸多主体。由于我国的国家和社会向来没有清晰的分野，健康的公民社会的缺失使得对"大政府"甚是偏爱，"大政府"反过来又强化了社会的脆弱性和延缓了社会力量的发育和成熟。由此导致的社会力量发展滞后是高校应急管理多元协作机制转变的一大障碍，这需要官方"自上而下"和民间"自下而上"的双方推进，以将社会中"原子化"个人的力量进行充分整合，对内维持社会自组织的韧性，对外以集体的力量与高校进行合作，甚至与政府进行博弈，[1] 当然这需要一定历史时期的过渡。从当下来看，如果能够在法律规范中明确规定社会力量的地位，通过自上而下来规制社会力量的参与程度可以实现公权力在应对突发事件中的自我规制，也能促进社会力量的成熟，进一步提高其参与的积极性。

四、高校应急管理多元协作机制之构建

应急管理的对象是突发事件，突发事件遵循其生命周期，高校应急管理多元协作机制的出发点和归宿是消弭突发事件。在构建多元协作机制时，依照马怀德教授的观点，其着眼点在于："一是科学规划和储备各类主体的应对能力；二是合理构建各类主体之间的协同行动机制，以发挥储备的应对能力的效能，其关键是政府与社会间的互动机制。"[2] 基于以上分析，结合突发事件之生命周期理论，我们认为高校应急管理多元协作机制可分为 4 阶段、17 项机制，在不同的阶段，高校、政府和社会力量承担不同的责任，其中之关键在于联动、协作。

（一）预防与应急准备阶段

突发事件的预防与应急准备是应急工作的重要基础，突发事件预防需要准备

---

① 陈剩勇、赵光勇：《"参与式治理"研究述评》，载于《教学与研究》2009 年第 8 期。

② 马怀德：《法治背景下的社会预警机制和应急管理体系研究》，法律出版社 2010 年版，第 103 ~ 104 页。

的内容，包括思想准备、组织准备、制度准备、技术准备和物资准备等方面，[①]应建立健全以下四个方面的机制。

（1）预案管理机制。

预案准备是指要按照有关法律、法规和规章的规定，结合高校的历史经验、实践积累以及其他特殊情况，针对各种类型的校园突发事件事先制定一套行之有效的行动方案，即预案。预案的编制应以高校为主导，成员包括高校各职能部门、社区代表、学生代表、教工代表、高校主管部门、政府应急管理部门、高校所在行政辖区负责人、消防、公安、环保、卫生、市政、医院急救、卫生防疫、交通和运输管理部门、学生监护人代表、技术专家、广播、电视等新闻媒体、法律顾问、志愿者，社会团体以及利益相关者等[②]，并规定各方在预案中的权利义务关系，对预案开展动态管理和联合演练。

（2）应急队伍机制。

应急队伍机制为高校应急管理提供重要的人力资源保障。主要包括：一是应急队伍的建设。政府要成立综合性和专业性应急救援队伍，社会力量方面要成立由志愿者组成的应急救援队伍，高校内也要有效组织成立相应的应急救援队伍；二是应急队伍的培训和演练。特别是要加强政府、高校和社会其他成员间队伍的联合培训和预案演练，培养合作默契。

（3）宣教动员机制。

应急知识的宣传教育是提高高校突发事件应对能力的重要途径。应急管理宣传教育和社会动员主要包括：高校领导带头组织教职工、学生以及后勤集团开展应急演练；政府普及宣传，以增强社会公众的公共安全意识和法律意识；媒体应开展高校应急管理公益宣传报道，必要时政府给予支持和鼓励；加强对高校应急管理负责人、政府相关领导干部以及社会力量代表人员的培训。

（4）应急储备机制。

应急储备为高校应急管理提供重要支撑。主要包括：高校建设规划处要统筹安排应对突发事件所需的基础设施设备，并确定可供避难的应急场所；高校应当根据实际情况，储备必要的应急救援物资、生活必需品和应急处置装备，并注意监管，以保障需要时的供给；高校财务处、教育行政部门等要有应急财政经费计划，高校可为在校人员统一购买巨灾风险保险和人身意外伤害保险，对社会捐赠要注意保管；要完善高校通信网络建设，包括高校与政府、周边单位等的通信保障；高校教研机构可培养应急管理专业人才，重大的应急管理科研攻关，研究和

① 黄顺康：《公共危机管理与危机法制研究》，中国检察出版社2006年版，第109~119页。
② 参见孙华：《论大学校园应急预案的编制》，载于《煤炭高等教育》2007年第2期，第47页。

开发保障校园安全的新技术、新设备和新工具。

（二）监测与预警阶段

高校突发事件的监测和预警是高校应急管理开展的重要基础。所谓突发事件的监测和预警，是以先进的信息技术为平台，通过预测等技术，对各类潜在的安全隐患、威胁或危害进行有效监测，并做出前瞻性的分析判断，及时评估各类突发事件爆发的可能性和危险程度，进行预防和警示，并通过分析和判断各种影响因素综合发挥作用的状况以及各要素系统自身运行的状况等，制定针对性较强的应对措施的过程。[①] 监测和预警阶段的重要机制有如下 3 项。

（1）事件的监测机制。

加强高校的监测机制建设，是提高高校信息收集能力，及时做好突发事件预警工作，有效预防、减少突发事件的发生，控制、减轻、消除突发事件引起的严重社会危害的基础。[②] 具体而言，监测内容包括以下三项：一是完善监测网络，对校园内的危险源和危险区域，政府及高校要建立对其实时监控的系统；二是高校要建立专职或兼职信息报告员制度（向高校或政府报告）及通报制度（向学生监护人等社会力量通报）；三是及时调解和处理可能引发校园安全事件的矛盾纠纷，防止矛盾激化或事态扩大。

（2）信息评估机制。

高校的信息评估，是指在及时、全面和准确地捕捉突发事件的征兆后，对各类信息从多角度、多层面加以研判，为预警信息发布和预警措施实行提供科学的决策依据。具体而言，信息评估主要包括两方面内容：一是信息采集。高校有关机构、监测网点、信息报告员要通过多种途径全方位地收集各种信息。获悉信息的师生员工、公众等，应主动向高校、教育行政部门等报告；二是信息评判。高校要建立信息分析、会商和评估制度，对高校突发事件的预警信息进行汇总分析，必要时组织高校和政府有关部门、专业技术人员、专家学者、社会力量等进行会商，对突发事件发生的可能性以及可能造成的影响进行评估。

（3）事件的预警机制。

突发事件的预警，指根据预警信息和评估结果，依据事件的发展势态、紧急程度和可能造成的危害程度，确定相应预警级别，发布有关信息和采取相应举

---

① 钟开斌：《风险治理与政府应急管理流程优化》，北京大学出版社 2011 年版，第 93 页。

② 戚建刚、杨小敏：《北京城市应急机制法制化的理论与实务》，华中科技大学出版社 2009 年版，第 22 页。

措。具体而言，高校突发事件的预警工作内容有：一是预警级别制度；二是预警警报的发布权制度。原则上，突发事件发生地的高校享有警报的发布权，但如果事件影响超出了高校范围，应当由当地政府甚至是上一级领导来发布警报。三是各级警报发布后应当采取的措施，明确政府、高校及社会力量的职责。如高校继续做好突发事件发展势态的预测，政府及时发布警告，社会力量积极配合宣传避免和减轻突发事件危害的常识等。

（三）应急处置与救援阶段

应急处置与救援是指突发事件发生后，依法及时采取有效处置措施，组织救援，以最大限度地减少损害，并防止事态的扩大和次生、衍生事件的发生。[①] 该阶段包含六方面机制。

（1）先期处置机制。

先期处置一般由事件发生地即高校的有关部门，对事件进行的临时应急控制处置，并随时报告事件进展情况。先期处置主要包括两项内容：一是临时应急控制。即在事件发生的第一时间，高校及时采取各种临时性应急控制措施，如立即开展调查；向政府应急领导小组报告情况；向政府有关部门通报情况；现场救治和维护校园稳定的工作；收集、保护有关资料和证据；采取防止事态扩大的措施等；二是事态进展报告。包括向有关政府部门和领导报告事态进展情况，必要时请求政府及社会力量支援。

（2）快速评估机制。

所谓快速评估，指在高校突发事件发生后较短时间内，根据突发事件衰减模型估计受灾范围，并结合所掌握的灾区统计数据，估算灾区人员伤亡情况和直接经济损失，快速判定事件的性质、规模、影响及损失，为后续措施采取提供依据。该机制的主要内容包括：事态影响范围估计、事件损失和影响评估。

（3）信息报告机制。

信息报告机制是为突发事件预防、应对提供信息支持和保障的工作过程。按照时间先后顺序，高校突发事件信息报告分为事件初始情况报告、事件进展情况报告和结案情况报告三个阶段。每个阶段都要明确信息报告的主体、内容、程序和时限，报告的主体主要是高校和政府，以保障信息报告的及时、准确和客观。

（4）决策指挥机制。

高校应急管理的决策指挥主要包含六方面工作：一是快速启动预案。要明确

---

① 钟开斌：《风险治理与政府应急管理流程优化》，北京大学出版社 2011 年版，第 95 页。

各级各类预案快速启动的标准和程序，实现高校、政府和社会三方主体的协调联动；二是现场决策指挥。包括现场指挥部的成立和不同主体间的指挥协调。该流程要明确现场指挥部的成立条件、构成要素、职能定位、组织架构和工作流程；三是资源调配拨付。包括校园内与校内外间的资源紧急调配；四是专家紧急参与。要明确专家参与的条件、方式和程序；五是紧急征用借用。包括紧急征用借用的启动条件和基本程序；六是临时救助安置。临时救助安置是一种不定期、不定量的临时救助和安排制度，要明确临时救助和安置的条件和程序。

（5）社会动员机制。

社会动员即在高校突发事件即将或已经发生的情况下，高校或政府动员校园师生员工进行自救和互救，动员社会力量参与高校应急管理的各种活动、方式方法。社会动员主要包括两方面工作：一是多元主体参与抢险救灾。包括高校受灾人员的自救互救、社会通过捐赠物资等形式参与抢险救灾、志愿者的组织与管理；二是救灾捐赠管理。包括组织捐赠与募捐、接受救灾捐赠和救灾捐赠款物的管理和使用。该机制的建立健全，有助于为高校应急处置与救援工作提供有益的社会群众基础，推进工作的有序开展。

（6）信息发布机制。

高校或政府在突发事件发生后，应及时、公开、透明地向高校师生和社会公众发布各种应急管理信息，以稳定师生情绪，减少恐慌。信息发布具体包括两方面内容：一是信息发布和舆论引导，如在高校网站快速播发校方公告和信息；二是决策者的现场沟通，如决策指挥人员和领导在高校现场安抚和救援师生员工。

（四）事后恢复与重建阶段

事后恢复与重建是在应急处置与救援结束后，高校为恢复正常的教学和生活秩序而采取的一切措施的总和。恢复重建始于突发事件的稳定，结束于校园完全从事件后果中恢复，跨越周期较长。该阶段包含四方面机制：

（1）善后恢复机制。

善后恢复指在高校突发事件过后，针对事件造成的破坏和人员伤亡等实施善后恢复相关措施的过程。该机制主要内容有：一是应急状态的结束。根据事态进展情况，政府与高校应当及时停止应急措施，同时采取或继续实施防止次生衍生事件的必要措施；二是事后评估。包括对高校师生员工需求的评估和突发事件影响评估两项，其目的在于为恢复重建方案的制定和实施提供科学的数据信息支持；三是高校正常的教学生活秩序恢复；四是教学生活场所设施修复。

（2）救助补偿机制。

高校的救助补偿工作具体包括：一是补偿赔偿。高校要按照预先设定的补偿赔偿的标准和程序，对应急处置阶段的紧急征用和借用情况、事件受伤或死亡的人员进行合理的补偿或赔偿。二是事后安置。包括师生的转移安置，学生监护人要尽量服从和积极配合高校安排，防止不必要争端的出现。三是心理救助。高校突发事件除了造成人员伤亡、财产损失和校舍破坏外，也对受影响的师生的心理造成了不可磨灭的损害。心理救助包括心理救援队伍建设和心理救援机制启动。

（3）调查评估机制。

调查评估机制是指对高校突发事件原因、应对措施、解决效果等进行总结性论断的过程。主要包括：一是事件调查。主要包括调查评估的主体、对象和流程，应急救援人员的表彰、补偿；二是责任追究。根据调查评估的结果，对相关责任部门或人员追究责任；三是整改学习。通过总结经验找到不足，提出改进高校应急管理工作的对策措施。开展调查评估，主要目的不在于责任追究，而是通过以查促改，发现工作中的薄弱环节，进而改进和推动高校应急管理。

（4）规划重建机制。

高校应急结束，恢复正常的教学生活秩序后，将进入长期恢复重建阶段。主要包括：重建规划的制定实施。高校和有关政府部门在对事件损失进行全面调查评估后，应组织制订和实施高校的恢复重建计划，为恢复重建提供支援。高校的恢复重建可能需要所在地政府、教育行政部门、社区单位等的扶持和帮助，因此要启动相应的支援机制。

五、高校应急管理多元协作机制之法治化进程

高校应急管理多元协作机制的法治化主要涉及各方主体在应对突发事件过程中权利义务的配置和规范。为平衡高校、政府与社会力量的权利义务关系，在未来高校安全立法中应当明晰三方职责权限，明确界定政府管理的法定范围和方式，突出三方主体在联动、协作过程中的权利义务设计。

（一）明晰三方职责权限以保障十七项机制的运作

如若机制的构建得不到具有稳定性、明确性以及民主性特点的法律之保障，那么该机制必将沦为一种理论的说教而失去其现实意义。依前所述，每一个突发

事件都会经历潜伏、发生、发展和死亡的周期，对突发事件的管理不应该局限于其生命周期中的某一个阶段，而应当着眼于全过程。在"循环的、全过程的"应对模式中，应根据突发事件生命周期的不同阶段分别赋予政府、高校和社会力量不同的应急职责权限。

就突发事件的预防和应急准备阶段而言，在预案管理机制中，应明确高校的主导权限和政府及社会力量的参与义务；在应急队伍机制中，应着重强调三方的联合培训和演练义务以及必要时政府的协调职责；在宣教动员机制中，则应明确三方主体的宣教动员程序以及相应的培训机制；在应急储备机制中，重点规定政府、高校定期监督检查的责任以及对违法、违规挪用应急经费和物资的惩处。

就监测与预警阶段而言，在事件的监测机制中，要明确高校的监测义务和报告职责以及政府的经费投入审批流程及其使用规定；在信息评估机制中，要明确信息报告员采集信息的方式、报告的时机、评判的依据和评估的程序；在事件的预警机制中，要明确政府和高校的预警警报发布权制度以及社会力量积极配合宣传应急常识的义务。

就应急处置与救援阶段而言，在先期处置机制中，要赋予高校先期处置权与负有报告义务，并制定学生等相对人寻求权利救济的规范；在快速评估机制中，明确高校组织评估的权限和程序；在信息报告机制中，要分阶段明确高校和政府信息报告的内容、程序和时限；在决策指挥机制中，要明确高校的快速启动预案权，高校或政府的现场决策指挥权、紧急征用借用权及资源调配拨付权，专家紧急参与的条件、方式和程序，临时救助和安置的条件和程序；在社会动员机制中，要明确社会力量参与高校应急管理的方式方法；在信息发布机制中，要明确信息发布的主体、方法和途径。

就事后恢复与重建阶段而言，在善后恢复机制中，要明确政府或高校的应急状态结束宣告的权限和程序；在救助补偿机制中，明确补偿、赔偿的对象、范围和金额；在调查评估机制中，明确相关责任部门或人员的责任及其追究制度；在规划重建机制中，明确政府和社会力量的支援义务等。

（二）明确政府管理的法定范围和方式以体现民主化潮流

在现代行政国家中，立法者授予行政机关广泛的自由裁量权以应对突发事件，是不可避免的。然而突发事件应对权限的过于宽泛，极易导致裁量权行使中的恣意和反复无常。为规范政府的行政裁量权，主动适应行政民主化的潮流，2004年国务院的《全面推进依法行政实施纲要》指出："要抓紧组织行政执法机关对法律、法规、规章规定的有裁量幅度的行政处罚、行政许可条款进行梳理，根据当地经济社会发展实际，对行政裁量权予以细化，能够量化的予以量化，并将细化、量化的行政裁量标准予以公布、执行"。2013年《中共中央关于全面深化改革若干重大问题的决定》专门提出要"推行地方各级政府及其工作部门权力清单制度，依法公开权力运行流程"，在突发事件应对领域即要明确政府管理的法定范围和方式，在"权力清单"内行使权力，非清单内的权力不得行使。

由此，高校应急管理多元协作机制在权利与义务（职权与职责）配置上限定政府活动范围，减少政府使用传统的刚性行政管理方式，强调政府更多地运用非强制的管理方式。鉴于高校应急管理中政府与高校的法律关系主要表现为：教育法律监督关系、教育行政指导关系、运用行政命令直接管理关系、运用行政合同等的合作关系、政府对高校的服务关系[1]，法律需要进一步规定政府多采用行政合同、行政指导等柔性管理方式、"软法"途径以及"裁量基准"方法来综合协调高校应急管理工作，减少秩序行政、收用行政的同时加强给付行政和合作行政的力度，以达到优化资源配置、形成整体合力、降低执法成本等的良好效果。

（三）突出多元主体之间的协作性权利义务配置以消弭突发事件

一般情况下，政府在应对突发事件过程中，由国家强制力做后盾，按照自身高度自治化的封闭体系便可运行。高校和社会力量的服从而非参与构成了政府管理必不可少的构成内容，高校和社会力量的参与"往往作为一种隐形因素而被权威—服从关系所遮蔽"。[2] 但是，缺乏参与、合作的突发事件应对模式将会导致后者对政府信任的丧失，从而削弱政府行使公权力的合法性。鉴于此，在高校应急管理多元协作机制中，应注重各方主体行为间的联动和权利（力）义务关系的耦合。政府与高校构成权利和义务互为依存的法律关系：政府有权力规定应急管理标准，对高校应对突发事件的行为进行宏观调控，对高校应急管理质量进行督导评估，高校则有执行突发事件应对标准，保障质量，接受政府的宏观管理和督导评估的义务。社会力量方面，一是要充分保障社会组织和人员的合法权益；二是要明确社会组织和人员服从高校和政府统一指挥、指导和管理的义务。

---

① 申素平：《谈政府与高校的法律监督和行政指导关系》，载于《中国高等教育》2003年第8期。
② 陈洁华：《中国危机管理法制化研究》，华东师范大学2008年博士研究生学位论文。

第八章

学校突发事件应急预案中的基本问题

编制和管理好应急预案，对于建立和完善学校突发事件应急管理机制具有基础性的意义，也是很多学校实施安全管理的基本抓手。研究学校突发事件应急预案应当从三个主要的方面入手。第一是预案的编制；第二是预案的内容；第三是预案的管理。通过上述三个方面的仔细分析和研究，本章希望能对我国学校突发事件应急预案的一些普遍性问题提出初步的研究结论，为今后进一步研究学校突发事件应急预案问题在理论上做出一定贡献。

学校突发事件应急预案属于社会上不同种类的应急预案中的一种。这种预案在内涵、特点、种类、法律属性等方面与其他部门或组织的应急预案大同小异，没有太大的区别。所以本章无意对这些共同性的问题进行重复的研究，而是将研究的焦点集中于学校这样一个特定的领域。研究学校作为一个特殊的部门，应急预案对于他们具有什么样的意义。我们认为研究学校突发事件应急预案问题，应当从三个主要的方面入手。第一是预案的编制。分析哪些主体有权编制学校突发事件应急预案，他们之间的相互关系是什么。预案编制的基本程序应该包括哪一些，怎么样才能编制出符合学校突发事件特点的应急预案。在预案的编制过程中，哪些主体具有什么样的权利义务。第二是预案的内容。分析教育主管部门和学校分别制定的应急预案在实务上一般都包括哪些内容，从法律规定和国务院《国家突发公共事件总体应急预案》的角度看，教育主管部门制定的学校突发事件应急预案和学校制定的应急预案之间是否应该存在不同的分工，应该存在哪些分工。第三是预案的管理。主要是分析应急预案编制完成并对外公布以后，有关行政机关和学校在平时应当如何对预案实施有效的管理，重点应该采取实施哪些行为。通过上述三个方面的仔细分析和研究，本章希望能对我国学校突发事件应急预案的一些普遍性问题提出初步的研究结论，为今后进一步研究学校突发事件应急预案问题在理论上做出一定的贡献。

一、学校编制和管理应急预案的现实意义

在我国，学校的种类非常繁多。尽管目前还没有专门的《学校法》对于学校的基本内涵和外延进行规定，但在一般意义上，学校主要包括学历教育类和非学历教育类。前者包括小学、普通初级中学（初中）、普通高级中学（普通高中）、高级职业中、职业高级中学（职高）、中等专业学校（中专）、技工学校（技校）、全日制大学、独立学院、高职高专院校、特殊学校等。后者包括了幼儿教育、学前教育、特殊教育（盲聋哑学校）等各级各类的培训学校，如至善教育，中小学辅导的培训机构。

学校需要重视应急预案的编制与管理，其原因主要包括以下几个方面：第一，学校是人口密集的区域，一旦发生突发事件，伤亡不可估量。现在的学校人口数量普遍比较庞大，有些大学学生动辄数万，即便是规模较小的学校也是数百人的规模。更为重要的是，由于学习、培训的需要，这些学生经常会聚集在一起学习和生活。一旦发生突发事件，可能会导致大量的人员伤亡；第二，学校尤其是中小学校的学生都为未成年人，自我保护能力差。一旦发生突发事件，如果没有事先的应急预案进行演练，往往会茫然失措，不能很好地保护自己；第三，学生是国家的未来，其伤亡造成的影响重大而深远。一个国家、一个民族的发展要靠一代接一代人的努力。一代人的损失对这个国家和民族的发展会造成严重的影响。以"文化大革命"为例，十年的"文化大革命"造成大量的青年人不能接受正常的文化教育。改革开放以后的一段时间内，我国人才匮乏到了非常严重的地步，对加快国家的发展造成了很大的困难。2008年的汶川大地震中，大量校舍倒塌，数千学生在地震中失去了生命。其造成的结果，不仅仅是家庭的痛苦，而且对于当地社会经济文化的发展也有重大影响。有评论认为，当地几乎失去了一代人，这种影响将是深远而且无法弥补的；第四，学校聚集了大量的资产，突发事件的发生可能导致国有和民间资产的大量损失。改革开放以来，我国政府和民间都非常重视教育，建设了很多不同种类的学校学校的教育设施、设备也越来越先进，学校的各类资产数额越来越大。如果不重视突发事件预案的编制与管理，一旦发生突发事件，其财产损失不可估量。

近些年来，在学者的呼吁和政府部门的推动下，各类学校开始重视突发事件应急预案的编制和管理工作。从我们所获得的资料看，很多学校都编制了自己的突发事件应急预案。不少学校还定期和不定期地对预案进行演练，一方面防止了不少突发事件的发生；另一方面也锻炼了学校师生员工应对突发事件的能力，这些现状都是值得肯定的。但是我们还必须要看到，学校突发事件应急方案在各个方面还有很多不足之处，亟须完善。本章根据实证调查和文本分析等方法，尝试从应急预案的编制，内容和管理三个部门展开研究。这样做的基本理由是：

第一，应急预案的编制过程对于其最终内容的可行性具有决定性作用。在编制预案的过程中涉及多个重要问题，如编制的主体，编制的程序，编制程序中各方的权利义务等。这些问题是否能够明确，对于应急预案内容的可行性起到决定性的作用。所以，必须科学理清学校应急预案的编制主体，究竟是国家、教育主管部门、当地政府还是学校。在预案的编制过程中，应该由哪些主体参与其中，如何参与，各自在程序中有什么样的权力（权利）、责任（义务）。

第二，应急预案的内容是否科学合理对于防治和处置突发事件至关重要。人们必须思考，什么样的预案内容才可以有效防止突发事件的发生，因为通过经常性地对预案进行演练，可以防止某些突发事件的发生，如校园安全事件，如果预案事先做了充分的估计，平时能够多加警惕和注意，将一些矛盾消灭于萌芽的状态，就可能予以避免。而对于那些最终发生了的突发事见，如果预案的涉及是合理而具有针对性的，那么也可以及时进行应对，将突发事件造成的损失控制在最小的范围内。

第三，应急预案的管理决定着当突发事件发生时，学校和有关主体能够有效应对。突发事件毕竟不是常态化的。尽管在学校内可能发生的突发事件的种类很多，比如公共卫生事件、食品安全事件、公共安全事件、自然灾害等，但是毕竟这些事件的发生是偶然的。也正因为这样，所以人们往往会忽视突发事件应急预案的管理问题，往往只有到事情发生的时候才想起来该如何去应对。这样的做法对于有效处置突发事件是非常不利的，因此必须在平时定期或不定期的组织突发事件应急预案的演练，只有当大家都能对各种突发事件的应急预案了然于胸、熟练掌握的时候，才能够在事到临头的时候知道该如何处置。同时，在对预案的管理和演练的过程中，我们才能发现应急预案究竟是否能够有效防止和处置突发事件，预案本身是否存在不足之处，该如何完善。

本章对上述三个方面的研究主要是从现状分析，问题总结和原因探析的角度展开的。至于如何加以应对或完善，本章也将尝试提出一些意见。

二、应急预案编制的基本制度

（一）编制主体

从现状来看，学校应急预案的编制主体呈现多元化的情况。这些主体包括教育部、各省、市、县教育主管部门、各学校。教育部根据《中华人民共和国突发事件应对法》《国家突发公共事件总体应急预案》《教育系统突发公共事件应急预案》《中小学公共安全教育指导纲要》《中小学幼儿园安全管理办法》《学生伤害事故处理办法》等法律法规，制定教育部的学校突发事件应急预案。各省市县教育主管部门根据上级部门制定的学校突发事件应急预案，制定本部门的应急预案，而学校则又根据上级主管部门的应急预案，制定本校的总体应急预案和各类应急预案。这种多元化、分头负责的应急预案的编制方式，使得学校应急预案的制定主体种类很多，学校突发事件应急预案也很多。编制主体的多元化是有法律规定的。《突发事件应对法》第 17 条第二、第三款明确规定了"国务院制定国家突发事件总体应急预案，组织制定国家突发事件专项应急预案；国务院有关部门根据各自的职责和国务院相关应急预案，制定国家突发事件部门应急预案""地方各级人民政府和县级以上地方各级人民政府有关部门根据有关法律、法规、规章、上级人民政府及其有关部门的应急预案以及本地区的实际情况，制定相应的突发事件应急预案。"

制定主体多元化的优点，是每一级政府及其职能部门都能明确自己在事件中的职责。对于学校突发事件而言，上至教育部，下到区县教育主管部门和各类学校，都制定有自己的学校突发事件应急预案。这样做就能明确自己在其中的基本责任，也对下级教育主管部门和学校在处置学校突发事件中的责任进行了明确。从性质上来说，突发事件应急预案属于行政规划，是行政主体对自己将来所要实施的行为制定了具体的目标和行为步骤。预案一旦编制完毕并且对外进行了公布，这对编制部门和有关的社会主体都具有约束力，没有经过法定程序进行修正完善之前，上述主体都应当按照预案的规定履行自己的责任和义务。

编制主体多元化的缺点，在于不同预案之间有可能存在相互重叠或冲突之处。有些教育主管部门只是简单抄袭上级编制的预案内容，从而使得其法定的编制义务流于形式。也有些教育主管部门可能根据自己行政管理的需要规避上级教育主管部门在预案中规定的义务。从而使得上级预案说要实现的目标不能在基层获得实现。至于现实中上下级预案之间可能存在的具体冲突，将在下文作详细阐述。再次我们只是提出，上下级教育主管部门以及教育主管部门与学校之间，在编制预案时，应当在权限和内容上作一定的合理分工。上级教育主管部门更多的应该是规定原则和指导方针，而基层的教育主管部门再根据这些原则和指导方针制定具体的预案内容。至于学校则应当在教育主管部门预案的基础上，结合学校的自身特点制定预案。总而言之，教育主管部门制定预案的目的在于完成必需的行政职责和指导学校制定具体的预案，而学校则应当结合国家的法律、法规和教育主管部门的预案，编制适合本校实情的具体预案。

（二）编制程序

《突发事件应对法》没有对如何编制应急预案作出明确规定，只是在第 17 条第四款规定"应急预案制定机关应当根据实际需要和情势变化，适时修订应急预案。应急预案的制定、修订程序由国务院规定。"这一款一方面规定了应急预案的修订基本原则，就是要根据实际需要和情势变化；另一方面，授权国务院制定有关应急预案的程序规定。不过该法实施以来，根据我们的了解，目前国务院尚未制定这方面的规定。也就是说，对于如何编制应急预案，目前国家没有专门的法律、法规予以调整，各个预案制定单位，只能根据自己的理解来编制预案。

学界结合预案编制的特点和国外的经验提出了很多关于如何编制预案的观点。结合这些观点，我们在此提出关于预案编制应当遵守的几个程序要素。第一，成立预案编制小组。这是预案编制首先需要解决的问题，也是决定最后的预案是否科学合理的关键。如果编制小组的组成是随意的，那么指望其编制出良好的预案就有些不切实际了。一些学者认为，预案编制小组应当包括三类人，即应急工作人员、管理人员和技术人员。[1] 也有学者主张应当包括行政第一负责人、应急管理部门、公安、消防、市政等有关部门、新闻媒体、法律顾问、技术专家等。[2] 我们认为，第一种观点更为可取一些，主持预案编制的主要应该是那些对预案管理具有法定责任的人。第二种观点提出的人选范围过于宽泛，如新闻媒体和法律顾问，可以参与预案的编制，但是不宜作为编制小组的成员。第二，确定目标。在编制预案的时候首先必须确定的是，通过预案想要具体达到什么样的目

---

[1] 胡国清、饶克勤、孙振球：《突发公共卫生事件应急预案编制初探》，载于《中华医学杂志》2008年第 31 期，第 2174 页。

[2] 崔维：《应急预案编制：问题与优化》，载于《山东行政学院学报》2012 年第 1 期，第 29 页。

标。这样做的优点，在于能够比较清楚的明确是制定综合性的预案，还是分类预案。如果综合性的预案能够较好的预防和处置今后发生的各类突发事件，那么可以制定统一的预案。反之，如果综合性的预案无法达到上述目标，那么就应当制定分类预案。第三，风险评估。对学校内外可能影响学校人身、财产安全的各种因子进行客观的评估。确定对于学校而言哪些突发事件有可能发生并导致损害。从而为编制相应的预案内容提供客观的条件。风险评估是一个搜集信息的过程，在这个过程中，编制小组不能闭门造车，必须吸纳社会上的各种主体，采用合理的技术手段，在充分了解客观情况的基础上作出最后的评估结果。所以风险评估应该是一个开放的程序，类似新闻媒体，社会组织等都应该参加进来。第四，应急能力评估。这主要考察的是学校以及有关教育主管部门、当地政府和其他社会组织对于学校一旦发生突发事件，其现有的处置能力。所以这里涉及两类主体和两种内容。两类主体包括了学校自身和其他组织。其他组织就是上述的教育主管部门、当地政府和其他社会组织。要清楚的评估，学校发生突发事件以后，上述主体能否及时作出反应，对突发事件进行处置。两类内容包括了应急物资和应急人员的配备问题。编制小组要通过考察和评估，明确不同的突发事件发生时，学校有哪些应急物资可以调用，行政机关和社会组织可能会提供哪些物资的帮助，这些物资是否足以处置可能发生的突发事件。在人员方面，学校要评估，学校自身应该组成什么样的应急管理机构，这些机构应当由哪些人员组成，这些人员是否能够有效应对各种突发事件。同时，在学校突发事件发生时，行政机关和社会组织会作出什么样的反应，他们能够提供什么样的人员帮助，概率如何。只有在这样的充分评估的基础上，预案编制小组才能对学校目前的应急能力作出科学的结论，从而为在最后编制的预案中合理配备应急资源提供科学的依据，保证预案内容的有效性。第五，预案内容的确定。在前述有关预案的编制小组成立、风险和风险应急能力评估的基础上，由编制小组对预案的内容进行最后的确定。在这一环节，需要注意的问题是，应急预案编制小组成员。一方面应当充分吸收前述评估的证据材料，使得预案的内容符合实际需要，避免不切实际，甚至敷衍塞责；另一方面，要充分了解和遵守国家有关应急法律、法规和上级预案的规定和要求。一般不能与上级的预案尤其是应急法律、法规规定的内容相冲突。当然，如果发现上级编制的预案的内容确实存在不合理之处，就应当向上级提出修改的建议。第六，征求意见。对于编制好的预案初稿，应当在合理的范围内征求更多方面的意见。由于种种条件限制，真正能参与预案起草的主体毕竟是有限的，有的问题参与的主体可能并没有考虑周全。所以应当及时将已经编制完成的预案的初稿及时发布，请上级教育主管部门、有关政府机关、社会组织和学校的师生员工，以及家长等其他社会主体提出进一步完善的意见和建议。最后汇总这些意见和建议，将预案进行完善后才能定稿。第七，审核与发布。最后确定的预案，应当按照有关规定，提请有关部门作最后的审核。有关部门应当组织专家对预案的科学性、合理性、合法性等要素进行审查，以确定该预案是否可以最后通过。之后，教育主管部门和学校应当将自己制定的学校突发事件应急方案正式向社会发布，以便让有关的利益主体及时了解和学习，做好各种准备。

（三）各方主体的权利义务

学校突发事件应急预案在编制的过程中，会涉及多种社会主体。这些主体可以包括教育主管部门、当地政府、其他行政职能部门、学校、学校师生员工以及其他社会主体。这些主体在预案的编制过程中都具有一定的权利义务或职权与职责，但是这些权利义务与预案管理中的权利义务存在区别。比如应急预案的演练，属于预案管理过程中的义务，而不是编制过程中的义务。所以结合有关法律、法规的规定，我们将上述主体的权利义务总结如下。

1. 行政机关的权力义务

这里的行政机关包括了教育行政主管部门，当地政府以及其他行政职能部门。其权利与义务表现为，合理组成编制小组，对根据《突发事件应对法》和其他有关法律、法规的规定，针对突发事件的性质、特点和可能造成的社会危害规定预案的合理内容。同时，为了集思广益，使得预案内容更加合理，更加具有合法性，应当在编制的过程中适时召开专家论证会、情报通报会或者必要的听证会等，吸收其他社会主体参与到预案的编制进程中来。

2. 学校的权利义务

学校在预案编制过程中有两种不同的身份。第一种是编制者。学校要根据应急法律、法规和上级教育主管部门的应急预案，制定本校的应急预案。在这个过程中，学校的权利义务表现为，应该及时成立编制小组，向教育主管部门和其他有关政府机关报告预案编制情况。在编制的过程中要体现民主、科学的原则，吸收专家、政府部门领导、学校师生和其他社会主体的参加，使各方主体能够共同参与到学校应急预案的编制过程中来。已经编制确定的预案应当及时向上级教育行政主管部门报备，向学校和其他社会公众发布。第二种是参与者。教育行政部门在编制学校突发事件应急预案时，学校应当有权向教育主管部门提出自己的看法和意见，以便尽可能使教育主管部门了解学校的真实情况，制定出科学合理的应急预案。

3. 其他社会主体的权利义务

学校应急预案可能涉及其他社会主体的权利义务，如学校发生火灾可能会殃及周围居民的人身财产安全，发生地震时，学校的操场等空旷地带可能成为社会公众的避难场所。因此在学校预案的编制过程中，一些社会主体也应该具有相应的权利和义务。这些权利和义务可以表现为：对某些种类预案内容的建议权、讨论权、预案内容确定以后的知情权等。当然为了实现预案的内容，社会主体也有一些忍受和配合的义务。

三、学校突发事件应急预案的基本内容

（一）预案的现状

有关学校的突发事件应急预案很多，如上文所述，既有国务院制定的《国家突发公共事件总体应急预案》，又有教育部制定的学校各类突发事件应急预案。具体到每个省市县的教育行政主管部门，也都制定了各种分类的学校突发事件应急预案。到了学校则突发事件应急预案一般不再具体划分种类，而是统一称之为某某学校突发事件应急预案，将各种可能发生的应急预案都在其中加以概括表述。比如宁波市江北区红旗小学突发事件应急预案，就将防台风事故、防暴雨雷击事故、校园内犯罪分子持械行凶事件、校园内群体性斗殴事件、学校火灾事故、学生食物中毒事故、触电事故等突发事件的预案都统一在一个应急预案之中。[①]

另外，在教育主管部门制定的学校突发事件应急预案中，较高级别的教育主管部门制定的预案比较全面。其主要包括：总则、应急组织机构与职责、具体突发事件的种类、信息监测与报告处理程序、事故等级、突发事件应急响应、分类应急措施的内容、善后与恢复、应急保障。对突发事件可能涉及的问题都作了比较全面的规定，而比较低级的教育主管部门，以及一些学校自己制定的预案则没

---

① "红旗小学突发事件应急预案"，红旗小学网，http://hmxx.jbedu.net/newsInfo.aspx? pkId = 13265.（最后访问时间：2012 年 12 月 4 日）。

有如上那么全面，一般都是对相应的可能发生的突发事件做一些比较简单的规定。

　　上述现状的有些问题是值得思考的。第一，预案的性质是什么？第二，一个合格的预案应当包括哪些内容？为什么应该规定这些内容？关于第一个问题，从行政法上看，预案应该是有关主体制订的未来的工作计划。对于教育主管部门和学校来说，我们认为预案相当于行政法上的行政规划或行政计划，是行政机关为处理行政事务、实施行政事业或制定行政政策而由行政机关确定的行政指导性目标。[①] 对于第二个问题，从对不同预案的文本分析来看，同样类型，不同级别或者不同主体制定的预案，其基本的内容是不一样的。那么是不是上级的预案就一定是非常完善的呢？不同的制定主体究竟应该如何确定自己的预案的内容呢？我们认为，这个需要借鉴或依据《突发事件应对法》和国务院制定的《国家突发公共事件总体应急预案》。其中《突发事件应对法》第 18 条规定："应急预案应当根据本法和其他有关法律、法规的规定，针对突发事件的性质、特点和可能造成的社会危害，具体规定突发事件应急管理工作的组织指挥体系与职责和突发事件的预防与预警机制、处置程序、应急保障措施以及事后恢复与重建措施等内容"。而《国家突发公共事件总体应急预案》（以下简称〈总体预案〉）的基本内容包括：总则、组织体系、运行机制、应急保障、监督管理和附则。综合来看，《突发事件应对法》对应急预案要求的内容在《总体预案》的不同部分中得到了规定和体现。应急管理工作的组织指挥体系和职责在"组织体系"部分进行了规定，预防、预警机制、处置程序以及事后恢复与重建措施在运行机制中得到体现，应急保障措施等在应急保障部分有明确规定。可见《总体预案》对于《突发事件应对法》的贯彻是比较彻底而全面的。

　　以上述《突发事件应对法》和《总体预案》为标准，检视各个省市县以及学校制定的学校突发事件应急预案的内容，可以发现预案的内容各有不同。有的比较规范。不仅根据不同的突发事件做了不同的预案，而且每一个预案的内容都非常全面。[②] 而有些预案则比较粗糙，只是规定了组织指挥机构和处置措施。我们认为，教育主管部门的应急预案与学校的应急预案在内容上应该有所区别，因为教育主管部门是行政机关，主要的职责应该是对学校编制、管理应急预案进行指导、检查，而学校是最终可能发生突发事件的地方，其最重要的在于编制合理的预案，并且能够经常性的对预案进行演练，以便尽可能减少一些突发事件的发

　　① 应松年主编：《行政法与行政诉讼法学》，法律出版社 2005 年版，第 327 页。

　　② 如上海松隐中学，将防反暴力事件、预防甲型流感、处置劫持未成年学生事件等 20 多种可能发生的学校突发事件，都分别制定了比较完善的应急预案。上海市松隐中学网，http://songyzx.jsedu.sh.cn/syzxyjyan/2.shtml.（最后访问时间：2013 年 3 月 4 日）。

生，当突发事件真正发生时，能够有效进行应对，防止或减少损失。

（二）教育行政主管部门的应急预案

1. 预案的编制目的、依据和工作原则

一般在教育主管部门制定的预案中，都会规定突发事件应急预案的编制目的、依据和工作原则。我们认为，只在教育部制定的学校应急预案中规定这些内容即可，下级教育主管部门的应急预案中不应该再规定这些问题。基本原因是，教育部作为全国教育主管部门，对全国各级各类学校的突发事件的处置具有最高指挥者的地位。它可以根据学校的特点规定应急预案的编制目的、依据和工作原则。这些目的、依据和原则应该成为全国的教育主管部门和学校都必须遵守的规则。下级主管部门和学校就没有必要再去重复制定这些内容。下级教育主管部门的预案如果也规定了这些内容，那么一方面可能架空了教育部的应急预案的要求；另一方面可能导致下级的预案与上级的预案发生冲突，进而教育部预案的要求可能就得不到执行。比如，教育部制定的《教育系统事故灾难类突发公共事件应急预案》规定的工作原则是："统一领导，快速反应；预防为本，及时控制；分级负责，系统联动；临危不乱，安全有序；以人为本，生命至上；加强保障，重在建设"。而某县教育局制定的《全县教育系统突发事件应急预案》规定的工作原则是："按教育局统一指挥、快速反应，属地管理、分级负责，预防为主、及时控制，以人为本、生命至上，明确职责、依法处置的工作原则。做到早发现、早报告、早处理，提高快速反应与应急处理能力，做好学校、幼儿园安全应急救援工作"。两者之间存在一些明显的差别。教育部的工作原则提到的"分级负责，系统联动"到了县教育局就变成了"属地管理、分级负责"。教育部提出的"加强保障，重在建设"在县教育局就只字不提了。教育部的想法应该是，要求地方的教育部主管部门积极负责并与其他政府部门联合行动，有效处置学校突发事件。但是到了县教育主管部门，其强调的是属地管理，这样规定其实是将指导学校应对突发事件的责任推给了当地政府部门。至于教育部所要求的保障和建设问题，到了县一级就没有了踪影，那么学校应急预案管理所需要的人财物该如何落实呢，如果不能得到有效落实，学校突发事件预案的管理就成了空谈。

2. 应急工作机构的设置

关于突发事件应急管理机构的配置问题，我国《突发事件应对法》第8条是

这样规定的："国务院在总理领导下研究、决定和部署特别重大突发事件的应对工作；根据实际需要，设立国家突发事件应急指挥机构，负责突发事件应对工作；必要时，国务院可以派出工作组指导有关工作""县级以上地方各级人民政府设立由本级人民政府主要负责人、相关部门负责人、驻当地中国人民解放军和中国人民武装警察部队有关负责人组成的突发事件应急指挥机构，统一领导、协调本级人民政府各有关部门和下级人民政府开展突发事件应对工作；根据实际需要，设立相关类别突发事件应急指挥机构，组织、协调、指挥突发事件应对工作。"根据该规定，从国务院到地方县级以上地方各级人民政府，都由各方面的负责人组成本级政府的突发事件指挥机构。该法第9条又规定："国务院和县级以上地方各级人民政府是突发事件应对工作的行政领导机关，其办事机构及具体职责由国务院规定"。根据这条规定，国务院和地方县级以上地方各级人民政府还要设立突发事件的办事机构。

从现实的层面分析，我国在国务院办公厅内设立了应急管理办公室，其基本职责是"履行值守应急、信息汇总和综合协调职责，发挥运转枢纽作用"。而国务院各部门，地方县级以上各级人民政府及其职能部门包括其他企事业单位也纷纷效仿，在其办事机构之中设立了应急管理机构。

总体而言，我国目前的突发事件应急管理机构为应急指挥机构及其办事机构。然而应急指挥机构是一个虚设性质的机构。原因是作为机构的成员都是各部门的负责人，表面上看，这一指挥机构都为单位的领导，所以指挥机构作出的决策或者决定应该能够在各级政府及其职能部门中获得及时有效的执行。然而令人担心的是，由于这些负责人都是单位的主要领导，其平时的管理事务非常繁杂，能否在平时重视并有效的组织本单位实施突发事件应急预案的演练和其他管理活动不无疑问。由于非常设，指挥机构只是在危机发生的时候才被启动，显然无法有效组织各部门开展危机前的预防、演练、储备等管理工作。一些相关研究表明，在没有严重灾情的平常年份，某自然灾害专项指挥部一年只开一两次会议。[①]由于指挥机构无暇顾及应急预案的管理工作，这些平时的应急管理活动自然就落到了作为具体办事机构的应急管理办公室。然而同样令人担忧的是，应急管理办公室都设在每个单位的办事机构之中。毫无疑问，作为单位办事机构的办公室的事务同样是非常繁杂的。由于突发事件的发生并不是常态的，往往很长的时间，一些单位的应急管理机构并不会面临现实的突发事件需要处理。从现实情况看，很多应急管理机构的工作人员难免被赋予很多其他的兼职工作，从而无法实施各

[①] "我国应急管理行政体制存在的问题和完善思路"，南方网，http：//theory. southcn. com/jcck/content/2008－03/07/content_4343084. htm（最后访问时间：2012年10月4日）。

种应急管理活动。所以我们认为，目前我国应急管理机构其设置的合理性是值得怀疑的。

然而从依法行政的角度看，目前应急管理机构的设置似乎也是合法的，毕竟这是我国《突发事件应对法》的规定。该法第8条、第9条并没有对应急管理机构如何设置作出明确规定，只是作了非常模糊的表述，这样似乎就给了各级各个单位如何设置应急管理机构的裁量权。他们可以根据现实情况自行决定如何设置应急管理及机构。不过仔细分析《突发事件应对法》第8条、第9条可以发现，该法的立法目的应该是要求各个单位在其内部设立独立的应急管理机构。所谓"办事机构"应该是相对独立的部门，其职责是从事与其设立相关的专门性应急管理实务。以国务院为例，目前国务院的办事机构主要是：国务院侨务办公室、国务院港澳事务办公室、国务院台湾事务办公室、国务院研究室、国务院法制办公室、国务院新闻办公室和国务院档案局7个办事机构。这些机构表面上看是代表国务院实施具体行政事务的内部机构，然而其具有相对的独立性，专门从事某一方面的管理活动。《突发事件应对法》第9条的表述，从其立法目的看，也应该是要求国务院成立类似上述7个办事机构一样的应急管理办事机构。然而国务院却只在其办公厅内部设置了一个作为办事机构的内部组成部分的行政机构，即应急管理办公室。我们认为，这样的做法与立法的目的不符。由于设为办事机构的内部机构，应急管理办公室的规模被压缩得较小，而其需要承担的应急管理工作内容却非常庞杂，如此设置不利于应急管理工作的开展。

3. 预防预警和信息报送

在不同级别的教育主管部门制定的学校突发事件应急预案中，也都规定了预防预警和信息报送制度。对于这个问题，该怎么去认识，是值得思考的。我们认为，应急预案的预防预警和信息报送，涉及如何避免突发事件在学校的发生，如何让学校师生对于可能发生的突发事件事先有一定的准备，并且在突发事件发生以后怎么样才能让有关教育主管部门的政府机关及时知道，以便能够采取更好的措施予以应对。所以在不同级别的教育主管部门制定的应急预案中，应当对于预防预警和信息报送问题有一个不同的规定。

对于上级教育主管部门，尤其是教育部而言，其制定的学校应急预案中，应当抽象性地规定学校和下级教育主管部门怎么样按照《突发事件应对法》和国务院《总体预案》的规定，向哪些行政机关报告突发事件的发生，以及怎么样做好突发事件的预防和预警工作。而对于下级教育主管部门来说，其制定的学校突发事件应急预案，则应当非常明确地将具有预防和预警任务的学校名称乃至学校负责人的名字都作出规定，同时对向哪些行政机关报告突发事件的发生也作出细致的规定。也就是说，下级教育主管们的应急预案的任务，就是将上级抽象的应急预案予以具体化的体现。

4. 应急保障

一般来说，应急保障包括4个方面，即信息保障、物资保障、资金保障、人员保障，也有的预案将演练也作为保障的内容。那么现在的基本问题是，这些保障是哪些主体的义务？换而言之，应该由谁来提供上述保障。从目前的规定来看，教育部将除了信息保障以外的其他保障的义务都赋予了省级以下教育行政主管部门。而省级以下教育行政部门出于各种原因，并没有在预案中对于应急预案的保障问题作出规定，这样事实上就把预案的保障义务推给了各个学校。然而根据我们的实证了解，各类学校可以提供的保障主要是人员保障和演练保障，少量的物资和资金保障。至于信息搜集、传递、报告、处理机制；处理突发事件的各种储备物资和单独的财政预算则由于不少预案没有规定，能够得到落实和保障则很难确定。这个问题如果不能明确下来，可能成为制约我国学校突发事件应急体系建设的重要因素，值得有关部门予以重视。

5. 应急方法

对于可能发生或者正在发生的突发事件，应当采取什么样的有效措施予以处理，就是应急方法问题。目前各级教育主管部门制定的应急预案中，都对这个问题作了非常细致的规定。由此形成了不同级别的教育主管部门不厌其烦地重复规定同一个应急方法的局面。对于这个问题，我们的看法是，不应当在教育行政部门制定的预案中十分具体地规定各种应急方法。学校突发事件当然是发生在学校的，对此该采取哪些积极有效的方法来处置，学校应该承担具体的义务。学校可以结合自身的人员构成和地理环境等条件，运用最为恰当的方法来处置各种突发事件。教育主管部门将具体的应急方法进行规定，势必会影响学校制定更为有效的方法。由于如果与教育主管部门的规定不一致，一旦造成意外，可能追究相应的责任，学校往往倾向于采用教育行政主管部门的规定。

（三）学校的应急预案

从现实情况来看，学校应急预案的规定内容各有不同。法律和教育行政主管部门对于学校应急预案的内容并没有统一的规定。本章结合不同学校的做法，对学校应急预案规定的内容做初步的分析。

1. 预案的目的与原则

一些学校对预案的目的与原则有规定，而很多学校则没有规定。我们认为，教育主管部门制定的预案中对目的和原则有明确的规定，但是学校和教育行政主管部门在目的和原则上有所不同。教育主管部门强调的是行政目的和行政管理秩序的实现，其规范的对象既包括学校也包括下级教育行政主管部门。而学校则针对本校的教育管理秩序和教学目标，规范的是学校的师生员工，因此在学校制定的预案中，一方面要遵守教育行政主管部门的预案中规定的目的和原则；另一方面，应当针对本校的具体情况，规定适合自己的目的和工作原则。学校既不能不顾上级教育主管部门的预案规定，独自行事，也不能完全照搬教育行政主管部门的规定内容。

2. 学校应急组织机构

学校应急管理机构的设置是决定其应急管理工作能够有效开展的前提，从现实情况看，很多学校并没有配置专门的应急管理机构和人员。有的学校将应急管理的责任兼并于已经设立的其他机构之中，[①] 有的学校以虚设性机构承担应急管理职责。[②] 目前这种效仿行政机关在其办公室内部设立应急管理机构的做法值得商榷。多年来，学校突发事件屡有发生，导致了教职员工和学生生命财产安全的重大损失。尤其是汶川大地震的惨痛经历更是让人刻骨铭心。我们必须重视应急管理活动，而其首要的就是要重视应急管理机构的设置。我们必须按照《突发事件应对法》的规定，设置更为合理的应急管理机构。

学校是否应该配备专门的应急管理机构，这个问题是值得思考的。所谓的专门应急管理机构，是由专门的人员和专门的办公机构两个部门组成。有人会提出不同的看法，认为突发事件并非是常态的，设置专门的人员和机构，这些机构和人员平时做什么，是否可能发生人浮于事等问题？这种考虑并非没有道理。事实上有可能很多学校常年没有发生一例突发事件，那么配备专门的人员和机构又有

---

① 如我们在互联网上检索到的吴江市实验小学的应急预案中就规定："切实履行已成立的治安综合治理工作领导小组的职责。在组长领导下，全面负责校园政治突发事件的防范和处置。"吴江市实验小学安全教育网 2007 年 5 月 20 日，http：//www. wjsx. com/paxy/ReadNews. asp? NewsID = 273. (最后访问时间：2012 年 10 月 2 日)。

② 如杭州市余杭高级中学编制的《安全应急预案》规定，学校成立安全预案实施领导小组，由校党政领导、中层干部和体育教师担任组长和成员。由他们负责依法处理突发事件。杭州市余杭高级中学网 2008 年 6 月 3 日，http：//www. zjhzyg. net/NewsIndex. aspx? pkId = 6435&an = systemarticle&aid = 7868. (最后访问时间：2012 年 10 月 2 日)。

何用呢？我们认为，解决这个问题，可以考虑将类似的职能进行有效的整合。比如将学校内部的保卫部门与应急机构合并，至于究竟应该是应急管理机构合并保卫部门，还是保卫部门包含应急管理机构，可以进一步研究思考。我们的初步看法是，现代社会学校突发事件的种类繁多，发生的概率也在不断增加，所以可以将保卫部门设置于应急管理机构内，毕竟保卫功能也是应急机构的基本职能，其内涵相比于应急管理要狭窄很多。至于应急管理机构在平常是否有事可做，则大可不必担心。应急预案平常的演练、评估、更新、交流等活动都是很重要的工作。

3. 应急保障

古语说"兵马未动粮草先行"。学校突发事件应急预案保障问题是非常重要的内容。应急保障不仅包括应对突发事件预先做好各种物资保障，如需要配备相应的救援设施、设备等，如果没有相应的物质保障，应急管理活动无法进行，还包括信息保障、资金保障、人员保障等。对于这一点，很多学校不作规定，或者仅仅对人员和部分物资保障作出规定。的确，应急保障不是学校自己所能全部解决的。发生了突发事件以后，仅仅凭借学校自身是很难处置的。政府和社会必须在其中扮演重要的角色，承担一定的责任和义务。特别是按照教育行政主管部门制定的预案要求，政府机关需要建立起比较完备的信息保障机制。同时，在物资和资金保障方面，目前教育主管部门的预案中没有作出明确规定，但是政府不能逃避这一责任，应该提供相应的物资和资金保障。政府还应当组织号召社会组织和公民为学校应急保障提供可能的支持。

4. 应急方法

正如前面所述，学校应急预案中对于应急方法应该作出明确规定，并且应当根据学校自身的特点和教育主管部门的规定，制定符合学校特点的应急办法。所以，对于教育行政主管部门而言，其不宜在预案中对学校的应急方法作出非常细致的规定，因为这样可能会限制了学校制定更加切实可行的应急方法。他们更多应该制定有关的原则和指导方针，要求学校规定的应急方法应当符合哪些基本的要求，学校再根据这些要求以及实际情况具体规定应急办法。

四、学校突发事件应急预案的管理

编制了应急预案以后，必须要对预案进行积极、有效的管理。因为预案本身

113

是静态的，如同立法机关制定的法律那样，如果不能在现实中得到有效的执行，那么有预案和没有预案的结果可能是一样的。管理预案的意义在于让学校的各个主体都能知道并数量掌握预案的内容与要求，同时通过其中的演练活动，发现预案可能存在的不足之处，及时加以评估完善。从这个意义上来说，学校应急预案的管理大致可以包括预警与信息公开、培训演练、评估更新等几个重要方面。

（一）预警与信息公开

对学校突发事件准确、及时地监测预警，可以尽可能地避免和减少突发事件的发生，降低因突发事件而造成的人员伤亡和财产损失。为此《突发事件应对法》非常重视突发事件的监测预警。根据该法的规定，各级行政机关应建立突发事件信息系统、监测制度、预警制度。上述三种制度是一个完整的体系，通过对突发事件信息搜集、交流、监测和公开，使得应急管理机构和社会公众能够在突发事件发生之前有足够的应对准备。

我们为此检索了一些政府机关和学校的网站，尝试寻找这些单位的突发事件监测与预警信息。然而遗憾的是，在各级政府的公众信息网上几乎看不到突发事件的监测结果和预警信息。人们所能看到的是政府统一搜集的有关职能部门处置一些可能潜在危险的结果通报。在行政职能部门（包括具有公共服务职能的事业组织）的网站上，个别部门和组织公布了监测和预警信息，而不少部门则并没有公布其职责范围内的监测和预警结果。至于学校网站上的监测预警信息则几乎为零。很显然，这并不是因为我国的突发事件已经销声匿迹了，而是我们在突发事件的信息搜集、交流、监测和预警等方面的管理活动还存在不足。

这其中对社会公众而言最直接、最重要的，是突发事件的预警及相关数据信息的公开问题。《突发事件应对法》第44条第4、5项规定，行政机关应"定时向社会发布与公众有关的突发事件预测信息和分析评估结果，并对相关信息的报道工作进行管理""及时按照有关规定向社会发布可能受到突发事件危害的警告，宣传避免、减轻危害的常识，公布咨询电话"。《中华人民共和国政府信息公开条例》（以下简称《政府信息公开条例》）第9条第1、2项也规定"涉及公民、法人或者其他组织切身利益的"，"需要社会公众广泛知晓或者参与的政府信息，行政机关应当主动公开"。如此规定首先是有关的行政机关被课予了一定的行政职责。在自己的主管事务范围内存在可能发生的突发事件的，行政机关就必须对此予以高度关注，及时对外发布有关突发事件的预警信息。当然要准备及时发布预警信息，就要求行政机关必须事先建立和完善突发事件的信息交流系统、监测系统和预警制度。所以，关于这些制度的建立不仅仅是《突发事件应对法》的明确规定，《政府信息公开条例》关于信息公开的规定也暗含了行政机关建立上述制度的要求。

对于行政机关应当主动公开，而没有及时公开突发事件预警信息，而导致损害的，相关主体如何获得救济，也是一个值得探讨的问题。就学校内部而言，由于突发事件预警信息的公开不及时，给学校财产、教职员工和学生人身、财产造成损失的，受害者该如何获得救济？分析来看，就教职员工和学生而言，学校应该及时公布上述信息，由于公布不及时不全面导致他们受到损害的，学校应当承担赔偿责任。与此同时，具有相关预警信息的搜集、发布职责的行政机关也具有法律上的责任，权益受到损害的教职员工和学生有权要求该行政机关承担相应的法律责任。就学校而言，也可以要求上述行政机关承担赔偿责任。因为行政机关公布相关预警信息的责任是法律明确规定的，非常具体而现实的责任。并非基于其组织法上的概括性授权而具有的抽象性责任。对于后者行政机关一般不承担具体的法律责任。如环保部门具有环境保护的职责，但是其职责是基于组织法上的抽象性授权，不能因为环保部门没有及时发现和制止某企业非法排污而要求其承担国家赔偿责任。而行政机关公布自己主管事务范围内的预警信息是法定的具体的责任，有关的受害人可以要求其承担不作为的法律责任。

（二）培训与演练

《突发事件应对法》要求各级行政机关和其他社会团体企事业单位做好突发事件应急预案的培训演练。如该法第 9 条第二款规定："居民委员会、村民委员会、企业事业单位应当根据所在地人民政府的要求，结合各自的实际情况，开展有关突发事件应急知识的宣传普及活动和必要的应急演练。"应急预案的培训与演练是两个联系非常紧密的活动。在预案内容确定以后，教育主管部门和学校应当安排合理的时间和计划，对有关人员进行培训，务必要使他们对于预案的基本内容能够清楚熟练得加以掌握。当然，对预案的内容只是进行静态的知识掌握是远远不够的。教育主管部门和学校还必须对预案的内容进行有效的演练，只有这样，当突发事件真正发生的时候，人们才能够真正熟练运用各种技术和技巧，避免或减少可能发生的损害。

显然预案的培训和演练是非常重要的，但是培训和演练应当达到什么样的程度？什么样的培训和演练才是必要的、适当的呢？在突发事件真正发生之前，我们往往意识不到危机就在眼前，不少人甚至坚信突发事件永远不会困扰到自己。在这种思想的影响下，一些学校在对待应急预案的问题上表现出不重视、形式化和走过场的态度，草草了事，学校师生从中不能获得深刻的印象和感知。① 这种做法表面上看似乎与法律无关，纯属有关行政机关和学校自主决定的范畴，法律没有明确要求应急预案的培训和演练应当达到什么样的要求。国家没有公布，事实上也不可能公布培训和演练的标准。其实不然，根据行政权力运行的法治要求，行政机关以及根据法律、法规和规章的授权或者行政机关的要求进行的学校应急预案培训和演练，应当符合行政法上关于行政权力运行合理性的要求。

合理行政是我国行政法上的基本原则和要求，其内涵比较模式，但在大陆法系国家合理行政主要表现为行政行为的实施符合比例原则。比例原则所包含的三个子原则，即适当性原则、必要性原则和过度禁止原则，对于规范突发事件预案的培训与演练活动是有积极意义的。

适当性原则要求限制人民权利的措施必须能够达到所预期的目的，② 非常注重行政行为的目的取向。③ 学校在组织应急预案的培训和演练时，应当根据以往突发事件应对过程中存在的问题，确定培训和演练的目标，以此作为标准，确认自己的培训和演练活动是否能够达到该目标，只有能够达到目标的培训和演练才是合格的，否则就应当追究有关组织和人员的法律责任。另外，应急预案的培训和演练还要注意的，是在其过程中不得采取不必要的手段对学校、学校师生的权利与自由进行了过度的限制。④ 学校是教书育人的地方，按照《教育法》的规定，学校根据法律的授权进行自主管理。外部行政权力对学校的不适当干预可能有损于学校的自主管理权。过度的培训和演练可能影响学校教学活动的正常开展。从比例原则的内涵来看，除了适当性原则，行政活动的实施还需要符合必要性和过度禁止原则。即行政活动要尽可能采取对相对人的权利侵害最小的手段，"受限制的法益"和"受保护的法益"达到某种程度的平衡。⑤ 由此，行政机关和学校在组织学校的师生员工进行应急预案的培训和演练时必须要注意不能过度冲击正常的教学秩序，不能对他们的人身自由和其他合法权益造成不必要的限制和损害。相信通过运用比例原则能够较好地实现预案培训和演练活动的规范化，保证在充分保障学校和师生员工权利与自由的基础上，达到培训和演练的基本目的，确保预案管理在这一环节的有效性与合理性。

---

① 吴洪华：《学校应急教育存在的误区和对策》，载于《教育实践与研究》2008 年第 10 期。
② 李建良、林合、陈爱娥、林三钦、陈春生、黄启祯：《行政法入门》，元照出版公司 2004 年版，第 83 页。
③ 翁岳生：《行政法》，中国法制出版社 2009 年版，第 817 页。
④ 尹进涛：《我国高校应急管理的法律适用分析——基于公民人身权的视角》，载于《教育月刊》2010 年第 8 期。
⑤ 李建良、林合、陈爱娥、林三钦、陈春生、黄启祯：《行政法入门》，元照出版公司 2004 年版，第 84 页。

（三）评估与更新

有关突发事件应对的法律、法规以及上级机关制定的突发事件应急预案，都规定了对于学校的应急预案应当及时进行评估和更新。这样的规定和要求是完全正确并且有必要的。应急预案是成文的行政计划，是对未来可能发生突发事件作出的现实的应对计划。由于未来的不确定性，根据过往的经验而制定的应急预案难免随着社会的发展而呈现其不适应性。或者有的应急预案本身在制定的过程中由于没有达到民主科学的要求，在某些方面存在天生的"不足之症"。这一切都决定了学校应急预案应当在演练和突发事件的处置经验中获得评估、更新和完善。那么应当由谁来实施应急预案的评估和更新行为？如何开展应急预案的评估和更新工作？这也需要在法律上进行思考。

与学校突发事件应急预案管理相关的主体包括了各级人民政府及其相关职能部门，尤其是教育行政部门、其他社会组织、学校、家长和学校的师生员工。那么应该由谁来对应急预案进行评估？从合理性上分析，有关行政机关尤其是教育行政部门有权对学校的应急预案进行评估，此时的评估同时具有监督的作用。行政机关通过对学校的应急预案进行评估，可以发现应急预案的合法性和科学性，对于不合理的内容可以要求学校加以修改。而作为制定者的学校也可以对应急预案进行评估。由于自己就是制定者，从逻辑上看，学校应该对于一个预案制定的依据、目的、内涵等最为熟悉。在预案的演练和实施过程中也能够清楚地发现预案的优点和存在的问题。能够根据上述情况对预案的内容作出准确的评估，进而能够进行更为合理的更新和完善。但是也应该看到，行政机关和学校对预案进行评估也会存在不合理之处。对行政机关而言，行政实务非常繁杂，而学校的种类和数量较多，全部由行政机关对学校的预案进行统一评估，行政机关恐怕无法承担这一繁重的任务，不能做出最合理的评估。由学校对自己制定的预案进行评估最大的问题在于，其往往想展示预案的有效性，而非发现其中存在的问题。[①] 特别是对于那些长期没有发生过突发事件的学校，对其他地方发生的突发事件缺乏关心的热情，其演练也往往走过场，难以真正发现预案中存在的问题，当真正发生突发事件时，原本制定得不够完善的或者已经不适应新情况的应急预案就难以用以处置突发事件。

所以，对于学校应急预案进行评估的最好方法，似乎应该是交由中立的社

---

① 张海波：《中国应急预案体系的运行机理、绩效约束与管理优化》，载于《中国应急管理》2011年第 6 期。

会组织实施。社会组织有独立性和专业性的特点，不易受到长官意志的支配，以其特有的人力、物力财力和智力等条件为社会提供服务，容易获得社会和民众的支持和信任。[①] 有关的政府机关或教育行政部门可以根据突发事件的类别，从社会中选拔一些专业性人士组成专家库，定期从专家库中随机挑选专家组成学校突发应急预案的专家评估委员会，对各级各类学校的应急预案进行评估。专家评估委员会通过评估形成独立的评估报告交由关行政机关，再由有关行政机关根据专家评估委员会的意见和建议，向学校提出更新和完善学校应急预案的建议或者要求。由学校根据有关行政机关的要求，对预案进行修改完善，并将完成情况向有关行政机关做出解释和报告。当然也可以将学校应急预案的评估交由已经成立的其他社会组织，在这个问题上可以作进一步的讨论。

除此之外，心理危机干预、网络舆情管理等也是学校应急预案管理的重要内容。[②] 其实对于突发事件造成的损害，心理上的伤害要比身体与物质上的影响更加重大，创伤更加难以愈合。很多人面对曾经发生在自己面前的灾难，一辈子都无法摆脱其留给自己的阴影。以前我们不太重视这个问题，随着社会文明的进步，很多国家认识到了对受害人群在灾后进行心理危机干预的重要性。国家在处置突发事件的同时，要同时启动对受害人权的心理干预，采取心理辅导等方式来消除灾难给人们造成的心理创伤。另外，舆情管理也非常重要。现代社会科技非常发达，社会上发生了什么事情，很快就可以在发达的媒体，尤其是网络上反映出来。如果在突发事件发生以后，我们不能对舆情进行准确的估计和很好的处理；当真相不能为社会公众及时了解时，谣言就会在社会上泛滥成灾。所以，教育主管部门和学校在实施预案管理的过程中，应当对于舆情管理制定相应的对策并且付诸演练，掌握正确的舆论导向，以便在突发事件发生时，能够熟练地掌握舆情的管理，进行正确的舆论引导。

总而言之，上述预案管理的内容对于人们有效应对各种学校突发事件，具有重要而关键的影响。由此，我们必须仔细研究分析这几方面管理内容，发现目前各类学校在应急预案管理方面存在的主要问题，提出适当的法律应对措施，非常具有现实意义。

---

① 文正邦、陆伟明：《非政府组织视角下的社会中介组织法律问题研究》，法律出版社 2008 年版，第 22～23 页。

② 林鸿潮、彭涛：《论学校应急管理机制的完善及其法治化》，载于《北京航空航天大学学报》（社会科学版）2011 年第 4 期。

五、我国学校突发事件应急预案体系的构建

学校突发事件应急预案制度在中国起步较晚，应急措施的滞后与应急预案制定进展的缓慢均体现了我国在相关领域内工作的不完善。法律、规章等作为调整规范，虽然出现了诸如《突发事件应对法》《教育系统突发公共事件应急预案》等法律法规，但实际尚未形成系统化的规范体系，不能在全国学校范围内起到良好的事前预警及事后防控作用。

学校是学生接受教育之处，属于人群集中的场所，因此不可避免地存在发生突然事件的可能。按照前述分类，学校突发事件有可能涉及自然、事故、公共卫生以及社会安全所有领域，这也就凸显了防范预警机制在学校的重要性。中国人口众多，境内各类学校数量庞大。据教育部 2009 年统计数据显示，至 2009 年我国共有普通高等学校 2 305 所，中等教育学校 87 665 所，初等教育学校 322 094 所。[①] 如此之多的学校承载着我国学龄青少年的教育事业，是科教兴国的重要环节。然而结合上述分析，如果没有适当有力的应急预警机制，面对突发性事件的各个学校还能否保证在校学生的人身、财产乃至智力成果的安全？《中华人民共和国教育法》《中华人民共和国义务教育法》等法律均没有针对校园突发事件规定学校的责任，直至 2012 年才制定颁布《学校突发事件应急预案》，明确学校和教师面对突发事件时应当如何作出行为。这一预案虽然以直观的方式规定了诸如学校、教师等主体的责任，但在缺乏实体性规则的背景下出台程序方面的操作规程，这无疑是欠缺理论正当性，而且不能保证程序性规范被良好实行。

从理论研究方面来说，学校突发事件的应对是个非常复杂的系统工程，需要各部门参与其中，其有效应对策略应从突发公共卫生事件发生的前、中、后综合考虑。学校作为突发事件的易发场所有其自身特点，其应急机制亟须有关部门进行深入研究。[②] 目前，我国尚缺乏真正实用、科学、系统的学校应急防治体系，而控制效果评估、相应机构应对能力评估、经济学负担及相关应急机制模式的研

---

① 资料来源：《各级各类学校数量统计表》，中国网，http：//www.china.com.cn/aboutchina/data/zgjy/2008－08/16/content_16240330.htm.（最后访问时间：2014 年 3 月 1 日）。

② 廖文科：《我国学校突发公共卫生事件应急处置的基本原则和要求》，载于《中国学校卫生》2007 年第 28 卷第 1 期，第 1～2 页。转引自卢平、徐勇：《学校突发公共卫生事件应对模型的循证研究》，载于《中国学校卫生》2009 年 8 月第 30 卷第 8 期，第 678 页。

究文献更少。[①] 因此，以保障社会公益及个体权利为出发点，借助突发事件应急制度的评估体系确立学校应急预案，将是未来防控领域中理论作用于实践的发展趋势。

结合学校突发事件的类型来看，最常见的校园火灾、突发地质灾害、集体食物中毒等无一是不需要多个行政职能部门（即上面中论述的'单位'）来配合应对。倘若在处理此类突发公共事件过程中不同单位"各自为政"，片面追求部门荣誉，或者互相推诿，不愿承担相应职责，那么最有可能造成的后果便是应急预案无法实施，突发事件造成的不利后果不断蔓延。因此，对于一份合理的应急预案而言，规范部门间关系的章节则成为关键部分。

第一，在应急预案中明确规定各部门职权，以清晰的责任制限定行政单位的行为。这种模式主要适用于成文法国家，旨在通过硬性规范的形式划定部门职责，这样就不会给任何推诿行为留下空间，也能为部门的行为提供明确的准则。在此模式下，虽然预案中没有强调部门间的协作配合，但基于各自履行职权这一出发点，不同单位还是会在形式上实现分工配合，长久发展下去或许会形成部门自觉，从而促进实质意义上协同合作的实现。

第二，应急预案中不具体写明哪些部门负有哪些职责，而是概括性地规定行政职能部门应当在突发事件应急工作中发挥作用。而各部门间的分工与配合，则完全依赖实际工作中的具体操作。这样的模式多见于判例法国家中，而且由于这些国家有着长期的判例法传统，尊重先例，因此实践中对这一模式能够得到较好的践行。

第三，应急预案以不完全列举的形式规定各部门职权，同时还明确规定在遇到突发事件后应积极配合，各部门间不得推脱责任或不正当争权。这种模式适合于有着成文法传统且应急预案发展相对不太完备的国家，因此相比之下我国更适合于选择这种模式。

采用此种职权规范模式，建议我国可以选择以突发事件类型为基础的规范方式或者以部门为基础的规范方式。首先，如果选用以突发事件类型为基础的规范方式，则预案中关于职责划分的章节就分条列明典型突发事件的情形，然后在此情形下规定哪些部门负责处理哪些具体细节。例如在"校园火灾"一条中，应规定消防部门负责灭火、救援，学校保卫部门负责疏散人群，警察负责维护现场秩序，医院负责救治伤病人员等，从而避免部门间因职权交叉或职权不明晰而全体不作为或消极作为的情形。其次，如果选用以部门为基础的规范方式，那么应当

---

① 卢平、徐勇：《学校突发公共卫生事件应对模型的循证研究》，载于《中国学校卫生》，2009 年 8 月第 30 卷第 8 期，第 678 页。

在应急预案中关于部门职权一章中按部门类别分条，在每条下罗列出该部门负有处理职责的事件类型。例如以"地方公安机关"为规范部门来说，此条中就应列明由公安机关负责的突发事件：学校遭受自然灾害时的维护秩序职责，学校遇到恐怖袭击时的解救职责，学校发生重大刑事案件时的调查职责等。此种以事件类型规范部门职责的方式能够为行政职能部门提供明确的行为依据，使行政体系中的单位严格执行预案内容，将单位的自由裁量权控制在最小限度内，有利于形成规范压力，促使行政部门按照预案行使职权。

我国学校突发事件应急预案应当确立以中央政府制定的全国学校突发事件应急预案为总体指导，地方政府因地制宜制定实施细则，并赋予学校以本校的应急预案制定权，从而形成"中央—地方"的纵向体系和"行政机关—学校单位"的横向体系。在预案制定过程中，借鉴行政法规、规章的制定流程并适当予以简化，完善预案制定的听证程序，从而保证各方诉愿最大限度得到实现。最后，在各职能部门的权力配比上，探索以突发事件类型为基础的规范方式或者以部门为基础的规范方式。通过成文法的明确规定对职权予以划分，从而实现部门间的健康合作，共同推进应急预案发挥积极作用。

第九章

我国学校突发事件应急预案实证分析

学校突发事件应急预案建设是与整个国家公共应急管理的发展同步的，是国家和教育系统突发事件应急预案的延伸，是学校安全制度的重要环节和保障。为了全面了解我国学校突发事件应急预案编制及其运行的实际情况，我们于2013年随机选取了全国100个学校（其中包括50所高校、50所中小学）作为考察对象，通过网络检索、E-mail申请信息、调查问卷及访谈等方式进行了实证调研。这些学校涵盖了全国各类学校：从层级上看，既有大学、高职高专等高等教育院校，也有小学、中学基础教育学校，既有中央部属院校，又有地方院校，既有重点学校，也有一般学校；从地域上看，东部、西部、南部、北部，大、中、小城市各地的学校基本涵盖其中。因此，这些学校的突发事件应急预案的编制与管理工作总体上能够反映全国学校突发事件应急预案的建设情况，其在突发事件应急预案建设中所取得的成绩、积累的经验以及面临的问题与不足，也具有一定的普遍性。

通过调查可以发现，当前我国学校应急预案的编制、文本内容及其动态管理均存在一些问题。造成这些问题的原因主要在于危机意识淡薄、应急管理理念落后、缺乏科学理论指导和专业咨询以及受应试教育和城乡差距的影响。

一、我国学校突发事件应急预案建设的总体发展

我国学校突发事件应急预案的建设是与整个国家公共应急管理尤其是突发事

件应急预案的发展同步的。2003 年"SARS"之前，应急预案虽然在地震应急和安全生产管理等领域已经有所应用，但仍局限于局部行业，2003 年"SARS"之后，我国开始推行以"一案三制"（应急预案、应急体制、应急机制、应急法制）为核心的综合应急管理体系，应急预案开始广泛应用于各类突发事件的应急管理。国务院启动了国家突发事件应急预案体系的建设，于 2006 年向社会公开发布了《国家突发公共事件总体应急预案》，并要求建立"横向到边、纵向到底"的应急预案体系。2006 年之后，国务院又发布《关于全面加强应急管理工作的意见》，推动应急预案体系向基层延伸。与此同时，国家高度重视突发事件应对的法制建设，2007 年 8 月，《突发事件应对法》颁布，其中第 17 条规定"国家建立健全突发事件应急预案体系"。

2004 年 9 月 20 日，教育部召开教育系统网络视频会议，就学校安全工作制定突发事件应急预案进行了部署。2005 年教育部按照《国务院有关部门和单位制定和修改突发公共事件应急预案框架指南》要求，制定了《教育系统突发公共事件应急预案》，并向各地教育行政部门和学校印发实施。《教育系统突发公共事件应急预案》是教育系统应急预案体系的总纲和各地教育行政部门和各级各类学校加强应急体系建设的指南，是指导各地教育行政部门和各级各类学校制定本地本校应急预案、处置突发公共事件的规范性文件。2006 年 10 月，教育部提出了到"十一五"末期，全国学校减灾应急预案制定率要达到 85% 的目标。[①]

根据教育部的总体部署，各地教育主管部门纷纷制定本地教育系统的突发事件应急预案，如北京市教委制定了《北京市影响校园安全稳定事件应急预案》，河北省教育厅制定了《河北省教育系统突发公共安全事件应急预案》等。

上述法律法规以及应急预案的制定和出台，为我国学校进一步做好突发事件的应对工作起到了很好的指导作用。近年来，许多学校根据地方政府或教育主管部门的总体部署，陆续编制了突发事件应急预案。

从某种程度上看，我国学校突发事件应急预案是国家和教育系统突发事件应急预案自上而下的延伸，其在整个公共应急预案体系中的位置（见图 9 - 1）处于最底层、最基础部分，这是符合应急管理的"重心"下移的客观需要的，因为从实践看，突发公共事件大多发生或起源于地方或基层，效率原则要求的"早发现、早报告、早处置"需要付诸地方和基层的行动中，因此，作为基层应急预案的一部分，学校应急预案发挥着重要的作用。

---

① 吕诺：《全国学校减灾应急预案制定率将达到 85%》，http：//news. xinhuanet. com/edu/2006 - 10/11/content_5188017. htm（最后访问时间：2013 年 10 月 2 日）。

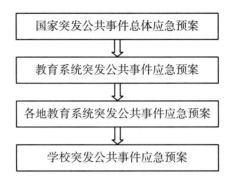

图9－1 学校突发事件应急预案在整个公共应急预案体系中的位置

总之，在国家和社会强化应急管理的总体环境的影响下，应急管理的概念与理念正在逐步被学校管理层认识并重视起来，近些年来，在突发事件预防上，国内学校已经有所行动并取得了较大的进展，应急管理的预案逐渐增多，学校总体预案的制定逐渐普及，单项预案、部门预案、基层预案、专项预案的制定尚在不断完善中，各项应急管理制度的建设也在逐步完善。

然而，我国学校编制应急预案的分布情况不均衡，且还有相当比例的学校仍未编制突发事件应急预案。总的来说，从学校应急预案的编制情况来看，高等学校好于中小学（但在应急演练方面高等学校则不如中小学，详见下文），城市学校好于农村或郊区学校，经济发达地区学校好于经济欠发达地区学校。而且，许多学校尚无突发事件应急预案。据我们调查，大部分高校（近80%）制定了突发事件应急预案，但亦有近20%的高校还未编制突发事件应急预案。近50%的中小学校制定了突发事件应急预案，这也就意味着仍有一半的中小学校还未制定突发事件应急预案。这就使得学校在面临突发事件的发生或可能发生时，存在"缺乏大预案，临时制定小预案"的现象，采取的"出现一事解决一事"的方案，难以形成一套成熟的应急处理操作方案并实施。

同时，目前我国学校应急管理预防工作尚未系统化规范化，学校在预案的编制和管理过程中仍存在不少问题，这些问题制约了应急预案的实际操作性，应急预案实际的防御效果没有真正体现，应急预案体系仍需进一步补充、修订和完善。

二、我国学校突发事件应急预案的编制情况与文本分析

编制应急预案是应急准备工作的核心内容之一，是及时、有序、有效地开展

应急处置和救援工作的重要保障。从实际看，我国学校突发事件应急预案的编制
及其文本内容尚存在下列一些问题。

（一）学校应急预案体系化程度不够，新型专项应急预案有待建立

学校应急预案的制定通常是从专项预案做起，通过添加、整合过程，把独立的专项预案汇总、协调成学校的应急预案体系。这一体系在层级上主要包括以下几种应急预案。一是突发事件总体应急预案。总体应急预案是学校应急预案体系的总纲，从总体上对学校突发公共事件预警和处置的原则、机构、程序、保障等做出规定，为不同学校突发公共事件类型的单项预案的制定提供依据。二是突发事件专项应急预案。专项应急预案主要是学校及其有关部门为应对某一类型或某几种类型突发事件而制定的应急预案。三是突发事件部门应急预案。部门应急预案是学校下属各个部门和单位根据学校总体应急预案、专项应急预案和部门职责为应对突发事件而制定的预案。四是学校在举办大型会展和文化体育等重大活动前制定的专门应急预案。

在实践中，许多学校的突发事件应急预案缺乏系统设计，形成多层、多元应急预案互相配套补充的体系化突发公共事件预案框架的学校不足50%，有近30%的学校只有一部范围上无所不包、内容上原则抽象和基本上不具备可操作性的总体预案，针对具体类型突发事件的专项预案则是空白的。另外，有近20%的学校则只有"零敲碎打"的专项或单项应急预案而缺乏应对突发事件的统筹规划和总体预案。这些专项预案虽然针对性和可操作性强，但随着社会发展、环境变化，学校面临的风险因素越来越多，各类专项预案不可能预见到所有可能发生的危机事件，一旦新的危机发生，学校就会束手无策。而且，各个专项具体应急预案没有进行科学分类，往往交叉重复，造成了大量的冗余信息掺杂其中，当面对突然发生的事件时，应急指挥部门很难准确、快速地从众多预案信息中有效地提取出需要的信息。

从《教育系统突发公共事件应急预案》的规定看，学校应急预案的具体类型包括自然灾害、事故灾难、突发公共卫生事件、突发社会安全事件、网络与信息安全和考试安全6大类突发公共事件的应急处置工作预案体系。但随着社会的发展变化，学校会不断涌现出新的问题，因此在具体的学校应急管理工作中，不断增加新的专项预案或单项预案就显得尤为重要。例如，近年来，学校学生由于心理健康问题暴力打人、杀人、自杀事件频发，这就要求学校必须建立健全心理干预机制，建立心理危机干预的专项预案。在课题组选取的50所高校中，制定了

心理危机干预专项预案的学校不足 10%。可见，目前我国学校突发事件应急预案体系还不够完整，缺乏应对新危险因素的专项应急预案。

（二）学校应急预案欠缺规范性

首先，在应急预案制定的程序上看，一些学校应急预案制定的随意性较大。实践中，许多学校没有把应急预案的制定当作非常严肃、严谨的工作，没有经过长期认真的研究、修改、调整，再加上时间仓促、缺乏编制经验，甚至基于应付上级检查等原因，多数学校的突发事件应急预案在行政命令督促下短期速成，机械地照搬行政机关或其他学校的应急预案文本，或者在本校找几个人，依靠管理者个人的一些零散经验"闭门造车"，通过几天的工作就完成了应急预案的制定。

其次，在应急预案名称、形式上，有的学校应急预案文件是以校办甚至党办名义下发正式红头文件，如《北方工业大学突发公共事件应急预案》《安徽工业大学学生突发事件应急处理预案》，但是也有一些学校尤其是中小学往往以学校保卫处或后勤办公室等名义以"通知""管理办法"等形式制发，随意性大，严格来讲这些文件算不上真正意义上的突发事件应急预案。

（三）应急预案的可操作性、实用性有待增强

从当前已有的学校突发事件应急预案看，有的应急预案比较详备、实用，有的学校还将复杂冗长的文件转换为一目了然的应急示意图。但是，大部分学校的应急预案没有建立科学的应急系统，应急预案只是停留在如何报警、打什么电话等低层次水平上，可操作性、实用性比较欠缺。

一方面，从学校应急预案的内容看，雷同、模仿多。现有应急预案的内容、结构框架等方面大同小异、与行政机关或上级应急预案雷同，这种对高阶预案的过度模仿导致多数学校的突发事件应急预案缺乏针对性，对于教育本身的特殊性和本学校或当地的实际情况考虑不足，很多内容是目前应急预案没有涉及或只是笼统规定的，特别是缺少与教育教学本身相关的应急措施，如对校舍的修复和重建、教学秩序的恢复、教学内容的调整等。学校应急预案制定最初没有以学校产生重大事故危险源的数量和可能性作为主要依据进行风险评估，即根据学校可能发生的事故类型、性质、影响范围大小以及后果的严重程度等的预测结果确定风险等级，并根据风险评估的结果制定学校日常应急管理中的优先等级。另外，在制定预案的过程中也没有对学校的应急管理能力进行评价，对应急管理能力进行培养，确保预案启动时各项应急保障措施的到位。

这导致学校应急预案不切合实际，缺乏应有的实用性，只是停留在文本或书面上，形同虚设。

另一方面，一些学校的应急预案内容简单粗糙，没有具体详尽地描述突发公共事件的事前、事中、事后各项事宜，没有结合实际情况具体指出应对可能发生的突发公共事件时要进行的操作步骤，没有根据实际情况对应急预案进行细化、完善，岗位职责、工作流程、应急处置方法等规定不够明确具体，更没有针对性地指出应急资源储备、人力财力保障等应急过程中的关键要素，往往事到临头还要层层请示批准，贻误救援时机。例如，在有的学校应急预案中，应急指挥的组织结构以一句"统一领导，各部门分工负责"来涵盖，负责人、联系方式、负责内容以及需要协调统一的相关部门联系人、联系方式与其他部门进行等，均没有详细注明，使得应急预案束之高阁或者成为应付上级领导检查的空头文件，而不是一个指导学校师生在面临突发事件时应当怎么做的操作手册。

（四）未形成校园"大安全"应急协调机制

从校内看，许多学校应急预案更多把突发事件的预防和处置主体主要局限于学校保卫处，保卫处的具体人员主要包括干部和保安。应该说保卫处是校园内部维护学校安全稳定的专门机构和重要力量，但仅靠保卫处无法确保师生云集、闲杂人员众多的学校，尤其是逐渐开放的高校，不发生安全问题，学校还应该充分调动学生和教职员工的积极性，建立健全学校安全问题群防群治体系，将安全管理的触角延伸至办公室、学生宿舍和餐厅等。而且，预案中校内各部门之间没有进行危机预防的合作，缺乏信息交流和突发事件处理的经验分享，各部门或院系出于各自利益和责任分担的考虑，缺乏合作与协调，应急资源无法整合，给突发事件的预防留下许多真空地带，这是许多学校应急管理的一大通病。

从校外看，目前学校突发事件应急预案大都具有应急主体单一、应急范围狭窄等特点，没有树立校园"大安全观"理念，没有认识到学校应急管理是需要学校内外多元主体共同协作处理互动的，没有形成学校与政府、社区一体化的联合应急管理机制。实践证明，校园突发事件的应对工作往往需要多个部门的相互配合，如公共卫生类突发事件与工商局、食品卫生监督局等政府部门密切相关；治安、消防类突发事件则需要公安部门或消防队的介入。

（五）应急管理机构不健全，应急预案协调性有待完善

尽管各类学校应急预案都规定了应急组织机构，但是，目前我国学校应急管

理组织机构不健全，多为临时性的松散组织，缺乏常设性的校园突发事件管理综合协调机构，综合协调能力弱，未能形成强有力的组织保障，以致从学生到辅导员到院（系）再到学校相关部门的信息联网不畅，不能迅速获取突发事件警讯，缺乏突发事件状态下的相互合作整体能力。

而在信息发布与沟通机制上，从目前学校应急预案的设计内容看，一旦出现危机事件，还是按照以往的经验，逐级向上汇报，学校各部门之间缺乏统一的协调和快速有效的沟通渠道，使得对应急事件处理不及时，造成更大损失。在这种情形下，应急机构形同虚设，甚至只充当了值班室"接线员"的角色。没有建立长效的突发事件应急管理组织机构，相当于缺乏强大的中枢组织，使学校的整合能力和应对能力大打折扣，造成了应急管理整体工作环节的薄弱。

（六）学校应急预案中事前预防预警和事后评估及恢复机制缺失

从学校突发事件应急预案的内容看，许多学校仍陷于重救轻防的陈旧应急管理模式和"头痛医头，脚痛医脚"的简单处理方式，而且对事后评估和恢复机制也是"阙如"或"轻描淡写"。

1. 应急预案中预防预警机制缺失

通过建立预警分析，高校可以掌握危机变化的第一手材料，实现对危机的预测和预报，为妥善解决将出现的突发性危机事件提供较为足够的时间准备。从各类学校应急预案看，目前，大部分学校没有建立良好的预防与预警系统，缺乏对隐患信息及时监测的系统以及排查和处理的长效机制，学校内部还没有建立专门的机构，配置专门的人员，设立专门的指标对搜集到的各种信息进行判断和分析，探寻次危机产生的原因，并且在现有的预警体系中，有关管理部门和机构也没有将突发事件的监测纳入日常工作中，无法确保监测系统的正常运转。有些学校虽然已经开展了突发事件的监测工作，但是却没有把监测的各项工作任务和责任分配给各个部门，落实到基层，也没有将涉及各院、系、部、处、科室的监测工作落到实处，导致"分级负责"的原则无法得到贯彻，影响了监测工作的有效展开。这就意味着即使有些突发事件已经初露端倪，也依然无法被识别出来，更无从去采取合适的应对措施。

2. 应急预案中事后评估和恢复机制缺失

现有学校应急预案总体上缺少对从灾情基本消除到灾后重建这一阶段的应急预案措施。每一次突发事件都会给学校及其师生造成一定的物质和精神上的损失，学校如不能分析、总结、评价突发事件整体应急过程，没有及时恢复师生工作、学习、生活的信心并形成良好的循环体系，将为同样类型的突发事件重复发生埋下隐患。

三、我国学校突发事件应急预案运行与管理的动态考察

学校应急预案的制定与管理是一个不断修改、不断完善的动态过程。随着社会的发展和学校管理方式的转变，学校所处的环境会不断改变，其面临的危机也会发生变化，应急预案需要定期或不定期的检查和修订；每次预案演练或突发公共事件实际应用预案之后都要进行信息反馈，及时地对预案评估、修改，使之更加符合实际需要。相对于目前我国学校突发事件应急预案编制中的问题，其运行和动态管理中存在的问题更为突出。

（一）缺乏有效的应急预案宣传教育和培训

《突发事件应对法》等相关法律法规及教育部《教育系统突发公共事件应急预案》都对应急预案的宣传教育及培训工作进行了规定，通过开展应急预案的宣传教育及培训，普及突发事件的预防、避险、自救和互救知识，提高学校教师和学生的安全意识和应急处理技能。而现实中，学校的应急预案仅有少数人知道或了解，我们在访谈调研中发现，教师知道学校应急预案的比例不足 30％，学生知道学校应急预案的人数不到 20％。

就高校而言，大多数高校均设有安全教育课。一般来说，安全教育课的内容之一就是学校突发事件应急预案的普及与培训，但在实践中高校的安全教育课普遍存在效果不佳的问题。概括地说，目前高校开展安全教育的方式主要有三种：第一种新生入学教育；第二种课堂教学；第三种逐层传递式宣讲。这三种方式虽然对提高学生的安全意识起到了一定作用，但安全教育效果不佳。如由于近年来的扩招，每年高等学校入学新生多达几千人，"讲座式"教学一方面无法保证数千学生都能听进去，或者"左耳进右耳出""照本宣科"式课堂教学更难以达到

教学目的，甚至会使学生厌恶反感。而"逐层传递式"教学，班团干部（班委）向普通同学传达讲解过程中必然会"偷工减料"，使教学效果大打折扣。

现实中，许多学校的应急预案往往被束之高阁，问题出现时则措手不及。学校很少有自己编印的有关校园意外事件防范手册，师生们缺乏对安全教育的重要意义、原则与要领的了解，不知道在面对突发事件时怎样按照手册的标准程序进行自救和他救。

教育部曾颁发的《幼儿园、中小学生安全教育管理调查报告》显示：我国中小学生安全教育资源普遍缺乏、时间不足、预防演习少。近60%的教师报告中，每学期对学生开展主题安全教育的时间累计在10课时以下，不到40%的教师及55%左右的学生报告中，学校从未开展过预防灾害的演习活动。只有70%的学生能够对基础安全知识有所了解，当问及"如果你遇到洪水、火灾或是地震时，大人又不在身边怎么办"时，"拼命跑""喊救命"是学校学生们的普遍回答。[①]

（二）缺乏必要的应急演练

无数鲜活的案例说明，校园安全事件发生后，如果教师和学生具备相应的知识，不但可以有效配合有关部门的应急处置，还能展开积极自救，大大降低人员伤亡和财产损失。四川省安县桑枣中学紧邻北川，在"5·12"汶川大地震中遭受重创，地震发生后，全校2 200多名学生、上百名老师，用时1分36秒，全部集中到操场并以班级为组织站好，无一伤亡。奇迹的发生得益于平时的演练，该校连续十多年坚持对学生进行安全教育，每学期都组织师生进行紧急疏散演习。由此可见，应急预案的演练十分重要。

在应急预案文本内容上，多数学校的应急预案对于应急演练只有原则性要求，没有监督和处置办法。实践中，在应急演练方面我国学校也存在严重的不平衡。总的来说，在应急预案演练的次数与效果上，中小学好于高等学校，城市学校好于农村学校。我们调研得到的下列数字可以说明上述不均衡：60%的城市中小学生表示学校进行过应急演练，而参加过应急演练的大学生不足20%，农村或乡镇学校进行过应急演练的不到15%。学校进行的应急演练类型90%集中于地震、火灾等自然灾害，其他类型突发事件的应急演练则很少或从来没有。另外，有些学校组织预案演练往往也是搞形式，走过场，针对性不强，甚至纸上谈兵，达不到演练的目的，更没有根据演练情况，及时修改、完善应急预案。

---

① 叶莎莎：《聚焦校园安全管理：把血的教训变成共同的责任》，载于《中国教育报》2006年12月19日。

（三）应急预案内容修改更新不及时

《突发事件应对法》第17条第4款规定："应急预案制定机关应当根据实际需要和情势变化，适时修订应急预案。"学校的应急预案签发后的修订工作非常少，基本被束之高阁，没有安排专人进行管理、定期修订。据调查，在编制了突发事件应急预案的学校中，超过80%的学校的应急预案都是在2006年前后编制出来的，其中曾对应急预案进行过修改更新的学校不足10%。

应急预案制定后如果不进行评估，若应急预案制定的可操作性差，则可能带来应对过程的极大失误并造成严重损失。当然通过演练进行检验和评估是一个有效的方法，但鉴于其实施成本较高，因此可以通过理论评估结合演练进行综合评估。

四、我国学校突发事件应急预案问题背后的原因

（一）危机意识淡薄、应急管理理念落后

一直以来，校园内外环境相对稳定、封闭，很少有风险，教师从事的是风险程度非常低的教育工作，环境相对安全稳定。所以，高校的管理者很少思考危机的应对模式问题，也不愿意使用预先制定好的危机应对程序。现实中一些学校的危机管理更愿意使用事后处置式的危机应对模式，认为应急预案可有可无。对预案的编制和管理重视程度不够，导致应急预案的针对性、可操作性等大打折扣。许多学校应急管理者认为学校突发事件应急管理属于"高投入、低产出"的投资项目，无须花大量的人力、物力、财力去预防和解决发生概率较低的重大突发事件。同时，学校应急管理者对突发事件应急管理在理解上存在一定误区，往往忽略事前预防和事后评估等步骤。部分学校党政领导人对应急预案工作认识不足，轻安全的思想根深蒂固，对校园安全事故事件的风险认识不到位，许多学校仍把应急管理当作"偶然内容"，抱有侥幸心理，缺乏防范意识和危机意识，对建立健全应急救援体系，防范和控制重特大事故发生的积极性不高，片面地理解安全应急救援工作就是成立一个挂名的应急领导小组，对广大师生的安全教育不够，缺乏必要的安全管理制度，或者仅仅将安全管理制度当成一纸空文，没有引起足够的重视，在贯彻执行方面也敷衍了事，也未很好地树立全程管理的理念。同

时，在目前我国学校对应急预案宣传教育中，如果发生某一方面的危机，就加强这一方面危机的预防宣传，从而忽视了其他方面危机的教育，缺乏全面危机预防的意识。

而学校师生往往以"事不关己，高高挂起"的态度对待应急预案和应急管理。他们通常认为应急处理危机事件是学校领导和安全保卫部门的事，与己无关，从而毫无警觉。学校教师群体人员多、压力大，更多关注于学术研究、职称评定等，而对学校制定的相关应急管理制度进行深入的研究和落实较少。许多学生也缺乏一定的危机意识。学生以升学、考试为主，不主动学习、积累应急处置知识和能力，或因其具有活跃性、思想认识不稳定性等特点，对学校采取的应急措施不配合。

另外，一些地方政府、教育主管部门对校园安全仍然重视不够。尽管近几年政府、教育主管部门对校园安全问题越来越关注，例如国务院曾就中小学、幼儿园学生安全问题召开全国电视电话会议，八部委曾下发专项整治方案，但是，从中央到地方，大多数教育行政机关没有校园安全管理的专门机构和管理人员，制定防范政策和相关规范性文件不及时，或由于教育主管部门往往更重视教学质量，而忽视了对各校应急预案编制与运行情况的督促检查，使防范措施仅停留在纸上。

（二）缺乏科学理论指导和专业咨询

2003 年"非典"事件发生后，我国大陆学者以及高校管理者在总结"非典"的惨痛经验教训的基础上开展了对学校危机管理的研究，许多学者都提出了学校应该仿效企业建立完备的危机管理体系，并将危机管理纳入学校战略管理之中。但是，随着"非典"阴影的烟消云散，学校危机管理这一研究课题也似乎又回到了"冷宫"，学术界很少有学者再继续该课题的研究，而学校领导者也似乎并不愿意耗费大量的人力物力去建立学校危机管理体系。可以说，在学校危机管理领域，不但没有形成完善的理论体系，也没有任何可操作性较强的实用危机管理指南，对学校危机管理的研究仍然处在一个非常初级的阶段。

应急预案涉及诸多领域的内容，如公共卫生知识、自然灾害知识、火灾知识、安全防范技术、法规、标准、规定等，需要专业人士参与或专门安全服务机构进行制定。应急预案的制定过程是非常严肃、严谨的，一个完整的、可操作的应急预案，需要考虑多种可能发生的情况、约束条件下的应对措施、多种可选方案，没有长时间的研究、修改、调整是根本不可能完成的。而许多学校应急预案的制定通常只是在本单位找几个人，通过几天的工作就完成了。

（三）应试教育和城乡差别的影响

在应试教育仍然占据绝对主导地位的大背景下，评价一个学校的教学质量或者影响一个学校领导和教师升迁的一个重要标准就是升学率，这必然导致对学生的灾难教育、危机教育、安全教育的忽视，缺乏实战演练，使学生一旦面临突如其来的疫情、盗窃、火灾、中毒、伤害等突发事件时，极易恐慌失措，或盲目从众。

同时，长期以来，城市教育资源远远优于农村，农村学校的生源质量也明显低于城区学校。因此，农村学校的领导和班主任教师，几乎集中了所有的精力来抓升学率，这在一定程度上影响了校园安全教育工作的开展。很多学校只重视学生的学习成绩，有意无意忽视安全教育，更谈不上创建学校安全文化，这也造成了学校安全事故的高频发生。

而应试教育以及长期以来我国城乡差距，尤其是教育资源分配的不均衡，正是造成上述我国城乡学校应急预案的制定与管理上的不平衡的根本原因。现实中，媒体通常只是报道城区中学发生了校园安全事故，使人们认为城区学校的校园安全事故发生的频率和危害程度要远远高于农村或乡镇学校，农村学校要比城市学校更安全。而事实上，农村学校的校园安全事故也时常发生，只是发生的类型不同，受关注的程度不高。[1] 如一些农村学校的硬件水平和管理水平偏低，安全措施还没有完全落实，尤其是农村寄宿制学校的管理漏洞和安全隐患还不同程度地存在着。例如，食物中毒事件大多发生在农村学校的食堂。而且，部分农村地区财政比较困难，农村教育经费不足也造成农村学校没有经费进行应急演练、难以制定和运行科学的突发事件应急预案。

---

[1]　严娅：《城乡中学校园安全教育及安全管理的差异研究》，载于《黑龙江史志》2011 年第 9 期，第 54 页。

第十章

美国学校突发事件应急预案及其借鉴

国内的学校突发事件应急预案制定比较粗糙，内容不全、措施针对性不强、职责不明、机制不畅、水平不高。美国具有完善的学校突发事件应急预案，研究美国的学校应急预案可以为我国提供良好的借鉴。美国的学校应急预案通常包括以下五个主要部分：第一，学校简况及风险分析；第二，组织及职责；第三，行动；第四，预案的修改；第五，学校应急预案中附件。研究这五部分的主要内容可以促进国内学校应急预案的制定与完善。

学校突发事件作为公共应急管理中的一个领域，既具备突发事件所固有的突然性、不确定性和危害性等基本特征，又有由学校特殊条件决定的自身突出特点，学校突发事件具有脆弱性及责任先定性的特点。[①] 为了减少学校在突发事件中的损失，提高应对能力，履行自己的责任，就要求学校在应急管理中提前制定完善的应急预案。但是目前国内各个学校的应急预案普遍存在一些严重的问题，从而使得学校在面临突发事件的时候并不能成功应对。相比较而言，发达国家的学校突发事件应急预案制度比较完善，而这其中最为完善且有特色的是美国，因此在本研究中以美国作为主要样本收集国家进行研究，以期能够为国内学校应急预案的制定提供借鉴。

[①] 高小平、彭涛：《我国学校应急管理机制规范化框架研究》，载于《中国应急管理》2012 年第 6 期。

一、国内学校应急预案存在的问题

为使研究具有普遍性，笔者收集了三所大学、一所大专、三所中学以及三所幼儿园的应急预案。① 为了确保数据的可靠性，这些应急预案都来自于前述学校的官方网站或者政府网站。

（一）内容残缺不全

国内学校的应急管理普遍存在内容残缺不全的现象。针对特定危机制定的应急管理预案如武汉大学的环境污染应急预案，当学校发生针对特定危机的预案以外的突发事件的时候，可能学校就不知道如何处理了。而当前学校所面临的是存在于各种领域的突发事件，学校的危机处理是一种"全危机"应对，即学校的应急预案需要能够处理各类危机，而不是特定的危机。

内容的残缺不全不仅体现在危机类型的不全面上，还体现在预案规定的危机应对措施上。如南京大学化学化工学院消防应急预案②中就没有消防设施的图纸，导致发生危机的时候，应对人员根本就不知道应到哪里去找消防设备来灭火。而且在该预案中没有应急管理人员的姓名及紧急联系方式，这样在发生危机的时候，危机应对人员相互之间可能无法顺畅地联系。

---

① 哈密地区师范学校"学校安全工作应急预案"http：//www. hami. gov. cn/10180/10401/10012/2011/112325. htm（最后访问时间：2013 年11 月16 日）；闸北区启慧学校"学校各类应急预案"http：//xxgk. zb. edu. sh. cn/3101086071/3347（最后访问时间：2013 年11 月16 日）；北大附中武汉为明实验学校"校园突发事件应急预案"http：//www. bdfzwh. com. cn/Article/ShowArticle. asp？ ArticleID = 62（最后访问时间：2013 年11 月16 日）；合肥一六八中学"学校火灾事故处理应急预案"http：//www. hf168. net/news/view. php？ id = 833（最后访问时间：2013 年11 月16 日）；西北政法大学"防震应急预案"http：//gjfxy. nwupl. cn/Item. aspx？ id = 1369（最后访问时间：2013 年11 月16 日）；武汉大学环境污染应急预案http：//aff. whu. edu. cn/jjb/E_ReadNews. asp？ NewsID = 180（最后访问时间：2013 年11 月16 日）；南京大学"化学化工学院消防应急预案"http：//chem. nju. edu. cn/9/chem94005. asp（最后访问时间：2013 年11 月16 日）；彭州市机关幼儿园"食品卫生安全应急情况处理工作预案"http：//www. chengdu. gov. cn/enterprises/allPurpose_detail. jsp？ id = ouIYBM3GF6D2K9jFyzTP（最后访问时间：2013 年11 月16 日）；劳店中心幼儿园"防洪防汛应急预案"http：//zj. 520wawa. com/schools/schoolr/newsnotice_content. jsp？ infoId = 1240310&schId = 2226（最后访问时间：2013 年11 月16 日）；长林幼儿园"幼儿园地震应急预案"http：//hlxx. jm. e21. cn/bencandy. php？ fid = 33&id = 371（最后访问时间：2013 年11 月16 日）。

② 南京大学"化学化工学院消防应急预案"http：//chem. nju. edu. cn/9/chem94005. asp（最后访问时间：2013 年11 月16 日）。

（二）措施缺乏针对性

国内的学校应急预案中缺乏明确的有针对性的行动措施。预案的宣示性强，可操作性弱。如合肥一六八中学的"学校火灾事故处理应急预案"①中的预防措施规定："加强检查，发现火灾隐患要及时整改"。这个规定完全是一种口号性的规定，责任人、履行责任的方式、时间期限等都没有规定。这样预案在实际中就成为摆设，当危机发生的时候，学校还是临时想办法，预案起不到预防以及应对危机的作用。

在应对措施上也没有区分危机的程度，实际上学校的危机程度不同，采取的措施也应当不同。

（三）应急小组的职责不明

通常国内的学校应急预案中会规定一些应急小组，但是这些小组各自的职责往往不清，相互之间如何配合也没有规定。如彭州市机关幼儿园食品卫生安全应急情况处理工作预案②中只规定了应急情况工作小组的成员，而并没有具体规定该小组的职责是什么、各个成员的责任是什么，导致责任不清、任务不明，最终应急的效果不理想。而且国内学校应急预案中普遍存在的更重要的问题是各个小组之间相互如何配合，没有明确规定相互职责如何区分，并且大部分是在危机发生之后由主管领导临时调整。

（四）应急机制不顺畅

在突发事件发生之后，学校发挥的作用比较弱，政府往往代位来应对危机。最典型的就是在伤害小学生的事件出现之后，北京等地的警察部门在上学与放学的时间点派警察专门去学校门口值守。这样在突发事件的应对中，学校的预案起不到作用，政府代替了学校。

在学校制定的预案中也极少出现在什么情况之下学校应当向政府申请支援，

---

① 合肥一六八中学"学校火灾事故处理应急预案"http：//www.hf168.net/news/view.php？id=833（最后访问时间：2013年11月16日）。

② 彭州市机关幼儿园"食品卫生安全应急情况处理工作预案"http：//www.chengdu.gov.cn/enterprises/allPurpose_detail.jsp？id=ouIYBM3GF6D2K9jFyzTP（最后访问时间：2013年11月16日）。

在什么情况之下应当向什么专业机构请求支援的规定。因此，当危机发生的时候学校应对危机的能力比较弱。

国内学校的应急预案存在众多的问题，因此需要参考借鉴美国的应急预案以完善国内学校的预案内容。

二、美国学校应急预案的主要内容

美国学校应急预案通常包括五部分的内容，即学校简况及所面临的风险分析、应急组织及其各自的职责、应急行动措施、应急预案的修改、应急预案的附件。下面分别介绍各部分的主要内容。

（一）学校简况及风险分析

1. 学校简况

美国学校突发事件应急管理的预案，通常在最开始部分需要介绍学校的简况以及学校所面临的风险分析与评估。这样应急处理人员能够迅速地了解学校的基本情况以及面临的主要风险是什么，从而根据学校突发事件发生后的状态作出最适当的应急反应。

这些简况需要按照不同的类别分别装订成册，作为应急预案最前面的内容。当这些情况有所变化的时候需要及时在预案中进行修订。

学校简况至少包括以下详细内容：

（1）学校面临的风险可能导致学校秩序失控、人员伤亡、公私财产损失。这些主要的风险细节通常作为预案的附件单独列表，甚至专门印刷学校的风险分析以分发给相关人员备用。

（2）学校当前注册学生总数。这些学生中需要特殊照顾（如残疾、过敏等）的人有多少。需要特殊关注的学生位于以下学校建筑中：第××楼××房间。学校的员工有：教师，主管，行政人员，教辅人员，食堂人员，保管人员。

（3）学校教职工中有多少人有特殊需要。这些职工分别位于××楼××室。

（4）在演习及突发事件应对中有特殊需要的学生及教师的名单在附件中。

（5）学校各年级所处位置的总图。该图在附件中。

（6）建筑情况：××学校校园位于××，共有××栋建筑。学校的建筑有××

137

等。附件中附有各建筑的逃生路线、避难所、火警报警点、消防栓、灭火器、急救箱、抢险物资存储所以及电气开关地点的总图。

2. 风险分析

学校面临的主要风险根据各个学校所处的地理位置以及当地的人文社会环境的不同而不同。通过对学校风险的全面分析与汇总之后，表明学校最易于受到以下事件的影响：地震、火灾、传染病、安全事故、交通事故、医疗事故、自杀、炸弹威胁等（此处根据各个学校的情况自行分析存在风险的事件）。

通常需要学校列出一个表格，根据表格将学校所面临的风险逐一进行风险的类型以及风险高低的分析。

（二）组织及职责

这一部分是学校应急预案中比较重要的部分，规定了应对突发事件的组织，以及各个组织的相关职责。通常在预案中将各个组织的职权规定得比较明确、具体，甚至一些相当细节性的职责也规定出来。这样做的目的是加强预案的可操作性，努力达到突发事件出现的时候，只需要按着预案去做就能够明确各个组织的职责并处理好突发事件。只有组织建构合理，职责安排符合应急要求才能完美地实施学校突发事件的应对。

1. 组织及其功能

多数学校以其日常职责为基础而实现应急处理功能。在应急状态的时候，适度改变完成日常事务的这些组织就可以处理应急事务。学校突发事件应急处理组织包括领导小组、应急预案小组、应急反应小队以及后勤小组等。

（1）领导小组。

领导小组指导应急管理中包括应急反应及恢复行动在内的所有行动。领导小组包括学校董事会、当地的警长、地区应急管理协调人员以及学校校长。

（2）应急预案小组。

与当地的应急管理部门协调以制定学校应急预案，与当地的应急管理部门协调以分析学校的风险，组织应急反应小队，指导应急反应小队，建立团队体系，将教师分组以便于形成能够应对突发事件的应急反应小队。在应急处理过程中向教职员工、学生以及社区提供相关信息。在应急处理中提供支援，在应急处理结束后对处理过程进行总结，并分析评价应急行动的效率。学校应急预案小组包括地区应急管理协调人员、校长、学校后勤人员、学校顾问以及护士等。

（3）应急反应小队。

在当地的专业应急队伍无法赶来处理应急之时帮助校长及地区警长处理学校应急事务，照看学校学生、员工以及来访者。在保护自己的前提下执行下列职能：疏散全校人员及关键设备；对受伤的人员提供基础急救；针对失踪人员的搜救并记录其他反应小队的情况；针对小型火灾的扑灭以及配合大型火灾关闭相关设施的救火活动；针对学校建筑实施的损失评估；设立适当场所以助于学生与家长有序会合；在应急管理的过程中临时对学生进行监管；在应急处理过程中安排照顾学生并提供安保服务直到安全地解散他们。应急反应小队成员包括教师、志愿者以及在应急行动中提供一定帮助的商人。

（4）后勤小组。

后勤小组保障在处理突发事件中所需要的服务供给，其成员包括信息维护人员、交通服务人员、医疗服务人员以及供电服务人员等。

2. 组织构成成员的职责

对于应急管理职能的发挥来说，成功的行动需要许多人协调一致的努力。为了协调各方力量，地区与学校员工以及其他学校人员对于应急处理承担初期处理责任。通常来说，学校应急管理的最初响应责任将由学校中具备应急管理知识与技术的人来承担。各个成员的应急技术在附表中，不同的成员具有不同的职责。

（1）学校董事会。

确定应急管理的目标以及优先处理的事项等；在应急行动中提供政策指导；审查学校的建筑并修复有问题的建筑以保证学校的安全；任命学校的应急管理协调人员以协调应急预案的实施以及检查工作。

（2）地区警长。

以警察权力支持学校董事会对于应急事务的处理；发动、实施且评估应急处理行动，以保证各学校作出协调一致的应急处理行动；批准实施应急处理的预防性行动；与已经住院的学生、家长等进行会谈；安排不同的人或物资在不同的地方以满足不同的应急需求，包括安排其他学校的人员及物资到发生突发事件的学校处理应急事务；为处理突发事件而布置紧急采购，包括物资的采购与服务的购买；执行政府做出的应急处理命令；当本地或者全国发生突发事件的时候，协调使用学校的建筑作为公共避难场所；协调突发事件的恢复及处理行动。

（3）地区应急管理协调员。

设立学校应急预案审查委员会以批准并协调处理各类应急预案；询问当地的应

急管理办公室以保证学校应急管理预案的各项措施以及应急教育与当地的应急预案能够协调一致；促进并协调学校人员参与应急培训；收集与学校应急管理相关的各种信息以便于做出决策；观察学校突发事件应急管理的各种应对措施并在适当的时候提供指导；与进行应急处理的指挥保持联系并与其一同应对危机，在必要的时候向当地政府的应急部门申请支援；给地区警长及学校校长提供应急管理方面的建议；敦促地区警长及学校校长对应急预防措施及应急管理的需求进行评估；将学校的应急预案的预防措施与当地的应急预案协调一致；预备并维护应急物资；适当地培训地区应急管理人员；定期地举行应急演习以测试应急预案以及应急培训的效果；与国家应急管理中心以及其他地区的应急管理人员保持日常联系；作为学校应急管理的协调人，组织学校应急管理的活动以及筛选相关人员、准备装备；促进应急预备物资与日常物资的通用；提供学校应急预案给地区警长以及地方应急管理办公室；关注应急情况的变化，如天气、地震等，甚至社区对学校安全的冲击；建立各学校的应急反应包，该包中应当包括地图、建筑平面图、教职工及学生的花名册、公交路线图以及其他有助于应急反应的信息；建立应急反应指挥所。

（4）学校校长。

学校校长在学校突发事件出现的时候，全权负责做出决策直至政府相关应急管理人员接替其位置；在管理公共信息官员的协助之下向公众发布应急管理的信息；向学校董事会通报突发事件的应急处理；与志愿者组织协调处理应急事务；确保应急预案与地区的应急预案及应急政策协调一致；指派执行学校应急预案的人员参与到应急预案制定工作中；促使学校工作人员及学生参与应急预案的制定、演习活动中。指挥应急演习且以演习效果为依据修改应急预案。指派特定的人员执行学校承担的，包括但不限于下列的事项：提供通知首先应对人员的必要通信工具；协助学校的应急疏散工作；确保建筑物的应急出口在任何时候都处于可用的状态；选定预定场以保证救援能够及时到达学生以及其他人员处，并且能够及时到达残疾人所处的建筑；在应急指挥官到达之前担任应急指挥的角色，在指挥官到达之后协助指挥。

（5）教师。

准备应急箱；参与应急演习、训练以及培训；指导学生在学校操场或者校外场所预备安全避难所；在应急疏散的时候沿着疏散路线检查所有能够看到的房屋，以防止有人没有接到疏散通知；在紧急集合场所维持秩序；核实每一个学生的状况以及位置；向应急指挥汇报每一个需要特殊照顾的学生的需求；针对每一个残疾学生及教师指派一个身体健全的人员负责其安全；在应急处理期间陪同指定的学生。

（6）医疗服务人员。

准备急救医疗物品；对受伤人员进行救治；对精神受到创伤的学生提供心理辅导。

（7）供电服务人员。

提供紧急备用用电，尽快安全、快速、有效地恢复供电设施。

（8）信息维护人员。

维护应急管理使用的通信网络；协助在电脑中调取有特殊需要的学生及教师的信息；准备装有学校建筑平面图、电话线位置图、电脑位置图以及其他应急通信设施的应急包；开通并维护与政府应急中心官员之间的网络联系并与其他类似机构保持联系；将学生及员工的数据信息存储在不受突发事件影响的具有独立电源的电脑中；及时汇报通信网络中可能存在的问题。

（9）交通服务人员。

提供全校师生在应急处理中的交通保障；制定全校师生在应急反应时的交通预案；训练司机按照应急预案运输师生。

（三）应急行动

应急预案的行动部分主要规定由什么人领导应急行动以及应急行动的阶段等。就应急预案的内容构成上来说，这一部分反而不是最重要的部分，因为应急的行动是建立在前期的风险分析以及预案的设计构成之上。

学校应急管理的临时性措施并不多，基本的反应措施都能够在预案中找到。

1. 行动的主要实施人员

校长负责确立应急行动的目标及政策以指导应急管理的反应及恢复行动。在大多数情况下，校长是理所当然的应急指挥。地区应急协调人员对学校应急处理提供全面的指导，在应急管理过程中应急协调人员向应急管理指挥负责。应急指挥在相关人员的协助之下实施，应当在指挥所实施的，应当等待当地政府的应急管理官员到达。在应急管理过程中学校管理人员应当保持对学校人员以及设施的管理与控制。这些人员及设施应当承担应急指挥指定的应急管理任务。

2. 应急阶段工作

通常应急管理有一些明确的时间阶段，即在不同的时间段执行不同的活动，以逐步达到预定的准备状态。就准备状态来说有 5 个阶段，准备阶段由校长决定。在每一个准备阶段都有一些规定行动。以下的准备行动用来代表学校预警的层次（以美国国内安全部的规定为基础同时也得到美国教育部门的建议）。

（1）绿色。

评估及更新应急预案及程序；与应急反应处理人员讨论更新学校的应急预案；

141

审查应急反应小队成员的责任；培训应急小队成员；演习；实施来访者登记制度。

（2）蓝色。

审查及更新安全措施；审查应急通信预案；清查、测试以及维修通信器材；清查以及重新储备应急物资；实施应急训练及演习。

（3）黄色。

检查学校建筑及校园内的可疑活动；与公共安全官员一起评估校园增加的风险；与学校员工一起检查应急反应预案；测试备用通信的可靠性。

（4）橙色。

指定专门人员24小时监控学校入口；评估安全措施的效果；通知家长提前做好预防；通知媒体做好提前准备；告知学生关注可能的突发事件；学校及地区的应急处理小队处于待命状态。

（5）红色。

遵守地方或者中央政府的应急指示（通过收音机或者电视）；实施应急预案；限制学校的出入；取消校外活动；针对焦虑的学生及教师提供心理支持服务。

（四）预案的修改

学校突发事件的预案小组负责全面地修改完善学校突发事件应急预案及其相关附件。学校校长或者地区警长负责批准及公布该预案。

地区警长决定预案及其附件的发送。一般来说对预案及其附件的复制应当被发送到承担预案中相关任务的人员手中。复制件还应当被送到应急指挥以及其他与应急管理有关的人员手中。

基础预案应当包括发送预案的名单，这样至少知道哪些人得到了预案的复制件以及相关的附件。一般来说，得到预案附件的个人应当也同时得到了预案的复制件。

审查：基础预案及其附件每年应当由学校应急预案小组、应急反应小队以及其他的由学校行政机构指派的适当人员进行审查。地区警长应当建立学校预案年度审查的时间表。

更新：在经过实际操作的检验之后，学校应急预案应当按照应急过程中出现的缺陷及问题进行修改以更新。当出现新的风险、应急资源、应急能力或者学校组织结构高速发展的时候，也应当按照新情况进行应急预案的更新。

在需要的时候基础预案及其附件应当被修改，由应急预案小组负责其修改工作。地区警长负责将更新过的学校应急预案发送到相关的各个政府部门以及在应急预案中承担相应职责的个人手中。

（五）学校应急预案的附件

美国学校应急管理的预案通常由两部分组成，第一部分是预案的一些内容以及程序说明，第二部分是一些重要的附件，这些附件对预案的实施与完成起了重要的支持与说明作用。可以这么理解应急预案的文本与附件的关系：预案的文本是应急管理的大纲性规定，而附件是对大纲的具体化。尤其是一些细节性的规定体现在附件中而不是表现在预案的具体文本中。对预案程序最典型的说明就是指控系统的图示。下面列出一个典型的学校应急预案中的指控系统图示见图 10 - 1。

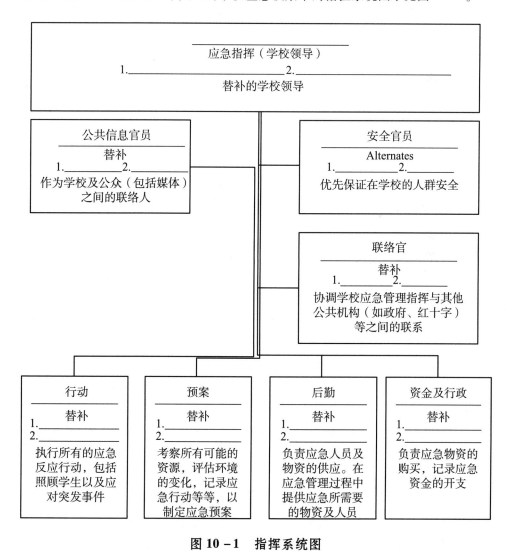

图 10 - 1 指挥系统图

重要的附件主要是与学校应急处理图中一些重要信息相关的资料，如校园地图。美国学校应急预案中的校园地图不是简单的地图，而是包含校园的详细应急信息[①]。另外，作为校园地图的补充，学校的地图最好有相应的简图来表示。当突发事件来临的时候，简图比建筑蓝图更易于观察。最好是建筑蓝图与简图同时具备，因为根据蓝图，在火灾等灾害来临时可以快速地确定建筑的准确结构、位置等。

另外还有一些附件十分有用，但中国的学校应急预案中通常没有。如政府及学校提前准备好的供学校在危机中使用的标准格式的"家长告知信"，其从家长的角度设计了一些细节，如特别要求家长"请不要给学校打电话，因为该电话线需要用来进行应急反应的通信"。

三、美国学校应急预案的特点

美国的学校突发事件应急预案的主要特点有：

强调学校的主体作用。无论突发事件规模大小，基本都是由学校作出最先反应。只有在规模比较大的突发事件发生之后，学校无力应对时政府才能介入。

强调政府与学校的协调。学校突发事件应急预案应与当地政府的综合性应急预案协调，并且作为当地政府应急预案的一部分而存在。当地政府的应急预案又作为国家级别的应急预案的一部分而存在，这样在应急反应上相互协调，在应急资源上可以相互支援，将社会资源最大限度地应用于应急。

强调资源的通用性。应急管理毕竟是针对极端情况而实施的，如果因为极端情况的可能出现而预备大量的物资及人力，显然会对学校以及社会造成极大的负担。美国强调利用教师的个人特殊技能，将每个人日常的力量稍加改造利用以应急，如有野外生存经验的教师就可以引导学生实施校外疏散。学校的日常物资在特定时期也可以转化为应急物资，如应急箱中的药品。

强调细节规定。在美国学校应急预案中有许多人平常不注意的细节规定，这些规定出现在预案中可以较好地保证应急管理的良好实施。如规定在出现校车事故的时候，校车司机不得与媒体谈论事故的细节。这样的规定可以防止在事故的原因没有搞清，事故的伤亡没有核实之前媒体的过度关注导致事故处理出现僵局

---

① 校园地图应当包括校园及周边区域。校园地图至少应当包括以下信息：主要的疏散路线、替补的疏散路线、残疾人疏散区域、各类公用设备的开关位置、天然气位置、水源位置、电源位置、采暖通风及空调系统的位置、电话系统、学生集合位置、危险物品存放位置、锅炉房、各个房间的编号、各个房间的门及窗户位置、任何的其他值得在应急管理中需要考虑的信息。

的可能。

强调人性化。如规定在家庭会合的时候应当有心理干预小组在现场，这样可以防止在家长与学生汇合的时候，情绪上的大悲与大喜对家长及学生的不良影响。这些规定都相对比较人性化。

强调家长的作用。作为学校突发事件应急处理，学生的家长势必是一个重要的考虑因素。在美国的应急预案中无论是家长参与还是不参与到应急处理中，家长的作用都被充分地考虑到了。

四、国内学校应急预案的完善策略

在总结美国学校应急预案的主要内容与特点以及分析研究国内学校应急预案存在问题的基础之上，我们借鉴美国的做法，提出国内学校应急预案的以下的完善策略：

（一）完善预案内容

美国的应急预案内容相当完善，仅就预案的附件来说，通常会有全校的详细地图，而这一点往往被国内的学校应急预案所忽视。因此，我国学校应急预案需要参照美国的相关内容进行补充。

完善的主要方向就是应急预案中的学校简况、风险分析、组织职责、行动、预案的修改以及附件这几个部分。

（二）增强措施的针对性

学校应急预案需要增强措施的针对性，增强方法就是演习及修改。学校的突发事件应急预案是学校突发事件应对的正式策略。对学校预案的审查应当以学校政策、当地政府政策乃至国际形势为背景。学校应当经常性地演练预案，这样才能发现预案中是否存在不适应现实的情况，从而修改预案以保持预案的适用性。学校应急预案的实施依赖于校园内外的各个个体的专业知识以及责任心。尽管存在应急预案，但是突发事件处理过程中随时可能会出现一些预案中没有完全规定到或者预想到的情况，因此应急处理人员与其他人员及时沟通这些情况以作出相应的变通就相当重要。

（三）明确应急小组及其成员的职责

在预案中明确各个小组及其成员的具体职责。第一，实施目标管理。每一次应急管理中处理人员都应当清楚应急的政策及目标，确立应急目标选择合适的策略以处理突发事件，形成行动计划并提供行动指导，即选择合适的行动策略以及可能的直接资源。第二，管理幅度有限。每一个上级所管理的下级都应当控制在一定限度之内，这样保证管理的有效性比较高。就经验来看每一个上级管理的下级保持在 3 ~ 7 人比较合适，如果超过这个幅度就应当适当调整。第三，弹性组织。应急管理组织的目的就是解决突发事件的不利影响，因此组织的规模按照突发事件的规模而定。组织的每一因素都基于突发事件而定，个人或者集体都可以作为指挥中心，应急所需的物资也随着突发事件的规模而变化。第四，个人责任。使用统一的资源以便于确定每个人的责任，记录应急行动，确保每个人只有一个上级，检查应急程序以及责任分配名单。

（四）完善应急机制

借鉴美国的机制，建立学校、政府以及社会相互之间顺畅的学校应急协调机制。在美国突发事件的处理通常以政府为主导，但是学校突发事件的处理具有自己的特殊性；因此在美国的学校突发事件应急管理中学校承担一定的责任，超出学校能力的部分一般由政府承担。是否超出学校的应对能力就要看突发事件的规模，如果规模比较小，通常由学校负责应对，而规模比较大的时候由政府主导，学校协助来应对危机。就责任划分上来说，学校总体上有责任保护学生、教师、职工以及校园内访客的安全，但是当突发事件的处理情况超出学校能力的时候，学校应当积极向政府要求支援。为了落实学校的突发事件处理责任，学校董事会必需全面审查学校发生的人为或者自然的突发事件应急措施（包括危机预防、准备、反应以及恢复），这些应急措施的组合就是应急预案，因此建立学校突发事件的应急预案就是实现这一责任的关键措施。

第十一章

高校应急管理机制和预案的构成及运作：
以美国印第安纳大学为例

印第安纳大学是美国中部最早创办的大学之一，在全美共设有 9 个分校。针对校区多且分布分散的特点，该校运用当代信息网络技术，建立多部门协调配合的应急管理体系。本书侧重从管理机制的视角，具体描述该校专职应急机构 EMC（应急管理与业务持续办公室）的设置状况，分析其与相关应急机构的协同运作模式和突发事件信息公布及传播网络，介绍该校突发事件各项应对程序，以期为我国高校应急管理机制的建设和完善提供一定的启发和借鉴。

印第安纳大学创建于 1820 年，是美国中部最早的大学之一，在全国共有布鲁明顿分校（IU Bloomington）、印第安纳波利斯分校（IUPUI）、哥伦布分校（IUPUC）等 9 个分校。为实现高效的应急管理，学校设有应急管理与业务持续办公室 EMC（Office of Emergency Management and Continuity）。鉴于校区多且分布分散的特点，EMC 运用当代信息网络技术，积极与相关机构及部门配合，将一套成熟的应急管理机制运用于 9 个校区的应急管理，有的做法和经验对于我国高校的危急管理具有启发和借鉴价值。

一、专职应急机构的设置

印第安纳大学各校区的应急管理主要由应急管理与业务持续办公室 EMC 具体负责。目前 EMC 的全职雇员主要有 10 位，其具体的职位职务设置是：

1. 高校应急管理与（业务）持续主管（University Director of Emergency Management and Continuity）**一名**

该职位主要负责确保印第安纳大学各校区有可行并经过了应急演练的应急计划；确保这些应急计划在紧急事项（如龙卷风、火灾）出现的时候马上可以启动，以保证高校主要机能与业务持续而不受影响。

2. 应急管理与（业务）持续各分校总主管（Regional Campus Director, Emergency Management & Continuity）**一名**

该职位主要负责协调、连接印第安纳九个校区的应急管理。同时，该职位直接负责除布鲁明顿校区与印第安纳波利斯校区之外7所分校的应急管理。

3. 应急管理与（业务）持续 IU Bloomington 分校主管（IU Bloomington Director, Emergency Management & Continuity）**一名**

该职位主要是布鲁明顿分校的应急管理的总负责人。

4. 应急管理与（业务）持续 IU Bloomington 分校副主管（Assistant Director for IU Bloomington Emergency Operations）**一名**

该职位负责布鲁明顿应急管理的具体执行。

5. 应急管理与（业务）持续 IUPUI 分校主管（IUPUI Director, Emergency Management & Continuity）**一名**

该职位主要是负责印第安纳波利斯分校的应急管理事项。

印第安纳大学的应急管理机制只在布鲁明顿校区和印第安纳波利斯校区设立分管的负责人，其他七个校区的应急管理事务均由应急管理与（业务）持续各分校总主管负责。这样设置校区业务主管的主要原因是考虑到校区人数与应急管理预算等因素。目前，印第安纳大学九个校区的教师，工作人员与学生总数接近100 000；其中，最大的布鲁明顿校区教职工与学生人数已经接近50 000，印第安纳波利斯校区也已接近30 000，然而其他七所分校人次均不到4 000。因此，印第安纳大学的大部分应急物资主要储备在布鲁明顿校区。考虑到紧急情况发生时的人员疏散效率与应急物资储备的管理，印第安纳大学 EMC 只在校区人数过万的布鲁明顿校区与印第安纳波利斯校区设置专职职位，以保证应急管理指挥与协调的高效性。而对于其他七个人数较少的分校则实行统一管理，由应急管理各分校的总主管负责，以节约应急管理成本。

6. 业务持续项目经理 （Business Continuity Program Manager） 一名

该职位负责紧急情况发生后的学校主要功能与业务的持续。

7. 应急管理与持续高级分析师 （Emergency Management and Continuity Senior Analyst） 一名

该职位主要负责提供专业的风险分析与应对方案。

印第安纳大学的应急管理系统的建立不仅是为了处理紧急情况发生时应对管理，如人员疏散、紧急救援或业务持续。印第安纳大学认为建立应急管理系统更重要的职责是应急防范，包括应急风险的评估与应对方案的设计。为了保证应急防范的可行性和有效性，印第安纳大学特别聘请了专业的风险评估师来担任应急管理与持续高级分析师这一职位。

8. 应急管理与持续协调员 （Coordinator，Emergency Management and Continuity） 两名

这2位协调员共同合作处理该部门与校内外其他相关部门之间的合作，同时协调该部门内部各职位的业务，多为行政性工作。

印第安纳大学的应急管理办公室并不是独揽所有的应急管理相关事务，而是与其他的部门合作，共同应对紧急情况发生时的危害。除此之外，学校应急管理办公室十个职位分布在布鲁明顿校区与印第安纳波利斯校区，分散型的办公条件增加了部门内部与各部门之间的沟通协调难度。为了保障有效及时的沟通与协调，应急管理办公室设立了应急管理与持续协调员一职。目前，有两名就职该职位的全职人员。

9. 办公室主任 （Office Manager） 一名

不负责具体应急管理事务，而是主要处理办公室的行政性事务。

二、应急机构协同运作的模式

印第安纳大学虽然设置其专职机构 EMC 来主要负责该学校各个校区的应急

149

管理，但是具体项目的运作并不是由 EMC 独立承担，而是有赖于 EMC 与其他各相关部门的协调合作。联结印第安纳大学各校园内相关部门应急管理机制的枢纽称为公共安全与制度保障部门（Public Safety and Institutional Assurance）。EMC 只是隶属于该部门的一个子机构，与 EMC 平行的相关机构还有：

1. 遵纪、保密 & 风险办公室 UCPR（Office Of University Compliance, Privacy & Risk）

该办公室创建于 2012 年，主要负责确保科技与信息系统使用的合法性，保证学校与个人的信息不外露，监测信息系统运作的风险承受能力，分析潜在的危机与解决方案的可行性。

2. 环境健康与安全管理办公室 UOEHSM（Office of Environmental Health and Safety Management）

该办公室的职责主要是确保印第安纳大学校园有一个健康安全的环境。

3. IU 校警部门（IU Police Department）

根据印第安纳州法律所订协议，IU 校警部门享有与周边市与行政区共同合作管辖权。印第安纳大学的校警部门与地方、州和联邦法律执行机构有密切的合作关系，并享有直接登录国家与州法律执行机构网络系统（NCIC/IDACS）的权利。通过登录该网络系统，印第安纳大学的校警能及时查看最新的国家与州的犯罪信息。一旦发现可能出现在校园内或校园附近的潜在危险，可预先采取措施，第一时间通知教职工人员及学生提高警惕。

在印第安纳大学的每一个校区，都设有一个警长，九个校区共有超过 130 位的制服警员，同时还有很多兼职警务人员。无论全职或兼职警员都必须接受印第安纳州执法培训中心的训练并有持有执法执业资格。许多校警都经过某一技能的特别训练，如防御策略、手枪使用、汽车紧急维修、家庭暴力应对、急救、生存策略、巡逻站点策略、安全驾车标准测试等。

4. 高校信息政策办公室 UIPO（University Information Policy Office）

该办公室主要运用信息科技负责政策改良、政策实行与政策灌输；分析修订现存政策，以确保其适用性与高效性；根据具体情境解释当前政策；与计算机安全办公室合作以保证计算机安全的稳定性。

5. 高校信息安全办公室 UISO（University Information Security Office）

该办公室负责校园安全分析、安全教育、安全指示等与印第安纳大学校园信息科技环境相关的事项。该办公室与 UIPO 合作共同监督 IU 信息科技资源的滥用与非法使用，包括入侵计算机网络安全系统，非授权披露信息与监控校园与个人的电子信息。

以上 5 个办公室的协同合作是 EMC 应急管理得以顺利开展的先决条件。UIPO 与 UISO（统称为印第安纳大学的信息系统）的协力合作可以使应急信息及时发布到网上，并防止外部非法入侵的干扰而避免错误信息的出现，从而大大提高了突发事件信息的可信度，为执行打下信任基础。同时 UIPO 也可以根据相关政策在突发事件措施中的适用情况来修订当前政策。校警对应急管理中的人群疏散、危害防御中也起到重要作用。值得一提的是，印第安纳大学的应急管理的有效开展并不局限在该 5 个办公室。例如印第安纳波利斯校区，如图 11-1 所示，其应急管理系统就包括很多相关部门的互动参与。

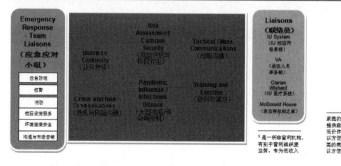

图 11-1　印第安纳大学印第安纳波利斯（IUPUI）校区的应急管理机构设置

资料来源：http：//www. iupui. edu/~ prepared/news/4729/IUPUI - Emergency - Preparedness-is-now - IU - Emergency - Management-and - Continuity.

如图 11 - 1 所示，印第安纳波利斯校区应急管理机构设置主要包括以下 3 个部分：应急计划指导委员会、应急应对小组及联络员。应急计划指导委员会主要负责风险评估，应急方案设计，培训练习方案设计，为应急应对小组在紧急事件发生时采取行动提供业务指导协调规划，做好应急防范。同时，应急计划指导委员会还与学校政策信息系统合作，根据风险评估与实际突发事件应对中获取的反馈为学校政策修订提供建议。其中，环境与公共事务学院为政策的分析与修订提供了专业意见。联络员则是起到传播信息、辅助应急计划委员会与应急应对小组的作用。

在图 11 - 1 中，有一个应急管理的特殊职位，名为应急防范。该职位即是应急计划委员会的委员之一，又是应急应对校区的成员之一。该职位由 EMC（印第安纳大学应急管理专职机构）的高校应急管理与（业务）持续主管（University Director of Emergency Management and Continuity）所担任。印第安纳波利斯校区的主管对高校应急管理（业务）持续主管负责，并进行具体应急事务的操作。

印第安纳波利斯校区应急管理机构设置的两大特点是：

1. 多主体互动性

图 11 - 1 中的下部中间方框内列举了 6 项事件。这 6 项事件代表了 3 个部门之间共同协作的一个缩影。例如，培训和演习，首先需要应急计划指导委员会对校园进行风险评估，并设计应急管理方案与培训演习方案。计划指导委员会的工作并非独立的，而是有赖于来自应急应对小组行动的反馈与联络人员的信息反馈。培训和演习之前，相关信息会通过 IU 校园网络发出。培训演习的实际操作则由应急应对小组负责。可见，该校区应急管理机构是个内部相互协调合作的互动系统。

2. 机构设置重叠性

从机构设置的组成上看，应急计划指导委员会与应急应对小组并不是完全独立的 2 个部分。相反，所有应急应对小组的组成成员都是应急计划委员会的委员，如应急防范、校警、消防、校园设施服务、环境健康安全、沟通与营销等。这种重叠性的机构设置为应急管理的计划与实施的统一性提供了保障。

三、突发事件信息公布及传播：大学通告系统（IU – Notify）

印第安纳大学为高效提供紧急与安全信息而采用各种不同的途径，例如警报，公共地址告示，网页通知，学生宿舍协助员，广播与其他电子媒介。这些不同传播途径统称为印第安纳大学通告系统。印第安纳大学通告系统使得学校应急防范工作得以顺利开展，准确及时必将紧急事件通知学生、教务人员与工作人员。通常在新生培训，教务人员培训，或工作人员岗前培训时，都会有关于印第安纳大学通告系统注册的讲解。越多人注册印第安纳大学通告系统，该系统的功能越发有效。注册该系统的流程十分简单，每一个在印第安纳大学学习或工作的人都有一个学校的注册账号，该账号使用于登录印第安纳大学的学校网络管理系统，名为 One – Start。在该系统登录后，搜索"IU – Notify"便可以填写信息并注册。

成功注册印第安纳大学通告系统后，出现危及印第安纳大学校园的正常运作的情况时，注册人将会收到警报提醒的信息，通常这些情况包括：爆炸，恶劣天气，火灾，枪击事件，恐怖分子袭击，生物危害等。为确保信息有效快速地通过手机短信、邮箱邮件或语音信箱留言传递给接收者，接收者应该有责任保持其注册信息的更新。通常，系统建议注册人在注册时填写多种联系方式，包括家庭住址、次要家庭住址，主要联系电话、次要联系电话，IU 办公室、短信，IU 邮箱地址、非 IU 邮箱地址等，以避免因信息更新延误而影响突发事件告知效率。为保证紧急信息传递的通畅性，当注册人成功注册该系统以后，系统会发送测试消息到注册人所填写的电子联系方式。目前，印第安纳大学各校园该系统的注册人数总和超过了 90 000 人次。印第安纳大学会进行年度系统测试来保证该通告系统处于正常工作。

未注册的学生与教职员工也可通过时常查看应急管理与持续的主页（http：//protect. iu. edu/emergency），获知各校区的突发事件状态，没有突发事件发生时的状态以绿色背景框内显示为文字"正常"。相反，有突发事件发生时，则以警示性的红色背景框内显示文字"突发事件"。点击任何一个状态后都可进入该校区校网站查看具体信息。

四、高校各项应对突发事件程序

印第安纳大学在其应急管理与持续的主页上分享了应对各项突发事件的程序，并鼓励学生、教职人员与工作人员熟悉这些程序，以备突发事件发生时，有效地采取正确的应对措施。现对其主要内容介绍如下：

1. 爆炸威胁（Bomb Threats）

一旦接到爆炸威胁的电话，应当立即联系所在校区的校警部门。接到爆炸威胁电话时，一定要冷静，记下来电者的确切的话语及来电的时间。以下是接到爆炸来电时的记录要点，当紧急情况发生时，尽量争取记录下可能多的相关信息。

（1）来电时间。

（2）通话时长。

（3）来电者的姓名。

（4）来电者准确的威胁性话语。

（5）询问来电者：

第一，炸弹爆炸的时间？

第二，炸弹的地点，哪座楼，楼层？

第三，炸弹的形状？

第四，引爆装置？

第五，来电者的姓名和地址？

第六，是来电者放的炸弹吗，什么原因？

（6）来电者的年龄性别。

（7）背景声音（清楚，手机来电响声，工厂杂音，饭店声音，旁人通话，长途电话，交通，音乐/电视声音，天气声音，办公室声音，动物声音等）。

（8）来电者的声音特点（口音，生气，冷静，伪装声，熟悉，嘲笑，结巴，清晰，咳嗽，裂开声，哭声，深沉，深呼吸，兴奋，口齿不清，大声，有鼻音，快速，刺耳声，怒气，慢速，轻柔）。

（9）威胁性用语（不连贯的，读信息，录音，异教性，不理智的，清晰表述的）。

发现炸弹地点的注意事项：

第一，快速审视所在区域的环境，不要接触或移除任何物体；

第二，不要使用无线电收音机、寻呼机或是电话，以免引爆炸弹；

第三，遵循该部门的紧急疏散程序快速撤离。

2. 地震（Earthquake）

尽管美国中西部地区不是地震的频发地，但是印第安纳大学也曾发生过地震。在大型地震中，先会出现比较轻微的短暂性震动，随后才会出现比较大的撞击性震动。在几秒之后，震动就会变得很厉害，以至于从一个房间移动到另一个房间都变得相当困难。

地震中的注意事项：

（1）室内注意事项。

第一，蹲到结实的桌子下，用手护住头部；

第二，远离窗户、书架、镜子与火炉；

第三，不要使用电梯；

第四，如果可能的话，尽量快速熄灭任何点燃的物品。

（2）户外注意事项。

第一，跑到一个空旷区域，尽量远离树木、房屋、墙壁与电线杆；

第二，如果在开车，把车停到路边，待在车内直到地震消失；

第三，避免在天桥或桥上、电线杆旁停留；

第四，即使地震非常严重，也不要尝试穿过已损坏的桥、天桥或路段。

（3）地震后注意事项。

第一，从自己开始检查伤口，不要搬抬严重受伤的人，除非他们处在危险中。要先帮助被家具或其他物品压住的人，搬开压住他们的物品；

第二，保持电话线路畅通，不要使用电话，除非以下紧急事件发生：重伤、火灾或煤气泄漏；

第三，如果怀疑有人被困在大楼中，通知校警部门或是拨打"911"，如果电话不通，则请人帮忙到校警部门通知，同时找人在被困的楼前贴上信息写明时间、日期、受困人数及最后见到他们在楼中的位置等；

第四，检查气体或水的泄漏情况以及被毁坏的电线和下水道。打电话通知校园公共设施部门及时汇报毁坏情况；

第五，不要触碰断裂的电线或其他任何毁坏了的设备；

第六，如果大楼已经毁坏，立刻从安全通道疏散人群，并打"911"通知校园公共服务办告知大楼的毁坏情况和人群疏散情况；

第七，如果来不及从安全通道疏散，可在显眼的地方贴上你藏身地点和联系方式的标示，可能的话带上电话，以便在警务人员急救搜索时可以取得联系；

第八，突发事件发生时，不要使用车辆，为急救车行驶保持道路通畅；

第九，为余震做预防，尽管余震的威力小于地震的威力。

3. 疏散 （Evacuation）

当听到警报响的时候，应当马上撤离大楼。注意事项：

（1）关闭设备；

（2）尽可能避免危险操作；

155

（3）如果你所在的实验室有通风橱或生物安全橱，需及时关闭；

（4）撤离时告知所遇的人应当撤离；

（5）在最后一个人撤离后关闭门；

（6）快速从安全出口走楼梯撤离；

（7）向授权应急人员报告走失或受困的人数；

（8）尽快离开大楼，到疏散集合地点；

（9）在授权应急人员通知危险解除以前，不要再回到大楼里。

如果由于残疾，受伤或其他情况无法及时撤离的：

（1）应尽量到最近的有庇护且暂时没有危险的地点；

（2）打"911"通知校警；

（3）如果可能的话，向窗户外的应急人员发出求救信号；

（4）保持冷静，应急人员会尽快到达。

4. 火灾（Fire）

当听到火警响、看到大火、浓烟或闻到浓烧焦味时，应尽快撤离大楼。如果你在大楼里发现火源、爆炸或浓烟，应当迅速启动最近的火警器并撤离。警告周围的人同你一起撤离，待到达一个安全地点时，打"911"通知校警。不要使用电梯。

如果火或是浓烟堵住了安全通道，应赶快回到房间并关上房间门，打电话通知校警你的所在位置。如果火势不大，接受过扑火训练的人可以用墙上的灭火器扑灭火源。未接受过训练或是怀疑自己灭火能力的人请等待他人的帮忙，不要自己尝试扑灭火源。

5. 紧急医疗（Medical Emergency）

不要轻易搬动伤者，除非发生致命情况。打电话通知校警与急救服务中心伤者的位置，具体信息如下：

（1）伤势；

（2）伤者地点；

（3）伤者意识情况，呼吸情况或失血情况；

（4）几处受伤；

（5）接触的化学或放射性材料；

（6）请在场的一人到大楼出口处等救护车；

（7）只有专业训练的人员可以提供急救或人工呼吸；

（8）对于非致命危机情况的病患，可以送他到校医院或校健康中心。

6. 大型性流感（Pandemic Influenza）

学校 EMC 主要处理的大型流感共有 3 类：季节性流感、禽流感与普遍性流感。EMC 与校医院合作制订疫苗注射计划，隔离计划等控制感染人群。

7. 恶劣天气（Severe Weather）

（1）恶劣雷电雨（Thunderstorm）警戒（Watch）及警报（Warning）。
（2）恶劣龙卷风（Tornado）警戒与警报。

当接到警戒通知时，代表会有恶劣天气发生的可能性。警报则是在恶劣天气出现时才会拉响。如果在警报区域，收到警报信息后立即撤离或是避免站在窗口与门外。在车里的人应当立即撤入到结实的大楼或庇护所内。如果没有大楼或避难所，尽可能平躺到洼地里。如果听到雷声后 30 秒才看到闪电，应立即找安全的庇护所躲避。

8. 避难所（Shelter）

该避难所特指当户外没有安全区域时，户内的安全避难区域，通常指小的、没有窗户或小窗户的房间。当有害性、生物性、放射性或化学性污染发生时，或者室外枪击事件发生时，室内避难所显得尤为重要了。

（1）停止上课和工作。
（2）关闭窗户和外面的门。
（3）如果危险是爆炸，拉上百叶窗或窗帘。
（4）把其他人带上，躲到有最少窗户的小房间中，关好门。
（5）保持手机接通。
（6）在被告知危机解除前不要出房间。

9. 有害液体气体外泄（Spills，Gas Leaks，and Odors）

应对该类型危机情况的出现，应急程序可以用 E. S. C. A. P. E. 概括。
（1）逃出危险区域 E.（Exit the Area）。
（2）关闭门窗保证区域的安全性 S.（Shut the Doors and Secure The Area）。
（3）拨打报警电话 C.（Call 911）提供以下信息：大楼的名字，房间号和具体位置，突发事件类型，扩散气体的名称或描述气味如果不知何种气体扩散的话，估计扩散量。
（4）估计现场情势 A.（Assess the Situation）。

（5）拉响报警器 P. (Pull the Fire Alarm)。

（6）逃离大楼 E. (Exit the Building)。

10. 公共设置故障

（1）当发现公共设施故障的时候，打电话给校区所在的公共设施服务部门，提供以下信息：

第一，大楼名称；

第二，楼层；

第三，房间号；

第四，故障问题；

第五，联系人联系方式。

（2）当断电时，在紧急预备用电设施亮起期间，用出口楼梯撤离大楼。在大楼通电以前不要进入大楼。离开实验室之前关闭实验设备的开关。

（3）发现水泄漏时，通知公共设施服务部门，不要踩到水上以免触电。

（4）发现天然气泄漏应当尽快离开大楼，待到达安全区域后再使用手机打电话告知突发事件情况。

五、对我国的启示

1. 注重突发事件的"事先防控"

目前，我国大部分高校还是采用"事后动员型"的应急管理模式，而非"事先防控型"。因缺少可行的应急计划，在应对突发事件时往往耗时长、造成的损失大。相反，印第安纳大学的应急管理模式为我国高校应急管理的改革提供了可借鉴的模式——"事先防控型"。在机构设置上设立了应急计划指导委员会来负责突发事件的事先防控。

2. 强调多元主体的协调参与

目前我国高校尚未形成多元主体共同治理的协调互动性网络。印第安纳大学虽然设立了应急管理的专职部门 EMC，但其应急管理却并非该专职部门一手包办。相反，印第安纳大学非常强调多部门的互动参与，它们一同评估分析风险，贴近教职工、学生需求，能够快速应对突发事件。

3. 构建快速及全覆盖的信息传递网络

应急管理的最大挑战在于应对速度。应急计划和应急物资的准备固然重要，但是在突发事件发生时，突发事件应对速度在很大程度上决定了最终损失的多少。印第安纳大学采用现代科技系统，用扁平化的信息传递模式，在突发事件发生的第一时间，将警示消息转播给在校园系统注册的每一个人，并在其应急与业务持续的主页上随时更新各校区的应急状态，以便没有及时注册的人员也能及时查看到突发事件警示。这一做法值得我国高校参考和借鉴。

4. 注重与政府机构的对接

为节约应急管理预算成本，大部分高校的应急管理物资的贮备都只能用于日常性突然事件的应对。对于大规模性或灾难性突发事件的发生，高校的应急管理还需依赖政府的支持。印第安纳大学的校警部门的运作可以给我们提供一个很好的借鉴模板。该部门与联邦和州的警察有很好的合作关系，同时还有共享国家与州犯罪记录数据库的权利，这方便了印第安纳大学应急管理计划委员会对突发事件与风险的预测，及时做好相关准备工作。

5. 细化应急程序和日常教育

应急管理的成功，与每个人对突发事件应对的反应密切相关。印第安纳大学强调细化应急程序，让每一位在校的人员都能建立最基本的应急意识，熟悉正确的应急操作。为此，印第安纳大学把细化到点的各类不同的突发事件应对程序公布在应急管理与持续办公室的主页上，方便在校人员的查看。同时，印第安纳大学一直保持一年 2～3 次的突发事件演习，来测试该应急计划的有效性，根据测试结果及时进行改良，并让在校人员熟悉突发事件来临时的应急程序。

6. 加强高校应急管理的专业化建设

高校的突发事件随着社会压力的变大而变得多样化和高频化。为了保证应急管理的科学性与可行性，印第安纳大学特别聘请了专业的风险分析师来担任学校应急管理与持续高级分析师一职，全职就任于印第安纳大学应急管理专职部门EMC。同时印第安纳大学的校警的筛选有严格的职业资格标准，以保证突发事件应对的专业性，最大限度地降低突发事件带来的损失。

第十二章

学校突发事件应急预案的编制与管理

编制一套科学完备、切实可行的应急预案在校园危机管理中有着十分重要的作用。本章以如何编制突发事件应急预案为研究对象，着重研究中小学突发事件应急预案编制后的实施与管理问题。一个完整的应急预案框架通常应该包括总则、组织指挥体系及职责、管理流程、保障措施和附则。应急预案的管理流程应当包括事件发生前的预防预警、发生后应急响应以及后期处置三个阶段。随着校园突发事件的日趋增多，学校的应急管理还涉及人员安排、师生应急知识培训教育以及演练、学校应急保障设施建设等，这些保障措施也应当在应急预案中得到体现。

近年来，伴随着我国九年义务教育的迅速普及，中小学学校以及学生数量呈现快速增长态势，中小学入学人数的高增长使学校突发性危机事件的类型和数量随之增多，越来越多的中小学开始重视对校园危机事件的管理。校园危机由于具有突发性、一定的危害性、信息的不对称性和事态发展的不确定性等特点，使得校园危机事件的现场管理具有相当的难度，由此，管理的前身——制定各种应急预案逐渐成为校园危机管理的主要内容。学校在突发性危机事件爆发之时，启动预先准备的应急预案不仅能使危机处置及时有效，最大限度地减少人员和财物损失，而且有利于危机过后的恢复。因此，编制一套科学完备、切实可行的应急预案在校园危机管理中有着十分重要的作用。

学校突发事件应急管理的重要任务之一就是应急预案编制。在突发事件的应急处置过程中，事先制定应急预案是一个重要的环节。目前我国各级政府和一些重点行业都已经编制形成了特定领域针对特定突发事件的应急预案，但是从应急预案的编制和完善情况来看，还存在诸多不利于提升应急管理能力的弊端：如针对单一事件制定的应急预案无法应对复杂突发事件并发或次生情形下的需求，即缺乏对复杂突发性事件的综合考虑；文本型的应急预案包含的信息繁杂难以操作；对预案和工序的启动或关闭等问题缺乏专业指导建议；对预案的完善缺乏针对性措施等。因此，在本章校园应急预案的编制和管理中，我们将更多在自我创新的基础上吸收已有的各行各业的应急预案中成功之处，同时也避免出现类似的不足和缺陷。

应急预案的管理同样是应对危机的重要环节，它是应急预案有效性的重要保证，古人云：凡事预则立，不预则废[1]。掌握应急预案管理的基本知识，对于从事校园应急预案的编制、预案的维护、预案演练的工作人员来讲是至关重要的。本章在以突发事件应急预案如何编制为研究对象，也着重研究中小学突发事件应急预案编制后实施与管理问题。

就一般应急预案基本内容而言，一个完整的应急预案框架通常应该包括如下几点。一是总则：规定应急预案的指导思想、编制目的、工作原则、编制依据、适用范围。二是组织指挥体系及职责：具体规定应急管理的组织机构与职责、组织体系框架。三是管理流程：根据应急管理的时间先后序列，划分为预警预防、应急响应、应急处置和善后处理四个阶段。四是保障措施：规定应急预案得以有效实施和及时更新的基本保障措施，如通信信息传达、应急装备、技术支持；宣传培训与演习、监督检查与评估等。五是附则：包括专业术语、预案管理与更新、奖励与责任、制定与解释权、实施或生效时间等。六是附录：主要包括各种规范化格式文本（相关法律法规）、相关机构和人员通信录等[2]。这六个方面共同构成了一般应急预案的要件，它们之间相互联系、互为支撑，共同构成了一个完整的应急预案框架。其中，组织指挥体系及职责、管理流程设计、保障措施规划是应急预案的重点突出的内容，也是整个预案编制和管理的难点所在。

（一）组织指挥体系及职责

具体来说，组织指挥体系包括应急反应组织机构、参加部门以及单位、参与人员及其职责作用；应急处置总负责人，以及每一具体行动的负责人；本区域（本书主要指中小学）以外能提供援助的有关单位和机构，如周边社区、派出所等；当地政府和其他相关组织机构在事故应急处置中各自的职责。在统一的应急管理体系下，对分散的部门资源进行重新组合和优化，把体制建设与激励机制、

---

[1][2] 钟开斌、张佳：《论应急预案的编制与管理》，载于《经济管理》2006 年第 3 期。

责任机制、公私合作机制以及观念更新相结合，对组织指挥体系及其职责进行规定的基本原则，从而为政府应急管理提供组织保证。在组织层次方面，可以把应急管理的机构分为领导机构、办事机构、执行机构三大类，它们共同构成一个完整全面的组织指挥体系。一是领导机构：它是应急管理中最高决策指挥机构，是应急管理过程中的关键部分，一般设立专门的应急领导小组。校园则主要成立以校长负责制各部门主要负责人组成的领导小组。二是执行机构：一般领导机构下会设有执行机构，用以具体实现领导机构职能的，如在中小学校园定期召集负责校园保安的保卫处有关人员和专家就某一领域中当年度或者是更长的时间内校园内可能产生的突发事件进行预警并对相关事件进行调查评估，向领导机构即校长办公室定期汇报，提出相应的应急管理措施。三是办事机构：领导机构内设办公室，作为直接对领导机构负责的独立办事机构，负责办公室日常组织协调和应对突发事件指挥调度、应急预案的管理、更新与维护等具体工作。

（二）应急预案管理流程

突发事件发生和处理通常存在一个特定的周期。任何突发事件都有发生、发展和减缓的阶段，需要相应地采取不同的应急措施，校园突发事件也是如此。因此，需要按照对学校突发事件危害的发生过程将每一个等级的突发事件进行阶段性分期，以此作为学校采取应急措施的重要依据（必要时可再将每一个阶段期再划分为若干等级）。应急管理流程设计正是基于突发事件这样的有规律的周期而对突发事件进行分期分段管理，主旨是为了建立一个全面整合的学校应急管理模式。根据校园突发事件的危害可能造成潜在危害和威胁、实际危害已然发生、危害逐渐减弱和善后恢复三个阶段，可将校园突发事件总体上划分为突发性事件发生前的预防预警、发生后应急响应以及后期处置三个阶段。一是预防预警阶段，主要措施包括校园隐患的日常排查、校园内外危险信息监测与评估报告、预警预防设备的安装、预警预防设备的行动规范、预警支持与协调系统完善、预警级别及发布等，旨在防范和阻止校园突发事件的发生，或把突发事件控制在特定范围或特定区域内，预防或者减少突发性事件对学校师生的伤害程度。二是应急响应阶段：主要措施包括突发事件发生时响应程序、信息的迅速收集与处理、提高通信设备畅通程度、指挥和协调、紧急处理、学校应急人员与学生安全防护、社会参与（主要是社区以及周边单位）、突发事件调查分析与后果评估、媒体危机公关、应急结束等，目的在于通过快速反应及时控制突发事件，并防止其蔓延。三是后期处置阶段：主要措施包括善后恢复、学生以及家长心理干预、伤亡保险、事件调查报告与总结改进，旨在尽快减低应急措施的强度，降低突发事件给师生带来的阴影伤害、尽快恢复正常秩序并从事件中学习。学校应急管理的目的也是和政府或者其他机构一样，是通过提高管理方对突发事件的预见能力、救治能力以及学习能力，及时有效地化解危急状态，尽快恢复正常的生活秩序。

（三）保障措施

随着校园突发事件的日趋增多，学校的应急管理涉及人员安排、师生应急知识培训教育及演练、学校应急保障设施建设等诸多方面。这就要求教育主管部门和学校相关部门协同运作，快速有序地采取措施，预防控制事态发展，从而对财力支持、物资保障、人力保障、安全意识教育、校园总动员与媒体社会舆论支持方面提出了要求。在学校各应急部门之间的职责分配方面，可以运用职能方法，对最有可能需要的各类援助进行分组，每项职能由一个主要机构领导牵头负责，其他职能部门提供支持。通过职能的进一步细分，明确应急管理过程中各环节的主管部门与协作部门，每一项职能分别对应若干个主要的牵头机构和辅助机构，并制定各机构的具体责任范围和相应的应急程序。通过以应急准备及保障机构为支线，明确各参与部门的职责，这就形成了有法可依、有章可循的校园部门协同运作的整体制度框架。同时，除了以上实际学校部门协同运作之外，应急预案还需要做好日常的宣传培训演习、监督检查等工作，这样才能使得学校应急预案基于制度，成于规范，在实践中根据不断变化的新情况、新问题而不断发展和完善。

一、学校应急预案的体系框架

如何构建应急预案体系，应首先了解什么是突发事件应急预案，它是在对可能发生的突发事件进行充分估计和预测的基础上，针对突发事件应急管理全过程做出人力、物力、财力合理全面安排的计划方案[①]。科学完善的应急预案是应急管理的重要部分，也是应对突发事件的前提和有力保障。学校应急预案就是针对校园内以及周边发生的突发事件进行预测预防、处理、善后等一系列的安排计划。

---

① 参见国务院 2013 年出台的《突发性事件应急预案管理办法》。

（一）学校应急预案体系

应急预案应形成体系，针对各级各类可能发生的事故和所有危险源制定专项应急预案和现场应急处置方案，并明确事前、事发、事中、事后的各个过程中相关部门和有关人员的职责。所谓应急预案体系就是多个应急预案按照合理的方式形成应对各种突发性事件的整体框架，它包括总体应急预案、专项应急预案、保障性应急预案等。在学校中有校长办公室、教务处、保安处、校医务室等多个部门，突发性事件也具有不同种类，有治安类、食品安全类等，所以学校应急预案体系框架按照不同的责任主体分为总体预案、专项预案以及保障性预案。

（二）总体应急预案

在政府应对突发性事件中，总体应急预案是各级人民政府突发事件应急预案体系的总纲，明确各类突发事件分级分类和应急预案框架体系，规定各级政府应对特别重大突发事件的组织指挥体系、工作机制等内容，是指导预防和处置各类突发事件的总体规范性文件[①]。编制总体应急预案的目的是为了提高政府保障公共安全和处置突发事件的能力，最大限度地预防和减少突发事件及其造成的损害，保障公众的生命财产安全，维护国家安全和社会稳定，促进经济社会全面、协调、可持续发展。总体应急预案由各级人民政府制定发布，本级政府办公室（厅）组织实施。在校园中，为了加强和改进学校安全检查工作，保障全校师生员工健康、平安地学习、工作、生活，打造平安校园，防范师生安全事故发生，并能快速、及时、妥善地处理突发安全事故，切实有效降低安全事故的危害，依照上级有关要求及有关法律法规，从各个学校实际出发，制定学校安全应急总体预案。总体预案是学校应急预案体系的总纲，明确了各类突发公共事件分级分类和预案框架体系，规定了学校应对突发公共事件的组织体系、工作机制等内容，是指导预防和处置各类突发公共事件的规范性文件，是专业预案制定的参照，是突发性事件发生一般性应对程序和措施。在学校总体预案中应该包括预案编制的目的、编制依据、对突发性事件的分级分类（中小学校园突发事件主要是分类，包括一般性治安事件、公共卫生安全事件、食品安全事件等）、适用范围、工作原则（如以人为本、减少危害、居安思危、预防为主等）、组织体系、运行机制、监督管理等相关文件性说明。

---

　　　① 参见国务院出台的《国家突发性事件总体应急预案》（2005）。

（三）专项性应急预案

在国家应对公共突发性事件中，专项应急预案主要是国务院及其有关部门为应对某一类型或某几种类型突发公共事件而制定的应急预案。[①] 部门应急预案是国务院有关部门根据总体应急预案、专项应急预案和部门职责为应对突发公共事件制定的预案。专项预案是在综合预案的基础上，充分考虑了某种特定危险的特点，对应急的形势、组织机构、活动等进行更具体的阐述，具有较强的针对性。在校园中，专项应急预案的制定同样非常重要，学校中的突发性事件也是种类繁多，在总体应急预案的指导下，必须根据具体事件不同性质制定相应的预案，使之能更加高效地应对突发性事件。比如，在校园内，有由于食品不安全问题引起的公共卫生事件，也有由流感引起的流感蔓延事件、由同学矛盾引起的打架治安类事件等。不同性质的事件，应对和责任主体也是不同的，比如有由食堂为主责的、医务室参与的食品安全事件、有主要由医务室为主责的大范围流感蔓延事件等。相应的突发事件由相应的部门主体为应对主体，所以只有在总体预案指导下，制订并根据专项性预案来应对突发事件才是有针对性的、高效的。

（四）保障性应急预案

保障性应急预案顾名思义就是用于保障对突发性事件应急过程的顺利进行的计划文件，应对突发性事件需要多方面的支持，包括人力、物资、财力等，从而保证应急措施的高效执行。就学校应急来说，保障性应急预案中应该包括信息通信与保障、应急队伍保障（主要是保安处、医务处、教工人员的专业培训）、医疗卫生保障、物资保障、紧急避难场地保障、财力保障等。

1. 信息通信与保障

突发性事件具有突发性、非常规性（校园内也有常规性事件，如学生间矛盾互相殴打等）、难以预见性以及具有一定危害性，一旦发生，时间紧迫，如何在尽可能短的时间内获得可靠信息并及时有效的处置关系到整个突发事件应急的成功与否。因此当学校发生突发性事件时，信息的向上和向下传达就要求具体有效且具有时效性，能够使得事件处置领导者和责任者及时快速根据有效信息做出决

[①] 参见国务院出台的《国家突发事件总体应急预案》（2005）。

策，同时使得直接应对者也能迅速得到相关指示。所以信息通信与保障措施的制定必须做到信息传达流畅无阻、真实具体、快速有效，只有做到这几点，学校突发事件的应急才能顺利地进行下去。否则应急一开始就将面临失败并带来严重危害。

相关部门制定信息通信保障预案，指导协调学校领导以及相关应急人员配备应急通信保障设备、设施并进行经常性维护，尤其是报警装置的定期检查，确保其在应急事件发生时能正常报警；学校广播预警系统也应该能够随时能及时快速使用。

2. 应急队伍保障

应急队伍是应急体系的重要组成部分，是防范和应对突发性事件的重要力量，是确保突发事件有效处置的关键。为加强中小学应急管理工作，提高校园应急系统对突发事件的应急反应、控制和救援能力，最大限度地预防和减少自然灾害、校园斗殴事件、校园传染性疾病疫情、食品安全问题、恐怖暴力等突发事件对师生以及学校本身造成的伤害，必须成立突发事件应急救援小组、各专项应急小组及相应的应急救援队伍。学校应急队伍并不像在国家应对公共突发性事件中那样有专业的应急专家和应急工作人员，学校的应急队伍主要有学校主要领导、教工人员、保安处保安人员、医务室医务人员，必要时主要的班干部成员也应该列入其中。当然，学校中的应急人员并不具备非常专业的应急知识，这就需要各个学校根据自身的具体情况加强应急队伍的建设。

应急队伍保障预案中应该包含以下内容：具体的应急队伍构成人员以及他们在应急过程中所要承担的应急部分和职责；严格规定应急队伍定期培训制度；定期演练制度；确定来自不同部门应急人员的协调机制等。

3. 财政物资的保障

任何应急事件的应对都有一定的成本，校园的应急也不例外，甚至更加重要，无论是在现金方面还是具体实物的物资。比如应急处理中需要的设备，自动报警系统的安装，消防设备的安装维护，医务室药品的储备，应急队伍人员的培训等，这些都需要充足的资金和物资的保障才能使应急措施顺利执行。

财政物资保障预案中应该包含以下内容：设立校园突发公共事件应急工作专项资金，校财务处列入预算予以保障；药物储备与应急设备采购与维护（制订基本应急物资储备计划）；资金与物资的保障与管理制度；定期补充和更新物资储备等。

4. 医疗卫生保障

突发性事件的发生必然会带来相应的危害，甚至威胁相关人员的生命安全，如果发生在像学校这种敏感的地方，对学生带来的伤害会更加令人关注并带来更大的社会影响。一旦在突发性事件中有师生人员受伤，如何使受伤师生得到及时有效的医疗保障，同样关乎学校应急的成败。因此在保障性应急预案中必须有医疗卫生的保障。医疗卫生保障的主体主要是学校医务室，但如果在突发性事件中存在师生遭到严重损伤，超出了校医务室的救治能力，则该校所在地的大型医院也需要作出相应回应，所以在医疗卫生保障预案中地方大型医院与学校医务室的协调以及责任关系都要有一定规定。

整体来说，医疗卫生保障预案中应该包括以下内容：医务人员的组成和责任分担；相关药物的储备和应急制度；医务室与地方医院在应急事件中的协调关系和救治责任规定；定期演练和培训制度等。

5. 紧急避难场地保障

应急过程中应急避难地显得十分重要，尤其是人群集中的地方，当发生突发性事件，大量人群如何安置成为至关重要的事。中小学校园中少则有几百学生，多则数千学生，当发生像地震、泥石流等地质灾害时，大量学生的临时安置以确保学生安全不再遭受二次伤害尤为重要。

紧急避难地保障预案中应该包括以下内容：具体标明学校以及其周边的较为空旷的地方（操场、公园、体育馆等）；这些地方的具体地点、功能、可容纳人数、目前使用状况等。

应急预案应该形成这样的体系：有起着总体指导作用的总体预案，也有针对各级各类可能发生的事故和所有危险源制定的专项应急预案和保障性应急预案，并明确事前、事发、事中、事后的各个过程中相关部门和有关人员的职责。

二、学校应急预案编制及编制流程

学校应急预案的制定是学校突发事件应急管理的关键环节之一，是开展校园应急救援工作的重要保障，正如《国家突发性公共事件总体应急预案》中对预案制定作出了指导性规定一样，学校应急预案中总预案也将对学校预案编制作出相应的指导性规定，其中包括预案的编制目的、原则、依据和范围，以及预案中对组织应急体系、相关运行机制、应急法规法条、应急保障、监督管理和应急评估体系等方面的要求。各个学校应在制定的总体预案所规定的原则和内容指导下，根据自身的特殊情况，坚持从实际出发，在对潜在可能发生的校园各类突发性事件预测的基础上，仔细谨慎地研究各种突发性事件发生的原因、表现形式、发生机制、可能产生的危害后果、发生的频率以及应对的有效措施等，制定应急预案，做到防患于未然，增强预防和应对各种校园突发性事件的能力，把各种突发性事件可能对学校师生和其他工作人员造成的危害降低到最低。当我们明确了应急预案编制的要求和原则，也要更加清晰地了解应急预案编制的流程，只有掌握了这两方面的相关知识，预案制定者才能更好地制定出有效的应急预案。

（一）学校应急预案的编制要点

1. 科学性是学校应急预案编制的前提

应急预案是一切单位和个人应对突发性事件的指导纲要，因此也是学校应对校园突发性事件的行动指南，其内容非常重要，应该具有一定的科学性，经得起理论与实践的推敲和检验。应急预案表达清晰准确，逻辑合理系统且严密，措施有理有据、严谨科学。首先要注重系统性[1]，学校的应急预案应该包括突发性事件事前、事发、事中、事后各个环节，明确各个进程中学校相关人员所做的工作，谁来做，怎么做，何时做，逻辑结构要严密合理，步步深入，让参与应急的人员一看就懂，尽量做到简单明了，但又考虑周到；学校的各个预案包括总体预案、专项性预案以及保障性预案相互之间要有序快速衔接，构成一个有机不可分的整体。在制定应急预案时，学校各级部门一定要相互密切联系，加强沟通，确保所需信息完备详细，最终出台的应急预案具有更强的严密性和系统性。其次注重科学性，应对突发性事件是一件非常复杂的工程，学校应对突发性事件亦是如此，不同类型的突发性事件需要不同的专业知识进行应对；同一类型的突发性事件由于具体环境、具体状况等具体条件的不同，处置措施又是不相同的。必须在全面调查了解的基础上，开展分析论证，制定出科学有效的处置方案，使应急预案更加严密统一、协调有序、高效快捷地应对校园突发性事件。

2. 针对性是学校应急预案编制的关键

在应急管理中，各种应急预案的功能和作用是不尽相同的，学校应急预案有

---

[1] 李尧远、马胜利、郑胜利：《应急预案管理》，北京大学出版社2013年版。

总体预案、专项性预案、保障性预案，它们作用和功能也是各异的。针对性编制应急预案的关键，学校的特殊性更应该注重这点，针对突发事件不同类型以及应急需要达到的目的和功能来组织编制应急预案。如今许多省区市、单位的应急预案的编制大都是照搬照抄，依葫芦画瓢，制定的应急预案必然是形式主义，华而不实，一纸空文，毫无可行性、可操作性。首先学校应急预案制定要结合学校自身的实际情况。学校一旦发生突发性事件，应急预案必须实用而且快速有效。因此，一定要秉着实事求是的态度，一切从实际出发，切勿生搬硬套。各个学校除了在编制总体性预案可以相似外，在编制专项性预案时，其具体内容、操作程序、行为方案上一般不要做统一规定，要针对不同学校、不同情景、不同事件类型进行细致的调查研究，从中发现和抓住事件的规律和特点，突出重点，研究制定。其次就是要吸收借鉴。一方面，多研究其他领域的应急预案，尤其是国家应对突发性事件的应急预案，领会其精神和要点，吸收其精华部分；学习各地方各部门应急预案，吸收他人的成功经验，借鉴别人的有效做法；有条件的还可以吸取和借鉴国外学校的有益做法和经验①。另一方面，研究其他学校过去应对突发性事件的案例，从成功经验或者失败教训中分析比较，从中归纳出符合实际、行之有效的做法，并把好的做法以及经验习惯提炼上升为科学、规范、符合自身实际的应急预案，使之更加具有针对性、实效性。最后要区别对待。不同地区不同类别的学校应急预案作用和功能是不同的，在编制时应当有所侧重，避免千篇一律，形式大于实用。一般来说学校总体预案应当体现在原则指导上，专项应急预案应当体现在专业应对上，保障性预案则应当体现在各方面保障应急过程的推进。

3. 操作性是学校应急预案编制的核心

在我国，许多单位制定应急预案很大一部分目的是应付上级检查，我们学校在制定应急预案时，必须端正自身的态度，学校应急预案不是用来应付上级检查的，不是用来应对家长对孩子在学校安全的高要求，更不是管理者用来推卸责任的，而是在关键时刻用来解决问题的，维护师生财产生命安全的，它的定位和作用是高尚神圣的。校园应急预案必须是在应对学校突发性事件中能用、管用、质量高、效率高，具有很强的现实可操作性。首先，预案内容要表述简洁明确。学校应急预案的内容一般都涉及预防预警、事中应对、善后处理等具体问题，文本必须准确无误、表述清晰、内容易懂。在描述校园突发性事件事前、事中、事后的各个环节中，对所有问题都应该有明确、充分详细的阐述，不能模糊不清，产

---

① 李尧远、马胜利、郑胜利：《应急预案管理》，北京大学出版社 2013 年版。

生令人费解的歧义。各个预案的类别功能尽可能详细地说明，各个预案中涉及的人员、职能、职责尽可能具体，一定要做到责任到人，避免在应急预案应用时出现职责不清、推诿扯皮的情况。校园突发性事件的发生、发展、传播、扩散往往具有高度的不确定性，是时间短暂、瞬息万变的，如果因为学校制定的应急预案规定模糊不清而造成应急救援行动缓慢且无法做到高度协调，延误最佳应对时机，后果将不堪设想。其次，应急预案具有实用性。编制学校应急预案要实事求是、实际管用。例如，只写现有能力和资源为基础能做到的，不写未来建设目标和规划内容等做不到的[1]；从实际情况和需要出发建设相关指挥体系，与学校应急处置工作相适应。最后，应急预案制定要精练简明。编制校园应急预案要坚持文字"少而精""少而清"，内容上不求面面俱到，文字上不贪多求全，力求主体明确突出、结构逻辑严谨、内容详细、考虑周全、表述准确清晰、文字简洁易懂、篇幅简短。凡是与学校应急主体无关的内容一概不载入，一切官话、套话、空话、废话均不考虑其中，做到言简意赅。

4. 规范性是学校应急预案编制的要点

任何官方性文件文本都要讲究一定的规范性，规范性能够体现制定者一定的专业性。编制学校应急预案要在程序、体例、格式等方面讲究一定的规范。首先是需要规范编制程序。编制校园应急预案一定要遵循程序，应急预案包括总体性预案、专项和保障预案，它们在学校应急预案中占有主体地位，在编制时更应该注重规范的程序。一般要事先制定学校应急预案编制管理办法，从开始立项、考察、起草、审批、印发、宣传、备案等程序对应急预案做出详细规定，对应急预案的更新、修订进行一定要求，对应急预案的宣传和演练等内容做出指导性的建议。其次是内容框架要有规范。一般来说，学校应急预案文本没有严格要求应该具有固定的格式，但其基本内容一般包括总则、组织指挥体系、预警预防机制、应急响应、应急处置、善后工作、应急保障、监督管理、附则（相关法律法规和规范性文本）等部分。编制学校应急预案时，一般要规范体例格式、结构框架、字体字号、相关附件等。在学校应急预案起草方面，要严格要求应急预案内容、政策规定、学校相关部门协调、行文规范等；呈报程序方面，规定学校应急预案需附主管单位及部门请示、应急处置专家意见、上级机关应急预案及相关资料等；体例格式方面，从格式、字体、用纸等方面进行规范[2]。这样编制的学校应急预案既能够确保内容完整性，又可以提高编制效率。

①② 李尧远、马胜利、郑胜利：《应急预案管理》，北京大学出版社 2013 年版。

（二）学校应急预案编制的原则

任何应急预案的编制都要遵循一定的原则，校园应急预案也要遵照一定的原则。

1. 预防为主，综合治理相结合原则

学校要认真贯彻师生安全第一，预防为主，综合治理相结合的基本方针，时刻牢记一条准则"应急的最高境界就是能够使突发事件不发生，从而不产生任何伤害"。坚持突发事件应急处置与预防工作相结合，重点做好预防、预测、预警、预报和常态下应急准备、应急队伍建设、应急培训、应急宣传、应急演练和风险评估等项工作。确保应急预案的科学性、权威性、规范性、有效性和可操作性。

2. 统一领导，分部门负责

政府应急管理预案中有一项原则是"统一领导，分级负责"，但在学校的应急中，学校机构组织体系简单，级数少，所以没有必要强调分级负责，而只要做好合理分部门就可以，例如校长办公室、教务室、保安室等部门负责制。不同部门应急预案的编制应该成立统一的领导机构，在编制时能够保证信息沟通流畅，考虑能够兼顾所有部门，应急时做到高度协调。这样的机构应该由学校最高领导人负责（一般是校长），对应急预案的编制进行总体设计和规划，保证学校应急预案体系建设的完整性，以及应急预案编制的规范性。同时各部门负责本部门专项应急预案的编制工作，由统一领导小组对预案进行评审，以保证应急预案的可行性、有效性和科学性。

3. 遵守程序，关注细节[①]

正如前面所提，学校应急预案的编制程序是要有一定规范的，它是一项复杂的管理工程，不同的应急处置环节有着严格的顺序、较高的衔接要求和严密的逻辑结构。大多数人认为应急预案起草是应急预案编制的第一步，其实不然。预案的起草并非是应急预案编制开始，在预案起草前，十分有必要对学校需要应对的各种风险源进行详细全面的排查、分析和评估并形成文本的评估报告，因为预案的编制必定是以风险分析和能力分析为基础，所以同时要对学校风险应对主体的

---

① 李尧远、马胜利、郑胜利：《应急预案管理》，北京大学出版社 2013 年版。

应急反应能力进行有针对性的分析和评价。因此，按照一定的程序对预案进行编制是必需的。

4. 有险有案，常态演练

学校应急预案的编制和预案体系的建立是各部门制定自己的预案就能解决的，而是各个部门在制定自己的应急预案的基础上还要编制针对学校可能面临的不同风险或者不同性质的突发性事件的预案，不同的风险和突发性事件发生的机制不同、特征不同、应对的方式和措施也要求不同，所以最好做到有险就有案，即遇到的任何种类和性质的风险或者突发性事件学校都能拿出相应的有效的应急预案进行处理。同时，预案的起草并不是一下能做到完美无缺的，对于如何及时发现问题并及时修正，要进行常态演练。只有经过演练才能验证即将出台的预案的有效性和实践性，才能在校园发生突发事件发生时让后预案中安排的各种角色在应急响应时做到从容有序应对，因此学校在制定好预案后不能觉得发生突发性事件才用。平时也就不再关注，而要定期常态进行严肃演练，才能防患于未然，也可以在应急突发性事件中游刃有余，最大限度地保障学校安全。

（三）学校应急预案编制的工作阶段

1. 事先准备阶段

该阶段是学校应急预案编制必不可少的前期阶段。在这个阶段需要成立以校长为首的预案编制领导小组，小组成立后，需要专业的应急专家对该校园进行一次全面的风险排查工作，并应用专业的知识对危险危害因素识别、估计分析、风险评价等，分析不同事故后果对师生以及周边环境的影响程度和范围；对事故发生所在学校区域应急救援资源、能力以及其分布进行评估[1]，广泛收集同类事故应急的成功经验和失败经验以及先进的成果，为编制该校园应急预案奠定基础。

2. 预案编写阶段

该阶段需要校预案编制小组系统地对突发性事件事故原因、减轻损害等进行分析，分析突发性事件发生机理、发展以及其演化的过程，建立校园突发性事件应急救援预案体系框架，详细地描述学校突发性事件应急救援分类分级、应急管

---

[1] 李尧远、马胜利、郑胜利：《应急预案管理》，北京大学出版社 2013 年版。

理运作机制、组织指挥体系结构、救援力量构成和各部分职责、后勤保障体系、现场应急处置程序等内容，并通过突发性事件应急训练和演习，检验应急预案的科学性、规范性、有效性和可操作性。

（四）学校应急预案编制的程序

校园应急预案的编制是个庞大而复杂的工程，它的编制程序也具有一定复杂性，但一般而言，各类应急预案的编制都包括以下几个步骤，校园应急预案的编制同样如此。

第一步，成立学校应预案编制小组。学校应急预案的编制的第一个步骤就是根据校园内潜在发生的风险或者突发性事件类型和自身应急能力成立应急预案编制小工作组，明确所有的工作大纲、编制任务和职责分工。学校应急预案编制小组在编制总体预案时必须是以该校校长为领导以及由其全权负责，专项性预案则可以由各部门自行成立编制小组编制预案，编制完成再由校长领导的总体编制小组审核，保障性预案的编制则主要由后勤部门编制为主，由各部门成员参与配合，以便掌握各个部门应急资源储备情况和应急保障能力，在据此编制保障性预案。总体来说预案编制小组的成员一般应包括：学校各职能部门、社区代表、学生代表、教工代表、校医务室代表、学校主管部门、上级主管教育部门应急管理部门、学校所在行政辖区负责人、当地消防、公安、卫生部门、市政、医院、医疗急救、卫生防疫、交通和运输管理部门、安全应急专家、广播、电视等新闻媒体和法律顾问等。部门人员、具有专业技术的人员最好能有效结合起来，因为其不仅可以保证学校应急预案的准确性、完整性和适用性，而且可以为应急组织提供非常专业的技术支持和与校园安防组织交流学习的机会，同时有利于在编制过程中统一意见，避免过多的分歧，减少编制的阻力。

学校应急编制小组到底需要多大的规模，由多少人组成，取决于学校突发事件的类别、自身需求和学校应急资源等，不同学校所处的具体情境是不同的，所面临的风险和突发性事件的性质也是不同的。学者李尧远等人认为要遵循以下原则[①]。第一，学校及相关人员全员参与。编制预案时应尽量鼓励学校工作人员投入到编制全部过程，编制的过程本身就是一个各部门和各应急处置参与人员的磨合和熟悉各自行动、明确各自责任的过程，同时预案的编制本身也是学校最好的一堂应急培训课。第二，时间和相应经费的保障。时间和必要的经费保障是学校应急预案编制人员能参与并投入更多的时间和精力的前提，同时有条件的情况下

---

① 李尧远、马胜利、郑胜利：《应急预案管理》，北京大学出版社 2013 年版。

可以准备专项经费邀请相关权威专家作为编制预案的全程顾问。学校应急预案的编制虽然没有国家层面应对公共突发性事件的应急预案的编制那么复杂，需要投入大量的人力、物力和财力，但"麻雀虽小，五脏俱全"，学校应急虽然地域仅限校园以及其周边环境，但需要考虑的因素也不亚于国家应对公共突发事件，如果没有充足的时间保证，难以保证预案的编制质量。第三，各部门和应急人员的信息交流与相互沟通。学校各部门以及相关组织在编制应急预案时必须及时沟通，互通信息，确保编制过程所需信息的完备性、编制的透明度，使得应急预案能够得到高度衔接。在编制过程中经常遇到一些问题，或者是职责不明，或者是功能不全，因为在编制过程中缺乏及时有效的沟通，导致出现功能和职责的重复、交叉或者不明现象，严重影响到学校在应急突发性事件的效果。第四，必要时专家支持。学校应急预案涉及的突发性事件是类型多样、性质各异的，所以预案的内容也是不尽相同。预案的编写不仅是个文本化的过程，更重要的是，它是根据学校实际情况对致害因素和应急能力进行翔实评估，编制出的与应急能力相适应的预案。有些突发性事件如校园大面积流感、校园暴力恐怖袭击、地震多发区域校园应对地震等，是比较专业的领域，只有对这些领域有深入了解的人员才能写出具有很强针对性的内容。对于学校预案的编写来说，专业人员最好是具有一定权威的，有扎实理论与实践经验的学者专家们。第五，参与人的结构。学校应急预案编制工作涉及的面也较广，考虑虽周全，同时又具有一定专业性，是一项较复杂的系统工程，需要安全、管理、操作和生产、保卫、医务人员、技术服务（机房大面积死机或者中病毒）、维修保养、人事、后勤等方面的相对专业的人员参与，因此，应急预案编制小组尽量由各部门专业人才组成。这些校园各部门的人员应有一定的专业知识、团队精神和强烈的责任感。编制小组也应该得到学校所在当地的相关功能部门或消防部门人员的参与与保证，并得到教育主管部门的授权和认可。

第二步，学校校内以及周边范围内危险源辨识和风险评估。校园及其周边环境的风险辨识和风险评估是应急预案编制的前提，是学校应急响应行动的基本依据。危险源的识别是对校园及其周边环境潜在的各种风险和致害因子进行全面细致的分析、归纳和准确识别。风险的评估是采用科学的方法确定校园所存在或者潜在的危险，评估校园突发性事件发生的概率以及可能导致的破坏和危害程度，根据风险大小以及可能发生的概率，采取相应的防范应对措施，以达到保证校园师生的安全的这样一个过程。

校园以及周边可能发生不同类型的突发性事件，不同类型的突发性事件有其独有的发生机制和特征，其所需要的应急资源与应急能力要求也是不同的。例如，校园火灾的严重程度与其持续时间是有着密切的关系的，编制中就必须严格控制应急行动的时间，资源方面要特别考虑消防设备与水压的保证问题，保证其能够运作正常；如果校园实验室中的化学物泄漏事故就必须明确危险区域的划分依据和相应的处理专业知识，重视实时事态的监控和泄漏后的及时消洗；还比如最近比较受关注的针对中小学师生的校园暴力恐怖袭击，就必须明确各部门的责任、学生的逃生疏散安全场地、师生在面对歹徒做出的有效保护自己的措施等。所以学校风险评估针对不同风险因素也是不同的，一般来说，风险评估得出的报告应该为应急预案的编制提供以下重要信息：危险因素及目标；可能发生的突发性事件类型以及其风险程度（发生频率和后果严重程度）。具体的风险评估相关详细内容本书在其他章节有所说明，在此章节不再赘言。

第三步，学校应急能力的评估。应急能力的评估是制定应急预案十分关键的一步，任何应急预案都是基于应急能力的大小来制定的，如果学校出台的应急预案应急超出了学校应急能力，那么这样的应急预案只能是一纸空文、毫无可操作性。制定最适合该学校的应急预案，使其具有实际可操作性，需要全面有效地评估学校相关部门应对突发性事件的能力，以使应急预案编制小组最大限度上确定实际当中学校在应急过程中能够采取的措施。通常需要评估一下主要内容：物质资源、人员的应急技能、应急响应能力以及组织机构、应急所有设备等。

应急资源的分析和应急响应能力评估通常是同时进行的[1]，包括应急处置行动中所需要用到的应急设备等资源进行认真检查。例如，学校在建筑物内经常可见的消防栓，消防栓在火灾的应急处理中极其重要，学校在平时以及应急响应时就要进行常规定期的检查，最好附有检查值日表，建立常态检查制度，确保各应急设施在应急中能够正常使用，而不能使其成为一种摆设。应急资源评估的结果直接影响应急预案的编制及应急响应中的资源调度状况。如果人员和应急资源都能满足应急需求，则学校自身就可以有效快速地处理校园应急事件，而无须再向上一级教育主管部门寻求支援和帮助了。

第四步，救援组织体系的建立。一旦突发性事件发生，难免会造成人员伤害，救援组织体系是否健全直接关系到应急处置的最终是否成功，是否能达到使突发事件损害程度降低到最低这一应急预案主要要求。救援组织体系详细规定了参加的校级部门、应急救援的反应组织机构、学校工作人员以及其作用；应急反应总负责人（一般是该校校长）以及每一具体行动的负责人；事故发生校园以外能提供援助的有关组织或者单位（主要是学校周边社区、派出所等）；政府以及其他有关机构应集中各自的职责（当遇到比较严重的事故一般需要当地政府以及相关机构的介入）。

---

① 李尧远、马胜利、郑胜利：《应急预案管理》，北京大学出版社 2013 年版。

学校应急中涉及指挥、医疗、消防、援救、疏散撤离、人员救治等多方面的工作，要靠校园内甚至校外力量相互协作共同完成，所以明确各自职责是十分重要而且必需的。只有明确职责才能彻底贯彻应急中必需的要求。

第五步，学校应急预案的编写。在编写应急预案一定坚持一个宗旨，坚持预案的可操作性和有效性。在此，我们提出整个学校应急预案的基本框架，读者可做相应参考。

一是总体预案的编写。应描述整个学校应急预案的编写目的与背景，反映学校校园及其周边环境的基本情况。此外，校园潜在危险分析和应急能力评估也应该作为基本情况的一部分放在总体预案中。还需要说明学校组织机构和职责、行政部门和后勤、培训和演练制度。

二是应急预警和通信。在学校突发性事件发生时首先是发出警报（警报一般设在校传达室或者监控室），像暴力恐怖袭击等治安暴力事件应该及时向当地派出所报警；一般学校突发性事件只要及时向该校校长汇报，由相应的应急部门处理即可；如果事件重大，如大范围流感无法控制，则需要及时向当地主管部门汇报，并启动相应的应急预案。为确保突发事件发生等信息及时有效地得到汇报和传递，那么高效的通信系统在这里显得非常必要，校园内应该建立专门的学校应急通信系统。这类系统分为对内系统和对外系统。内部系统主要是向校级最高领导人汇报一般性突发事件的使用，对外系统则是事件严重程度和范围超出学校自身应急的能力时，则使用对外系统及时向校级以外的支援力量联系，取得上一级或更高级别的组织部门的援助和应对。

三是应急响应行动。校园内一旦发生突发性事件，就应该立即采取应急措施和救援行动。应急预案中必须详细、明确地规定应急响应程序，保证应急行动的快速有序进行。该部分将具体翔实地规定和说明应急救援行动。包括校园危险区域隔离和警戒、所在危险区域师生以及其他人员的疏散以及疏散路线的规定、应急处置行动、相应应急响应程序、校外力量的援助、信息及时发布等。

四是善后恢复与事故全面调查评估。学校善后恢复是指学校内突发性事件的影响得到初步的控制后，为使学校正常教学活动、师生生活秩序和生活环境恢复到正常状况而采取的各项行动。主要措施包括师生心理干预、保险与赔偿、事故调查、事故场所净化与恢复、损失评估、事件总结报告等。值得注意的是，突发性事件的发生和造成的结果是高度不确定性，所以即使在编制预案中我们会在善后恢复和事故调查做较为全面的规定，但实际情况往往是复杂的，所以在新的状况发生后，必要时可以重新编写更为详细的恢复计划和程序。

五是应急预案的评审和发布。为了确保应急预案的科学性、可操作性、严谨性，合乎逻辑性，并能够符合学校实际情况，应急预案编制的各个学校应该在编制时根据有关部门（主要是教育主管部门）的法律、法规、规章以及其他应急预案编制标准的规范性文件，编制的应急预案通过学校高层的审核，有必要时须得到上级部门或者相关部门的认可。评判标准并不是唯一的，是多重标准，包括预案的合理性、完整性、可读性、适用性、实用性以及有效性；评审又分为外部评审和内部评审，内部评审是预案编制完成后由学校编制领导小组自行进行评审，以保证应急预案语言简洁易懂、符合学校的实际、内容完整、逻辑清晰。外部评审主要是由学校上级主管部门或者有条件时可以请专业第三方独立评估机构专家对预案进行评审。

六是学校应急预案实际应用即实施。为了使应急预案可以在学校应急实践中发挥其应有的作用，必须建立常态的培训和演练制度，以便根据学校不断发生的实际变化及时发现预案不足，及时修改更新。如果校园内发生突发性事件，预案只是作为文件保存起来或者作为应付上级检查的形式主义，那么师生以及学校其他工作人员不知道按照预案做什么、怎么做，更不用说应急实践。

第七是学校应急预案的维护与更新。更新预案是非常必要的，因为随着时间的推移，校园建设日新月异，很多潜在的危险源以及突发性事件也在不断变化和增加，预案也应该随着实践的变化而不断更新。这样才能真正做到应急预案的科学性、合理性、可操作性和有效性。

三、学校应急预案的管理流程

学校应急预案的管理属于学校突发事件应急管理中一项经常性和常态化的工作，各个学校在编制好学校应急预案后必须要做好应急预案的日常管理工作。从宏观上讲，学校应急预案是指学校为了应对出现在校园及其周边的突发性事件而进行的一系列有计划、有组织的管理过程[1]，其主要目的就是能及时地有效地预防和处置学校内各类突发性事件的发生，最大限度地减少突发性事件给学校、学校师生以及其他工作人员带来的负面影响或者损害，其包括了对校园突发性事件的事前、事中、事后各个阶段和方面的管理[2]。总之，应急预案能否高效成功地应对学校突发性事件取决于学校对应急预案的管理水平。

---

[1] 李尧远、马胜利、郑胜利：《应急预案管理》，北京大学出版社 2013 年版。

[2] 李建华、黄郑华：《火灾事故应急预案编制与应用手册》，中国劳动社会保障出版社 2008 年版。

（一）学校应急预案管理的概念

目前，学校应急预案管理的概念在学术文献和官方文件中甚少对其进行的专门定义和研究，但也有学者对应急预案管理的大致含义、基本内容、主要目的、一般方法以及理论基础进行了比较完善的说明，借此也可以定义学校应急预案管理的概念。学术界有学者对应急预案管理给出了这样的定义，应急预案的管理是指通过对信息的分析，预测事物的发展趋势，识别可能带来的威胁和风险，并针对这些情况制定相应的预备性处理方案[①]。一旦预测的情况发生，就可以按照应急预定的方案行动，同时根据事态发展，按照需要不断调整行动预案，以有效地控制事态的发展，将尽可能发生的损害降低到最低限度，维护整体利益和长远利益。每一个事先拟定的方案都是一个预案。具体来讲，预案管理内容包括预案的编制、预案的备案、预案的演练、预案的启动、预案的选择、预案的评估、预案的实施、预案的更新以及预案的修订等[②]。校园应急预案的管理概念也是类似，通常也包括预案的编制、预案的演练、预案的评估、预案的启动、预案的更新以及预案的修订等。上一章节我们讨论的预案的编制也是预案管理步骤中的一步，以下我们讨论的是预案管理的其他步骤及流程。学校应急预案的管理的目的是通过事先的充分准备，使得应急预案能够走在突发性事件发生的前头，以有效地维护校园、学校师生以及其他学校工作人员的安全利益和长远利益。应急预案管理的方法是充分发挥人的预见和分析能力，预测未来突发性事件的发展趋势，模拟和科学想象事件发生的各种可能的变化，制定预防或消除其不利影响的方案，在人、财、物方面做好足够的准备[③]，一旦校园突发性事件朝着不利的方向发展，按照已经制定好的应急预案行动，可以控制事态的发展，应急预案管理的基础是信息评估，通过对校园存在风险的要素信息的收集和分析发现隐患。对学校应急预案概念的定义清晰地规定了应急预案管理的内容以及流程。

（二）学校应急预案的编制

学校应急预案的编制上一章节我们已经论述得较为详细，这是学校应急预案管理流程的最初程序，没有应急预案的编制就谈不了应急预案的管理了，这是根本问题，所以进行应急预案的管理必须有应急预案的存在。只有这样，应急预案

---

①③　计雷、李建平：《突发事件应急管理》，高等教育出版社 2006 年版。

②　李尧远、马胜利、郑胜利：《应急预案管理》，北京大学出版社 2013 年版。

才能成为管理的客体。在此章节中我们把应急预案的编制放入应急预案管理的过程中，也是为了强调应急预案编制的重要性。因此，应急预案编制是应急预案管理的起点。

（三）学校应急预案的评估

对学校应急预案进行评估可以保障其科学性、可操作性和实效性。目前，从国家应急管理预案评估的层面上，我国对于应急预案的评估缺乏实质性规定，没有统一标准，学界认识也不一致，导致评估工作混乱无序[①]。学校应急预案的评估就更加没有规范和标准了，总体来说，要坚持对学校应急预案进行动态综合评估，全面考量应急预案的编制质量和实施效果，及时反馈各种信息，对信息做到全面评估，为预案的修订更新提出建议；确保学校突发事件发生后应急预案的及时启动和顺利运行并起着应有的作用，为突发事件的现场应对提供指导，真正减缓学校突发性事件带来的损害[②]。因此，应急预案编制完成后，要对其进行有效性评估。应急预案的评估是应急预案管理的重要组成部分，它甚至贯穿整个应急管理的全过程，在应急预案制定后、演练完后以及实施后都需要对应急预案进行评估，因为预案的评估是预案修订和完善的重要依据。

1. 动态综合评估的基本原则[③]

以突发事件为主导原则：动态综合评估时要始终回归学校突发事件本身，评估学校应急预案是否对突发事件进行了有效梳理总结；是否按事件本身规律划分了处置程序流程；是否按事件发展的可能性规定了应急响应的基本步骤和程序。综合协调原则：学校应急处置是一个较为庞大的系统复杂的工程，要依靠学校高层层面的统一协调和校园内各部门的通力合作。坚持综合协调的原则，才能确保依照学校应急预案构建起组织机构完备、指挥协调高效、纵向垂直协调管理、横向相互沟通交流、覆盖全校以及校园周边范围的应急组织体系，并确保与相关预案的协调统一。专业评估原则：应急处置强调在专业处置基础上的综合协调，学校应急事件时处置很大程度也是如此，在动态综合评估中，除了学校相关工作者，还要邀请相关领域中既懂理论又具有实战经验的专家来参与风险排查与评估、事件梳理总结、资源评估与预备等。避免过多以领导（校长等）代替专业领

[①] 禹竹蕊：《论应急预案的动态综合评估》，载于《人民论坛》2011 年第 14 期。

[②] 李尧远、马胜利、郑胜利：《应急预案管理》，北京大学出版社 2013 年版。

[③] 计雷、李建平：《突发事件应急管理》，高等教育出版社 2006 年版。

域专家，确保评估的专业性和科学性。

2. 动态综合评估的具体步骤与内容

动态综合评估包括四个比较完整的相互衔接步骤，实现了应急预案从制定到实施，再返回到修改制定的这样一个首尾相接、封闭环形的过程。

（1）学校应急预案编制前的评估。

这部分内容在前面章节也有涉及，简单说应急预案编制（包括新预案的编制和已有预案的修订更新）前，要组织学校相关人员以及有关专家对本校和周边区域的具体情况进行评估，对可能出现的、可能造成重大损失的各类校园突发事件进行一次细致的梳理总结、隐患排查和合理分类。国外学校非常重视校园危机风险评估程序，有的国家将校园危机风险评估程序作为制定学校应急预案的首要步骤。只有做好预案编制前的风险评估，才能明确学校校园内潜在风险和当前的脆弱点，从而确定应急预案的覆盖范围和应对的高度针对性。

（2）学校应急预案编制过程中的评估。

一是学校突发性事件应急处置流程总评估。制订应急计划前要先梳理出一个相对完整、体现客观规律的"事故图"[①]，重点将所面临的潜在突发性事件分为主要事件、次生事件和衍生事件，以事件以及学校部门为主导依次制定相应的应急方案。这些事件以及应对措施经过合理的整合，对应到"事故图"上会形成一幅相对完整而富有逻辑的校园突发事件应对模式图[②]。通过对模式图上所对应的应对措施的评估，从而判断这些应对措施是否符合内在联系和逻辑，是否科学合理且有体系，如有不足便及时进行修改调整。在这一评估过程中，如有条件要充分借助相关专家的专业知识进行评估和判断，根据预案的设计原则和目标来对处置流程进行最终的优化和选择。二是对应急组织体系的总体评估。根据已经绘制的校园"事故图"和应对模式图，学校评估预案所要建立的应急组织体系是否有效，校领导机构、指挥机构和专家咨询机构（有条件设置的）是否有利于学校应急预案最终目的的实现。三是学校拥有的应急资源总评估。在学校突发事件应对过程中，学校以及校外援助资源能否得到充分保障十分关键。学校预案制定时，要根据事先梳理出的校园潜在风险和可能发生的突发性事件对本校各类可用于应急的资源进行普查、合理评估和整合，确定学校应急资源能够得到合理的调动和使用，尤其不能忽略对信息传达畅通的资源（通信体系资源）保障的评估。四是宣传教育方案评估。如果师生以及学校工作人员具备相应知识，不仅可以有效配

[①] 于瑛英、驰宏、高敏刚：《应急预案的综合评估研究》，载于《中国科技论坛》2009 年 2 月。

[②] 禹竹蕊：《论应急预案的动态综合评估》，载于《人民论坛》2011 年第 14 期。

合学校领导的应急处置，还能展开积极自救，降低师生财产和生命的损失。制定学校应急预案时，必须评估怎样的宣传教育方案更符合实际，更有利于对师生普及常识。确保面向全体师生及工作人员真正做好以预防、避险、自助、互救、减害为主要内容的宣传、教育和培训工作，增强师生的危机意识和危机管理技能，这方面的工作学校可以邀请有关应急安全管理专家进行教育培训。五是有必要的社会动员机制总评估。强调遇到重大灾难学校周边社区、各单位保安以及公众参与，学校与政府社会共同合作、共同应对学校重大突发事件已经成为大势所趋。在编制学校应急预案的时候，应该评估预案尝试构建的动员机制的有效性和可行性，包括评估怎样才能妥善、合理地调配经动员后可能参与的各种校外社会力量，学校的应急可以参与救援的有所在区的派出所、周边社区安保、医疗机构和公众。六是激励制度总评估。编制学校应急预案时，也需要设计严肃科学的激励制度，促使学校各部门履行自己的职责，保障应急处置的质量。七是善后处置总评估。应急管理旨在通过提高对学校突发事件的预见能力、救治能力以及学习能力，及时有效地化解危急状态，尽快恢复学校正常的学习生活秩序①。因此，预案编制时，不能忽视突发事件结束后的善后恢复和调查评估以及事件最终报告。

（3）学校应急预案演练后的评估。

一是学校应急响应时间的评估。应急响应时间的长短决定了突发性事件最终导致的损害程度，尤其是火灾、反恐防暴、地震等突发事件，时间就是生命，所以至关重要。学校发生突发性事件由于涉及的大都是师生，学生是祖国的花朵，是祖国的未来，其人身安全备受社会关注，一旦因响应时间过慢导致发生严重后果，学校领导及当地教育部门将会受到来自上级、社会各界的批评和指责。通过演练，评估第一反应人的反应是否及时，预警是否合理，学校有关部门警报发出以及向当地公安部门报警是否及时，控制事态发展、疏散师生群众、救助受伤师生是否迅速。这一阶段重点将演练中各步骤所用时间进行详细记录，认真评估，找到最有效的应急步骤事件表，加以改进。二是学校应急预案完整性的评估。通过常态演练，观察总结有没有出现制定时没有假设或者没有考虑到的校园突发情况和特殊场景，重点要考察有没有出现预案制定时没想到的衍生突发事件，对该应急预案进行补充完善。三是应急处置流程再评估②。通过演练，可以直观地评估学校预案设置的处置流程各个环节是否符合逻辑，操作过程是否及时、专业。重点评估根据"事故图"所预设的救援方案的可行性。五是应急资源再评估。全

---

① 禹竹蕊：《论应急预案的动态综合评估》，载于《人民论坛》2011年第14期。
② 鲁荣辉：《基于流程的应急预案有效性评估研究》，大连理工大学2013年硕士学位论文。

面评估依据预案整合的学校以及校外资源是否充分，资源布局是否合理；预设的调度路线是否有利于调配的及时、得当；信息收集是否及时准确，信息传递是否畅通。六是预案灵活性再评估。通过演练，真实、客观地评估应急预案的灵活性，及时发现其中一些过于死板、不利于操作的规定并加以完善。

（4）应急预案实施后的评估。

一是全校动员机制再评估。学校突发事件处置结束后，对全校动员机制进行评估，全面掌握本校甚至周边地区各种社会力量实际参与救援的情况，以及他们所拥有的各种资源和能力，以便在应急预案更新时完善动员机制，为今后处置突发事件提供经验和指导。二是奖惩制度再评估。学校突发事件处理完毕后，应该严格依据应急预案规定的奖惩制度进行相应的表彰奖励和处罚惩戒。要理性分析奖惩所引起的社会反响和现实引起的反思、促进效果，客观地对奖惩制度进行再评估，加以改进和完善。三是后期处置再评估。处置结束后，全面评估通过及时启动学校应急预案，是否有效遏制了学校突发事件的继续发展、减少了学校师生的经济损失和人员伤亡；预案的实施是否真正有利于后期处置，能否积极展开恢复工作，能否适时安抚师生，减少社会对学校负面评价。

（四）学校应急预案的启动

应急预案的启动一般在学校发生突发性事件时，启动应急预案的程序包括：相关人员通告，应急指挥小组（一般以校长为领导）的启用，应急处置实施、事故现场通信、联络，校外通信（报警装置的启动）、联络（一般指重大事故发生，需要校外援助力量，如地震、反恐防暴），应急处置设备支持、公众和媒体信息发等。

一旦事故类型和级别得到快速识别并最终确认，学校应急预案立即启动。由该校的应急领导小组负责按事故分类分别启动各级预案，按照对应级别通过校内通信系统或者监控广播协同系统通知学校应急组织机构，以快速启动相关部门和相应突发性事件应急预案。应向各部门应急组织说明事故发生在校园具体地点、事故现场状况、现场即时处理措施等，并说明需要救援的内容：如学校校长现场紧急协调、当地公安部门紧急围控（安全警戒）和协助周边围观居民疏散（防止围观带来交通堵塞）、消防紧急布控（消防人员数量、消防车类型、人员救护所需设施等的增援，一般指校园火灾的发生）、医护现场救护（依据事故的重大程度，是否需要除校医务室外的当地大型医院的援助）、交通管制区域及方位等。同时确保信息传达的通畅，以便学校各部门以及校外各援助力量能够及时有效获得相关应急处置信息。如果是校园反恐防暴事件，校园通信系统、监控和校园广播协同体系第一时间是通知学校师生和应急处置人员歹徒的具体位置，这样有利于师生做好防范准备以及应急处置人员以最快速度赶到现场实施救援。

（五）学校应急预案的演练

由于学校突发性事故往往突然发生，扰乱正常的师生工作和学习生活秩序，如果事先没有制定事故应急救援预案，会由于慌张、混乱而无法实施有效的抢救措施；若事先的准备不充分，可能发生应急人员不能及时到位、延误人员抢救和事故控制、甚至导致事故扩大、损害加重等情况。学校有了应急预案，并不能使得每个师生每个学校和主管部门自动地对实际发生的校园突发性事件作出有效的响应。按照本书编委组在杭州等地组织一些中小学反恐防暴演练中总结的经验，如果学校的应急响应人员不能充分理解各项职责和应急响应步骤，在对校园突发性事件进行应急处置时，就可能出现处置缓慢、遇到新情况无法处置等严重的问题。为了能够有效验证应急预案的有效性、可操作性，及时发现并改正其中的问题，提高学校应急处置人员的技术水平和应急救援能力，以便在应对校园突发性事件过程中达到快捷、有序和有效的效果，经常性地组织预案的演练是一项非常重要的工作。因此，应急预案编制完以后应当定期或者不定期地组织学校以及校外各相关部门（主要是周边社区安保力量和公众、当地派出所、公安局等）对应急预案进行演练。通过演练、磨合、协调相关部门的运作过程，检查应急预案的实施效果，及时发现问题，通过评估总结报告持续改进，使之得到不断的完善，符合学校自身实际，以最好方式应对突发性事件，最大限度降低突发事件带来的损害。因此，应急预案演练是校园应急预案管理必不可少的关键环节。在此我们特别强调，演练时有必要邀请校外相关部门参与，尤其是在应对校园火灾、反恐防暴方面，校外的消防部门、社区安保部门、公安部门一定要参与校园应急预案的演练，提高校外援助力量和校内应急部门通力合作的能力，共同有力应对校园突发性事件。

（六）应急预案的修订与更新

学校通过对应急预案进行演练和评估，实现学校应急预案的动态管理。一个时期制定的应急预案，只具有相对的稳定性[①]。随着校园安全趋势和风险因素的

---

① 张大成：《论对高校应急预案编制和管理的完善》，载于《辽宁工业大学学报》（社会科学版）2010年第1期。

不断变化以及自身认识水平的提高，依据应急预案的有关标准、学校在以往应急处置总结的经验教训、应急管理主体的责任变动等，需要及时评估和改进学校应急预案的内容，不断完善和增强学校应急预案的科学性、针对性、时效性和可操作性，并让学校应急预案得到持续改进，使得应急预案更加符合学校实际。

　　当然，学校的应急预案的备案也是很重要的，应急预案的备案主要是按照规定向上级部以及校长办公室等相关部门备案，作为一项重要的文件储备起来，以便日后查阅和作为修订的依据。信息时代的到来也为各类文件的备案提供了更多便利。这里不做详细论述。

第十三章

涉校网络舆情：概念、演化与应对

近年来，涉及学校的网络舆情呈直线上升趋势，引起政府和社会的高度重视。如何有效应对涉及网络舆情，降低造成的影响和损失，成为学校管理工作的重中之重。本书在梳理舆情、网络舆情、涉校网络舆情概念基础上，对涉校网络舆情进行分类，并且明确其与突发事件的关系，然后从生成动因到演化机制，理顺了涉校网络舆情的发展逻辑，最后在"一案三制"的视角下，提出了应对涉校网络舆情可行措施。

"我们生活在一个悖论的时代"①，任何制度或技术都表现出两面性，既有促进人类社会发展的正面意义，又不可避免地潜藏着影响社会进步的负面作用。一方面，正如哈迪所言，我们很多美好的发展进步愿望，我们很多提高人们生活质量的努力却带来了不可预期、意想不到甚至对立的结果②。而互联网技术无疑是这一时代矛盾性的最好注脚，它使人类进入网络社会，极大地压缩了时间和空间，"不仅深刻地改变了社会组织结构，也更加深入地影响到了人们的思维方式，使人们能够从网络角度思考、分析和解决问题"③。然而，建立在互联网基础之上的网络社会的另一方面却是风险社会，风险社会是现代化的一种结果，与新技术和全球化密不可分，毫无疑问互联网在其中起到了推波助澜的作用。在互联网

---

① 全钟燮：《公共行政的社会建构：解释与批判》，孙柏、张钢、黎洁等译，北京大学出版社 2008 年版，第 1 页。

② Handy，C. (1994). The Age of Paradox. Boston，Mass：Harvard Business School Press.

③ 李彪、舆情：《山雨欲来——网络热点事件传播的空间结构和时间结构》，人民日报出版社 2011 年版。

的推动下，风险社会加剧了社会结构的脆弱性，导致社会处在一种普遍的危机状态，其破坏性极大，因此传统的社会管理模式已呈现出强烈的不适应性，随之管理效能不断下降，亟须寻找一种新的、与网络社会相适应的社会管理模式。

学校作为社会的组成部分，同样处在网络的影响下，并且因学校的特殊性（某种程度上可以被看作开放性的小社会），这种影响更具有典型性意义。根据有关研究，2009 年 1 月～2010 年 8 月的 245 个网络舆情热点话题中，科教文卫领域所占比例高达 15.1%[①]。据 CNNIC（中国互联网信息中心）发布的报告显示，截至 2012 年 6 月，网民年龄结构中，29 岁以下的网民占比达到 56.8%，而网民职业中，学生占比为 28.6%，远高于其他群体[②]。从数据可以看出，学生已成为网络的主力军，有关学校的话题自然成为网络舆情的一大热点。尤其是最近几年，涉及学校的网络舆情事件层出不穷，甚至一段时间内呈井喷之势。不仅对学校的正常教学秩序造成严重的影响，而且一定程度上对社会层面也产生了负面的示范效应。因此，重视研究涉校网络舆情的产生、传播机制与规律以及如何积极有效应对涉校网络舆情已经成为现阶段教育领域十分重要的工作。

一、涉校网络舆情的概念

有关网络舆情的研究是伴随着互联网的快速发展而逐渐深入的，总体来看现在还处于比较初级的阶段，基础理论研究还缺少理论深度。舆情或者网络舆情基本上属于中国独有的词汇，国外特别是英美国家没有表达对应含义的专门词汇。从现有文献来看，在英文系统中，一般用"Public Opinion"来表达公众意见、舆论、民情、民意、舆情等类似的意思。与舆情相对应，网络舆情的英文表述为"Network Public Opinion"。但是，无论是舆情还是网络舆情的英文表述，从概念上来讲，与它们所要表达地中文内涵相去甚远。因而，在没有直接外国的文献可借鉴的情况下，一些中国学者通过大量研究现实案例并结合理论知识提出了契合中国实际的舆情以及网络舆情的基本概念。

舆情一般有狭义与广义之分。最初，一般从狭义的角度界定舆情，即民众的社会政治态度，指的是"在一定的社会空间内，围绕中介性社会事项——国家管

---

① 丁俊杰、张树庭：《网络舆情及突发公共事件危机管理经典案例》，中央党校出版社 2010 年版，第 5 页。

② 相关数据来源于《中国互联网发展状况统计报告》（2012 年 7 月），http：//www.cnnic.cn/hlw-fzyj/hlwxzbg/hlwtjbg/201207/P020120723477451202474.pdf。

理者制定和推行的法律法规、方针政策、工作措施以及影响民众利益及主客体利益关系变化的事件、人物等——发生、发展和变化，作为主体的民众对作为客体的执政者及其所持的政治取向产生和持有的社会政治态度"①。然而，随着相关研究的广泛开展，这一概念的局限性逐渐显露，概念界定的主客体以及表现形态过于狭窄。因此，后来学者直接将舆情扩展到社会客观情况和民众主观意愿，即社情民意。于是，舆情被定义为"由个人及各种社会群体构成的公众，在一定的历史阶段和社会空间内，对自己关心或与自身利益紧密相关的各种公共事务所持有的多种情绪、意愿、态度和意见交错的总和"②。

互联网出现后，舆情从传统的传播平台——报纸、广播、电视等，扩展到网络，形成一种新的舆情形式，即网络舆情。因此，网络舆情是舆情的一种主要表现形式，是从属于舆情的一个子概念。既然网络舆情是舆情的一种表现形式，那么可以通过舆情的概念直接界定网络舆情，只需将舆情的载体具体限定在网络空间。那么网络舆情是指由于各种事件的刺激产生的通过互联网传播和表达的人们对于该事件的所有认知、态度、情感和行为倾向的集合③。与舆情相比较，网络舆情由于形成、传播的平台主要是网络，所以体现出一些有别于传统舆情的特点：生成诱因多，形成时间短、传播速度快、影响范围广等，从研究的角度来讲，更具有典型意义。

涉校网络舆情从现实和虚拟两个空间对舆情外延进行限制：现实空间内，将舆情的范围从整个社会压缩到学校之内，而虚拟空间内，不仅是以网络为载体，而且进一步具体化舆情载体，重点倾向学校 BBS 等学生聚集的网络社区。所谓涉校，就是与学校有关，包括幼儿园、小学、初中、高中以及大学，或者关乎学校的人，或者关乎学校的事。换句话来说，涉校网络舆情的主体和客体必须至少有一方与学校有关：主体涉校，是指舆情主体涉及与学校相关的人员，包括学生、教师以及工作人员等学校内部人员，当然主要以学生为主；而客体涉校是指网络舆情的客体涉及学校的突发事件为与师生利益密切相关的事项。需要明确指出的是，涉校网络舆情的主体不仅只包括学校相关人员，社会公众也可以成为舆情主体；同样，涉校网络舆情的客体也能够超越学校的范畴，将社会热点问题纳入其中。因此，涉校网络舆情是指社会公众或学校内部群体针对校园生活、管理等存在的问题或者学校内部群体针对社会热点问题在相关网络平台上的态度、情感和意见的集合。

① 王来华：《舆情研究概论：理论、方法与现实热点》，天津社会科学出版社 2003 年版，第 32 页。
② 刘毅：《网络舆情研究概论》，天津人民出版 2007 年版，第 51 页。
③ 曾润喜、徐晓林：《网络舆情突发事件预警系统、指标与机制》，载于《情报杂志》2009 年第 11 期。

二、涉校网络舆情的分类与特点

中国的教育体系大致分为幼儿园、小学、初中、高中与大学五个阶段，由于每个阶段学生的年龄和认知能力不同，因此网络舆情在各个阶段的表现形式以及应对方式也相应地存在差异。《中华人民共和国民法通则》第 11 条规定："18 周岁以上的公民是成年人，具有完全民事行为能力，可以独立进行民事活动，是完全民事行为能力人。"第 12 条规定："10 周岁以上的未成年人是限制民事行为能力人，可以进行与他的年龄、智力相适应的民事活动；其他民事活动由他的法定代理人代理，或者征得他的法定代表人的同意。不满 10 周岁的未成年人是无民事行为能力人，由他的法定代理人代理民事活动。"如果仅以年龄为标准，不考虑其他因素，那么自然人可划为 3 种不同的民事行为能力类型：0～10 周岁为无民事行为能力人；10～18 周岁为限制民事行为能力人；18 周岁以上为完全民事行为能力人。3 类民事行为能力人与入学的学校阶段相对应，则大体是幼儿园和小学、中学（初中和高中）和大学。"行为能力是理性能力的直接体现，其所要解决的问题是：一个具有权利能力的人能否以其独立的意志去创设、变更或者消灭权利义务关系。"[1] 行为能力的划分不仅有利于法律后果的确定，而且能够体现一个人能否能够按照自己的意志去作为的能力。在涉及一些能够引发网络舆情的事件时，越有行为能力的人，越能够表达的自己观点或态度，容易主动参与引发网络舆情；相对而言，缺少行为能力的人，则容易成为意外事件的受害者，受到社会的重点关注，作为网络舆情客体的角色存在。根据行为能力的差异，涉校网络舆情可分为 3 大类：小幼网络舆情、中学网络舆情和高校网络舆情。

1. 小幼网络舆情

幼儿园和小学的学生年龄都比较小，大约为 10 周岁，基本属于完全无行为能力人。他们不可能去关心超越其心智的话题和热点，更不可能作为主体制造网络舆情。但是，从另一个角度来讲，正是因为他们年龄小，缺乏自理和自我保护能力，同时又是国家的未来，社会才会更倾向关注他们的学习和生活状况。一旦发生涉及幼儿园和小学学生的事件，例如校园伤害、校车事故和教师虐童等，人们的目光会不自觉地聚焦于此，并在网络上持续地互动和传播，随着一些事件细

---

[1]　江平：《民法学》，中国政法大学出版 2011 年版，第 50 页。

节或类似事件的不断涌现，网络舆情持续升温，造成非常严重的社会影响。小幼网络舆情中，学生作为更多舆情关注的客体而存在，对于小幼网络舆情应对而言，重点不在于学校内部，而在于学校外部，即社会网络上的涉校舆情。

2. 中学网络舆情

中学时期是人从幼稚期向成熟期过渡的阶段，独立性和依赖性、自觉性和幼稚性错综交织。中学生相对于小学生，虽然认知能力有一定的进步，但是整体上心理状态落后于生理发育，容易冲动，做出一些暴力举动，例如校园暴力事件。中学网络舆情中，有关校园伤害的，占据较大比重。此外，中学生心智尚未完全，易受周围环境的影响，尤其是网络上的暴力、色情文化，对中学生的心理健康造成极大的伤害。平时，社会大众就比较关注这类问题，如果有典型事件发生，网络上被压抑的情绪瞬间被点燃，发生网络舆情的概率大大提高。中学网络舆情与小幼网络舆情大体相似，中学生还不完全具有制造网络舆情的能力，应对上也主要以学校外部网络舆情为主，但是值得警惕的是，中学生极易受到蛊惑参加由网络舆情引发的群体性事件，学校日常管理需要注意对学生思想和行为的引导。

3. 高校网络舆情

高校学生大都成年，具有独立的人格和成熟的理性，同时知识素养高，参与意识强，好奇心理重，有较强的言语欲望和能力。在学校中，大学生对于与自己切身利益相关的问题，如学校管理、奖学金评定等，以及社会热点问题，通常会在学校 BBS 等网络平台进行热烈讨论，形成强大的舆论氛围，当达到一定强度，可能引发网络舆情，甚至最终演化成群体性事件。同时，高校作为培养高级知识人才的机构，在社会中居于极高的地位，其一举一动备受关注。因此，涉及高校的一些突发事件，也容易引起社会的关注，加之由于某些特殊因素的存在，最终可能引发大规模的社会网络舆情。高校网络舆情因学生成年，近似于社会网络舆情，特殊点在于大多发生在学校网络平台，影响范围限制在校园内。

对涉校网络舆情进行分类，主要依据的标准是学生或者作为网络舆情的客体，或者作为网络舆情的主体，在不同学习阶段的不同特点，并没有考虑教职员工。首先，这是因为大中小学的教职工在知识层次等方面存在着一定的差异，但是从总体上来看，大中小学校的教职员工同质性比较高，对于问题的观点、态度大致相同，所以他们所形成的网络舆情差异性比较小。其次，毕竟教职工都是成年人，且知识水平、认知能力和行为能力都比较高，这就决定了他们对待事情较为理性，不会轻易地作出判断或者附和他人，直接导致教职员工主导的网络舆情非常稀少。因此，现阶段对涉校网络舆情的研究主要指向学生，包括实践层面的应对措施也以学生为主要对象。

三、涉校网络舆情与突发事件的关系

根据《突发事件应对法》的规定，"突发事件是指突然发生，造成或者可能造成严重社会危害，需要采取应急处置措施予以应对的自然灾害、事故灾难、公共卫生事件和社会安全事件"。从概念上比较，涉校网络舆情与突发事件虽然看似毫无关系，其实存在十分紧密的内在联系，在特定的范围内互为因果关系。学者谢科范将网络舆情与突发事件按照因果关系进行匹配，大致分为三种类型：突发事件—网络舆情；突发事件—网络舆情—衍生突发事件；网络舆情—突发事件[①]。而方付建从当前网络格局出发，在此基础上又增添了一种新类型，即网络舆情—突发事件—衍生网络舆情[②]。事实上，可以将4类关系归为两大类：突发事件—网络舆情和网络舆情—突发事件。

突发事件—网络舆情是指突发事件发生之后，经传统媒体报道或网民自发网络传播等方式，在网络上引起广泛转帖、跟帖或评论，形成对事件的起因、过程、处置方式以及事件背后体制等问题的各种言论，从而影响社会大众对事件的整体看法或判断，甚至影响当事人和政府的态度、行为等。在涉校网络舆情中，由突发事件造成的，占据相当大的比重，例如校车事故、幼师虐童等。这类事件有共同的特点，网络舆情在经过对事件本身的关注后，会迅速转向对事件背后的体制或道德问题的声讨，此时舆情的热度升到最高峰。如果处置不当，极易向网络群体性事件转变，导致衍生突发事件的发生。

网络舆情—突发事件是指自网络发端的谣言、虚假新闻、网络动员等，利用网络平台的快捷、覆盖面广、信息真实性难以验证的特点，经广泛传播后，社会大众信以为真，导致集体行动的出现，从而引发突发事件。涉校网络舆情，尤其是高校网络舆情，网络讨论达到一定的程度后，虚拟空间的行动会向现实空间延伸，形成突发事件。最典型的案例莫过于高校罢餐事件，一开始为数不多的大学生对餐厅的饭菜质量或价格不满，在学校论坛上发帖"吐槽"，然后基于相同的感受或者从众好奇的心理，越来越多的人加入讨论，讨论的意见逐渐极端化，大

---

① 谢科范等：《网络舆情突发事件的生命周期原理及集群决策研究》，载于《武汉理工大学学报》（社科版）2010年第4期，第482~486页。

② 方付建：《突发事件网络舆情演变研究》，2011年，第36页。

多数人开始同意罢餐以示抗议，并付诸行动。这种网络舆情突发事件发生之后，又会作为新的热点进入网络，再次成为人们热议的焦点，衍生网络舆情由此产生。

四、涉校网络舆情的生成动因与演化机制

（一）涉校网络舆情的生成动因

涉校网络舆情的形成不是无土之木、无源之水，而是经过长期的酝酿，多种动力因素汇聚到一点，受到某个事件的刺激从而爆发的。这些动力因素便是涉校网络舆情的生成动因，没有它们提供条件，即使遇到再大的突发事件，网络舆情也没有形成的可能。涉校网络舆情的生成动因分别为网络化平台、社会外部环境以及群体心理三个方面。

1. 网络化平台

网络被称为继报纸、广播和电视之后的"第四媒体"，与传统媒体不同，它改变了人们生产信息和传播信息的方式，具有明显的去中心化、开放性、交互性和及时性的特点。麦克卢汉曾指出：任何技术都倾向于创造一个新的人类环境，网络化逻辑的扩散实质改变了生产、经验、权力与文化过程中的操作与结果[①]。网络社会来临之前，信息主导权掌握在传统媒体手中，它有权选择民众接受的信息以及方式。然而，在网络时代，这一切发生根本性的逆转，民众不再是单纯被动的受众，而是身兼信息生产者和传播者。作为"没有执照的电视台"，民众可以在网上自由的发声，并经过讨论、分化和聚合后形成庞大的自由意见市场。因此，一旦网络出现新的信息，在网民的推动下，能够传递到网络的任何一个角落，人人都可以接收到，实现广而告之。从信息的生产到信息的传递，既奠定了网络舆情产生的信息基础，也为网络舆情的传播提供了传播媒介和生存空间。学校作为社会一部分，同样受到网络的影响，而且这种影响更为深刻。BBS、QQ、MSN、SNS等社交网络平台，聚集了大量的学生，交友娱乐的同时，相互之间借助这些平台进行交流沟通，传递信息，发表观点，然后形成意见合力，为网络舆情的爆发提供了条件。

---

① 曼纽尔·卡斯特：《网社会的崛起》，夏铸九等译，社会科学文献出版社2003年版，第569页。

2. 社会外部环境

"触及普遍关心的现实问题、给人以道德震撼、引起共鸣、唤起同期和良知的帖子,容易演变成网络事件"①。网络社会与现实社会存在交相呼应的关系,网络上所发生的事件,通常反映了社会存在的普遍问题。"社会环境条件是引发网络群体性事件的原发性基础,往往是由于社会矛盾产生的社会冲突能量积累到一定程度的爆发"②。涉校网络舆情的发生与社会网络舆情一样,与社会外部环境的变化密切相关。我国现阶段正处于社会转型期,各种社会矛盾异常尖锐,其中比较突出的问题是贫富差距拉大,社会结构分化。城乡之间、行业之间以及地区之间的收入差距不断拉大,人们的"相对剥削感"严重,陷入严重的焦虑和不满的情绪之中,并且这种情绪在不断地积累,随时都有爆发的可能。然而,民众缺乏发泄的渠道,网络是为数不多的可以舒缓心中愤懑之情的空间,所以现实中极小的事件却在网络上表现得云谲波诡,时而风平浪静,时而波涛汹涌,一切视民众情绪而定。另外,社会的不满,加上政府的公信力下降,往往会导致社会个体将不满的矛头指向社会,造成严重的暴力事件,从而引起社会的广泛关注,间接导致网络舆情的爆发。涉校网络舆情在这方面表现得尤为典型,最近两年,全国各地幼儿园屡屡发生社会人员砍伤儿童事件,反映的社会问题使人们的不满情绪到达极点,易产生报复社会的行动。

3. 群体心理

网络舆情是民众对于某一事件的态度、意见等的总和,也就是说单个人产生不了网络舆情,必须形成一个群体。然而,个人在个体状态和群体状态时的心理完全不同。勒庞在《乌合之众》一书中指出,当一群人聚合在一起,构成所谓的"心理群体"时,此时他们不再是原来的自我,也不是个体的简单累加,他们会表现出迥异于个体的特征,群体心理能驱使个人做一些在个体状态不敢想、不敢做的事。网络舆情的产生及发展会呈现出一种激烈甚至非理性状态,与个体心理不相符合,网络舆情之所以能够产生和传播,与群体心理密不可分。

(1) 反沉默螺旋。

伊丽莎白·诺依曼在《沉默的螺旋:一种舆论学理论》一书中,首次提出"沉默的螺旋"这一概念,它是指个人为防止受到社会孤立,人们在表达意见之前首先对这一议题业已形成的意见进行评估,从而形成对民意的大致印象,即

---

① 杨国斌:"The Power of the Internet in China:Citizen Activism",哥伦比亚大学出版社 2009 年版。
② 严峰:《网络群体性事件与公共安全》,上海三联书店 2012 年版,第 82 页。

"意见气候"，然后判断自己的意见是否与大多数人是一致的，如果一致，便会大胆和积极地发表自己的意见；反之，则会保持沉默或附和大多人的观点。然而，在网络时代，由于网络的"匿名性"，沉默的螺旋成立的两个假设条件——从众心理以及意见气候和群体压力——被明显减弱，于是反沉默螺旋出现了。[①] 反沉默螺旋是指在网络传播时代，受众的参与性大大提高，不再只是被动地接受信息，受众可以自由发表或支持少数意见，少数意见被更多的网民接受，可能发展为与多数意见势均力敌甚至超越和改变多数意见的情况。[②] 网络舆情形成过程中，需要人们发出各种声音，网络减弱了被孤立的顾虑和群体压力，人们畅所欲言，各种言论经过碰撞、分类、整合才最终形成了网络舆情。

（2）集体无意识。

集体无意识现象最早由古斯塔夫·勒庞发现并提出，他认为："无意识现象不但在有机体的生活中，而且在智力活动中，都发挥着一种完全压倒性的作用"。"在集体心理中，个人的才智被削弱了，从而他们的个性也被削弱了。异质性被同质性所吞没，无意识品质占了上风。"[③] 然而，无意识品质大多出于本能或情感，具体表现为群体的冲动、易变和急躁、缺乏理性、易受暗示的情形，同时比较偏执和保守。网络活动中，网民群体更多的是依据"信念"去判断某一事件，而"信念的判断，是一种主观、潜意识的判断"。[④] 这时候，个体完全失去独立性，其理性和智力优势被湮没，"他不是他自己，他变成了一个不再受自己意志支配的玩偶"。个体被群体裹挟着向一个共同的方向前进，却不问是否走在正确的路上。这也准确地解释了为什么在很多网络舆情事件中，民意异常活跃，并很快统一起批判方向，事后往往被证明不仅手段极其不可取，如人肉搜索，而且整个大方向也是错的。

（3）群体极化。

"群体极化的定义极为简单，团体成员一开始即有某些偏向，在商议之后，人们朝偏向的方向继续移动，最后形成极端的观点"。在网络上的圈内传播更容易造成群体意见的极端化倾向，这是因为"在网络和新的传播技术的领域里，志同道合的团队会彼此精心沟通讨论，到最后他们的想法和原先一样，只是形式上变得更极端了"[⑤]。并且，有研究者指出，网络中的群体极化现象是现实中的两

---

① 王国华、戴雨露：《网络传播中"反沉默螺旋"现象研究》，载于《北京理工大学学报》（社会科学版）2010 年第 6 期。

② 王琦：《网络传播中"反沉默螺旋"现象浅析——以"家乐福事件"为例》，载于《新闻爱好者》2009 年第 12 期。

③ 古斯塔夫·勒庞：《乌合之众：大众心理研究》，中央编译出版 2004 年版，第 18～19 页。

④ 葛琳：《网络舆论与网络群体性事件》，载于《新闻爱好者》2008 年第 9 期。

⑤ 凯斯·桑斯坦：《网络共和国：网络社会中的民主问题》，上海人民出版 2003 年版第 47 期。

倍多①。网络时代，信息的选择权掌握在个人手中，人们更倾向选择进入与自己的兴趣、观点、价值观较为一致的论坛或网站。涉校网络舆情中，这种现象表现得尤为突出，学生活跃的网站大多是以学生为主，所以在阐述自己观点时，容易获得认同和支持，而不会轻易听到异议。于是，学生会不自觉地感觉到群体认同感，从而不断地自我肯定，以致事实本身常常被淹没于口水之中，导致情绪型舆论在网络中不断弥漫。

（二）涉校网络舆情的演化机制

涉校网络舆情从产生到最后的消亡，是一个循序渐进的过程，类似于生物的生命周期，总要经过出生、成长、成熟到消逝的生命历程。学界因其研究专业或领域的不同，对生命周期的阶段划分也存在差异，有三段论、四段论和五段论。本章基于涉校网络舆情的演化规律，本着既能够完整体现演化过程又不致过于烦琐的原则，将涉校网络舆情划分为 4 个阶段，分别为产生、扩散、高涨和消亡。

1. 涉校网络舆情产生阶段

涉校网络舆情产生的重要前提是话题的存在，而话题一般伴随着刺激性事件（包括校内、校外的突发事件）而出现。从刺激性事件到网络话题的出现，大致要经过 2 类途径：一是传统媒体报道后，经过网络媒体的转载，放大后成为学生或者社会关注的话题；二是网络的原发性话题。② 值得注意的是，并不是所有的事件都能产生引起网络舆情的话题，而是要具备必要特征：事件具有新奇性，能够冲击人们的感官；事件反映普遍的社会性问题；事件引起人们长期积淀情绪的共鸣；事件冲击社会价值观体系等。事件具有以上一种或几种特征，就有机会引发网络舆情。刺激性事件被网络曝光之后，在极短的时间内引起大量网民的密切关注，网民稀缺的注意力资源从零散的信息迅速聚焦于曝光的事件，并初步对事件形成主观判断，发表言论同时利用网络平台相互交流。于是，一般形式的网络舆情便产生了。对于涉校网络舆情而言，由于舆情主体不同，网络舆情产生的方式、平台和影响等也存在细微的差别。以社会人员为主体的涉校网络舆情，关注与学校有关的突发事件，表现形式属于一般网络舆情，不做赘述。而学校教职人员为主体的涉校网络舆情，关注学校内外的突发事件，但产生的网络舆情却限于学校 BBS、SNS、MSN、QQ 等小范围网络平台，因此规模、强度、影响范围都比较小。

---

① 帕特·华莱士：《互联网心理学》，中国轻工业出版社 2001 年版，第 88 页。
② 杜坤林：《高校网络舆情生成机制与应对策略研究》，载于《中国青年研究》2011 年第 7 期。

2. 涉校网络舆情扩散阶段

涉校网络舆情的扩散，由3类主体推动：事件受害者、新闻媒体以及网络旁观者。一是事件受害者。学校的教职员工不满于学校的管理活动或者在涉及利益分配时感觉自己受到损害，通过传统的救济渠道无法维护自身利益时，可能将寻求救济的目光转向网络，并且为了扩大影响会从学校内部网络转向社会网络，导致舆情的扩散。二是新闻媒体。媒体，包括传统媒体和网络媒体，为了追求新闻的新颖性或者为了扩大知名度和影响，往往会及时跟踪这类事件，并置于显要位置，客观上起到了推动舆情扩散的作用。三是网络旁观者。旁观者大体包括2类人，网络精英和普通网民。网络精英相当于"意见领袖"，他们对于涉校事件的关注，会引来大批网民围观，并影响网民对于事件的认知和看法；而普通网民则是出于正义感或者仅仅是表达意见，对于事件进行评论、跟帖、转帖等，这都促进了涉校网络舆情的扩散。涉校网路舆情的扩散路径主要包括两条，分别是虚实媒体互动和网民自发传播。虚实媒体互动是指刺激性事件经传统媒体报道之后，网络媒体转载扩散，引发一定反响，再由传播媒体跟进报道，如此反复，最终实现事件的众所周知，从而完成舆情扩散。在虚实媒体互动中，传统媒体可以发挥网络媒体所不具备的优势，即事件调查能力，通过对事件的调查，更多的信息会被发掘出来，有可能进一步加强网络舆情的热度。同时，虚实媒体互动不仅促进网络舆情的扩散，而且使舆情进入现实生活，引起更广泛的社会关注。而网民自发传播是指在网络上，网民通过跟帖、转帖、回帖、评论、置顶、加精等方式形成"滚动散发"式传播。在各过程中，直接当事人、利益相关者、关注事件者和其他旁观者都可能借助网络参与讨论。因此，网民自发传播是网络舆情最广泛、最普遍的扩散方式，因为它几乎能够调动所有的网络主体参与到传播过程中。

3. 涉校网络舆情高涨阶段

涉校网络舆情经过阶段之后，相关的或不相关的网络主体几乎都会关注此事件，最重要的是大多数人会发表自己的看法，形成纷繁复杂的声音，这时涉校网络舆情正式进入高涨阶段。在此阶段，无论是社会人员还是学校内部人员，表达自己的观点之后，不代表着个人对于此事件关注的结束，相反，由于互联网的互动性，人们可以通过各种网络平台交换各自想法，思想激烈碰撞，最终经过分化与整合形成一条或几条占主导地位的舆论。这些舆论并不能代表真实的民意，群体极化与意见领袖对于舆论的形成起着主导作用。受个体心理的影响，个人总是喜欢进入与自己意见相近的论坛或讨论组，而同质化的群体只能产生极化结果，个体的看法不仅没有丝毫改变，反而形式上更为极端，有着向网络群体性事件发展的强烈倾向。所以大学网络论坛上，极小的事件引起激烈的讨论，会越来越极端，最终爆发群体性事件。此外，还有一类人左右网络舆论，那就是意见领袖。根据拉扎斯菲尔德的二级传播理论，舆论反馈的并不是最初大众的信息，而是经过舆论领袖后"二级"传播的信息，突出了舆论领袖的舆论引导功能。因此，意见领袖一定程度上可以决定大众的观点倾向。学校中，意见领袖归属于多个角色，论坛版主、高级别用户等都是意见领袖的表现形式；社会网络上的意见领袖成分更为复杂，明星、企业家、公共知识分子等都可担任。无论学校还是社会的意见领袖，他们的共同特点是掌握话语权、有发声平台以及粉丝众多，个别时候有一呼百应的效果，能够使网络舆情迅速升温并达到极点。

4. 涉校网络舆情消亡阶段

涉校网络舆情事件不会长期存在，很短的时间内就会被遗忘，人们的注意力接着转向下一个舆情热点。根据中国传媒大学网络舆情研究所监测数据显示，每个网络舆情热点议题的平均存活时间为 16.8 天。如果一个网络热点议题不节外分枝，大多存活时间集中在 1 ~ 15 天的短期，中间也很有可能由于当事人或单位回应不当引发一波几折的舆情关注持续到 3 周左右。（丁俊杰、张树庭，2010：5）那么什么原因导致一个涉校网络舆情事件消亡呢？总结起来，有 3 方面原因：一是涉校网络舆情所反映的事件已经得到解决，当事人或利益相关方满意事件的处理，人们对事件的热度下降，导致引发舆情的事件消失；二是涉校网络舆情存在一段时间后，没有新的事实出现，导致涉校网络舆情自然消亡；三是新的涉校舆情热点出现，人们的注意力资源稀缺，无法兼顾旧的网络舆情。以上一个或几个原因都可以造成涉校网络舆情的消亡。

五、基于"一案三制"视角下的涉校网络舆情应对措施

2003 年"非典"过后，党和国家提出以"一案三制"为核心的应急管理体系建设，包括应急预案与应急管理体制、机制和法制。"其中，体制是基础，机制是关键，法制是保障，预案是前提，它们共同构成了应急管理体系不可分割的核心要素。"[1]"一案三制"是对应急管理理论的一大创新，建构了应急管理主体结构和工作内容的基本框架，有利于提高我国应急管理的能力和效能，从而能够

---

[1] 钟开斌：《一案三制：中国应急管理体系建设的基本框架》，载于《南京社会科学》2009 年第 11 期。

有效地处置各类突发事件。涉校网络舆情应对隶属于应急管理领域，从系统论的角度，学校的问题与社会问题相统一；从事件类型的角度，涉校网络舆情所引发的突发事件包含于国家突发事件的类型之内；从方法论的角度，"一案三制"科学体系架构对于涉校网络舆情应对具有借鉴意义。[①] 因此，可以将"一案三制"体系应用于涉校网络舆情应对体系建设中，并结合涉校网络舆情的特点，建立应对涉校网络舆情的"一案三制"体系。

（一）涉校网络舆情应对体制建设

应急管理体制是指："应急组织机构的构架和职能的设置，强调一种静态的功能和职责。"[②] 网络舆情造成的后果和影响，最近几年才引起社会的重视，大多数学校没有建立完整的网络舆情应对体制，尤其是中小学，一般将其发生的网络舆情视为普通的突发事件，由学校原有机构运用常规手段处理，处置效果难以达到预期。这种情况在大学等高等院校表现得稍好，但是仍然很少有高校设置专职机构应对网络舆情，体制建设则更为遥远。体制作为应急管理的基础，发挥着至关重要的作用，所以涉校网络舆情应对应从体制建设开始，具体包括设置网络舆情应对领导小组、网络舆情应对协调机构、网络舆情应对执行机构。

1. 网络舆情应对领导小组

网络舆情应对领导小组是网络舆情应对工作的常设领导机构，组长由学校校长或专职副校长兼任，成员包括学校宣传部、团委、学工部、保卫处等学校行政职能部门的主要负责人。其功能是统筹学校网络舆情应对工作，负责各项工作的决策、审核以及指挥。平时，领导小组接受各执行机构关于网络舆情的报告，分析研判，并做出工作指示；紧急状态时，领导小组立即转化成网络舆情应对的最高指挥机构，协调各职能部门，部署具体的工作任务。

2. 网络舆情应对协调机构

网络舆情应对协调机构一般不专门设置，而是由学校宣传部兼任（中小学无宣传部由政教处处兼任）。其主要功能有 2 个：一是信息的上传下达，向上对领

---

① 王宇飞：《一案三制是学校突发事件应急管理的治本之策》，载于《哈尔滨工业大学学报》（社科版）2009 年第 3 期。

② 高小平：《一案三制对政府应急管理决策和组织理论的重大创新》，载于《湖南社会科学》2010年第 5 期。

导小组报告网络舆情的状况，向下对职能部门传达领导小组的工作指示；二是组织协调，涉校网络舆情爆发时，协调各职能部门相互之间的配合与联动，使之成为紧密结合的应对体系。

3. 网络舆情应对执行机构

网络舆情应对执行机构分为两类：一类是学校的各行政职能部门；另一类是网络技术机构。学校各行政职能部门做好本职工作的同时，还需积极配合舆情应对领导小组的工作，在网络舆情爆发后，能够服从领导小组的指挥，并与其他行政机构通力合作，共同应对涉校网络舆情。网络技术机构包括网络工作室、论坛管理委员等，他们是专业网络技术团队，熟悉网络的运行特点，负责执行有关网络舆情应对的各种技术工作。网络工作室一般是下设在宣传部的常设机构，其他机构是学生自治机构，接受宣传部的指挥协调。

（二）涉校网络舆情应对机制建设

2006年7月，《国务院关于全面加强应急管理工作的意见》指出："要构建统一指挥、反应灵敏、协调有序、运转高效的应急管理体制"。《突发事件应对法》根据事前、事中、事后的原则将应急管理机制分为4大部分：预防与应急准备机制、监测与预警机制、应急处置与救援机制、事后恢复与重建机制。应急管理机制在整个突发事件防范、处置和善后处理过程中，能够协调和组织各部门科学合理地运用各方面的资源和能力，更好地应对和处理突发事件。然而，大、中、小学在涉及网络舆情的机制建设上，普遍处于空白状态，至多有一两个专门性文件，规定某个事件处置的机制流程，但异常简陋，缺乏科学性与合理性，远不能达到机制应有的作用。各学校可借鉴《突发事件应对法》关于应急管理机制的划分法，将涉校网络舆情应对机制分为4部门：监测与预防机制、信息收集与传递机制、应急处置机制、善后总结机制。

1. 监测与预防机制

网络舆情不同于其他突发事件，它的形成有一个相对来说比较长的过程，且显性特征较多，通过监测与预防，可以将绝大多数舆情危机消灭于未形成状态。涉校网络舆情又因学校这一团体的特殊性——封闭、狭小、成员数量少且同质性高，监测与预防的效果更好。监测手段有技术手段和人工手段2种：技术手段是指运用计算机技术对学校论坛的发帖与回帖进行关键词过滤，如果发现帖子中存在敏感的词汇，则自动对其进行屏蔽；人工手段是在技术手段不能发挥作用时（技术手段只能监测关键词，对于语境则毫无办法），由专业网管团队或学生兼职的舆情队伍，通过浏览论坛或网页，发现涉及学校内容的不当内容，并及时上报给学校宣传部等舆情管理部门。监测只限于发现问题，难以有效解决问题。因此，对于发现的问题，还需采取进一步的措施：一是积极回应，学校各职能部门负责及时回应涉及本部门的问题，力求真诚、清楚、有说服力；二是信息公开，信息的不对称容易使人产生猜度，无论对校外还是校内，学校应迅速公开人们所希望得到的信息，避免谣言四处扩散；三是个别谈话，学校论坛采取实名制，对于个别学生在论坛上的疑问或困惑，学校团委和教辅人员应与学生面对面的交流，解疑去惑。

2. 信息收集与传递机制

21世纪是信息时代，信息的价值自然不言而喻，特别是在突发事件的处理上，信息的质与量以及传递渠道的通畅度决定事件应对得成功与否。涉校网络舆情的应对不仅在非常态时渴求信息，而且在常态下信息对其也至关重要。涉校网络舆情的信息收集与传递机制应从常态和非常态两方面入手，构建一条完整的信息链，便于两种状态随时切换。常态下，信息机制分为对内、对外2部分：对内，每周舆情报告，学校网络工作室每周将论坛和网络上比较热门或争议的话题，以及将学生对此的思想反映，制成电子版的舆情动态，通过电子邮件的形式，上报舆情管理领导小组和学校主要领导，使之对学校的网络舆情的状况有整体的把握；对外，两级报送体系，学校网络工作室将学生对重大事件的反映或日常的学生思想认知状况收集、整理、分析之后，通过学校宣传部，分别上报教育系统和党政系统。当涉校网络舆情爆发时，信息机制迅速由常态转为非常态，对内或对外都不再采用定期、固定渠道的报告传递方式，而是一律采取即时、最快的方式。学校网络工作室发动各部门收集信息，然后将信息以最快的方式传送到网络舆情管理领导小组，再由领导小组根据事态程度决定是否上报教育部门和党政部门。总之，要努力保障信息的时效性。

3. 应急处置机制

学校网络舆情领导小组接到学校宣传报告的关于网络舆情爆发的信息，立即召开会议，对信息整理、分析，然后进行研判，初步估计事态的产生原因、严重程度、发展趋势以及影响范围。根据会议的决定，立即采取紧急措施控制事态的发展：一是控制事件当事人，从源头上切断舆情的动力因素，限制事件的影响范围；二是信息公开，一般由学校宣传部长作为新闻发言人，联系各大媒体记者，以新闻发布会或通气会的形式，澄清事实，并表明官方态度；三是舆论引导，发挥论坛版主或网评员等"意见领袖"的作用，通过发帖、回帖、转帖、置顶、加精等方式，使主流言论占据网络阵地，同时，还运用议程设置的功能，在学校举办一些其他活动来转移人们的注意力。如果前期紧急处置措施效果不明显，舆情会持续升温，甚至可能引发群体性事件。这时学校校长应主持召开有学校各主管部门负责人参加的紧急联动会议，由网络监督管理领导小组负责明确各部门职责，迅速组织各部门各司其职，通力合作。群体性事件发生之后，校长等学校主要领导迅速到达第一现场，坐镇指挥，组织保卫处和学工部门控制局面，维持现场秩序，必要时可以联系政府和警方，从旁予以协助，防止事态的扩大。与此同时，学校团委和各学院主管学生工作的教师、行政人员应深入宿舍，了解学生想法，澄清事实，稳定学生情绪。

4. 善后总结机制

涉校网络舆情不会一直存在，总会有个消亡期。因处理措施得当有效，或者又有新的网络舆情出现，转移了人们的注意力，抑或经过一段时间后自然消亡，都会导致涉校网络舆情的终结。但是这并不意味着所有的处理工作已经完成，而是还有善后总结阶段。善后总结阶段有两大方面的工作需要做：一是善后阶段，在应急处置阶段为尽快结束舆情所许下的承诺应保质保量的完成，特别是当事人的利益诉求，一定要给予及时满意的答复，否则，一段时间之后，旧事重提，在网络上引起新的波澜，再解决的难度增大，因为这时学校的公信力已经没有了；二是总结阶段，需要总结的为应急处置过程的经验教训，对于好的方面应继续发扬，而对于缺点和不足则应深入分析研究，找出问题的根源，积极思考对策，然后进行完善，与此同时，在总结过程中，还要对各部门的表现进行评比，奖优罚劣，真正落实责任机制。

（三）涉校网络舆情应对法制建设

涉校网络舆情应对法制，有狭义与广义之分，狭义法制仅指学校应对网络舆情的规章制度，广义法制则扩展到国家关于此领域的法律制定。这里的涉校网络舆情应对法制指的是广义层面的法制。应该说，无论国家还是学校，都在有关网络舆情应对法制建设层面相对滞后，这与网络社会的迅速发展形成鲜明对比。国家关于互联网的立法本身就少，而针对网络舆情的立法几乎没有。学校层面，涉校网络舆情的规章制度很少，并且大多适用于论坛管理，总体表现得零散、层级低，缺乏全面性、系统性、可行性。在此背景下，涉校网络舆情应对机制面临制度缺失或制度不彰的障碍，舆情应对不仅师出无名，而且行动混乱，应对效果大打折扣。因此，推进国家和学校网络舆情应对法制建设迫在眉睫，有完善、明确的法律，才可能对恶意制造网络舆情的不法分子有震慑力，降低舆情爆发的可能性，也才能使国家和学校在处置网络舆情时有法可依，执法时理直气壮。

（四）涉校网络舆情应对预案建设

预案即预先制定的行动方案。应急预案又称应急计划，是针对可能的重大事故（件）或灾害，为保证迅速、有序、有效地开展应急与救援行动、降低事故损失而预先制定的有关计划或方案。预案既能在突发事件爆发时提供合理有效的应急处置措施，又能通过对预案的演练提高应急处置能力。我国大、中、小学校涉校网络舆情应对预案大都在紧张的制定过程中，但已经制定出来的应对预案，相互抄袭、内容空洞、缺乏可操作性，仅仅作为应付上级检查的形象工程，根本无法发挥应急预案的功能和作用，甚至还可能误导应急处置工作，造成更大的损失。真正有效、规范的涉校网络舆情应对预案应包括以下几方面：一是总则：规定应对预案的指导思想、编制目的、工作原则、编制依据、适应范围。二是机构设置及职责：具体规定网络舆情应对的组织机构与职责、组织体系框架。三是应对流程：根据网络舆情应对的时间序列，划分为监测与预防、信息收集与传递、应急处置和善后总结 4 阶段。四是保障措施：规定应对预案得以有效实施和更新的基本保障措施，如物资支持、技术支持以及奖惩体系等。五是附则 1：包括专业术语、实施或生效时间等。六是附则 2：包括各种规划格式文本、相关机构和人员通信录等。这 6 个方面之间相互联系、相互支撑，共同构成了一个完整的应对预案框架。

第十四章

高校网络舆情的内涵和演化逻辑

高校网络舆情可以分为高校常态网络舆情和网络舆情突发事件，它具有时间压缩、舆情空间互动和节奏错位等时空特征。其演化分为孕育、爆发、扩散与衰退 4 个阶段，具有冲击性显著、影响力阶段性增加的特征。加强高校网络舆情管理工作，应重视常态舆情问题的化解，将网络舆情管理与高校的日常工作有机结合，建立快速主动的网络舆情应对机制。

作为 20 世纪科技发展最集中的体现，网络深刻地改变了人类生存方式和社会结构。正如卡斯特所说"作为一种历史趋势，信息时代的支配性功能与过程日益以网络组织起来。网络建构了我们社会的新社会形态，而网络化逻辑的扩散实质地改变了生产、经验、权利与文化过程中的操作和结果"。[1] 应当看到，网络社会的崛起蕴含着一种结构性的风险，它大大增强了社会的脆弱性，导致传统社会管理模式的效能不断下降。

高等院校是网络舆情的多发地带。据统计，截至 2010 年底，我国在校大学生网民已达 3 164 万，占在校大学生总数的 92.6%。[2] 根据有关研究，2009 年 1 月～2010 年 8 月间的 245 个网络舆情热点话题中，科教文卫领域所占的比例达到 15.1%。[3] 近年来，高校网络舆情事件呈现出数量逐渐增多、规模不断扩大的趋

---

[1] 曼纽尔·卡斯特：《网络社会的崛起》，社会科学文献出版社 2003 年版，第 569 页。

[2] 相关数据见《2010 年中国青少年上网行为调查报告》，中国互联网信息中心网，http://www.cnnic.net.cn/research/bgxz/qsnbg/201108/t20110819_22589.html（最后访问时间：2014 年 3 月 5 日）。

[3] 丁俊杰、张树庭：《网络舆情及突发公共事件危机管理经典案例》，中央党校出版社 2010 年版，第 3 页。

势，严重影响了高校的和谐与稳定。如何有效地引导或管理校园网络舆情已经成为当前高校工作中一个不能回避的重要课题。

一、高校网络舆情的内涵与外延

对于高校网络舆情的概念，学界已有一些探讨，但尚未形成共识。一些研究中还存在误用或混用的现象。这一方面是由于高校网络舆情与舆论、突发事件有紧密的联系，区分有一定的难度；另一方面则是因为目前的研究以应用研究为主，现实的需求对研究对象的选择产生了重要影响。但是，概念的重要性恰恰在于它能够确定研究客体的范围，体现研究客体的基本特征与规律。因此，有必要厘清高校网络舆情的内涵与外延。

1. 高校网络舆情的内涵

舆情即社情民意，涉及公众对社会生活中各个方面的问题，尤其是热点问题的公开意见（外露的部分）或情绪反应（既可能外露又可能不外露的部分）。[①]而网络舆情相较于舆情，多了一个限定语"网络"，因此有学者认为网络舆情是舆情的一种表现形式，网络舆情是从属于舆情的一个子概念，其被定义为由于各种事件的刺激产生的通过互联网传播和表达的人们对于该事件的所有认知、态度、情感和行为倾向的集合。[②]据此可以界定，高校网络舆情主要是指高校内部群体对与其利益密切相关的校园生活、管理等问题和社会热点问题在相关网络平台上的所有认知、态度、情感和行为倾向的集合。高校网络舆情可以从主客体和舆情空间两方面理解：第一，主体多元。高校网络舆情的主体包括大学生、教师、行政人员等高校内部群体。如果是社会人员在网络上针对高校有关事项发表的言论，则只能称为涉及高校的网络舆情。第二，客体类型固定。一般能够引发高校网络舆情的事件不外乎有三类：一是学校突发偶发事件，例如校园暴力；二是与师生利益密切相关的事件，例如奖学金评比、餐厅饭菜质量等；三是国内外社会热点问题或事件。第三，平台有限。能够聚集大量高校内部群体参与的网络平台是有限的，主要以校园网络和以高校师生为主的即时通信平台（如 QQ、

---

① 丁柏铨：《略论舆情——兼及它与舆论、新闻的关系》，载于《新闻记者》2007 年第 6 期，第 8 ~ 11 页。

② 曾润喜、徐晓林：《网络舆情突发事件预警系统、指标与机制》，载于《情报杂志》2009 年第 11 期，第 51 ~ 54 页。

MSN)、社交网站（如人人网）为主。第四，易于控制。高校网络舆情往往质量比较低，感性成分较多，讨论不够深入，持久力比较差，并且高校实行实名制，能够迅速进行干预，所以高校网络舆情比较容易控制。所以高校网络舆情的内涵和外延可以如图 14-1 所示。

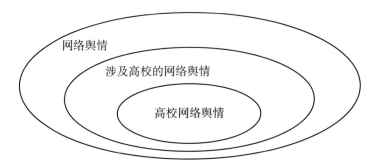

图 14-1　网络舆情、涉及高校的网络舆情、高校网络舆情三者的关系

2. 高校常态网络舆情与高校网络舆情突发事件

高校网络舆情突发事件是常态网络舆情的升级版。高校网络舆情突发事件是由常态网络舆情和热点话题引起的校园突发事件，需要高校领导层介入和各职能部门合作解决，具有突发事件的突发性、不确定性和信息资源的紧缺性、急迫性等共同特征。与常态网络舆情相比，网络舆情突发事件发生后可能会带来损失和负面影响。它在短时间内吸引了校园内部众多注意力，参与者的诉求明显而激烈，甚至网络中充满各方互相攻击、对立的气氛，管理者从中感受到决策与行动的超常压力。高校网络舆情突发事件一旦应对不慎，极易激化，向社会网络或现实空间扩散。

3. 高校网络舆情与突发事件

高校网络舆情与突发事件是两个截然不同而又有着千丝万缕联系的概念。根据我国《突发事件应对法》的规定，突发事件是指突然发生，造成或者可能造成严重社会危害，需要采取应急处置措施予以应对的自然灾害、事故灾难、公共卫生事件和社会安全事件。在这个定义的后半部分，采用列举的方式确定了突发事件的外延，即包含自然灾害、事故灾难、公共卫生事件和社会安全事件四种具体的形式。显然，高校常态网络舆情不能称为突发事件，而高校网络舆情突发事件则与突发事件的内涵相符，属于社会安全事件的范畴。

至于突发事件与网络舆情之间的关系问题在前面已经做了详细的论述，这里不再赘述。以图 14-2 来简单示意高校网络舆情与突发事件的关系。

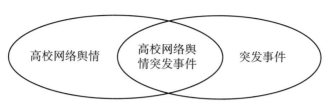

图 14 - 2　高校网络舆情与突发事件的关系

二、高校网络舆情的时空特征

传统社会存在于物理空间和时间所叠加组成的四维空间中，时空结构形塑了个体间的关系和组织结构。而网络的加入则形成了一个新的空间——虚拟空间，重塑了高校传统舆情的时间—空间结构，这种改变使高校的网络舆情管理环境变得动荡而又复杂。

1. 时间的压缩

时间的重要性在于社会时间结构决定了个人和组织的行动规律。网络的普及大大缩短了高校舆情从发生、发展到衰落的生命周期，高校网络舆情事件从发生到结束只需要几天甚至更短。因此，高校舆情管理的反应时间不断缩短，解决问题的政策窗口转瞬即逝，管理工作不断加速以适应网络舆情的"速食化"。

压缩意味着对时间期限和时间期限内的压力，以及在对组织内外都具影响的其他时间因素的压力。压缩的过程常常导致原因和结果很难区分。[①] 时间压缩的结果，第一是使信息管理的重要性更加凸显。高校管理不得不同时面临信息超载与信息饥渴，管理者面前堆积了海量与高校网络舆情相关的信息，但是其中存在着相当程度的垃圾信息，需要对信息进行仔细筛选、加工之后才能作为决策的依据，而这恰恰非常困难。第二是决策困难加大。由于时间紧迫、真实信息的匮乏、因果关系复杂，管理者很难找准问题的关键点，决策的盲目性大大增加。第三是底层管理者的重要性不断增强。日常的舆情管理工作的增加伴随着权力的下沉，底层管理者的舆情信息报告日益成为学校领导决策的主要依据。

---

① 艾达·萨伯里斯等：《建构时间：现代组织中的时间与管理》，北京师范大学出版社 2009 年版，第 126 页。

2. 舆情空间的互动

网络使地球日益成为一个"地球村",将人们之间的距离缩短到两根网线之间。从整体来讲,互联网大大扩展了高校传统的舆情空间。一是现实空间与虚拟空间的频繁交流。传统高校的舆情传播与生成必须在现实的场地和空间才能够实现,而虚拟空间则超越了这些限制。同时由于高校的网络虚拟空间与现实空间的高度重合性,虚拟空间与现实空间之间通过各种现实联系存在着广泛的信息交换。高校的网络并非是社会网络中的陌生人社会,而是熟人、半熟人社会,虚拟空间中的个体同质化水平非常高,导致高校网络中网络谣言的市场比较小,网络舆情发展更为迅速。二是社会与高校舆情空间的混合。传统高校与社会之间存在着一层看不见的壁垒,同时由于信息传播手段的限制,高校舆情通常只会在校园内部传播。网络则将高校与社会无缝隙地联结起来,高校的校园网成为媒体关注的焦点,加大了高校网络舆情管理的难度。

3. 管理节奏的错位

时间高度压缩与舆情空间扩展的最终后果是管理节奏的错位。组织节奏具体到高校内可以理解为高校内部形成的一以贯之的管理、工作的时间安排与习惯。时间可以分为时钟时间和组织时间,人们通过将社会的自身秩序和工作安排与时钟时间相对应建立起社会的时间秩序。时钟时间是客观的,每一秒对于个体都是相等的。而组织时间则各不相同,不同组织中个体的时间知觉有着巨大的差异,这依赖于各个组织的节奏。网络的加入使高校原有的管理工作、时序安排与虚拟空间和个体的习惯、期望存在较大差距,成为矛盾产生的重要来源。高校中所有参与者的活动和互动都是根据铃声、时间表、进度表的协调一致而被精心设计的,这种严格的时间秩序十分适合理性化、官僚制的组织结构。

高校的管理节奏与个体节奏也存在着矛盾,高校工作时间是 5(天)× 8(小时),网络的节奏是 7(天)× 24(小时)的,而这种学校管理人员下班的晚上和周末,校园网是最活跃的,这造成了大量的管理时间空白。网络的快速化使个体沉迷于虚拟的速度感之中,对于现实与虚拟空间的存在的速度差认识不足,对于事件的忍耐度下降。一旦其主观上认定高校管理方对网络舆情的回应迟缓、效率低下,就容易陷入怀疑、愤怒等负面情绪中,对管理者进行更为猛烈的抨击。

三、高校网络舆情突发事件的演化逻辑

高校网络舆情突发事件按照其生命周期可以划分为孕育、爆发、扩散和衰退4个阶段（见图14－3），其主体轨迹是由高校常态网络舆情向网络舆情突发事件、网络舆情突发事件向校园群体事件、社会网络舆情的转化，呈现出破坏性、影响力阶段性增加的特征。

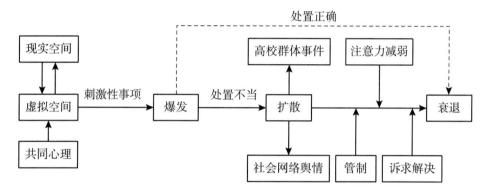

图14－3　高校网络舆情突发事件的发展规律

1. 高校网络舆情突发事件的孕育

高校网络舆情突发事件孕育通常具有一系列的诱因，这些诱因可细分为三个层面：首先是网络舆情载体层面，即网络空间的表达功能和网络的传播特点；其次是网络舆情主体层面，即高校学生的表达能力与行为、群体的心理基础等；最后是社会环境层面，即共同的情绪积淀等。

（1）网络舆情载体层面。

在当今社会，特别是表达渠道极度稀缺的情况下，网络已成为人们进行利益表达的主要渠道之一。网民可以在网络空间中相对自由、自主地言说，形成虚拟的议政广场。"由于现实中各种传统媒介的限制，高校学生很难获得表达个人维权诉求和爱国热情的渠道，而网络作为相对较少受到限制的公共舆论平台或公共能量场成为高校学生表达诉求的可行方式。"① 因此，网络成为高校学生利益诉

---

① 张丽娟、曾润喜、王国华：《高校群体性事件网络舆情管理研究》，载于《情报杂志》2011年第6期，第6页。

求表达的主要渠道之一。对于在校学生而言，主要的网络言论发表工具一般为博客、即时通信工具（主要为 QQ 与 MSN 两种）、BBS 论坛和学生社交网站。同时网络具有信息转播速度快、范围广、影响大的特点，能够在极短的时间内引起广大高校师生的激烈讨论，从而成为高校网络舆情的爆发奠定了基础。

（2）网络舆情主体层面。

网络舆情事件的爆发通常具有深刻的社会心理基础。网络舆情爆发的原因在于短时间内群体注意力的高度聚合。这种聚合的产生有赖于群体的共同经验，"经验分享能够促进社会互动，让人们拥有和关注共同的话题、任务，不管他们之间是否有共同点。其提供了一种社会黏性，能让不同的人相信他们拥有相同的文化"。① 高校师生长期在同一区域学习、生活，共同生活经验使他们更容易"感同身受"。校园中的各种正式和非正式群体使个体学生组织化，往往成为相关舆情事件的发起者和主导者。高校学生大多都是 20 岁左右的青年，受过系统的教育，但缺乏现实层面的正确认知。因此，他们虽然具有问题表达的能力，有积极参与问题讨论的意愿和热情，然而情绪化、理想化的群体性特点容易使问题的讨论走上非理性化的状态，最终导致高校网络舆情突发事件的爆发。

（3）社会环境层面。

高校网络舆情与一些社会问题直接相关，例如钓鱼岛事件引发的高校 BBS 论坛热议。正如杨国斌所讲，"触及普遍关心的现实问题、给人以道德震撼、引起共鸣、唤起同期与良知的帖子、容易变成网络事件。"但是，如果缺少某些条件，这些社会问题并不一定能够引起网络舆情，因为网络舆情突发事件需要有大量的情绪积聚。高校学生普遍面临学习、经济、就业等诸多压力，对于学校和社会中各类事件十分敏感。学校内部改革、分房、文凭问题、收费、就业、入党、评奖评优等都很容易形成网络舆情。后勤、宿管、网络、教学服务设施等，也是网上批评的热点内容。这些批评和舆论一般属于高校常态网络舆情的范围，如果学生的情绪能够通过各种途径进行疏导，那么其通过网络进行传播的意愿与强度就会大大降低。反之，若情绪不能得到有效释放和疏解，长期积累下来，在个体心理中形成一定的压力和成见系统，在"高温高压"的状态下，一旦遇到"火星"就会爆炸。

网络舆情的产生和变动总是在一定的时间和空间内进行的，形成和变化也要受到现实社会和网络空间的双重影响。② 现实空间往往作为虚拟空间传播的补充，一方面学生中的网络领袖通过宿舍、班级、社团等现实关系将其在虚拟空间的所

---

① ［美］凯斯·桑斯坦：《网络共和国——网络社会中的民主问题》，上海人民出版社 2003 年版，第69 页。

② 刘毅：《网络舆情研究概论》，天津人民出版社 2007 年版，第 67 页。

见所闻向普通学生传播，影响普通学生的观点与情绪，引导他们在网上发表言论。另一方面，现实空间中产生的情绪又会通过网络表现出来，对网络舆情起到强化作用。

2. 高校网络舆情的爆发

刺激性中介事件的发生是高校网络舆情突发事件的导火索。一些看似不经意的偶然性事件就可能轻易触发潜藏已久的公众情绪，形成始料未及的舆论旋涡。[1] 从内容上看，高校网络舆情的刺激性事项主要可以分为 2 类：一是内生型。此类议题主要来源于学校内部，与学生利益紧密相连的事项，如校园后勤、就业、校园日常管理、选课等问题。二是外源型。主要内容是大学生较关心的社会热点问题，如爱国主义、官员贪腐、社会公平等问题。

作为高校网络舆情的导火索，刺激性的中介事项一般具备以下一种或几种特点：一是事件真相不明。当事件的真相掩盖在重重迷雾，尤其是显示出人为遮盖的迹象时，网民往往会表现出比平常更强烈的好奇心和求知欲，社会失信的大环境又促使网友对中介事件中的疑点朝着相反的方向思考。二是事件处置不当。某些突发事件发生后，相关部门采取了措施予以处置，但处置方法或结果不能使广大网民满意。于是，网民、媒体或者当事人就借助网络广泛发声，希冀引起政府部门的注意、重视并采取符合其意愿的切实行动。三是事件涉及具体的利益诉求。社会是由利益编织的网络，利益驱动人们去表达自身需求。高校学生的个体需求往往得不到足够的尊重，网络则提供了一个廉价的发声平台与人群聚合工具，高校学生通过这个平台寻找利益共同者，向学校的管理者施加压力。四是事件涉及价值冲突。长期的学校教育向大学生灌输了爱国、自由、平等、正义一系列的普世价值观，形成了相对理想化的价值体系。大学生对社会黑暗面的容忍度明显低于社会其他群体。当所发生的现实问题与学生的价值体系相背离的时候，会造成学生的激烈反弹，进而通过网络对事件当事人、政府机关进行道德裁判和攻击。

3. 高校网络舆情突发事件的扩散

高校网络舆情突发事件的扩散是指高校网络舆情在强度、形式和空间范围等方面超越原有的限度，向现实中和社会中进行扩展，主要体现为舆情空间的扩展，舆情主体的增多，舆情议题的增加等。高校网络舆情的升级将超过校方的管理能力，不良影响也从高校内部扩展到整个社会，需要校方与政府、社会等多方

---

[1] 喻国明：《中国社会舆情年度报告》(2010)，人民日报出版社 2010 年版，第 27 页。

合作才能进行及时、有效的应对。

前期处置不当是事态升级的重要原因。当高校管理者的处置态度与处置手段、结果与学生的期望相去甚远，处置上没有表现出足够耐心和公正性的时候，学生将逐步对校方失去信心与耐心，倾向于采用更加激烈、影响力更大的方式，求助于更为广泛的力量来吸引上一层级管理者的注意力，以促使问题得到解决。高校网络舆情有着强烈的由常态网络舆情向网络舆情突发事件、由校内舆情向社会舆情扩展的趋势。网络舆情在发生之初往往是以一定利益的满足为目的，在一系列演化之后，尤其是学校、政府机关的应对不慎，导致主要话题不断转换，单纯的利益目标往往会与政治、社会的其他因素相联系，大大增加了事件解决的难度。

高校网络舆情的扩散主要有两条路径：一是高校网络舆情转化为社会舆情；二是高校网络舆情转化为校园群体事件。高校网络舆情转化为社会舆情主要由2个步骤组成：第一，高校内部舆情通过论坛、百度贴吧等社会网络进行传播，进入社会虚拟空间，吸引大量社会网民的注意力，成为论坛、贴吧的焦点议题。第二，当社会舆情形成一定规模后，往往会引起网络新媒体和传统媒体的报道。这是舆情扩散路径上非常关键的一步，论坛、贴吧的受众具有一定的领域性特征，可信度也比较低。而门户网站、传统权威媒体则更具有大众性、权威性，部分媒体出于赚取点击率的需求，往往会采取夸大、片面表述等方式进行报道，引发网友的大规模讨论，则加快了热点问题的社会化，此时高校网络舆情即成为完全意义上的社会舆情。高校网络舆情突发事件转化为校园群体事件主要是指高校学生在强烈的网络情绪的驱动下，通过现实和网络的多种联系进行串联，在校园中进行游行、示威、静坐等非暴力行为和打砸抢、围殴、谩骂等暴力行为。这时网络舆情突发事件的负面影响已经从精神和思想层面的影响转化为现实和物质层面的破坏。

4. 高校网络舆情突发事件的衰退

网络舆情突发事件的影响持续一段时间后会逐渐衰退。网络舆情衰退的主要原因有以下几点：一是网友注意力的转移。社会的注意力资源是有限的，而网络时代的特点之一则是网络热点的层出不穷。处于事件外围"围观"状态网友的注意力很容易从一热点转移到另一热点。二是利益诉求的解决。当网友的利益诉求得到满足，事件得到澄清之后，网络舆情失去了支撑的原动力，自然而然就成为过去式。三是网络管制手段的应用。当校方和政府发现网络舆情突发事件后，有可能采用关闭评论、删帖、屏蔽用户等技术手段控制网络信息流的传播，给网友一种"风平浪静"的假象，促使事件的关注度快速下降。

四、高校网络舆情管理对策

目前高校网络舆情管理源自传统的科层体制，大多数高校将网络管理作为一个职能并入原来的组织结构，结果导致部门职能分割，现实空间管理和虚拟空间管理脱离。因此，加强高校网络舆情管理必须改变传统思维，适应网络时代的时空环境。

1. 完善高校网络舆情应对机制

一是建立校园网络舆情管理领导小组。领导小组的性质是定期的议事协调机构，组长一般由学校党组织的主要负责人担任，成员由各职能部门的主要领导组成。其主要职责在于应对突发性网络舆情事件，解决网络舆情搜集、研判平台提交的涉及各职能部门的网络舆情问题。二是形成学生、院系部门、学校三级舆情收集工作体系。辅导员和班主任应与班干部、学生党员等保持畅通的信息交流渠道，通过他们第一时间了解发生在身边的事件，并迅速上报给院系，院系了解情况后立即向党委宣传部或学校层面汇报。三是完善政府与高校的信息交流渠道。高校必须与政府建立常态和非常态的交流渠道，平常按规定向政府相关部门汇报学校舆情状况，而当网络舆情突发事件发生后，能够第一时间准确地将信息呈报给政府，使其做好应对准备。四是捋顺高校网络舆情联动工作体系。该网络由校长办公室、学工部门、后勤部门、保卫部门等职能部门组成，由网络舆情管理领导小组统一领导，组长可由专职校领导担任。

2. 加强高校网络舆情监测与预警

高校网络舆情监测与预警工作应从 2 方面开展：一是建立一支专业的网络工作团队。网络团队的组成，包括高校网络技术人员、高校论坛管理人员、学生网络舆情监测小组。他们在各自负责的工作范围内密切关注学校网络舆情动态，一旦发现有可能形成网络舆情的话题或态势，应及时向网络舆情管理领导小组发出预警，并持续跟进事态的发展，滚动形成新的报告。二是借鉴与应用网络舆情监测新技术。高校中，学生生活与学校管理节奏错位，夜晚和节假日是学生活动的高峰期，而学校管理却处于缺位状态，因此这就需要通过技术手段解决管理错位问题，可以将网络与学校工作人员的移动通信设备相连，通过关键词技术或者监测一个帖子或话题在一个时间段内的跟帖或回复数，及时报告可能出现网络舆情的情况。

3. 积极干预与引导高校网络舆情

尽管传统媒体"把关人"的作用在互联网时代已被严重弱化，但由于高校网络舆情的特殊性——主要发生和活动地是学校 BBS 论坛，所以在高校网络舆情时，仍然可以发挥"把关人"的作用，由论坛管理人员或学校网络工作人员及时删除一些敏感或易引发网络舆情的帖子或回复。同时，组建一支高素质舆情工作队伍，充分发挥论坛版主等"意见领袖"的作用。拉扎斯菲尔德通过调查发现，舆情反馈的并不是最初的网民传播的信息，而是经过"意见领袖"后"二级传播"的信息。因此，高校网络舆情孕育过程中，应该积极发挥网评员和论坛版主等"意见领袖"的作用，通过他们的发言或回帖来引导舆论导向，使整个舆情动态朝着高校希望的方向发展，避免引发网络舆情突发事件。

4. 主动设置议程以扭转高校网络舆情被动局面

议程设置理论的基本理论基础是李普曼提出"拟态环境"思想，他认为"新闻媒介影响我们头脑中的图像"。因此，议程设置理论认为，媒体虽然不能决定人们怎么想，却可以决定人们想什么。将议程设置理论运用到高校网络舆情应对中，可以发挥两个方面的作用：一是当高校网络舆情爆发之后，特别是涉及学校一些管理方面的问题，需及时将信息向师生公开，然而怎样公开却是一个重要问题，这就需要决定信息公开的次序，通过设置议程来引导讨论；二是当高校网络舆情向社会舆情扩散时，同样面临回应公众质疑的压力，回应的内容以及次序决定舆情是继续升温还是就此消逝，而一个良好的议程设置不仅可以满足公众的知情权，而且能够极快地终结舆情的持续扩散。

第十五章

高校网络舆情管理机制与治理模式探究

高校网络舆情在学校应急管理中越发受到重视。网络舆情具有反馈及时、易于获得等特点，高校管理者若能有效利用，网络舆情即是建立现代高校管理的社会资本。教育部哲学社会科学重大课题攻关项目"完善学校突发事件应急管理机制研究"设立子课题专门研究高校网络舆情。这篇论文作为课题的理论支撑，通过访谈厘清我国高校网络舆情管理机制现状，在现实基础上提出高校网络舆情管理可引进政治学的合作治理理论，倡导校园网络舆情管理从传统的自上而下管理转变为合作治理，即高校管理者主导，以监控、引导、教育、协调等综合手段实现学生网民有序参与网络舆论。校园网络合作治理模式重视网络舆情的民意价值和沟通功能，重视培育学生网民的公民权利意识，有利于学校科学决策，有利于预防、预警高校网络舆情危机。

校园网在我国高校中日益普及成为校园生活不可或缺的一部分，高校网络舆情管理应运而生。根据各地方、各高校的具体情况，高校网络舆情管理发展现状良莠不齐。一些在这方面走在全国前列的地方和高校相继建立了具有示范意义的管理机制，也在实际工作中积累了丰富经验。例如，华中科技大学组织了一支理论水平高、政治素质过硬的网络舆情监控团队，华南理工大学承担华南地区网络舆情监控建立了一套管理体系。总结若干实例，管理策略可以归纳为技术监控和人力引导两种主要手段。技术监控能够在信息量庞大的校园网上实现快速、全面地把握信息，是校园维稳的基础工作。人力引导更注重对学生的思想政治教育，从长远角度达到寓疏于堵的目的。

基于互联网具有开放地表达意愿的特点，胡锦涛同志把互联网形象地比喻

213

成 "思想文化信息的集散地"，① 政府和高校都不能把网络舆情仅仅当作维稳和应急监控的对象来看待。网络舆情表象的背后是日益增强的公民权利意识。我国政治学研究对政府规范引导网民有序参与公共事务这方面比高校管理要先行一步。在政治学里，公民社会理论、治理理论、社会资本理论等相继提出公民、非政府组织在公共事务中应充当重要角色的观点，现代新公共管理不再是政府唱独角戏的舞台。这些理论为新兴的政府网络舆情管理提供了理论依据。高校网络舆情管理也开始在理论上探索校园网的治理，一些高校已经在摸索管理者引导、学生自治的方式，一些高校仍然停留于传统管理模式。本章通过访谈理清我国高校网络舆情管理机制现状，在现实基础上提出高校网络舆情管理可引进政治学的合作治理理论，倡导校园网络舆情管理从传统自上而下管理转变为合作治理，即高校管理者主导，以监控、引导、教育、协调等综合手段实现学生网民有序参与网络舆论。校园网络合作治理模式重视网络舆情的民意价值和沟通功能，重视培育学生网民的公民权利意识，有利于学校科学决策，有利于预防、预警高校网络舆情危机。

一、高校网络舆情的定义

高校网络舆情是特殊范畴的网络舆情，一种定义认为高校网络舆情是在校园网络上传播的具有一定规模的师生对某一 "焦点""热点" 问题所表现出的有一定影响力、带有一定倾向性的共同意见或言论②，载体是校园网络，行为主体是教师和学生，客体是社会 "焦点""热点"。一种定义认为高校网络舆情是与高校有关工作相联系的网络评论或观点③，载体扩展到整个互联网，行为主体涵盖所有网民，客体是高校有关工作。另有观点认为高校网络舆情是通过高校师生在互联网上传播的多数公众对现实社会各种现象的、并能对其进程产生影响的、公开的、一致的、具有权威性和倾向性的信念、态度、意见和情绪表现的总和④，载体是整个互联网，行为主体是教师和学生，客体是现实社会各种现象。这三种

---

① 《胡锦涛在人民日报社考察工作时的讲话》，载于人民网，http://politics.people.com.cn/GB/1024/7408514.html（最后访问日期：2014 年 2 月 10 日）。
② 吴勇、王玉良：《不确定视域下校园网络舆情管理机制的构建》，载于《学术论坛》2009 年第 7 期，第 186～188 页。
③ 王健：《高校网络舆情的监测与引导》，载于《信息网络安全》2009 年第 3 期，第 54～57 页。
④ 王学俭、刘强：《当前高校校园网络舆情的逻辑分析》，载于《中国高等教育》2010 年第 10 期，第 17～19 页。

是具有代表性的定义。三个定义的争论点在于：高校网络舆情的载体限于校园网络还是扩展到整个互联网，客体包括社会"热点"和"焦点"还是限于高校有关工作，行为主体是所有网民还是仅指教师和学生，现有多数文献以学生为行为主体。

本章中高校网络舆情的范围根据研究目的而界定，为高校通过有效利用校园网络舆情促进学校内部管理改革提供可借鉴模型。与整个互联网空间相比，校园网络是高校管理的主要阵地，参与者绝大部分是校内学生。在校园网络中，舆情反映的内容包罗万象，无论社会"热点""焦点"，还是高校有关工作，以及师生个人问题都能引起学生的广泛兴趣，进而有可能形成具有影响力、倾向性的共同意见或言论。每一类话题也都具有教育管理价值：高校有关工作的舆论有助于管理者做科学决策，社会现象的舆论有助于教育工作者掌握学生心理从而有的放矢地进行思想政治教育。要说明的一点是，教师群体暂不在本章的研究范围之内。虽然校园网承载着高校管理者对教师的管理功能，教师在工作角色之外也以个人身份参与校园网，但是高校对教师的管理和对学生的管理是两种机制，本章受篇幅限制，仅以高校对学生的管理机制作为研究重点。

综上所述，根据本章的研究目的，高校网络舆情界定为，主要以校园网络为载体，以学生群体为行为主体，由现实社会各种现象所引发的、并能对其进程产生影响的、公开的、一致的、具有权威性和倾向性的信念、态度、意见和情绪表现的总和。

二、高校网络舆情管理机制

一些既往研究对我国部分高校进行了调研，在高校网络舆情管理机制现状的梳理和总结工作上取得了阶段性成果。如一项 2010 年对我国河南、山东、广东共五所高校的调研总结出高校网络舆情管理机制的 4 项子内容，包括：一是专人负责制，由专人定期浏览互联网上的相关信息，及时掌握舆情动向；二是技术监测制，利用技术手段，通过设置关键字，过滤不良信息；三是定期会议制，除相关直接管理部门，各部门的互联网信息员定期参加信息反馈会议，向主管领导汇报近期情况；四是紧急反馈制，遇到特殊情况，各部门可直接向主管院长汇报具体情况。[①] 另一项研究着重考察了高校网络舆情监控部门的工作机制。书中介绍

---

① 边隽：《高校网络舆情管理机制研究》，河南大学 2011 年硕士学位论文，第 34～35 页。

华中科技大学和华南理工大学分别肩负华中和华南地区网络舆情监控工作。监控机制包括排查、汇总和报送机制，涉及学校部门包括党委宣传部、网络中心和保卫处。除了监控，华中科技大学网络舆情监控部门还进行校园网舆情的深度研究，整理一段时间内学生关注度高、影响力大的话题并添加专家意见和解决方案汇编成文档为决策者提供参考。华南理工大学的做法是配合监控加强思想政治宣传教育和管理者——被管理者沟通的。①

作者在查阅文献时发现，既往文献更多地偏向于论述制度的应然状态，较少有实证调查总结现状。以上引用的硕士学位论文是能够比较细致地展现管理制度内容和监控部门具体工作的难得的两篇。既往研究鲜有描述高校网络舆情管理机制。作者没能在文字资料中了解到目前高校网络舆情管理机制的实际工作现状实。因此，作者在2011年10月与北京市一所211高校的网络舆情管理相关工作者进行了单独面访，掌握目前高校内部网络舆情管理体系包括哪些部门，各部门在其中的职能是什么，它们的协作机制如何。根据访谈资料梳理出高校校园网络舆情管理机制流程图。这是本章的一项重要工作，即清楚、具体地呈现高校校园网络舆情管理机制。

根据访谈内容了解到，高校网络舆情管理体系主要由党委系统负责，主管部门是校党委宣传部，网络舆情监控部门隶属于党委宣传部。体系中还有协作部门，包括学生工作部门、保卫部门。这些部门由一个或几个分管校领导负责分管。各分管校领导在校党委常委会或者校长办公会上汇总信息，协调工作。网络舆情由宣传部上报校领导。当舆情达到报送级别时，党委和行政两个系统同时报送，党委系统上报给北京市教育工委，行政系统上报给教育局，具体报送工作由校长办公室负责。北京市教育工委负责北京市高校的思想政治工作，包括高校网络舆情管理，教工委也召开各高校的舆情会。高校的基层网络舆情管理者是院系中设置的网络舆情管理专人，另外也有宿舍楼长、学生骨干、班主任、辅导员。在目前的管理制度下，具体的管理手段采取技术监控和人力引导相结合的综合手段。图15-1是根据与北京市某高校网络舆情管理相关工作者进行访谈绘制的高校网络舆情管理机制流程图。

高校宣传部门一般有两个，一个是校党委宣传部，另一个是校新闻办公室。高校网络舆情由校党委宣传部负责管理，不是行政系统的新闻办公室负责。校党委宣传部的工作侧重于审核舆情，在舆情管理工作中的主要职能是：负责对校内和校外学校形象的树立和宣传，信息发布前的审核，堵截不符合要求的信息。有些学校的党委宣传部下设专门机构负责获取媒体的舆情，进行分级，报送相关部

---

① 高晔：《高校网络舆情管理对策研究》，上海交通大学2010年硕士学位论文，第29~36页。

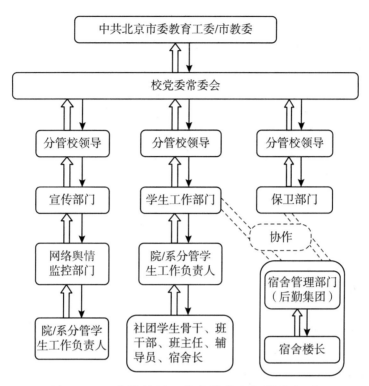

图 15 – 1　高校校园网络舆情管理机制流程图

门。不设专门机构的学校，这类工作由学校的互联网信息管理部门负责。

网络舆情监控部门运用互联网技术手段形成一套网络舆情监测系统，负责长期监测相关网站，包括整理分析网络舆情，向相关部门和领导做定期汇报。互联网信息管理部门的主要职能是：监控在校园网内的各个互联网平台上发布的信息；联系校外各大型论坛，主要是与本校相关版块的管理员建立联系，获得管理权限，通过监控及时发现并删除不良信息，汇报相关部门及领导，同时备份。有的高校除学校统一管理以外，网络舆情监测的工作还会下发到各个院系。各院系设置具有相关技术的年轻教师担任专职管理人员，工作主要针对本院系学生的互联网动态，并定期汇总上报。网络舆情监控部门设有一支学生网络管理员队伍，人力管理主要由这支队伍具体执行。

学生工作部门主要负责学生管理工作，保卫部门主要负责校园安全工作，这两个部门通过对虚拟社区和校园真实环境的人力引导维护稳定工作，在校园网络舆情管理的工作中承担重要职责。学生工作部门直接面向学生，对学生的保护通过层级管理模式，其末端深入到高校的最小组织单位——社团、班级和宿舍。学生工作部门通过培育学生骨干，依靠"意见领袖"引导网络舆情的良性走向。如前所述，校园互联网环境中有很多非公开的领域，如班级、社团等组织的 QQ

群，通过大规模群发的电子邮件等，这些都是高校互联网信息管理部门通过技术手段无法监控到的虚拟社区空间，只能通过建设一支思想水平高、政治向上、了解学生心理的"意见领袖"队伍，进行更贴近学生生活和思想状态的网络舆论引导，而身边深受信任的学生做出的评论也能更容易被其他学生们接受。

学生工作部门还设有专门负责宿舍思想建设工作的机构。原来宿舍管理属于学生工作部门，随着校园管理社会化，高校成立了后勤集团，由物业统一管理学生宿舍，但是这种管理模式不利于高校掌握以宿舍为单位的学生群体的情况，因此改革成为现在的管理模式，即在学生工作部门设置宿舍管理机构负责通过宿舍楼长、宿舍长进行学生思想教育，有些高校还设置宿舍层长由学生担任，其他的日常住宿管理的相关事宜由后勤集团负责。如图 15-1 所示，在网络舆情管理工作方面，宿舍管理部门与学生工作部门是部分隶属与分工合作相结合的关系，也与学校的保卫部门保持工作联系。

图 15-1 绘制了高校网络舆情管理机制中有关机构设置、职能、协作、隶属关系。管理体系中各部门各司其职，工作相互独立。网络舆情整体情况的汇总、分析、合作与分工通过由学校领导组成的校长办公会议实现，各分管副校长将各自负责的部门所掌握的情况在会议上汇报、讨论，再由会议统一安排、协调、部署工作。每个高校掌握的网络舆情如果达到报送级别，将报送到北京市委教育工作委员会，该组织负责北京市范围内的高校思想政治的指导工作，同时上报教育局。

三、高校网络舆情的治理模式分析

根据本研究前期访谈了解到的情况，高校管理者仍然将网络舆情主要作为监控对象，还不能充分利用网络舆情资源。网络时代对管理者的能力提出了更高要求，考验领导者能不能适应开放、民主、互动的网络生活。当代高校学生是互联网上异常活跃的群体，其背后蕴含着学生群体觉醒的公民权利意识。学生网民已经不满足于仅仅为了娱乐和发泄去上网发言，而是希望以不同形式参与社会现实生活和公共事务。校园网络舆论是学生的自发行为，实际体现学生实现公民权利的诉求。如果高校网络舆情能善加利用，则潜藏着非常巨大的教育管理资源。然而，近年来因高校网络舆情处理不当引起的突发事件却有增长之势，严重影响校园稳定与社会和谐，高校网络舆情管理被纳入国家教育部应急管理和维护校园安全的重要工作内容。面对学生网民逐渐增强的公民权利意识，过去对待舆论的

"封""堵""压"手段已经不合法，教育管理者有必要建立民主、法治的对话机制，真正实现"以人为本"理念。政治学的合作治理理论提供了一种建构模型，它能充分地利用现有监控和引导手段，以其为基础建立高校管理者发挥主导作用、管理者与被管理者共同参与的高校网络治理模式，提高管理者治校能力，满足学生的政治诉求，体现网络舆情的资源价值。

"治理"这个词最早在1989年由世界银行概括当时非洲情形时提出。治理，是各种公共的或私人的个人和机构管理其共同事务的诸多方式的总和，它是使相互冲突的或不同的利益得以调和并且采取联合行动的持续的过程①。治理理论是在西方国家，为克服"政府失败"和"市场失灵"应运而生的新公共管理理论。面对公共领域的新问题，以及经过治理理论自身的发展，合作治理成为治理理论中的前沿理论。合作治理主张公共事务管理需要政府和私营部门进行高度合作，同时政府要强有力地对公私合作关系进行管理，市场竞争机制的引入使政府在提供公共服务方案中给予公民更多的选择权。由于它在理论上能解决诸多公共管理弊病，因此被广泛地应用于地方治理、大学治理、企业/组织治理、国家治理和全球治理等各个领域。网络政治的研究兴起以后，治理理论又被应用于政府对网络舆情监控与舆情资源利用。

高校网络舆情管理体系的研究近年来才开始，借鉴新公共管理理论更是新动向、新探索。论述治理理论适用性方面的文献鲜为所见，我们不妨参考新型社区治理、政府网络舆情管理等相关文献。高校的生活空间其实就是一个具有综合功能的社区，学生是社区中组织化的公民。查德·C.博克斯（Richard C. Box）在其著作《公民治理：引领21世纪的美国社区》中建立了社区治理架构，阐述新型的美国社区治理应该抛弃传统官僚制的集权控制和单向型管理模式，基层公共事务的治理应以公民为中心，公民是积极的参与者和治理者而不是传统的被动接受者，政府应当是公民参与治理的促进者、协调人、专业咨询者和帮助者而不是控制者。② 再看高校网络舆情管理，重要的是校园网络的行为主体——学生群体具有治理理论实现的必要条件，即公民积极参与公共事务。③ 观察各学校BBS和近年来高校网络舆情突发事件能明显地感觉到，学生网民已经不满足于通过网上发言释放情绪，而是希望以不同的形式参与社会现实生活和公共事务。面对学生网民觉醒的公民权利意识，建立民主、法治的对话机制是更为恰当的管理方式，

---

① 俞可平：《治理和善治引论》，载于《马克思主义与现实》1999年第5期，第37~41页。

② ［美］理查德·C.博克斯：《公民治理：引领21世纪的美国社区》，孙柏瑛等译，中国人民大学出版社2005年版，译者前言第2~4页。

③ ［美］理查德·C.博克斯：《公民治理：引领21世纪的美国社区》，孙柏瑛等译，中国人民大学出版社2005年版，第62页。

这正是治理理论可以提供的。

政府网络舆情管理方面，北京邮电大学马荔的博士学位论文《突发事件网络舆情政府治理研究》、华中师范大学朱义宁的硕士学位论文《网络舆情危机中的政府应对策略研究》、陕西师范大学王佳妮的硕士学位论文《网络舆情下地方政府治理的路径选择》、内蒙古大学秦雪的硕士学位论文《我国网络问政过程中的政府行为研究》、北京邮电大学巫思滨的硕士学位论文《互联网不良信息综合治理研究》等论述了治理理论在网络舆情管理中应用的适用性。虽然每篇论文视角不同，但是观点一致认为治理理论提出的公共行动者在制度内的有序合作，通过博弈、协商共同解决社会问题使得各方利益都有增进等特征，符合网络虚拟社区结构，可适用于政府对网络舆情的利用与监控。

与政府治理的社会多元主体参与相类似，校园网网民群体的结构特征具有建立合作治理模式的前提假设。首先，高校网络舆情体现了学校中学生群体的利益和政治意愿。学生以不同维度被区分为各种群体，如学院维度，年级维度，社团维度，宿舍地理维度，性别维度，成绩维度，兴趣爱好维度，经济状况维度，毕业去向意愿维度，籍贯维度等。各维度将学生划分成带有独特利益诉求的多元主体。其次，学校管理中每一个有关学生政策的决策过程都是不同利益主体之间利益权衡的过程。高校管理的过程、目的与治理理论比较吻合。高校管理将不同学生群体的偏好意愿转化为有效的决策选择，将学生网民形成的多元利益转化为统一行动、并实现校园中相关利益的主要人群的服从。再次，从网络舆情的波及范围来看，学生参与校园网络舆论的比例非常高，可以说高校学生几乎人人上网。就学校里学生网民的比例而言，高校网络上反映的舆情是更广泛的社会资本。最后，从政治参与的角度解读高校网络舆情，学生的网络参与作为校园公共事务参与的一种新方式，以其独特的媒介特征在高校管理中有降低参与成本的优势。

治理是一种网络公共管理活动和公共管理过程，同时与现实社区联系紧密，"它包括必要的公共权威、管理规则、治理机制和治理方式"，[①] 体现以下 10 个基本要素。一是合法性，校园秩序和权威被自觉认可和服从。二是法治，法治的实现不仅需要维护法律面前人人平等的基本准则，而且需要培育具有社区规范意识的社区公民。三是透明度，校务、政策等信息的公开，以便参与和监督。四是公民责任，师生必须明确自己在校园公共生活中的责任并履行。五是政策反馈，管理者对社区公民的要求做出及时和负责的回应。六是管理效率，包括机构设置合理、管理程序科学、管理活动灵活、管理成本低。七是参与，社区公民积极参与公共事务。八是稳定，包括校园安全、活动有序、高校管理政策连贯等。最后

---

① 俞可平：《治理和善治引论》，载于《马克思主义与现实》1999 年第 5 期，第 37~41 页。

2 条是针对管理者提出的廉洁和公正的准则。①

　　引入合作治理建立管理体系不仅是传统方式的转变，更是教育管理理念的更新。第一，大多数情况下，网络舆情还只当作校园安全和高校应急管理工作的一个中间环节。网络舆情管理应该转变观念，发挥网络舆情的信息资源价值，而不只是实施监控对象。第二，高校网络舆情引导工作普遍被置于思想政治教育阵地当中，制约了它自成体系的建设。在中国知网中搜索有关论文，很多结合政治思想教育谈网络舆情，而鲜有就其本身建设的论文。第三，高校网络舆情管理处于管理者与被管理者脱节的状态。学生是真正的校园网主体之一，而他们往往对管理知之甚少，被动接受管理。第四，工作在一线的网络舆情管理人员并不能实现校方管理理念。相当比例的基层网络舆情管理人员来自不同岗位兼职做这项工作，网络舆情管理的理论水平低，业务经验大多来自实际工作，但是学校极少由网络舆情引发危机事件，因此认识不多。

　　以合作治理为理论依据建立校园网络舆情治理模式是在目前已有的技术监控和人力引导基础之上建立健全管理体系，实行学校主导，学生多元主体有序参与，引导学生形成积极正确的价值观进行自我管理、健康上网，实现着重"预防、预警"的高校网络舆情应急管理方针。西方治校模式早已融入现代新公共管理理念，创新的高校管理机制强调调动各种积极因素参与治理，充分尊重个体的价值与权利。由于中西方差异，我国的高等教育管理不能完全效仿欧美治学之道，但是应用现代技术带来的便利来实现高校管理科学决策是全球共通的治理方向。高校网络舆情管理引进治理理论是高等教育管理理念的转变，有效利用网络舆情进行高校管理决策、校园治理、突发事件的预防与处理，同时尽量减少因互联网开放性的特点导致的不均衡参与、非理性参与和非规范化参与等问题。

四、结　语

　　现代治理理论讲求公共利益，管理内容既包括管理者行使管理权力，同时包括公众与管理者的博弈。社会各界的非政府组织在法律许可下享有广泛的活动空间，他们作为独立的社会主体进行社会自治。非政府组织与政府之间是相互依存的合作关系，而不是国家的附属品。在"治理"的范畴中理解高校网络舆情管理，其目的应该是在高校管理制度框架下，运用管理者的权力去引导、控制和规

---

① 俞可平：《全球治理引论》，载于《马克思主义与现实》2002 年第 1 期，第 23 ~ 24 页。

范在校师生的互联网言论，以最大限度地增进高校的公共利益。治理理论这种强调政府的指导功能又充分体现社会资本的参与作用的模式，正适用于高校网络舆情管理。从培育参与主体、完善技术机制和加强法制建设这 3 个视角去寻求高校治理创新中在校学生网络参与提升的对策和思路，以高校互联网为信息平台，逐渐实现治理主体的多元化，健全互相监督的良好环境，促进利益表达的整合。从而拓展在校学生网络参与的新路径，多元主体之间的依赖与合作关系在运行机制上必然最终形成一种自主自治的网络，从而能够实现良好的合作管理。根据治理理论建立的新型高校网络舆情管理模式将有助于建立高校管理者与学生之间的良好联系，获得各项管理实施效果的信息反馈，及时解决学生的利益问题，以及推动学生共同参与校园公共事务等高校网络舆情管理。本章谨在已有研究成果的基础之上进一步论述了一种治理理念，管理体系的具体设计是本章欠缺之处，还需更多的研究和实践将理念转化成现实，以构建和谐校园为目标，建立关注校园网民的价值与权利的校园社区。

第十六章

高校网络舆情应对机制研究：
以北京 L 高校为例

北京 L 高校是"211 工程"重点建设大学，直属于教育部，其以法学为特色和优势，兼有经济学、哲学、管理学、政治学、文学、史学等多种学科。北京 L 高校总体上是一所人文社科类重点大学，学生素质较高且有较强的法治精神和人文理念，然而又不可避免地具有年轻一代大学生的一般特性：冲动敏感、单纯偏执、缺乏理性以及有较强的言语表达能力和欲望。近年来，北京 L 高校多次发生意外事件，如弑师案、跳楼门等，成为网络上热议的焦点，对学校的声誉造成严重负面影响，同时也对学校应对网络舆情的能力提出严峻挑战。在此过程中，北京 L 高校不断总结经验教训，逐步摸索出一套行之有效的应对网络舆情的机制，不仅为以后类似事件的圆满处理奠定了基础，而且其中一些做法和经验对于我国高校网络舆情的应对机制建设具有借鉴意义。

一、网络舆情应对机构设置

北京 L 高校十分重视对网络舆情的监测和应对，通过多年的实践和摸索，逐步形成了由学校网络监督管理领导小组统一领导，以学校宣传部为骨干，学校 BBS 站务管理委员会具体操作的网络舆情应对体制（见图 16 – 1）。具体的分工及职责为：

223

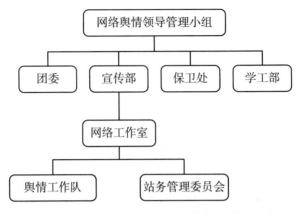

图 16-1 网络舆情应对机构组织关系图

1. 学校网络监督管理领导小组

该小组由学校一名专职副党委书记担任组长，小组成员包括学校宣传部、学工部、团委、保卫处等部门负责人。该小组平时定期接收宣传部以及站务管理委员会关于网络舆情动态的汇报，在此基础上分析与研判，下达具体的工作指示，以预防学校网络舆情的爆发。一旦爆发网络舆情或者网络舆情引发校园突发事件，该小组立即担负起组织协调工作：一方面，及时将相关信息向上汇报学校领导层，并向下传达校领导的指示与命令；另一方面，成立临时紧急情况处理中心，确定工作地点和办公电话，将学校保卫处、宣传部以及团委等部门联动起来，共同应对网络舆情突发事件。

2. 学校宣传部

学校宣传部作为学校应对网络舆情的骨干部门，在具体工作中发挥着多重作用：

（1）宣传部部长。

宣传部部长在网络化时代所承担的任务更加繁重，既要扮演学校内部舆情信息传递员的角色，主要向学校上级领导，特别是网络管理监督小组汇报网络舆情状况，又要在需向社会公开学校网络舆情信息时担任学校新闻发言人。

（2）网络工作室。

网络工作室是宣传部下设的有关网络舆情处理的核心机构，主要负责网络舆情采集和监测，必要时可以充当网络舆情应对的咨询机构，提供合理的建议和措施。

（3）舆情工作队。

舆情工作队由网络工作室招募的一批思想素质高、知识能力强的志愿学生组成，经过特别培训后，以兼职的方式参与工作。舆情工作队主要负责监测学校 BBS 的网络舆情，搜寻有可能引发舆情的帖子及回复，并及时上报。

3. 站务管理委员会

站务管理委员会是管理学校 BBS 的学生自治机构，负责论坛的管理和维护，成员由版主和退休版主构成，设站长 1 名，副站长 4 ~ 5 名。论坛实行站长、站务管理委员会、论坛分版主等梯级管理体系，他们在负责论坛的管理和维护任务的同时，还有一项基本职责，即审核用户发帖，如果有用户发帖或回帖违反论坛规则，那么他们有权对其删帖，甚至封号。

二、网络舆情监测与预防

北京 L 高校的网络舆情监测重点是学校 BBS 论坛，这是因为学生日常交流和讨论的平台或空间很少，BBS 论坛算是为数不多的可以自由发声并且拥有本校学生用户数量最多的平台，因此一些预防和应对措施也主要围绕着 BBS 论坛的特点制定。当然，学校也会关注一些主要的网站或论坛，例如新浪、网易、百度、天涯等，对发现的涉及本校的负面信息或言论的处理措施与 BBS 论坛截然不同，因为会牵扯政府和上级教育主管部门，但在前期监测和预防方面依然存在一些共性的东西（见图 16 - 2）。

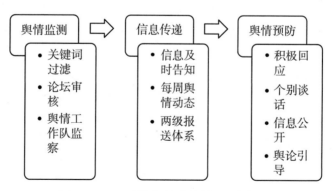

图 16 - 2　网络舆情监测与预防体系

1. 网络舆情的监测

北京 L 高校对网络舆情的监测目前看来，与国家有关部门相比存在着不小的差距，尤其是技术层面上，但就一个大学而言，监测效果尚可，基本能满足需求。北京 L 高校的网络舆情监测手段（主要适应于 BBS 论坛），大体可分为三步。

（1）关键词过滤。

BBS 论坛利用计算机技术，设置关键词，主要是可能涉及违反国家四项基本原则或反党反社会的反动言论。学生的发帖如包含一个或多个这样的关键词时，论坛会自动屏蔽帖子，从而在源头上防止网络舆情的发生。

（2）论坛审核。

一些帖子通过了关键词过滤，但内容含有校内或校外的敏感信息，易引发网络舆情，这时需要版主、站务管理委员会进行专门审核，审核过后如无疑义，方可发出。

（3）舆情工作队监察。

网络舆情工作队每天的工作之一，就是浏览 BBS 论坛的发帖和回复以及各大门户网站或论坛的新闻信息，一旦发现可能引发网络舆情的帖子或新闻，应立即上报网络工作室。

2. 网络舆情的信息收集和传递

高校网络舆情可分为常态网络舆情和非常态网络舆情（网络舆情突发事件），而常态网络舆情在一定的时间和空间状态下会向非常态网络舆情转化，届时造成的影响和损失将非常巨大。因此，注重在常态下对网络舆情信息的收集，并及时告知涉及舆情信息的相关学校职能部门，重要的信息上报给主管领导，必要时向政府和上级教育部门汇报，对于非常态网络舆情预防和应对有着重要的意义。北京 L 高校在信息收集和传递方面做得十分出色，形成了固定的工作制度：

（1）信息及时告知。

学校网络舆情工作队和站务管理委员会在监测网络舆情的过程中，应将监测得到的学生广泛关注的容易引发网络舆情的信息及时告知学校相关职能部门，督促其解决信息中反映的问题。例如，论坛上出现学生抱怨餐厅问题的帖子时，应迅速通知后勤部门，告知出现的问题，使他们尽快予以解决。

（2）每周舆情动态。

每周，网络工作室的工作人员从论坛中筛选一些浏览人次（50 以上）和回复次数（50 以上）比较多的帖子或者一些比较热门的话题，如选课、食堂等，制成关于学生舆情的动态分析，通过电子邮件的方式发给校领导，使他们及时掌握学校网络舆情状况。

（3）两级报送体系。

这里的两级报送体系，主要针对学校的日常网络舆情，包括学生舆情动态的内容以及学生对于敏感事件（如钓鱼岛事件）想法和反应。学校宣传部将以上内容收集、整理、分析之后，上报给教育部、北京市委宣传部等部门。报送机制以月报为主，必要时可采取日报、周报。

3. 网络舆情的预防

重视突发事件的预防，将管理"关口前移"已成为应急管理的共识，不仅有利于降低突发事件爆发的概率，而且能够极大地节约应急管理的经费支出。北京L高校将应对网络舆情的关口前移，重点放在网络舆情的预防上，有助于遏制网络舆情的爆发，避免导致更大损失。

（1）积极回应。

虽然学校运用技术和人力手段阻止了一些帖子的发出，但是网络四通八达，其他学校不能监管的平台依然可以作为学生发声的渠道，所以宜疏不宜堵，学校应积极回应学生所反映的问题。北京L高校后勤、保卫处、团委等各个部门在BBS论坛上都有自己的官方账号，解答学生的疑惑，而且对于学生所反映的问题，会积极解决并及时反馈。如果学校相关部门并没有做出回应，学校宣传部会予以督促。

（2）个别谈话。

反映问题的发帖人和论坛级别高、有话语权的用户是学校重点关注的对象。发帖人反映的问题比较重要时，学校宣传部、团委会找发帖人（论坛实名制）谈话，实际了解情况，进行解答或解决。涉及一些校内或社会重大问题时，学校宣传部、团委等会组织座谈会，邀请论坛的站长、版主以及级别高、有话语权的用户参加，统一思想，弥合分歧，使舆情朝着健康的方向发展。

（3）信息公开。

网络舆情出现较大的波动，有很大一部分原因归咎于网络谣言，而信息的稀缺、不对称则是导致谣言满天飞的主因。因此，信息公开是学校预防网络舆情的有效手段。对内，北京L高校各部门都有自己的网页和论坛账号，及时发布部门的工作信息；对外，设立新闻发言人制度，作为学校的传声筒，联系媒体，向社会公开信息。

（4）舆论引导。

根据拉扎斯菲尔德"二级传播理论"，舆论反馈的并不是最初大众的信息，而是经过舆论领袖后"二级"传播的信息，突出了舆论领袖的舆论引导功能。北京L高校十分注重舆论领袖的作用，建设了两支舆情引导队伍：一支是以论坛站长、版主和级别高的用户为主，通过删帖、发帖、回复，发挥他们议程设置和舆论引导的作用；另一支是网络工作室下的舆情工作队，他们以跟帖的形式，不断、集中的发出声音，营造一种舆论倾向。

三、网络舆情的应对措施和流程

与生命周期类似，网络舆情也有一个孕育、爆发、扩散和最终消逝的过程。网络舆情的监测和预防主要集中在网络舆情孕育阶段，但是当出现刺激性事件或前期处置不当时，常态网络舆情就会向非常态网络舆情转化，最终导致网络舆情大规模地爆发。为了确保网络舆情爆发后，学校能第一时间做出反应、控制事态发展，尽可能降低事件带来的不良影响，北京 L 高校建立起一套快速应对网络舆情及其引发的突发事件的流程，其中包括快速传递信息、紧急应对措施、部门迅速联动和及时反馈总结四个部分（见图 16 – 3）。

图 16 – 3　网络舆情应对流程

1. 快速传递信息

在突发事件应对过程中，信息是生命线，信息的足或缺直接决定事件应对的成效。当网络舆情爆发后，北京 L 高校的宣传部、站务管理委员会等根据预案快速启动信息收集网络，全面收集网络舆情的相关信息。经网络工作室专业人员整理分析之后，迅速上报网络监管领导小组，然后由小组组长（专职副书记）向学校校长以及校党委汇报。根据事件的严重程度，必要时通过两级报送体系，上报北京市委市政府和教育部等学校主管部门，请其协助应对处理。

2. 紧急应对措施

学校网络监督管理领导小组接到信息之后，迅速成立临时紧急情况处理中心，对已有的信息进行分析，确定事件的严重程度，决定是否启动应对预案。如事件十分严重，则立即通知校领导，并采取紧急应对措施：一是查找起因，确定事件源头，然后采取删、减、压等应急措施，控制信息的进一步传播；二是发布信息，由学校宣传部和新闻发言人分别对内对外发声，及时表明官方的态度；三是舆论引导，网络舆情工作队等积极发帖，引导舆论的方向。

3. 部门迅速联动

网络舆情爆发后，如果前期紧急处置措施效果不明显，舆情会持续升温，甚至能引发群体性事件。这时学校校长应主持召开有学校各主管部门负责人参加的紧急联动会议，由网络监督管理领导小组负责明确各部门职责，迅速组织各部门各司其职，通力合作。群体性事件发生之后，校长等学校主要领导迅速到达第一现场，坐镇指挥，组织保卫处和学工部门控制局面，维持现场秩序，必要时可以联系政府和警方，从旁予以协助，防止事态的扩大。与此同时，学校团委和各学院主管学生工作的教师、行政人员应深入宿舍，了解学生想法，澄清事实，稳定学生情绪。

4. 及时反馈总结

网络舆情平息之后，并不意味着事件的终结，为了防止舆情的反复，还有许多后续工作需要做。北京 L 高校规定，网络舆情突发事件结束之后，学校的善后工作还需做到：一是对事件中师生的利益诉求应及时回应和解决，对学校做出的承诺应保质保量得完成；二是总结事件处理的经验和教训，形成文本章件，坚决改进存在的问题和不足；三是奖罚分明，奖励在事件处理过程中表现突出的个人或组织，惩处应对不力的个人和组织。

四、北京 L 高校网络舆情应对机制的问题和不足

1. 经费不足

随着互联网技术的迅猛发展，社会各界对网络舆情可能造成诸多影响的认识不断增加，但是通常把它作为常态应急管理的一部分对待，没有上升到特殊的地位，导致的后果之一就是经费没有相应的增加，工作经常受到经费不足的限制。北京 L 高校的网络舆情工作同样面临经费的困境，导致许多正常工作无法开展，例如，人员编制不满，尤其是精通网络安全的专家极度稀缺，一些工作岗位不得不让非专业的学生志愿者担任，直接影响了工作效果。诸如此类经费不足造成的问题，不仅对具体工作有着不利的影响，而且就整个体制而言，也难以到达所期

229

望的效果。

2. 技术落后

北京 L 高校采用的网络舆情监测技术，相对国家和专业网站采取的技术而言，还是比较落后的。其中最明显的是关键词过滤技术，现在先进的技术是语境过滤技术，即使含有敏感词，但从而整个语境来看它是合法的，就不会过滤掉；而北京 L 高校使用的技术，只要含有敏感词，就会直接过滤掉。显然，这是不合理的，无形中大大增加了人的工作量，因为需要人工再审核，效率自然不高。虽然目前技术的落后并没有对舆情监测工作产生太大的影响，但是随着时间的推移，未来网络的复杂情况必然会带来很多工作的盲点和难点，从长远考虑，应及时更新技术手段，以防"病急乱投医"的情况出现。

3. 时间错位

高校管理时间和学生生活时间存在错位问题，学生活动的高峰期——晚间和周六、周日——正是高校管理人员的休息时间，而 24 小时值班制度没有建立起来。如果在管理人员的休息时间发生网络舆情，那么根本不可能对其进行监测，遑论应急处置了。北京 L 高校的个别工作人员出于责任心，将论坛监测技术与手机系统相结合，这样即使在休息时间也能接收论坛监测信息。但这仅仅是个简单的技术尝试，并没有纳入制度化，也没有进行深入的技术发掘和完善，监测效果目前尚不明显。总起来看，北京 L 高校缺乏破解管理时间错位困局的制度设计和技术支持。

4. 缺乏预案

现阶段，在高校网络舆情整体应对水平不高的状况下，北京 L 高校缺少可借鉴的模板，还处于摸索阶段。因此，北京 L 高校应对网络舆情的手段或模式主要依靠惯例和经验，制度化的预案仅有一个《北京 L 高校 BBS 站紧急情况处理预案》。缺乏预案意味着应急管理时极易出现混乱的状态，对今后北京 L 高校有效应对网络舆情埋下了隐患。遇到比较复杂的网络舆情需要多部门协作时，没有预案会使整个处理流程显得毫无条理、各部门无法顺利对接，不利于网络舆情的处置。

五、结　　语

北京 L 高校的网络舆情应对工作总体上走在各高校的前列，并且在实践中得到了检验，取得了良好的效果。从网络舆情应对机制建设和运转的情况来看，北京 L 高校有许多其他学校值得借鉴的地方，比如设立网络监督管理领导小组，统筹网络舆情应对工作；建立学校各部门的联动机制，快速协调应对网络舆情；特别重视网络舆情的监测和预防，消灭网络舆情于萌芽中等。尽管如此，由于网络的飞快发展，各种新情况、新问题层出不穷，再加上高校网络舆情应对工作普遍处于起步阶段，北京 L 高校的网络舆情应对机制依然存在很多问题，需要在实践中不断总结经验教训，从而弥补不完善之处。相信随着时间的推移、学界对网络舆情理论研究的深入，高校网络舆情应对机制会不断地得到改进和提高，更加有效地应对网路舆情。

第十七章

教育部门应对网络舆情引发高校群体性事件的机制研究

高校网络舆情在政府教育部门的应急管理中越发受到重视。很多研究提出政府不能把高校网络舆情仅当作应急管理对象来对待，政府需转变管理理念，从管理创新入手在源头减少高校网络舆情群体性事件的发生频次，并提出管理创新可借鉴西方治理理论。本章亦赞同这种观点，管理者应将网络舆情融入决策过程。在已有研究成果的基础之上，本书提出一个高校网络舆情群体性事件的治理模型，具体是以信息公开、对话、事后分析和决策为流程的综合治理体系。对于信息不透明型、制度缺失型和政府不作为型等类型的网络群体性事件，信息公开和对话可以增进政府与社会相互了解，分析和决策能够化解社会矛盾，从而在根本上预防或平息群体性事件。

互联网最初在 1994 年作为一种技术手段进入中国人的视野，随后逐渐成为新闻传播媒介。1999 年《人民日报》网络版启动"强国论坛"，互联网开始成为一种言论工具，开通政府与社会对话新渠道。① 从此，由网络舆论引发和推动的政府决策层出不穷。2003 年广州大学生孙志刚被收容致死案掀起激愤的网络热议，国务院在很短时间内废除了旧的收容遣送办法。2009 年轰动全国的"躲猫猫"事件，云南省委宣传部牵头邀请网民参与调查。网络舆情显然已经具有不可忽视的力量，日益受到各级党政机关的重视。高校网络舆情属于网络舆情的特殊

---

① 人民网舆情监测室：《如何应对网络舆情？——网络舆情分析师手册》，新华出版社 2011 年版，绪论第 1 页。

范畴。近年来高校网络舆情引发的群体性事件逐渐有数量增多、规模扩大的趋势。屡次教训表明，高校网络舆情若处理不当，或者被别有用心的人利用，很可能升级为学生群体性事件，严重影响校园稳定与社会和谐。高校网络舆情管理成为国家教育部重要的应急管理和校园安全工作。

在高校网络舆情表象的背后是学生群体日益增强的公民权利意识，他们迫切希望以各种形式介入社会现实生活和公共事务。面对学生的利益诉求和政治诉求，政府必须建立一种制度引导学生的公民权利意识发挥积极作用，而简单安抚、强制封堵等方式已经不能回应学生的诉求，创新的管理模式势在必行。

一、高校网络舆情引发群体性事件的概念

舆情，是由个人以及各种社会群体构成的公众，在一定的历史阶段和社会空间中，对自己关心或与自身利益紧密相关的各种公共事务所持有的多种情绪、意愿、态度和意见交错的总和。①

从舆情的定义出发，高校网络舆情是由高校学生参与或者构成的网民群体，在校内互联网空间或者公众互联网空间中通过互联网表达和传播的，对自己关心或者与自身利益紧密相关的各种校内、校外公共事务所持有的多种情绪、态度和意见交错的总和。如下需要对本章研究范围的界定做几点说明。

高校网络舆情发生的空间。网络舆情的空间包括"硬空间"和"软空间"，前者指网络舆情发生的地理场所，后者指网民所处的意识形态和制度等人文环境。我国高校网络舆情的硬空间主要是国内整个互联网空间，包括校内网络平台和公众网络平台。高校网络舆情发生的软空间所含内容纷繁复杂，从微观的网络秩序、网民身份角色、虚拟社区和议题等的发起目标，到宏观的我国民族文化等都是网络舆情的软空间。特别是我国网络舆情管理的制度环境是重要的软空间因素，是我国网络舆情管理建设的重要工作。

高校网络舆情的主体。参与公众网络舆情的学生网民、主要由学生网民组成的舆情群体，这两种情况都有可能导致学生网民群体卷入网络舆情而演变成的群体性事件，这些学生网民是本章界定的高校网络舆情主体。此外，还有一类特殊的主体，若个别学生成为互联网上网民议论的公共事件当事人，他和相关人员可能激发周围环境中的情绪，是学校一段时期内应急管理重点关心的对象。

---

① 刘毅：《网络舆情研究概论》，天津人民出版社 2007 年版，第 51～52 页。

高校网络舆情的客体。校内、校外足以引起高校学生强烈反响，有可能经由网络舆情演变成群体性事件的公共事务都包括在内。有些公共事务引发公众网民热议，引起公众网民对教育的负面情绪、态度和意见，这类网络舆情不涉及学校安全因此不在本章的研究范围之内。

高校网络舆情的传播模式。人际模式，这种模式是不仅通过公共空间，而且通过电子邮件、网络即时聊天工具等私人途径从舆情中心呈放射状地向四周扩散。群体模式，是在群体信息传播和互动过程中形成。高校学生网民具有熟人或者半熟人特征，学生们长期朝夕相处，舆情可以通过互联网传播和口口相传的复合模式，这一特点比公众网络舆情更突出，所以高校网络舆情比公众网络舆情传播的速度更快。

综上所述，高校网络舆情具体界定为：互联网上传播的，以高校学生网民为行为主体，由现实和互联网各种现象所引发的、并能对其进程产生影响有可能演变成现实群体性事件的、公开的、一致的、具有权威性和倾向性的信念、态度、意见和情绪表现的总和。高校网络舆情引发群体性事件是因人民内部矛盾引发，由于互联网的迅速传播引起公众关注，形成网络舆情并引发由学生参与并形成有组织和目的的集体上访、集会、阻塞交通、围堵党政机关、静坐请愿、聚众闹事等群体行为，并对政府管理和社会造成影响。[①] 大部分高校网络舆情和它引发的群体性事件的实质是民主、民意的表达，少部分是（受指使的）群众闹事。

二、高校网络舆情群体性事件发生机制的特点

网络舆情的形成分为 5 个阶段：公共事件发生—信息传播—个人观点形成—人际或群体互动—舆情的形成与表达[②]。网络舆情聚合的过程类似物理学的耗散结构，一个远离平衡的开放系统通过不断与外界进行物质和能量交换，可能从原有的无序状态转变为有序状态。舆情形成以后的运动走势可归纳出 3 种：舆情受到外界因素干扰不断起伏涨落，呈现波浪形；舆情达到某一声势时持续保持热度随后回落，呈现梯形态势；舆情达到某一声势时立即回落，呈现单峰形。[③] 网络

---

① 中国行政管理学会课题组：《我国转型期群体性突发事件主要特点、原因及政府对策研究》，载于《中国行政管理》2002 年第 5 期；陈增光：《网络环境下突发公共事件的政府信息公开与舆论引导研究》，北京大学 2009 年硕士研究生学位论文，第 2 页。

② 刘毅：《网络舆情研究概论》，天津人民出版社 2007 年版，第 290 页。

③ 李京京：《网络社区的舆情监控研究》，北京大学 2009 年硕士研究生学位论文，第 19 ~ 25 页。

舆情可能引发群体性事件，其原因从心理学角度分析，是受到群体压力、群体极化和集体无意识等现象的影响而导致。从传播学角度分析，其原因可以归结为互联网的新传媒特性，如信息获取的广度和自由度扩大，信息传播的轨道呈辐射形态，双向即时交互方式提高舆情时效性和互动性从而显著增强信息聚合力等。社会学的匿名理论解释了网络舆论中出现情绪化和非理性言论的原因。网络舆情和它引发的群体性事件也是一种政治现象。舆情指向公共事务，因此它首先是一个政治学概念。网络舆情是政治过程中公众利益表达和政治参与的表现形式，网络舆情引发的群体性事件是更激烈的表现形式。根据高校网络舆情的概念界定，它有区别于一般公众网络舆情的特点。

高校网络舆情引发的群体性事件有更加快速集结的特点。在网络舆情形成阶段，高校学生生活相对自由，上网时间相对充裕，热点话题一旦出现能迅速形成网络舆情，即时性特点更明显。有关跟踪研究显示，教育系统内的重大舆情案例持续的时间通常不超过 7 天，有的案例从舆论形成到舆情的过渡甚至不超过 4 小时①。在群体性事件形成阶段，大学生住宿集中，上网的地理位置相对集中，网络舆情一经转化为现实行动，信息通过线下人际模式和线上群体模式在真实与虚拟两个空间交织传播，大学生网民能从居住地迅速集结同时感染周围的人。高校住宿环境更易于学生集体行动的特点，要求管理者有快速的应急反应能力。

高校网络舆情和它引发的群体性事件体现了大学生日益增强的公民意识。"推动网络舆情形成的动力源头是公众的利益需求"②。与一般民众群体性事件性质相同，高校学生群体性事件反映了他们的利益诉求。有时候一个事件引发网络热议，并非就事论事，而是深藏已久的利益诉求的爆发。除了利益诉求以外，我们也看到年青一代人日益增强的公民意识。例如，2010 年"谷歌退出中国事件""4·14 玉树地震事件""中日钓鱼岛事件"等社会事件受到高校学子高度关注形成网络舆情。大学生在有关国家荣誉、国家利益、国际地位、自然灾害、民族团结的社会事件面前表现出了积极态度，是学生公民意识的体现。

高校网络舆情比公众网更易于治理。在组织结构上，校园网和现实校园公共空间以高度组织化的形式存在。治理理论认为社会组织自治是弥补政府与市场同时失效的社会治理手段。学生以高度组织化的形式参与校园公共生活，是实现学生自治的客观基础。在网络技术上，校园网能够通过 IP 地址等技术手段准确定位计算机终端位置。一方面约束高校学生网民为其言论负责，培养他们对言行负责的观念；另一方面使网络管理规范化成为可能。因此，非理智的"网络暴民"

---

① 唐亚阳主编：《中国教育系统网络舆情年度报告（2010）》，湖南大学出版社 2011 年版，第 6 页。

② 刘毅：《网络舆情研究概论》，天津人民出版社 2007 年版，第 291 页。

现象在高校网络言论中比较少见。即使出现个别"网络暴民"现象，管理者也大多能通过技术手段对其准确定位而进行个别工作。

高校网络舆情相对比较理性，有助于管理者做科学决策。互联网是开放的空间，舆论参差不齐，给管理者分辨公众的真实诉求增加难度。高校网络舆情的参与者基本是高校学生，他们身份比较简单，整体素质比较高。一篇研究北京大学BBS的论文认为在公网上容易形成舆论热潮的情绪化观点和水军炒作在校园网上对舆论走向的影响不大。高校学生网民们推崇有独立思考、理性分析、充分论据、严密逻辑的评论和观点。在校园网 BBS 上，推手和水军发挥不了作用，而那些慎重、公正看待问题的意见领袖则能得到尊重。[①] 以上是 4 点高校网络舆情有别于公众网的特点。

三、网络舆情治理的文献综述

网络群体性事件有积极的政治功能——体现民主、折射出转型时期的社会动态和危机、有利于执政党和政府改进等。[②] 网络也有可能凸显或放大某些社会矛盾，客观上为有害信息的传播和负面舆论导向提供了途径。[③] 因为一些诱因，正义的网络舆情可能演变成非理性行为。面对网络政治的复杂性，西方学者从 20 世纪末开始从事这方面研究，我国从近 5～6 年才开始。西方研究关注的焦点是政府如何改革以适应互联网时代，即互联网大幅提高了政治参与率，问题是政府实施怎样的治理才能使网络政治参与更有效。美国加利福尼亚大学学者克里斯·安塞尔（Chris Ansell, 2000）考察了西欧地方政府的治理结构调整，之后他提出用网络化的政体代替等级制组织形式。这个"网络化"是指政府与组织之间通过相互适应进行交流与合作，即国家嵌入社会中，政府通过与社会各组织形成交织的网络式合作来实现社会治理的目标。在实证基础上，安塞尔认为网络化的政体是适应互联网技术的一种可行的组织形式。[④] 哈佛大学教授斯蒂芬·戈得史密斯和美国德洛伊特研究所的威廉·D. 埃格斯进一步提出网络化治理的实践模式。他们认为网络化治理是政府高水平的公私合作与政府充沛的合作关系网管理

---

① 蒋广学等：《基于舆情传播规律的高校网络舆情综合引导探研——以北京大学未名 BBS 为例》，载于《北京教育》2011 年第 12 期，第 19～21、27 页。

② 严峰：《网络群体性事件与公共安全》，上海三联书店 2012 年版，第 3～4 页。

③ 人民网舆情监测室：《如何应对网络舆情？——网络舆情分析师手册》，新华出版社 2011 年版，绪论第 6 页。

④ 转引自李斌：《网络政治学导论》，中国社会科学出版社 2006 年版，第 18 页。

能力相结合，然后利用技术将合作关系网连接到一起，并在服务运行方案中给予公民更多的选择权。①

网络化治理是以现代社会公共治理理论为基础建立的网络政治时代政府与社会合作治理的模型。所谓治理，是西方国家公共管理的发展趋势。在政治民主化和经济全球化的环境中，社会组织承担的公共管理角色越发重要。由社会组织独立进行公共管理，以及由社会组织与政府合作进行公共管理，称作治理。在治理过程中，权威的角色不一定由政府扮演，权威性主要来自公民的认同和共识。治理的实现主要通过合作、协商等方式实施对公共事务的管理。因为治理的以上特点，治理的范围可以跨越政府管辖的行政区划，更可以跨越国界。② 总之，治理不再是政府单方面行使权力的公共管理过程，而是政府、社会组织、市场相互合作的过程。西方研究者为互联网时代的政府提出的解决办法正是现代社会公共治理的理论与网络政治参与的实践相结合的产物。网络化治理不是就网络舆情而论网络舆情，而是面对互联网时代设计出的一整套政府公共管理改革方案，体现了合作民主的价值观念。由于中西差异，西方国家的网络化治理对于我国而言目前还太过超前，但是其中多元主体合作等理念和措施可以为我们所借鉴。

我国对网络舆情的研究还更多地停留在社会安全的角度。我国的研究者提出，地方政府处理网络舆情也可以借鉴现代新公共治理理论，建立适合我国国情的治理模式。北京邮电大学马荔的博士学位论文《突发事件网络舆情政府治理研究》即代表这样的观点。这篇论文以"中国网络公共领域的兴起与政府治理模式变迁"（刘良，2009）、"网络舆情与政府治理范式的转变"（刘毅，2006）、"政府治理中公民网络参与的路径选择"（黄婷，2009）等研究成果为基础，提出以政府发挥主导作用，社会力量积极参与，二者合作的突发网络舆情治理模式。治理的途径包括制度、法律、信息技术与安全、应急机制等刚性治理政策，以及倡导自律、壮大行业组织、社会监督、信息公开、加强道德建设等柔性治理政策。③浙江省委党校何显明教授著《群体性事件的发生机理及其应急处置》，其中一章论述了群体性事件处置中的网络舆情治理。虽然文中没有明确使用"治理"理论，但是文中提出要"从战略的高度认识并尊重网络民意的作用，促进网络与传统媒体及多元社会主体的良性互动，完善官员问责和信息公开制度"④ 等管理观念，都与治理理念相契合。提出以西方公共治理理论为基础建立我国网络舆情管

---

① ［美］斯蒂芬·戈得史密斯、威廉·D. 埃格斯：《网络化治理——公共部门的新形态》，孙迎春译，北京大学出版社 2008 年版，序第 3 页。

② 俞可平：《当代西方政治理论的热点问题》，载于《理论参考》2003 年第 1 期，第 29～31 页。

③ 马荔：《突发事件网络舆情政府治理研究》，北京邮电大学 2010 年博士研究生学位论文。

④ 何显明：《群体性事件的发生机理及其应急处置》，学林出版社 2010 年版，第 261～265 页。

237

理模式的研究有两个基本一致的观点。第一，以多元主体代替管理者单一主体的管理；第二，以建立利益表达渠道为手段，达到预防网络舆情群体性事件的目的，最终化解社会矛盾。

高校网络舆情引发群体性事件是网络舆情的一块特殊领域。高校学生网民易于集结，高校网络舆情监测的周期缩短，对舆情事件的紧急研判能力提出更苛刻的要求。高校网络舆情寄托了学生的公民意识和自我价值实现的愿望，这一特点决定了管理者对高校网络舆情不能像解决群众闹事那样来处理。校园网能准确定位信息发布者的计算机终端位置，有利于管理者与被管理进行对话。高校网络舆情相对比较理性，能提炼出有价值的舆情作为科学决策的参考。高校网络舆情的特点为管理者提出了挑战：一是如何将"无序"参与变成"有序"参与，提高政治参与的质量。二是"表达"不等于民意，如何从浩瀚的舆论中甄别民意。本章为回答这2个问题，尝试以治理理论为基础，站在政策过程的角度，提出一个高校网络舆情引发群体性事件的应对模型，即建立"信息公开—对话—事后分析—进入决策"的治理机制。

四、建立高校网络舆情群体性事件的治理机制

从治理理论出发，应对高校网络舆情群体性事件的总体方向不是限制，而是促使舆情向健康有序发展。任何社会都存在矛盾，任何社会的任何时期都存在矛盾，任何群体都有诉求，教育系统也不例外。公众诉求是一个政策过程的开始，公众对政策实施效果的反馈是政策过程的结束。互联网是公共领域，哈贝马斯认为"公共领域"是各种观点通过理性讨论展开交锋的空间，这是理性政治选择的前提；公共领域的首要任务是检验政府的政策。[①] 网络舆情是公民通过互联网积极参与公共领域的表现，一方面实现公民的社会责任，另一方面提升各级党政机关在舆论监督中执政的能力。网络舆情是社会发展的推动力，各级党政机关正确对待高校网络舆情是正确处理群体性事件的出发点。完善的高校网络舆情应对不是若干零散的措施组合。从公众诉求开始到政府决策最后得到反馈，高校网络舆情治理应该融入现有的政策过程中。作为一个完整的决策过程，以舆情为开端，进行信息公开、对话、事后分析和决策，通过公民有序参与政策过程有效化解社

---

① 袁峰、顾铮铮、孙珏：《网络社会的政府与政治——网络技术在现代社会中的政治效应分析》，北京大学出版社 2006 年版，第 50～51 页。

会利益关系的紧张局面。

1. 信息公开机制

有观点认为，目前中国应对突发事件的问题在于信息公开。[①] 信息公开常态化是公共管理的发展方向。信息公开是避免高校网络舆情升级的第一道防线，更是维持稳定的一道屏障，应贯穿于应急过程的始末。信息公开的意义在于：对待谣言，信息尽早发布，让真相走在谣言前面，谣言则不攻自破，避免不必要的猜忌和骚动；对待网络舆论暴露的社会矛盾，信息公开表明政府积极响应的行政行为和行政态度。信息不透明型事件，其原因并非事件本身，而是信息不对称导致的政府与公民之间的矛盾，或者政府对公民的政府信息公开请求权不予回应招致公民不满。信息公开工作在危机前期不到位，例如缓报、瞒报、不报、渎职等，一旦信息呈现"蝴蝶效应"扩散导致事态严重，将造成管理成本的极大浪费。2002 年"SARS"事件是最为深刻的教训，北京市所有学校几乎整学期的正常教学秩序深受影响。因此，政府信息公开对于维护公共安全和社会稳定有重要意义。信息公开在危机过程中也同样至关重要。例如"躲猫猫"事件发展到后来，网民从关注事件本身转向了事件背后的体制问题和对责任人的追究，相关部门能否及时公布事件的调查真相，提出有效的改进对策成为化解网络舆论的着力点。[②]

信息公开是政府与社会合作治理的前提条件。信息公开的理论基础是公民知情权，即公民有权利享有政府掌握的与公民利益相关的公共信息，包括国家事务和公共事务信息。关于公开什么信息，什么信息属于机密，有法可依是关键，而不由政府决定，因此立法是保护公民权利和维护政府权威的关键。1766 年以瑞典为开端，获知政府文件的普遍权利第一次载入国家宪法。[③] 2008 年 5 月 1 日我国《政府信息公开化条例》正式生效，标志着政府信息公开走向法制化。在突发事件面前，政府、学校等相关管理者应当及时、全面、准确、权威的公开信息，树立管理者的公信力，获得公众的理解和支持，最大限度地动员社会。教育系统内由各高校作为管理者配合进行基层管理更有利于实现信息公开。与政府面对公众相比，高校校园环境中面对学生网民，无论是技术、管理制度，还是被管理者素质，都能更好地实现信息公开。完善学校信息公开的规章制度，是对学生权利

---

① 贺文发，李烨辉：《突发事件与信息公开——危机传播中的政府、媒体与公众》，中国传媒大学出版社 2010 年版，导论第 1 页。

② 陈增光：《网络环境下突发公共事件的政府信息公开与舆论引导研究》，载于《北京大学 2009 年硕士研究生学位论文》，第 32 页。

③ 袁峰、顾铮铮、孙珏：《网络社会的政府与政治——网络技术在现代社会中的政治效应分析》，北京大学出版社 2006 年版，第 55 页。

和学校管理权威的维护。公民权利意识是信息公开的重要前提。高校网络舆情的主体以在校大学生居多，他们具有较高的素质，是实现信息公开的现实基础。作为学生网民自身，单纯地要求参与是不够的，还要提高参与者的民主深度，所谓民主深度要求通过知识和能力提高舆情的价值。

信息公开的具体工作贯穿于应急管理的始末。一个事件在网络上引起极大反响时，首先应当有主流声音或权威部门公布事实真相，涉及责任的应当由责任部门发布信息，向网民传递一个积极处理的信号，使网民能够便捷地查找到官方的即时信息。在舆论集结和形成阶段，及时更新事件的各方面进展情况，对其加以客观评价并呼吁各方保持克制，努力做好舆论正确引导。在舆论消解阶段，应对后续状况和管理者行为等信息进行跟踪报道。校内范围的突发事件由政府主管部门监督、协助，在校内进行信息公开工作。波及范围较大的高校网络舆情，应由属地政府教育主管部门直接进行信息公开工作，或者对责任部门发布的信息即时转载、提供链接等。除了管理者的行政行为以外，社会的专家在线访谈、网络评论员撰写的文章等主流声音都能对舆情的恶性发展起到抑制作用。

2. 对话机制

对话是预防高校网络舆情进一步升级演变成群体性事件的第二道防线，是化解群体性事件的突破口。"今天已经不是简单的'我说你听'，而是'我们都在说'的时代"，[①] 管理者需要转变观念——在信息传播中的大众受众不等同于被动受众，[②] 政府与社会需要合作。高校网络舆情的背后往往是学生对学校和社会管理者的要求、对教育公平、正义的呼吁、对社会未来的期望及对社会矛盾的不满。例如，2010 年学校食堂罢餐事件，反映学生对学校食堂卫生、饭菜质量以及价格等的不满；同年世博会争议事件，反映了学生强烈的民族情怀。[③] 对话体现高校网络舆情的价值，其意义在于打开舆情传递渠道，倾听民意，深入了解诉求的根源，才能有的放矢地缓和社会矛盾。2008 年"瓮安事件"是典型的反面案例。震惊全国的瓮安"6·28"群体性事件并非因为一个少女之死，而是地方政府长久以来用简单、粗暴的方式处理社会矛盾，"瓮安事件"中仍然依靠出动公安、武警等政治手段处理群体性事件，不加区分地把群体性事件定性为群众闹事，意见表达受到很大限制，结果激化了矛盾。相比之下，2009 年在"躲猫猫"事件中，云南省政府相关部门以"亮堂堂"应对"躲猫猫"，采取信息公开、积

---

① 周菁：《与民意面对面》，研究出版社 2011 年版，第 125 页。

② 袁峰、顾铮铮、孙珏：《网络社会的政府与政治——网络技术在现代社会中的政治效应分析》，北京大学出版社 2006 年版，第 44 页。

③ 唐亚阳：《中国教育系统网络舆情年度报告（2010）》，湖南大学出版社 2011 年版，第 26、28 页。

极回应、公众参与等举措,不仅防止了舆情进一步升级,更是化社会矛盾之"险"为"行政改革"之夷。

对话能将"具有一定违法特征"[1]和非制度化的群体性事件转变成正常的制度化参与。通过对话将激烈的群体性事件形式转变成缓和的协商或者合作形式,减少社会冲突的负面影响,发挥政治参与的正面价值。高校网络舆情往往触及了网民乃至社会公众普遍关注的社会问题。网民形成了一个具有共同诉求的暂时利益群体,他们不具备强势利益集团政治参与那样的成本投入条件,而网络政治参与的"便利性、地域广阔性、表达真实性、意见平等性、交流协商性"[2]等特征正好为暂时的、相对弱势的利益群体表达意愿提供了方便。如果网民的意愿不被接纳,社会矛盾产生的能量就有可能积累而爆发,演变成群体性事件。群体性事件参与者可以被视为暂时利益群体的积极行动者。管理者用简单或暴力的手段处理网络群体性事件显然不正确。管理者须认识到,网络舆情和群体性事件,既有我国现阶段社会转型时期的特殊性,其实也是国家长远发展中民主治理的普遍要求。

对话不仅是高校网络群体性事件发生时的应急对策,对话应该与宣教相结合,形成常态的民主治校。民主的高校治理模式能预防舆情升级为群体性事件。中国公民的民主实践范围较为有限,网络参与是难得的民主意识培养、历练的场所。没有法治的民主是不存在的。建立对话机制,目的在于用制度去规范网民的参与行为。公众网络舆情的参与者地理位置分散,党委和政府很难找到参与者代表与之谈判。与公共网站相比,高校网络舆情引导具备人力宣教的客观基础。高校网民高度组织化,几乎每个组织内部都有学生自己的"意见领袖",而且有一批贴近学生的基层管理者。治理理论认为公民实现有序自治的社会基础是高度的公民社会,社会组织多且发达。高校学生以组织化形式生活,组织单位包括宿舍、班级、院系、团支部、党支部等,并且学生参与社团的比例远远高于公众参与民间组织的比例。校园网虚拟社区同样具有组织化的特征,很多论坛以学生社团、院系等单位为基础建立,相当比例的主题论坛都有以版主为核心的网友组织,他们通过版聚等真实交往形式形成了相对稳定的网友组织,高度组织化的结构为人力宣传教育奠定有利条件。

3. 分析与决策

分析与决策,是管理者通过分析高校网络舆情和群体性事件表达的公众诉求,掌握社会矛盾,进行科学决策。分析的目的在于根据群体性事件的类型判断

---

[1] 薛松:《政治参与视角下的网络群体性事件分析》,载于《公安研究》2011 年第 4 期。
[2] 严峰:《网络群体性事件与公共安全》,上海三联书店 2012 年版,第 102~103 页。

是否进入决策。"信息不透明型、制度缺失型和政府不作为型"等类型的网络群体性事件①，决策是化解社会矛盾的根本。高校网络舆情来源于现实社会，是现实社会教育系统的反映和补充，缓解或者解决社会矛盾才是教育管理的正道。一起事件能吸引网民的注意力进而形成网络舆情，很多时候"它与事情本身的真相无甚关联，而是对既有的结构性怨恨和相对剥夺感的凝聚、提升和再造"②。网络舆情是网民的价值观和社会态度的外在表现，网络舆情的背后是社会内在的发展逻辑与价值诉求，群体性事件是社会矛盾产生的社会冲突能量积累的爆发，所以说，网络舆情对于政府而言具有针砭时弊、反思批判的功能，是科学决策最贴近现实的依据。

如前所述，诉求是一个公共决策过程的开始，其目的是实施决策并以反馈结束一个完整的决策过程。公共决策是国家、行政管理机构和社会团体所做的涉及公共利益的对策，如国家安全、国际关系、社会就业、公共福利等③。公共决策的权力包括立法立项、政策制定、规划设置、人员任免、体制改革、公共物品的使用和分配等。决策是一个过程，是提出问题—收集信息—分析问题—制定解决问题的方案—优选方案—选择解决问题的最满意方案，这样一个完整过程。④ 决策实施以后，决策者通过公众反馈来了解决策效果，并影响下一个决策过程。决策过程的开始和结束是舆论最集中的两个阶段。在决策过程的开始阶段，我国通常以决策者为开端，即"某一社会问题已经引起决策者的深切关注，他们感到有必要对之采取一定的行动，并把这些社会问题列入政府范围"。⑤ 网络舆情正是另外一种我国目前还不常采取的决策开端，即"某一社会问题引起社会公众和社会团体的普遍关注，他们向政府提出政策诉求，要求采取措施加以解决"⑥。在决策过程的结束阶段，网络舆论监督是重要的公众监督手段，对公共决策权力运行进行披露和批评，是重要的公共决策权力制约机制。

在具体工作中，教育管理部门与其他管理部门的协作是分析和决策阶段的关键。引发高校网络舆情群体性事件的原因不只来自教育系统内部，大学生有着敏锐的信息搜索能力，其获取信息的范围非常广泛。大学生有很强的政治意识，他们关心自己身边和社会上的各种大事小事。因此，引发高校网络舆情群体性事件的原因来自教育系统内外的各种公共事务或私人事务。相当比例的决策权力不属

---

① 林鹏：《基于聚类分析的我国网络群体性事件内涵研究》，载于《未来与发展》，2010 年第 8 期，第 38～43 页。

② 严峰：《网络群体性事件与公共安全》，上海三联书店 2012 年版，第 82 页。

③ 王佃利、曹现强：《公共决策导论》，人民大学出版社 2003 年版，第 26～27 页。

④ 吴肇基：《公共决策》，转引自：靳德涛：《网络舆论对我国公共决策的影响研究》，载于《河南大学 2009 年硕士研究生学位论文》，第 16 页。

⑤⑥ 张金马：《公共政策分析：概念·过程·方法》，人民出版社 2004 年版，第 323～324 页。

于教育管理部门负责，却会引发大学生的群体行动，因此多部门协作乃至社会多元主体的协作就十分必要，教育管理部门在编制应急预案时应特别关注协作机制的建立。

五、结　语

网络政治是当今时代政治发展的必然趋势，网络舆情更广泛地实现了公民的自由表达权，各国政府都在密切关注网络政治的动向。英国政府的网络监管以行业自律和协调为特点，行政管理法规发挥护航的职能。新加坡政府的网络管理采取平衡的轻触式管理（Balanced and Light – Touch Approach），即管理者对网络行为尽量少地设置标准，给予网络从业者尽可能多的自由，同时鼓励行业自律和宣传教育，其核心还是自律。其他国家如美国、澳大利亚、日本、韩国等也都重视自律。自律的约束力主要来自于健全的法律和制度，如人权法、刑法等通用性法律，西方国家完善的电影分级制度为网络内容分级体系提供了现成依据。[①] 我国的网络政治起步较晚，但是发展很快，研究者们纷纷提出应用治理理论治理网络政治的观点。无论从理论上论证治理理论的应用，还是在实践中提倡自律的治理手段，各国政府治理网络政治的核心观念是政府—社会—市场多元主体的合作，让非政府力量直接进入公共事务治理。

---

① 王雯：《我国播客传播内容监管策略研究》，北京大学 2009 年硕士研究生学位论文，第 55 ~ 66 页。

第十八章

学校突发事件网络舆情监管的法律规制

为防止学校突发事件网络舆情的负面效应，政府需要对学校突发事件网络舆情加以监管和引导。但由于我国网络舆情监管工作在监管理念、措施和机制等方面还存在一些问题，使监管效果不尽如人意。因此，坚持比例性原则，积极理性应对公众恐慌；做好信息公开，建立长效应急管理机制；做好行政补偿，实现行政措施自我限制等，对学校突发事件网络舆情监管工作具有重要意义。

自20世纪90年代中国接入互联网络以来，网络逐渐实现了社会化，并作为"第四媒体"发挥着强大的舆情表达和传递功能。在突发事件发生、发展和变异过程中，因事件衍生的新闻报道、网民态度和观点等网络舆情在网络中形成扩散态势和井喷效应。而因日益分化的网民、多样媒体等的作为，突发事件网络舆情演变具有了不确定性、复杂性和变动不安的特点，这给公众认知以及政府引导突发事件网络舆情带来了极大困难。学校突发事件网络舆情作为社会舆情的重要组成部分，在发挥其积极性的同时，会带来一些负面效应而成为需要我们高度重视的力量。同样，对于学校在学生突发事件处置过程中，如何对网络舆情实施科学有效的监督和管控，已经成为学校亟待解决的新问题。

一、学校突发事件与网络舆情失控

学校是指有计划、有组织地进行系统教育的组织机构。学校作为一个特殊的社会组织有其独特的属性和社会功能。因此，学校突发事件的含义与一般突发事件相比有其自身特点。参照《突发事件应对法》中的突发事件定义，可以将"学校突发事件"界定为：突然发生的危及师生人身和财产安全、对学校和社会的安全秩序造成或者可能造成重大影响，急需政府、学校和社会快速应对的负面事件。

学校突发事件除具有一般突发事件所共有的突发性、紧急性、一定的社会危害性和不确定性等特点之外，根据学校自身的特殊性还具备一些独有特征。只有充分掌握学校突发事件的特殊性，才能更加有针对性地对学校突发事件引发的网络舆情实施有效监管。然而遗憾的是，当前国内很多文献在分析学校突发事件的特征时，未将其与一般性突发事件加以区别，这不仅影响到对学校突发事件特殊性的深层次把握，更导致有关应急管理机制的构建设想缺乏足够针对性和有效性。

为此，借鉴国内外学者观点，可以将学校突发事件的特性总结为以下 3 点：一是敏感性。学校是青少年聚集的场所，学校突发事件牵动着学校和家长们的心，这些事件也往往涉及十分敏感的政治问题、涉及师生切身利益的问题等。这使学校一旦发生突发事件，往往会引起社会的广泛关注和反响，要求相关主体在应对学校突发事件时要及时、谨慎。[1] 二是频发复杂性。[2] 我国学生数量巨大，2亿多，[3] 学校突发事件时有发生，而学校突发事件频频上演的原因十分复杂。既有影响学校和社会稳定的群体性突发事件，也有威胁或造成师生伤亡的公共卫生事件、安全事故和自然灾害等其他类突发事件；而且，学校突发事件发生的领域范围广泛，多集中在学校管理、学生管理、教学管理、后勤管理、科研管理、校园治安管理、对外拓展与外部公众的沟通等领域。这些领域几乎涵盖了学校管理工作的所有方面。三是隐蔽性。学校突发事件较难察觉，具有潜在隐蔽性，如果平时不加以预防，或者防范不及时，极易酿成影响严重的突发事件。

随着信息化时代的到来，网络成为反映社会舆情的主要载体之一。在网络环境下的舆情信息的主要来源包括新闻评论、BBS 等。网络舆情表达快捷、信息多元、方式互动，具备超越传统媒体的多元优势，同时具有直接性、突发性、互动

---

① 丁烈云、杨新起：《校园突发事件应急管理》，华中师范大学出版社 2009 年版，第 26 页。

② 丁烈云、杨新起：《校园突发事件应急管理》，华中师范大学出版社 2009 年版，第 27 页。

③ 据教育部统计，2010 年，我国在校学生情况如下：小学生人数为 99 407 043 人，初中生为 52 793 300 人，普通高中生为 24 273 351 人；中等职业学生为 18 164 447 人，普通预科生 31 970 人；普通本科及专科生为 22 317 929 人，研究生为 1 538 416 人；成人本科、专科生为 5 360 388 人，网络本科专科生为 4 531 443 人，电大注册视听生为 595 048 人；留学生为 130 637 人。据此，我国 2010 年在校生人数保守估计为 229 143 972 人。参见教育部官网：http：//www. moe. gov. cn/publicfiles/business/htmlfiles/moe/s6200/list. html，最后访问时间：2012 年 11 月 6 日。

性、偏差性和多元性的特点。网络舆情是指在一定的社会空间内，围绕中介性社会事件的发生、发展和变化，民众对社会管理者产生和持有的社会政治态度，是对社会中的各种现象、问题所表达的信念、态度、意见和情绪等表现的总和。一般地，凡在学校发生学生突发事件，网络舆情容易迅速形成，对学校本身和社会影响较大。此时，任何不适宜行为，都容易对学校本身的公信力和执行力产生一定程度的冲击，导致学校网络舆情失控。

网络舆情失控的原因主要有：首先，缺乏自律的"网络达人"把网络平台当成绝对的言论自由空间，忽略和漠视其应承担的责任和义务，从而影响网络空间的正常秩序；其次，当出现突发性事件或重大性新闻时，由于网络具有不可控性，使事件的缘由经过若干交互流通而变得失真甚至与事实完全不符；最后，目前我国对于互联网运营仍然存在一些需要完善的地方，法律规制方面也不够，没有形成强大的约束力。这些原因给学校、政府和社会增加了网络舆论控制的难度。

现实中，突发事件与网络舆情存在着交互作用。在突发事件的发生、发展和变异过程中，网络舆情具有强大影响，经过网络媒体和网民群体的主动作为和随机行动，现实中的本体事件会在网络上演变成与本体事件具有较大相异性的变体事件，即在网络诱致作用下，会形成网络诱致突发事件。[1] 事实上，在网络的作用下，因学校突发事件而衍生的网络舆情会扩散；而学校突发事件衍生的网络舆情也会使学校突发事件发生变化或调整发展路，从而作用于事件发展和政府的应对。上述多元主体和多样因素交互作用的路径和过程在近年来一系列突发事件中得到反复印证。

本章研究的学校突发事件与网络舆情之间同样存在上述问题，这为我们应对学校突发事件提供了一个卓有成效的思路。

二、学校突发事件网络舆情监管机制的构建意义

近年来，我国突发事件类型不断增多、频次不断增加，事件关联性、衍生性特点不断凸显。而突发事件一旦被网络媒体或网民报道，短时间内就会引起网民强烈关注，相关报道被重复转载、迅速传播和评论，形成突发事件网络舆情。一些重要的社会事件发生后，人们总能找到与之对应的网络舆情。

---

[1] 刘杰、梁荣、张砥：《网络诱致突发事件：概念、特征和处置》，载于《中国行政管理》2010 年第 2 期。

同时，近年来，学校突发事件屡见不鲜，已经成为考量学校危机处置能力和信息管理能力的重要事件。因此，研究学校突发事件网络舆情监控机制的构建，并以机制促进学校网络舆情管理与舆论良性互动的生态环境营造具有现实意义。总的来讲，构建学校突发事件网络舆情监控机制有利于把握网络舆情主导权、加强舆论引导、提高对突发事件的管控能力。因为一般情况下学校掌握的信息远比学生个人所了解的信息全面而专业，通过校园宣传部门充分发挥媒体优势，适时发布系统化的专业信息，能够有力地引导网络舆论。同时，可以开展舆论监督，通过与学生积极沟通对话，帮助他们理解现代社会背景下学校公共治理的复杂性，缓释学生不满情绪扩大化，以达到对突发事件有效控制的目的。

三、学校突发事件网络舆情监管存在的问题

通过前面分析，我们认为，学校突发事件网络舆情监管机制的建立确实必要而且具有重要意义。美国学者莱斯格曾言："网络空间是一处政府无法控制的区域，这一观点我从来不同意。'网络空间'一词本义并非指自由，而是指控制。"① 在一定程度上，政府的选择将决定网络空间的发展。事实上，从网络诞生以来，网络世界中的自由与控制的斗争始终就没有停止过，而且这种斗争还将继续持续下去。这也决定了我们现在所享有的网络自由仍然处于漂泊不定的状态之中。② 当前，学校突发事件网络舆情监管带来一系列积极效应的同时也存在若干需要重视和解决的问题。

（一）突发事件中恐慌心理导致应急行为非理性

在突发事件应急管理中，公众对突发事件本身具有强烈的好奇感和求证欲、表达欲，由于突发事件的紧急性、突发性、敏感性及隐蔽性等特点，公众对突发事件的风险又会产生一定程度的恐慌，而恐慌在风险决策中又扮演着非常重要的角色。通过可得性启发和概率忽视以及信息连锁效应和声誉连锁效应，恐慌又会阻碍公众对风险的理性判断，不适当地扩大危机事件发生的可能性并促使规制主

---

① ［美］劳伦斯·莱斯格：《代码：塑造网络空间的法律》，李旭等译，中信出版社2004年版，第5页。
② 冯务中：《网络环境下的虚实和谐》，清华大学出版社2008年版，第220页。

体采取过激的行为。大多时候，政府规制风险的措施，与其说是理性思考的产物，还不如说是强烈情绪的产物。① 监管主体的恐慌情绪有可能会带来措施制定上的偏见或非理性，这非常不利于学校突发事件应对工作有效开展。

（二）硬性措施的过度使用不利于建立长效机制

当前，我国互联网事业正处于兴起阶段，政府在传统社会管理领域中的许多监管措施，如行政命令、经济调节、法律规制在网络舆情监管中的运用还不够成熟，尚未形成完善的监管模式。这些在现实生活领域中行之有效的措施，在网络社会里还没有发挥出应有的作用。我国政府主要通过严格监管网络服务提供商、严厉整顿网站、积极管制网吧以及安装技术软件等手段对网络舆情进行"封""堵""删"等。虽然政府已经日益意识到利用网络评论员引导网络舆情等柔性措施在网络言论监管中具有重要作用，但是上述硬性监管手段仍然深受政府青睐。使用硬性措施带来的暂时性稳定往往会麻痹监管主体，延缓建立更加有益的长效机制。

（三）"虚"与"实"难以实现良好互动态势

如前面所述，在现实中，学校突发事件作为"实"的方面与网络舆情这一"虚"的方面存在着交互作用。鉴于这两者的交互作用，颇具实效的解决方法自然应该是实现两者的良性互动，然而在实践中，学校突发事件的解决和网络舆情应对的节拍往往是不一致的。一般来说，学校突发事件解决的周期较长，一方面源于事物普遍联系导致的问题本身的复杂性，另一方面囿于行政体系运作的迟缓抑或因组织的不科学导致的机制运行不畅；而网络舆情监管方面，学校以及相关部门往往采用硬性监管措施进行的"封""堵""删"等效果明显，而因网民注意力转移或应对措施得力而网络舆情在较短周期内归于沉寂，事实上，存在监管方与网民的沟通不畅。监管方与网民及时、有效沟通是必要的，而简单地无视公众恐慌情绪的硬性规制是相当危险的。

---

① 戚建刚：《极端事件的风险恐慌及对行政法制之意蕴》，载于《中国法学》2010 年第 2 期。

四、学校突发事件网络舆情监管机制的构建

　　互联网这一新媒体的出现改变了人类的生产、生活方式，重塑了社会结构。这种改变使网络监管环境变得动荡而又复杂，这种复杂性集中体现在网络对于传统言论"时空"结构的重塑。首先，网络的普及大大缩短了网络舆情的生成和传播时长。因此，网络舆情监管需要的反应时间被不断缩短，监管工作须不断加速以适应网络言论的即时性。时间压缩导致网络舆情监管工作信息超载和决策信息匮乏。由于时间紧迫与真实信息匮乏，管理者决策的盲目性大大增加，这在学校突发事件网络舆情监管中表现得尤为突出。其次，网络大大地扩展了言论空间。传统言论传播与生成必须具备现实的场地和空间才能达到相应的效率，而虚拟空间则超越了这些限制。同时，由于网络虚拟空间与现实空间的高度重合性，虚拟空间与现实空间之间通过各种现实联系存在着广泛的信息交换，网络将学校与社会连接起来，校园网日益成为媒体关注的焦点，这极大地增加了校园网络舆情监管的困难度。最后，时间的高度压缩与言论空间的扩展导致"节奏错位"。当今社会，人们的时间可以划分为"时钟时间"和"组织时间"，时钟时间是客观的和均质的，其每一秒对于每个个体都是相等的。而组织时间则各不相同，同一秒钟对于不同组织和个体蕴含着巨大的差异，这依赖于各个组织间的节奏。网络的加入使学校原有的管理工作、时序安排与虚拟空间和个体的习惯、期望存在较大差距，成为矛盾产生的一个重要来源。

　　可见，面对网络对传统舆情监管体制的挑战，监管主体需要在监管理念、监管措施及监管机制等方面做出相应改进，并尽可能地将其纳入法制系统加以保障。

（一）坚持比例性原则，积极理性应对公众恐慌

　　面对公众的恐慌，政府官员往往被迫做出恐慌的反应，从而不能够正确评价国家所面临的风险。为了应对威胁、危险和风险，所需要采取的应急性措施与公民个体由此所付出的成本经常严重失衡，政府在没有提供更多的公共安全利益的同时，侵害了公民自由，破坏了法治，违背了比例性原则。为避免这种消极后果、最大可能保证行政措施的合法性，美国学者凯斯·R.孙斯坦认为，"成本—收益"分析方法不仅能够对不适当的恐慌进行控制，而且也能用以对客观上具有

威胁性但在公众中不会引起内心深处情感的风险加以管制。① 然而，将行政措施依赖于专家理性的"成本—收益"分析而无视公众的恐慌情绪是相当困难的。一方面，利用效率或冷冰冰的技术性数字来限制民众需求的做法是相当不民主的，一项行政措施若要有效地贯彻执行也需要得到公众的信任和支持；② 另一方面，突发事件及与其互相作用的网络舆情的应对极具紧迫性，而成本和收益是很难短时内分析精确的。

在学校突发事件中，学生作为知识和阅历正在成长的青年少年，他们对突发事件的敏感度更高、恐慌感更强，而对子女的深深关切之情也容易将家长置于焦躁和恐慌之中。所有这些给学校带来沉重的应对压力，加上网络带来的时空压缩，学校很容易采取极端的非理性行为。既然学生及家长的恐慌和网络的时空压缩导致了学校和政府的非理性行为，而网络引发的时空压缩已成客观现实，那么我们可以从预防和平抑学生及家长恐慌着手。为了更有绩效，我们发挥现有的应急工作办事机构的职责很有必要，一是建立风险源信息库，并向社会及时公布，从而为突发事件的风险评估奠定基础；二是对公众开展风险教育和培训工作，培养公众抵御突发事件的心理能力，以尽可能降低对突发事件、极端事件的恐慌情绪。③ 这一措施将有利于使学校突发事件网络舆情的应对工作步入理性轨道。

（二）做好信息公开，建立长效应急管理机制

在一个民主社会中，政府对公众需求进行积极和有效的回应是其管理合法性的重要基础。很多时候，恐慌源自可能或正在造成严重后果的神秘和未知事项，2003 年的"非典"就是一个印证。目前，我国在监管网络言论方面多采用硬性措施，比如"封""堵""删"等，这些措施在现实中的实施状况并不理想。客观地讲，网络媒体所具有的广泛性、即时性、开放性、共享性和互动性等优势，这决定了网络愈益成为信息交换的重要平台，创造性地采用信息公开、互动交流等柔性措施引导网络舆情是十分必要的。美国是互联网发展比较成熟的国家，其在网络管理方面的经验值得我们研究和借鉴。在互联网的建设与管理上，美国政府一直扮演者推动者的角色，既不大包大揽，也不不闻不问，而是以立法为基础，从技术、道德、市场机制方面进行控制与调解，为互联网快速发展创造了良

---

① See Sun stein, C. Cognition and cost-benefit analysis University of Chicago Law School, John M. O lin Law & Economics Working Paper No. 85 (1999). 转引自戚建刚：《极端事件的风险恐慌及对行政法制之意蕴》，载于《中国法学》2010 年第 2 期。

②③ 戚建刚：《极端事件的风险恐慌及对行政法制之意蕴》，载于《中国法学》2010 年第 2 期。

好的环境。① 这也有利于形成"虚"和"实"结合的良好互动解决机制。公开信息的同时，需要建立良好的沟通互动机制。例如，开展学校领导、教师与学生校园网上交流和沟通，以快捷和节省费用的方式有效拉近学校、教师和学生之间的距离，可以由一个问题实现对大学生的群体教育，扩大教育对象的广度，增强突发事件应急措施贯彻的民众基础。

从长远来看，建立多元协作应急机制是理想的学校突发事件网络舆情监管机制。马怀德教授指出，多元协作应急管理机制的制度设计的基本着眼点在于：一是科学规划和储备各类主体的应对能力；二是合理建构各类主体间的协同行动机制，以发挥储备的应对能力的效能，其关键是政府与社会间的互动机制。② 建立长效的学校突发事件网络舆情的监管机制，首先需要明确监管主体。一方面是由于网络舆情泛化而产生局部负面影响，这些影响主要作用于学校，此时学校应该成为监管主体；另一方面是网络舆情负面影响范围扩大，作用于整个社会，此时网络舆情的发展超越校园而扩展到了社会甚至在社会上引起风波时，网络舆情监管难度就超越了学校的能力范围，应该由政府主导、学校及其他组织配合。另外，需要发挥自治组织作用。我们应充分发挥中国互联网协会等行业组织的自律功能，规范网络虚拟社区的自主自治管理。事实上，业者自律对网络言论自由的规制是一种由内而外的力量规制，无论是在保障网络安全方面，还是在防止不良信息和有害信息方面，都有积极的意义。当然，业者自律在一定程度上缺乏强制性，需要网络运营商和网民自觉、主动地协助以共同促进网络言论的良性发展。当业者自律不能有效地发挥作用时，需要有法律做坚强后盾。③ 近年来，政府为了提升治理社会能力、改善治理效应提出了"公私协力、互动治理"模式，优先建立一套明确的协力治理机制，接着通过持续的互动（包括共同参与、互信互惠、风险共担等），以活化和优化风险管理目标。④ 这种模式不仅将改变政府主导治理社会的情状，实现治理主体多元化，而且这些主体之间会形成一种良性互动。这在本质上与"善治"⑤ 思想不谋而合。可以预见，不久的将来这种模式将会成为未来网络治理的理想模式并发挥积极作用。当然，各个监管主体之间应该有科学高效的组织框架和制度。其次需要研究监管对象，即研究引发网络舆情的

---

① 钟瑛、牛静：《网络传播法制与伦理》，武汉大学出版社 2006 年版，第 125 页。

② 马怀德：《法治背景下的社会预警机制和应急管理体系研究》，法律出版社 2010 年版，第 103~104 页。

③ 赵春丽：《网络民主发展研究》，经济科学出版社 2011 年版，第 297 页。

④ 李宗勋：《网络社会与安全治理》，元照出版公司 2008 年版，第 11、16 页。

⑤ "善治"是政治国家与公民社会的一种新型关系，是两者的最佳状态。其基本要素可以概括为合法性、透明性、责任性、法治、回应和有效等。它体现了政府权力向社会回归，是一个还政于民的过程。参见俞可平主编：《治理与善治》，社会科学出版社 2000 年版，第 46 页。

学校突发事件的类型，这也直接决定着学校应急管理机制及其法制化的调整范围和定位。由学者们对学校突发事件所做的多种分类中可知，学校突发事件种类繁多复杂。我们应以时间节点和事态重要性为准，在学校突发事件网络舆情的初步形成时期，该舆情尚未形成严重恶劣影响的时候，学校应该以真实、及时、准确地发布信息为基本的柔性工作方法引导网络舆情向客观、健康的方向发展；如果突发事件在传播中已经失真甚至严重扭曲，发布主体已经严重失信，公布真实信息已经难以扭转发展态势，并将产生严重的社会影响，那么启动硬性监管措施才是必要的。

（三）做好行政补偿，实现行政措施自我限制

当学校突发事件发生后，基于非理性的或者存在偏见的行政措施对校园师生以及社会上一些无辜者造成人身或财产上损害的，事件平息之后，责任方（一般为政府和学校）就应当给予受害者相应的补偿。从功能上讲，行政补偿机制具有两方面作用，一是实现公平，二是为了增加行政措施的合理性，会促使行政机关在今后的应急工作中采用符合比例原则的行政措施。

在突发事件网络舆情监管中，如果对政府等监管主体的权力进行过多的法律限制，只会大大降低监管主体的应急能力，也与应对突发事件的需要相背离。如何实现保障应急权力的适度运行至关重要。耶鲁大学法学院布鲁斯·阿克曼提出的类似于自动扶梯那样不断上升的"超级多数投票机制"是一种防止由突发事件引发恐慌而造成政府权力无限扩大的自我限制机制，这种机制类似于对每一项行政措施的实施规定一个适用的"日落条款"，即当一项行政措施适用期间结束后，除非对其继续适用的必要性进行了科学的评估和审议，并通过了一定的法定程序重新使其生效，否则立即失效。① 美国的实践表明，这种机制有力地保障了政府权力的自我限制，于我国具有借鉴意义。

五、结　语

学校突发事件网络舆情监管问题是一个复杂的社会问题，这是由其监管对

---

① See Bruce Ackerman, Bruce Ackerman, "The Emergency Constitution", Vol. 113 Yale L. J. (2004). p. 1029. 转引自戚建刚：《极端事件的风险恐慌及对行政法制之意蕴》，载于《中国法学》2010 年第 2 期。

象特殊性、监管措施复杂性以及网络的复杂性等决定的。从根本上讲，现实世界是网络世界的根源和基础，网络世界中存在的各种问题在现实世界中都可以找到病因。因此，学校突发事件网络舆情监管的法律规制问题从根本上讲是学校突发事件应急的法律规制问题，不仅需要积极理性地应对公众恐慌、建立长效应急管理机制、实现行政措施自我限制等，还需要政府高度重视以及全社会贡献智慧。

第十九章

对中小学心理健康教师的现状调查与思考

随着我国社会的发展，中小学生的心理行为问题日益凸显，中小学的心理健康教育越来越受到重视。为了解中小学心理健康实施的现状，本章采用自编中小学心理健康教师的工作现状调查表，对北京市 112 名中小学心理健康教师进行了初步调查，调查发现我国中小学心理健康教育的专业化道路依然漫长。最后，在现状调查的基础上，对我国中小学心理健康教育的专业化道路提出了几点思考和建议。

我国正处在经济高速发展的社会转型期，竞争日益激烈，生活节奏加快，思维方式不断变革，导致人们在工作、学习、生活和人际关系等诸多方面，都有可能出现心理失衡的现象。[①] 同时，这些问题也反映到了我国中小学生身上，中小学生的心理问题和危机事件日益增多，中小学生这一群体也成为心理危机预防和干预关注的重点对象，需要对他们进行心理健康教育。

为了适应中小学心理健康教育发展的紧迫需要，教育部于 2002 年 8 月 1 日制定并印发了《中小学心理健康教育指导纲要》，于 2007 年成立了中小学心理健康教育专家指导委员会，把我国的中小学心理健康教育工作摆在了更为重要的位置。中小学心理健康教育专家指导委员会主席林崇德教授认为，心理和谐是经济发展方式转变和自主创新的重要保证，增进人们心理和谐最好的方式是开展心理

---

① 林崇德：《积极而科学地开展心理健康教育》，载于《北京师范大学学报》（社会科学版）2003 年第 1 期，第 31～37 页。

健康教育。[①] 因此，在上述背景下，我国学校教育中出现了"心理健康教师"这一群体，那么中小学心理健康教师的工作现状如何？他们在工作中遇到了哪些压力和困惑？

一、调查对象和工具

（一）调查对象

以北京市各城区的 112 名中小学心理健康教师为调查对象，共收回有效问卷 112 份，其中，高中 18 份，初中 62 份，小学 32 份。

（二）调查工具

采用自编的《中小学心理健康教师的工作现状调查表》，其内容主要包括：教师基本信息、岗位及心理咨询中心设置、压力和压力来源、职业认可、期望及培训等方面。采用封闭式和开放式问卷相结合的方法，请调查对象真实地填写问卷的相关内容，然后采用 SPSS16.0 对所收集的数据进行统计分析。

二、结果分析

（一）中小学心理健康教师的基本情况

1. 中小学心理健康教师的性别和年龄分布

如表 19 - 1 所示，中小学心理健康教师队伍呈现出年轻化的特征，其年龄在 30

---

① 林崇德、刘春晖：《心理和谐是经济发展方式转变和自主创新的保证》，载于《北京师范大学学报》（社会科学版）2011 年第 1 期，第 5 ~ 11 页。

岁以下的心理健康教师占 35.7%，30~40 岁的教师占 37.5%，40~50 岁的教师占 25.0%，50 岁以上者占 1.8%。这与心理健康教育在我国兴起的时间较晚有关。

表 19-1 中小学心理健康教师的年龄分布

	人次（人）	百分比（%）
30 岁以下	40	35.7
30 岁~40 岁	42	37.5
40 岁~50 岁	28	25.0
50 岁以上	2	1.8

其中，中小学心理健康教师的性别结构呈现出极不平衡的特征，在所调查样本中女教师占 91.1%。

2. 中小学心理健康教师的专业背景和学历水平

如表 19-2 所示，在所调查样本中，中小学心理健康教师来自于心理学专业的占 41.1%，思想政治教育专业的占 12.5%，教育学专业的占 17.9%，其他专业背景的教师占总样本的 28.5%，其中，包括社会学、社会工作、小学教育、小学艺术、物理学、学前教育、运动医学、学校卫生、电子信息、美术学等。

表 19-2 中小学心理健康教师的专业背景

	人次（人）	百分比（%）
心理学	46	41.1
思想政治教育	14	12.5
教育学	20	17.9
其他	32	28.5

中小学心理健康教师的学历主要集中在本科水平（58.9%），研究生及以上学历仅占 1/3，这与西方发达国家的心理健康教师的受教育水平具有较大差距（见表 19-3）。

表 19-3 中小学心理健康教师的学历水平

	人次（人）	百分比（%）
大专	12	10.7
本科	66	58.9
硕士	34	30.4

（二）中小学心理健康教师的岗位和工作条件

1. 中小学心理健康教师的岗位分析

在所调查样本中，中小学心理健康教师属于兼职情况的占 85.7%，其中31.2% 的心理健康教师属于身兼数职的情况。心理健康教师兼任思想品德教育课程或者兼任德育主任的占有兼职教师的 39.6%，其次兼职最多的岗位是科研岗位，占 18.7%（见表 19 - 4）。

表 19 - 4　　　　　　　中小学心理健康教师的任职情况

	人次（人）	百分比（%）
兼职	96	85.7
专职	16	14.3

2. 中小学心理咨询中心的开设情况

在所调查样本中，几乎所有学校都设有心理咨询中心，但是有 12 所学校的心理咨询中心没有设定固定的开放时间，其中46.4% 的学校是周一至周五对学生全天开放。关于心理咨询中心的被利用情况，33.9% 的心理健康教师认为自己所在学校的心理咨询中心几乎没有被学生利用，25.9% 的心理健康教师认为心理咨询中心偶尔被学生使用（见表 19 - 5）。

表 19 - 5　　　　　　　中小学心理咨询中心的使用情况

	人次（人）	百分比（%）
几乎没有	38	33.9
偶尔	28	25.9
经常	32	28.6
总是	14	12.5

3. 学校领导对心理健康教育的重视情况

绝大部分的学校领导对中小学心理健康教育是非常重视（32.1%）和有些重视（53.6%），但是还有一部分中小学的领导（14.3%）并不重视心理健康教育（见表 19 - 6）。

表 19 − 6　　　　　学校领导对中小学心理健康教育的重视情况

	人次（人）	百分比（%）
非常重视	36	32.1
有些重视	60	53.6
有些不重视	12	10.7
非常不重视	4	3.6

（三）中小学心理健康教师的压力及影响因素

1. 中小学心理健康教师的压力

整体上，心理健康教师的压力比较大。如表 19 − 7 所示，在所调查的样本中，19.6% 的中小学心理健康教师感觉自己的工作压力非常大，51.8% 的教师认为有些大。

表 19 − 7　　　　　中小学心理健康教育教师的主观压力

	人次（人）	百分比（%）
非常大	22	19.6
有些大	58	51.8
有一点	32	28.6
没有	0	0

2. 中小学心理健康教师压力的影响因素

中小学心理健康教师的压力主要受哪些因素的影响呢？在调查问卷中设置了 7 项可能的影响因素，让调查者从中选择 3 项。从图 19 − 1 可以看出，中小学心理健康教师认为，自身的压力主要源于以下三个因素：教师自身的发展、领导的认同和社会的认同。

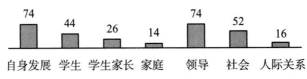

图 19 − 1　中小学心理健康教师压力的影响因素

（四）中小学心理健康教师的职业认可、期望与培训需求

1. 社会对中小学心理健康教师的职业认可程度

整体上，中小学心理健康教师认为社会对自身职业的认可度并不高。如图19－2所示，超过半数的心理健康教师（53.6%）认为社会对中小学心理健康教师这一职业的认可度一般，其中还有17.9%的心理健康教师认为社会对该职业的认可度比较低。

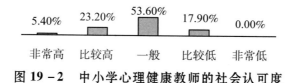

图 19－2　中小学心理健康教师的社会认可度

2. 中小学心理健康教师的职业期望

绝大部分中小学心理健康教师（69.6%）认为心理健康教师这一职业在未来的发展前景乐观，但5.4%的心理健康教师却认为，该职业在未来的发展前景并不乐观（见图19－3）。在本次调查中存在一个有趣的现象是，对未来中小学心理健康教师这一职业的期望持有不乐观态度的，其专业背景大部分是心理学专业，这也是值得我们深入思考和探索的问题。

图 19－3　中小学心理健康教师的职业期望

3. 中小学心理健康教师的培训需求

30.4%的中小学心理健康教师认为自己的心理健康教育和咨询的水平亟待提高，67.9%的心理健康教师认为自己的心理健康教育和咨询的水平有待提高（见图19－4）。

如果需要提高心理健康教师的专业水平，那么最好的专业成长方式是什么呢？进一步的调查表明，89.3%的调查对象认为培训是提高自身专业水平的主要方式，73.2%的调查对象认为教研活动是也是较好的专业成长方式。

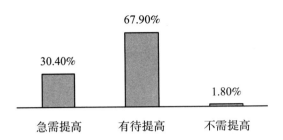

图 19 – 4　中小学心理健康教师的职业培训需求

三、反思与建议

（一）中小学心理健康教育的师资问题：专职还是兼职

作为一种特殊的、复杂的、科学性和实践性都极强的教育活动，心理健康教育不同于一般学科的教育活动。作为心理健康教师，首先要具有专门的知识和技能，要了解儿童青少年的身心发展特点，并能在教育中自觉地运用相关的知识和技能。其次还需要经过专门的、严格的专业训练。例如，美国学校心理健康教师要求获得相关专业博士学位（只有极少数州允许硕士学位），并在儿童心理咨询中心、中小学教育现场等实习一个学期并通过资格考核。可见，美国对中小学心理健康教师的素质和资格要求十分严格。

本次调查发现，北京市拥有了为数不少的心理健康教育的从业人员，但是心理健康教师的专业构成比较复杂，心理学专业人员较少，其学历水平也大多集中在本科学历这一层次，这与西方发达国家心理健康教育的师资水平依然存在较大差距。同时，我国中小学心理健康教育的师资还存在的一个十分突出的问题是：专职人员较少，很多心理健康教师都是"双肩挑"，有的甚至是身兼数职。诚如林崇德教授曾说，"搞好心理健康教育，关键在于教师队伍的建设"。中小学心理健康教育的师资问题，是影响和制约我国中小学生心理素质提升的关键因素。心理健康教育在我国起步较晚，其师资不足和专业性不强是当前中小学心理健康教育存在的一个突出问题。[①] 因此，中小学心理健康教师要想承担起中小学生心理

---

① 　林崇德：《积极而科学地开展心理健康教育》，载于《北京师范大学学报》（社会科学版）2003 年
第 1 期，第 31 ~ 37 页。

健康服务的责任，其专业化是一个必然和必需的发展趋势。由此我们应尽快完善心理健康教师的资格认证制度，制定相应的心理健康教师的培养标准，是保证心理健康教育教师走向专业化发展的必由之路。[①]

（二）心理健康教育不能德育化

本次调查发现，39.6%的中小学心理健康教师是由思想品德教育教师或者兼任德育主任的情况。有研究者曾指出，我国中小学心理健康教师由思想品德教育工作者兼任的现状，导致了心理健康教育工作的专业性、严肃性和科学性被严重忽视。[②] 在我国，思想品德教育一直在基础教育中占据着重要位置，反映我国学校教育对思想道德教育重要性的深刻认识。但随着我国社会的发展，学生的心理行为问题日益凸显，心理健康教育越来越受到重视。因此在我国学校教育体系中，起初心理健康教育是作为思想品德教育内容的补充和拓展，心理健康教育从一开始就与思想品德教育结下不解之缘，这是我国学校教育特有的现象。

尽管在我国全民教育体系中，心理健康教育与思想品德教育存在诸多的一致性，例如两者的培养目标都是使学生在德、智、体、美等方面得到全面发展，两者所要遵循的教育规律具有一致性。但是，心理健康教育与思想品德教育在理论依据、具体内容和任务、工作原则等方面都存在显著不同，例如我国的思想品德教育坚持价值导向原则，而心理健康教育则坚持"价值中立"的原则。[③] 可见两者还是在很多方面存在着根本的区别，因此，心理健康教与思想品德教育不能混为一谈，更不能将心理健康教育德育化。

（三）如何减轻中小学心理健康教师的压力？

本次调查发现，北京市中小学心理健康教师感受到较高的压力，其压力主要受到以下几方面因素影响：

首先，教师自身的发展。一些中小学虽然配备了心理健康教师，开设心理健康教育等相关课程，但是心理健康教育并未得到真正的重视，原本就不多的课时经常被其他学科占用；在工资待遇、人员编制和职称评定等方面，心理健康教师

---

①② 张琴、李祚山、刘永莹：《我国中小学心理健康教育教师专业化对策研究》，载于《中小学心理健康教育》2007 年第 17 期，第 13～15 页。

③ 俞国良、王永丽：《中小学心理健康教育：现状、问题和发展趋势》，载于《教育研究》2002 年第 7 期，第 70～73 页。

也无法与其他学科教师相比。这种现状增加了中小学心理健康教育教师的生存压力。同时，"双肩挑"或身兼多职使中小学心理健康教师的专业角色模糊，他们对自己在学校教育中的地位、作用、工作职责把握不够，缺乏明确的专业角色意识和强烈的角色荣誉感，这种专业角色模糊的状态给中小学心理健康教育教师的心理健康带来一定的消极影响。

其次，学校领导的理念转变问题。"说起来重要，做起来不要"，这是对当前心理健康教育现状的贴切描述，一些教育主管部门和中小学校领导对中小学心理健康教育的重要性和必要性缺乏深刻的认识，没有真正认识到心理健康教育在中小学生人格塑造过程中的重要作用。有的学校领导将心理健康教师视为学校的花瓶或点缀，把心理健康教师视为一把"遮雨伞"应付上级检查，将心理咨询室作为争评"示范学校"或"达标学校"一项硬性指标。因此，提高各级教育主管部门和中小学校领导对心理健康教育重要性的深刻认识、转变教育理念，是切实开展和普及心理健康教育并使其走向专业化发展道路的关键一环。

最后，是否获得社会的认同。由于心理健康教师专业素养的缺乏，使部分心理健康教师错误地将心理健康教育等同于心理测量、心理诊断和心理治疗，把学校的心理咨询室视为学校心理诊所，不加考虑地运用各种心理专业量表对学生的智力、人格等进行检测，毫不犹豫地给个别学生贴上"心理问题"的标签，这一误区导致家庭、学校和社会对心理健康教师这一职业的认同程度不高，进而成为心理健康教师的压力影响因素，究其深层原因，依然是中小学心理健康教师的专业化素质的缺乏所致。

（四）加强对心理健康教师的培训，培育学校心理学家

如何提高中小学心理健康教师的专业化素养？中小学心理健康教师的专业成长方式有哪些？本次调查发现，绝大部分心理健康教师认为自己从事心理健康教育和咨询的水平亟待或有待提高，并且认为各级各类的"培训"和"教研活动"可以提高自身的专业水平。

20世纪90年代，心理健康教育在我国受到了社会的普遍关注，与此同时，社会对心理健康教师的培训也日益重视。许多省区市、地区与高校科研机构联合开展了较大规模的专兼职培训活动。其中，2010年8月18～27日，"国培计划——全国中小学心理健康教育骨干教师培训"在华南师范大学举行，这是进一步加强我国中小学心理健康教师队伍建设的重要举措，对提高中小学心理健康教

师的专业化素养发挥了重要作用。[①] 但是，目前心理健康教师的培训工作依然存在以下认识误区需要思考和解决：首先，心理健康教师的培训就是传授心理知识；其次，心理健康教育培训就是心理咨询知识的培训；最后，心理健康教育的培训就是对心理测验的培训；参加心理健康教育培训的形式化。[②] 针对上述误区，我们需要进一步深入探讨中小学心理健康教师培训的有效方式和途径。

加强对中小学心理健康教师的培训工作，林崇德教授认为，[③] 还有一个基础问题就是学校心理学家队伍的建设。如果有了一支活跃在中小学的学校心理学家队伍，不仅可以带动学校心理学的发展，而且还可以作为心理健康教师培训工作的骨干。但是，目前我国尚未有一支学校心理学家的队伍，因此为了加强对中小学心理健康教师的培训工作，我们需要大力建设一支学校心理学家队伍，在中小学心理健康教育领域发挥其专业作用。

---

① 石建军：《我国中小学心理健康教育面临的问题及对策——基于"国培计划"心理项目首批学员的调查与思考》，载于《中小学教师培训》2012年第3期，第53~55页。

② 白世国：《中小学心理健康教育师资培训中的问题与对策》，载于《中小学教师培训》2005年第3期，第24~25页。

③ 林崇德：《积极而科学地开展心理健康教育》，载于《北京师范大学学报》（社会科学版）2003年第1期，第31~37页。

第二十章

国外青少年的自杀风险因素研究及启示

本章的研究详细介绍了国外青少年自杀危机的各种风险因素，包括生物因素、心理因素和环境因素等，阐述了青少年自杀危机的出现是各种因素综合作用的结果。针对我国自杀危机的研究现状，提出了国外青少年自杀危机的研究对我国青少年心理危机预防及干预的启示和思考。

一、前　言

危机（Mental Crisis）是指当个体面临突然或重大的生活逆境时所出现的心理失衡状态。个体利用自己拥有的资源及应对机制很难解决当下的困难（Caplan，1964）。[1] 自杀危机是一种严重的、致命性的心理危机，当个体无力应对逆境时，可能会通过自杀解决困境中的问题或摆脱无法忍受的情境。

自杀严重地威胁着公众的健康。世界上每年大约有 100 万人以自杀的方式终结自己的生命，给国家和家人带来巨大的、不可挽救的损失和深切的痛苦。在近 45 年时间里，全世界的自杀死亡率增长了 60%。这些数字还不包括自杀未遂的

---

① Caplan，G. Principles of preventive psychiatry. New York：Basic Books，1964.

人数，因为每 20 个实施自杀的人里面，只有一个人自杀身亡。[1] 据我国卫生部统计，我国每年有 25 万人自杀死亡，200 万人自杀未遂。自杀已经成为仅次于心脑血管病、恶性肿瘤、呼吸系统疾病和意外死亡的第五大死因。

自杀危机也是导致青少年死亡的重要原因之一。研究发现，自杀是导致 15 ~ 19 岁的美国青少年死亡的第三大原因，[2] 是导致加拿大青少年死亡的第二大原因，[3] 是我国 15 ~ 34 岁人群死亡的首要原因（卫生部统计）。近年来，随着青少年自杀率不断增长，他们已经成为世界上 1/3 的国家中自杀风险最高的群体。[4]

面对这些触目惊心的数字，很多国家已经开始贯彻执行国家自杀预防计划，建立在临床或实验的基础上的自杀危机评估、预防及干预的研究越来越多，青少年自杀的预防和干预已经成为社会关注的焦点和研究热点。但是，如果我们仅仅把目光聚焦于自杀危机发生前后的干预过程或药物治疗，则可能会在发现潜在自杀者的方面错失良机。美国疾病控制与预防中心 2004 年的数据统计表明，在美国每年约 3.2 万自杀死亡的人当中，只有不到 1/3 的人在死前被心理健康服务人员发现。[5] 因此，挽救青少年的自杀危机，更重要的是提前识别导致危机的潜在风险因素，及时进行预防和疏导，降低风险因素的危机水平。正如美国自杀协会主席希尼亚·帕佛所说："防止自杀最好的办法不是注意自杀本身，而是应当更广泛地注意是什么因素导致了自杀的发生。"

二、国外青少年的自杀风险因素研究

很多研究表明，心理、社会、生物、文化和环境因素都会不同程度地影响着自杀意念和行为。本章将从生物、心理、社会等角度对国外青少年自杀危机的风险因素研究做一具体阐述，以便研究者能够在此基础上，针对我国青少年的实际

---

[1] World – Health – Organization. (2009). Suicide prevention from http：//www. who. int/mental_health/prevention/suicide/suicideprevent/en/index. html.

[2] Anderson，R. N. Deaths：Leading causes for 2000. In National Vital Statistics Reports（Vol. 50（16））. Hyattsville，MD：National Center for Health Statistics，2002.

[3] Statistics Canada. Mortality，Summary List of Causes，2003. Cat. No. 84F0209XWF. Ottawa：Industry Canada，2006.

[4] World – Health – Organization（2009）. Suicide prevention from http：//www. who. int/inental. health/Prevention /saicide/suicideprevention/en/index. html.

[5] Witte T. K. ，Gould M. S. ，Munfakh J. L. H. ，Kleinman M. ，Joiner T. E. Jr. ，& Kalafat J. (2010). Assessing Suicide Risk Among Callers to Crisis Hotlines：A Confirmatory Factor Analysis. Journal of Clinical Psychology，66（9），941 – 964.

265

情况进行研究、预防和干预，不断提升青少年的心理健康水平，降低自杀危机的发生率。

（一）生物因素

导致青少年的自杀风险因素有很多，其中生物因素是产生自杀危机的可能因素之一。

1. 遗传因素

曼（Mann）等研究者对 100 名抑郁症患者进行了研究，并在此基础上提出了自杀行为解释模型。模型指出，自杀风险具有异质性，患有同种精神疾病的人，其自杀行为方面可能有很大差别。在影响患者自杀的风险因素中，除了物质滥用、情绪障碍、人格障碍等精神障碍因素外，遗传因素也需要引起精神科医生的关注。[1]

布伦特（Brent）等研究者对收养子女和双胞胎自杀的研究证明了遗传对自杀风险的影响。研究发现，自杀行为具有高度的家族性，同卵双生子的自杀风险显著高于异卵双生子。家族成员中有自杀死亡的，其后代自杀未遂的人数显著高于控制组；家族成员中有自杀行为的，其后代的自杀死亡率显著高于控制组。本研究控制了家族谱系中精神障碍可能造成的自杀影响后，该结论仍旧成立，这说明自杀行为的遗传并不是由精神障碍的遗传所导致的。[2]

尽管很多研究都证明了家族自杀史对后代自杀行为的影响，但是大都限于现象描述，对于遗传影响自杀风险的机制探讨相对较少。在遗传对自杀影响的过程中，个体的生活环境、父母的社会经济地位、工作状况、父母婚姻状况、神经生物学等因素起着什么样的作用，需要进一步了解和研究。

2. 神经生物学因素

从神经生物学的角度来看，青少年出现自杀行为可能是由于其血清素系统、

---

① Mann J. J. , Apter A. , Bertolote J. , Beautrais A. , Currier D. , Haas A. , et al. (2005). Suicide prevention strategies – A systematic review. Jama – Journal of the American Medical Association, 294（16）, 2064 – 2074.

② Brent D. A. , & Mann J. J. Family genetic studies, suicide, and suicidal behavior. American Journal of Medical Genetics Part C：Seminars in Medical Genetics, 2005, 133C（1）：13 – 24；Tidemalm D. , Runeson B. , Waern M. , Frisell T. , Carlstrom E. , Lichtenstein P. , et al. Familial clustering of suicide risk：a total population study of 11. 4 million individuals. Psychological Medicine, 2011, 41（12）：2527 – 2534.

去甲肾上腺素的神经传导功能或神经内分泌系统功能出现了异常。有研究者对因精神疾病住院的 75 名青少年进行检查，其中 23 人无自杀意念，32 人有自杀意念，20 人自杀未遂作为实验组，35 名正常的青少年作为控制组，测量其血小板无羟色胺的含量、整体血液色氨酸水平等。结果发现，对于自杀未遂的住院青少年而言，其整体血液色氨酸水平显著低于正常控制组的青少年。[1] 这些研究说明，生物因素有可能是影响个体自杀意念或行为的原因之一。

（二）心理因素

研究者主要采用心理解剖和实验组、控制组的研究方法进行自杀风险的心理因素的研究。心理解剖就是通过对自杀死亡者的亲属、朋友以及了解情况的心理健康专家进行访谈，获得死者的相关信息，重构其生前的生活状况，了解其心理发展状态。心理解剖的方法可以清晰地呈现出自杀者患心理障碍者的情况，但是并不能说明心理障碍者实施自杀的风险。因此，采用实验组、控制组的研究恰好可以弥补心理解剖法的不足。研究者通过对有自杀尝试的实验组及其人口统计学匹配的控制组进行对比，结合心理解剖的研究方法，得到了很多与自杀风险相关的心理因素，为自杀危机的预防和干预提供了有力的理论支持。

1. 心理特质

很多研究表明，青少年的人格、自我价值感、冲动性、社会胜任力、认知风格等心理特质与其自杀风险之间存在显著相关。克莱斯（Claes）等研究者在 128 名精神病患者中选择了两组测试，一组有自杀意念，另一组没有自杀意念。研究者分别测量了他们的人格特质、应对技能、自我伤害意念等项目。结果发现，有自杀意念的患者，其适应性的人格特质和应对技能水平显著低于无自杀意念患者。[2]

自尊水平也是影响自杀风险的重要因素。研究者利用"国际性教育研究项目（ISDP）"数据，调查了自尊水平不同的 55 个国家的自杀率。结果表明，在自尊水平较低的国家自杀现象较为普遍。[3] 可见，在进行心理危机筛查、制定自杀预

---

① Pfeffer C. R. Youth suicide: prevention through risk management. Clinical Neuroscience Research, 2001 (1): 362 – 365.

② Claes, Laurence, et al. Comparison of non-suicidal self-injurious behavior and suicide attempts in patients admitted to a psychiatric crisis unit. Personality and individual differences 2010, 48 (1): 83 – 87.

③ Chatard A., Selimbegovic L. & Konan P. N. d. Self-esteem and Suicide Rates in 55 Nations. European Journal of Personality, 2009, 23 (1): 19 – 32.

防及干预策略时，要考虑个体心理特质可能导致的危机问题。

2. 精神疾病

不同文化的国家，其自杀风险因素存在着差异。有研究者曾经对欧洲和北美洲的自杀死亡案例进行了精神疾病诊断，结果发现98％的自杀死亡者至少患有一种心理障碍。其中，患有情绪障碍者占30.2％，物质滥用障碍者占17.6％，精神分裂症患者占14.1％，人格障碍占13.0％。[①] 世界卫生组织WHO的报告中指出，在欧洲和北美洲，心理障碍，特别是抑郁症和酒精滥用，是主要的自杀风险因素；而在亚洲国家，冲动性是主要的自杀风险因素。[②]

除了情绪障碍、物质滥用等因素与自杀风险显著相关外，人格障碍也是导致自杀风险的重要因素。文塔（Venta）等研究者考察了美国公立医院的106名青少年精神病患者，将其分为边缘性人格障碍组和非边缘性人格障碍组。结果发现，和无人格障碍的青少年相比，有人格障碍的青少年出现自杀意念的年龄更早。[③]

此外，在加拿大所有的自杀死亡者中，有2％～12％的人被诊断为精神分裂症，自杀成为患精神分裂症个体非正常死亡的首要原因。[④]

由此可见，很多不同的心理问题或精神疾病都可能导致自杀危机。在预防青少年自杀的工作中，要特别关注青少年自身的心理特质及心理问题，及时进行心理辅导和治疗，降低其自杀危机的风险。

（三）环境因素

青少年的自杀风险不仅与遗传和心理因素有关，还和环境因素有关，每个青少年的自杀原因都是遗传、心理和环境因素的独特组合。[⑤]

[①] Bertolote J. M., Fleischmann A., De Leo D. & Wasserman, D. Psychiatric Diagnoses and Suicide. Crisis: The Journal of Crisis Intervention and Suicide Prevention, 2004, 25 (4): 147 – 155.

[②] World – Health – Organization. (2009). Suicide prevention from http: //www. who. int/mental_health/prevention/suicide/suicideprevent/en/index. html.

[③] Venta Amanda C., Ross Elizabeth L., Sharp Carla. Thinking About and Attempting Suicide in Inpatient Adolescents With Borderline Personality Disorder. APA 120th Annual Convention, Orlando, Florida, August 2 – 5, 2012.

[④] Links P. S., Eynan R., Ball J. S., Barr A. & Rourke S. Crisis Occurrence and Resolution in Patients with Severe and Persistent Mental Illness. Crisis, 2005, 26 (4): 160 – 169.

[⑤] Stewart S. E., Manion I. G., & Davidson S. Emergency management of the adolescent suicide attempter: A review of the literature. Journal of Adolescent Health, 2002, 30 (5): 312 – 325.

1. 社会环境

社会环境和自杀意念、自杀行为有着密切联系。如青少年的社会经济地位低下、家庭贫困、享受不到良好的教育资源等因素，都可能成为青少年自杀的风险因素。[①] 哥斯根（Coskun）等研究者对土耳其和美国的青少年在 1992～2004 年的自杀率进行了比较。结果发现土耳其年轻女性的自杀率高于男性，这和土耳其女性的社会地位低下密切相关。[②] 基于此，心理健康教育工作者要密切关注家庭贫困的青少年和大学生的心理健康状况，最大限度地减少心理危机事件的发生。

在对自杀行为处理不当的社会环境中，尤其是对社会有影响力的人物自杀，可能会导致青少年对自杀行为的模仿，即自杀传染。研究表明，青少年的自杀传染在全国范围内乃至国际上时有发生，[③] 有 1%～5% 的人自杀是由于传染所致。[④] 为了降低自杀传染的风险，心理危机预防及干预工作者要引导媒体正确报道自杀危机，发挥媒体的建设性作用，提升青少年对关爱生命的正确认识等。

2. 生活环境

青少年的生活成长环境会对以后的自杀行为产生影响。有研究者考察了 3 178 名美国拉丁裔 9 年级和 12 年级的青少年，了解其自杀意念及家庭生活环境之间的关系。结果发现，如果青少年生活在家庭不和谐的环境中，感受不到爱与父母的关怀，其自杀风险是拥有父母关爱的青少年的 2.6～5 倍，[⑤] 其他人的研究也证明了这一点。[⑥]

在美国，拉丁裔青少年的自杀风险要高于他们的非洲裔美国人和白人同伴。研究者访谈了 226 名拉丁裔青少年，50% 的人有自杀未遂史。研究发现，父母之

---

① Kim, Hun Soo, and Hyun Sil Kim. "Risk factors for suicide attempts among Korean adolescents." Child Psychiatry & Human Development 39. 3 (2008)：221 – 235.

② Coskun, Murat Zoroglu, SalihGhaziuddin, Neera. Suicide rates among Turkish and American youth：A cross-cultural comparison. Archives of Suicide Research, 2012, 16（1）：59 – 72.

③ Hacker K., Collins J., Gross – Young L., Almeida S. & Burke N. Coping withyouth suicide and over-dose – One community's efforts to investigate, intervene, andprevent suicide contagion. Crisis-the Journal of Crisis Intervention and Suicide Prevention, 2008, 29（2）：86 – 95.

④ Mercy J. A., Kresnow M. J., O'Carroll P. W., Lee R. K., Powell K. E., Potter L. B., et al. Is suicide contagious? A study of the relation between exposure to the suicidal behavior of others and nearly lethal suicide attempts. American Journal of Epidemiology, 2001, 154（2）：120 – 127.

⑤ Garcia, Carolyn, et al. Family and racial factors associated with suicide and emotional distress among Latino students. Journal of School Health. 2008, 78（9）：487 – 495.

⑥ Baumann, Ana A., Kuhlberg, Jill A., Kuhlberg, Jill A. Familism, mother-daughter mutuality, and suicide attempts of adolescent Latinas. Journal of Family Psychology, 2010, 24（5）：616 – 624.

269

间的冲突通过青少年个体的自尊水平这个中介因素来影响青少年的自杀行为。[①]也就是说，家庭关系是青少年自杀危机中非常重要的风险因素。通过创建和谐的家庭氛围，培养良好的家庭关系，可以提升青少年的自尊水平，有效减少心理危机事件的发生，对青少年健康成长起着重要作用。

此外，在某个环境中自杀工具的可获得性或普遍使用也会影响自杀的数量。在美国，使用枪支自杀是青少年常用的方法，枪支的可获得性是青少年重要的自杀风险因素。[②] 奥斯汀（Austin）等研究者对南澳大利亚 17 岁以下青少年的集体上吊自杀现象进行了回顾。澳大利亚从 1995～1999 年，有 7 人上吊自杀；从 2005～2009 年，有 14 人上吊自杀，增长率为 100%。从这个年龄组自杀的人数上看，第一个五年里上吊这种自杀方式占了自杀总数的 33.3%；第二个五年里，上吊占了 93.3%。因此，严格控制青少年对自杀工具的可获得性也是减少自杀风险的方法。[③]

三、国外研究对我国青少年危机预防及干预的启示

青少年心理危机的发生具有普遍性。无论中小学校还是高校的学生，由于其青春期身心发展的特点，心理发展尚未完全成熟和稳定，情绪具有两极性等特点，都可能会发生心理危机。此外，青少年在学习、生活乃至今后的工作中，承载着来自社会、学校和家庭过高的期望和压力，当压力超过其生理、心理的承受阈限时，就可能出现心理困扰、心理障碍乃至自杀危机。

据我国卫生部统计，自杀已经成为 15～34 岁人群死亡的首要原因。基于此，发现与识别青少年自杀危机风险，及时预防及干预自杀危机已经成为我国学校心理辅导和校园安全工作的重中之重。然而，由于我国传统文化对死亡的忌讳、相关部门对学生自杀信息的保密，研究者难以获得自杀方面的翔实信息等因素，我国青少年自杀风险因素方面的实证研究较少，因此有必要根据我国实际情况，借鉴国外对青少年自杀风险因素的研究结果，服务于我国青少年自杀危机预防与干

---

① Kuhlberg J. A., Pena J. B. & Zayas L. H. Familism, Parent – Adolescent Conflict, Self – Esteem, Internalizing Behaviors and Suicide Attempts Among Adolescent Latinas. Child Psychiatry & Human Development, 2010, 41（4）: 425 – 440.

② Bertolote J. M., Fleischmann A., De Leo D. & Wasserman D. Psychiatric Diagnoses and Suicide. Crisis: The Journal of Crisis Intervention and Suicide Prevention, 2004, 25（4）: 147 – 155.

③ Austin A. E., Heuvel v. d. & Byard R. W. Cluster Hanging Suicides in the Young in South Australia. Journal of forensic sciences 56, 2011, 1528 – 1530.

预实践。

（一）加强心理筛查工作

从国外的自杀风险因素研究结果可以看出，导致青少年自杀危机的风险不是一种因素在起作用，而是多种风险因素综合作用的结果。然而，由于青少年发生心理危机时，很少会向教师或心理健康教育工作者寻求帮助，这就给心理健康教育工作者预防及干预心理危机带来了困难和挑战。基于此，学校心理健康教育工作部门有必要对在校学生进行常规性地筛查，了解其精神疾病家族史、家庭环境、亲子关系、家庭经济状况以及性格等因素，并针对高危学生人群建立危机库，动态监控这些学生的心理健康状况。心理筛查可以分为以下几种：

1. 对入学新生进行普遍性筛查

针对学生及其家长可能会有的担心、疑虑等心理，有必要让学生理解筛查的目的是为了了解其心理健康状况，便于学校为他们提供更好的心理健康辅导和服务。筛查结果是保密的，但是有自杀、自伤危险的情形除外。通过筛查，对有诸如遗传、家庭变故、遭受校园欺负、性格偏执等危机风险的学生建立动态危机库，并形成危机月报告制度。班主任要随时关注有危机风险的学生，采取谈心、鼓励参与班级活动等方式对学生进行健康辅导，并将该生的状况每月定期向心理健康教育工作部门报告，及时消除一切可能发生的风险。

2. 针对特殊时机进行筛查

对中小学生和大学生而言，家长会、考试、毕业升学、参加各项比赛、新学期开学、校园突发事件或求职等事件会带来不同程度的心理压力，极易产生心理动荡或情绪波动。因此，班主任或辅导员要在事件发生的前后时机特别关注学生的情绪状况，及时发现问题，缓解危机。

（二）丰富心理健康教育形式，提升心理保健意识

人在一生的成长过程中，有些危机风险因素是自己无法选择和避免的。例如，精神疾病家族史、冲突的家庭氛围、父母关系失和或离异等。但是，学校可以通过心理健康教育提升学生的心理保健能力，改变诸多风险因素对学生造成的

271

不良影响。

1. 开设心理健康教育课程

不同类型的学校可以根据学生的心理发展状况，针对他们在成长过程中可能会遇到的各种学习、适应、人际交往、情绪管理等方面的困扰，设置适合本校学生的心理健康课程，传播心理健康知识，提升学生的心理保健意识，有效预防心理危机的发生。

2. 举办丰富多彩的心理健康教育讲座

充分利用各种时机，举办丰富多彩的讲座。例如，对新生进行"如何适应新的校园生活"讲座；举办家长讲座，帮助家长意识到和谐家庭氛围对青少年成长的重要性；对学生进行人际交往能力训练，学会如何与同学沟通与相处；亲子关系讲座，学会如何看待原生家庭对自己成长的影响，并学会处理好与父母的关系；生命教育讲座，包括关爱生命、危机预防、自杀识别与干预等内容，出现危机时如何寻求帮助，如何帮助他人等。通过各种讲座，提高学生的心理保健能力，未雨绸缪，将心理危机化解于无形。

3. 开展校园心理文化活动

心理文化活动是心理健康教育的重要途径之一。通过各种活动激发学生的生命热情，让学生在体验中去感悟，在感悟中成长，从而减少心理危机发生的机会。例如，举办"师生共话人生""给父母的一封信"等活动，帮助学生学会感恩、理解生命的价值在于奉献；开展班级、宿舍或小组的心理素质活动，建立良好的同学关系，感受彼此的帮助和支持；举办生命强者的报告会，达到用生命影响生命，用智慧启迪心灵的效果。

4. 组织多种培训，提升危机预防及干预的专业素质

人在面对生死选择时是彷徨而无助的，通常会发出一些求救信号。危机者如果发现自己并不是无路可走，还能找到解决困扰的方法，多半会放弃选择死亡。因此，有必要对班主任、辅导员等工作人员和班干部、班级心理委员进行心理危机预防及干预的专业培训。通过培训，提升他们对自杀信号的识别能力，发现危机风险时的问题处理能力，以及危机发生时应对能力，及时发现并帮助自杀危机者。

（三）关注特殊学生，提供心理支持

要关注班级中的特殊学生。例如，学业困难、家庭贫困、家庭发生变故或受到学校违纪处理等学生，教师要经常与他们交流，了解他们的情绪困扰和心理冲突，并根据其实际情况提供相应的支持。对于家庭贫困生，教师在提供困难补助、解决其物质困难的同时，也要给予精神支持，鼓励他们自强自立，通过努力改变现状；对学习困难的学生要帮助他们接纳自己，利用自己的积极资源提升自己。

为了帮助有心理困扰或冲突的学生及时走出困境，消除心理危机，学校要提供多种心理疏导平台。例如，设立心理咨询机构，对求助学生进行面对面的心理辅导；公布心理健康教师的工作邮箱，对学生进行邮件心理辅导；建立心理健康热线及提供网络在线咨询，以满足不同需求的求助者，通过各种方式扩大心理危机预防工作的覆盖面。

自杀是一个连续发展的过程，从起初偶尔产生自杀的念头到较为频繁的自杀愿望，或从模糊的自杀计划到具体的自杀方案，自杀风险在这个发展过程中不断增加。然而，有自杀倾向的个体未必最终就一定走向自杀的结局，只要我们能够对广大学生进行心理健康教育，对求助者做好心理辅导，对相关工作人员和班干部做好专业培训，及时识别自杀风险，并采取干预措施，则会消除心理危机，将自杀的风险控制在最小的范围内。

第二十一章

感恩情绪与心理危机干预

在人类思想发展的过程中，感恩有着久远的历史。几个世纪以来，道德哲学家、神学家以及作家认为，感恩是人类不可缺少的美德，是优秀的品质，人们在接受恩惠的时候在道德上有表达感恩的义务。然而，在心理学历史上，感恩却有着短暂的过去。感恩作为一种情绪，由于在情绪家族中地位的模糊性和不确定性，很少引起心理学工作者的注意，直到近几年来，随着人们对情绪复杂性的理解以及研究方法的进展，对感恩的理论和实证研究才逐渐兴起。本章对感恩情绪的概念、感恩情绪在道德领域和心理健康领域的功能予以总结与评析，并思考如何利用我国本土化资源，使感恩研究在教育实践和心理干预及治疗中发挥积极作用。

在不同的研究领域，感恩有着多重含义。例如，它被看作一种情绪、态度、道德美德、习惯、人格特质，或者一种应对方式。在情绪研究范畴，研究者塞利格曼将感恩定义为："人们在接受到他人、社会或自然的恩惠时产生的情绪体验"。尽管个体在接受恩惠的时候也会产生快乐、开心等正性情绪体验，但是感恩情绪和这些情绪不同，它拥有独特的认知评估模式。也就是说，个体在接受恩惠时要对施助者的行为进行归因，如果认为施助者的行为是出于助人的动机，而不仅仅是自我服务时，才会激发其感恩情绪。

一、感恩情绪的功能

（一）感恩情绪的道德功能

感恩情绪和同情、移情、内疚和羞愧情绪一样，属于道德情绪。这并不是说感恩情绪本身或情绪的表达是道德的，而是由于感恩情绪既是道德行为的反应又是道德行为的动机。

感恩情绪具有道德动机功能。个体得到帮助时体验到感恩情绪，会激发其回馈行为的亲社会动机。有研究发现，在复杂琐碎的实验任务中，体验到感恩情绪的人不仅愿意努力地帮助施助者，而且也更乐于帮助与自己无关的陌生人。这说明，感恩情绪并不仅是让受助者意识到交往中互惠互利的原则，从而产生针对施助者的亲社会行为，还通过影响其心理状态来激发利他性的行为动机。

感恩情绪具有道德强化功能。对于施助者而言，如果其行为得到认可或回报，会强化他的亲社会行为。研究者发现，那些由于善行而得到感谢的被试者，和没有得到感谢的被试者相比，在未来任务中愿意付出精力的会更多，他们会更加努力工作来表征自己。

可见，感恩情绪使人们更加关注自己得到的帮助，并对施助者以及他人做出合适的反应来回馈曾经得到的帮助。这种回馈反过来又强化了施助者或他人的亲社会行为，形成螺旋式循环上升的帮助和相互支持系统，维持了良好的人际关系，使社会得以和谐发展。

（二）感恩情绪对心理健康的积极影响

感恩情绪对个体的心理健康以及主观幸福感也有着极其重要的作用。研究者发现，有感恩特质的人显示出更高水平的积极情绪和生活满意度，更低水平的抑郁和压力。为什么感恩情绪可以提高幸福感？根据弗雷德里克森的正性情绪扩展模型理论，正性情绪可以有效扩展人的认知和行为指令系统，加强个体的心理弹性，构建并储存持久的个人资源，以便在需要的时候提取。感恩情绪也一样，它拓宽了个体认知范围，激发了亲社会的互惠行为，构建了广泛而良好的人际关系资源，这些资源可以在必要时刻提供积极的社会支持，促进了个体应对压力和逆境的能力，提高了主观幸福感。

（三）感恩情绪在心理危机干预中的运用

由于感恩情绪对心理健康和良好社会关系的影响，研究者尝试将诱导感恩情绪和认知—行为干预合并起来，对临床抑郁、饮食障碍、睡眠障碍等心理症状进行干预，起到了积极的效果。

某项干预研究发现，在感恩条件下的被试者，通过回忆一生中给予自己很大帮助的人并写信表示感谢的方式，其快乐水平在短期内提高了10%，抑郁成绩显著降低，这在干预结束一个月后效果依然显著。在长期治疗中，研究者通过"计算恩惠"（Counting Blessings）的方法，要求人们每天记录生活中三件值得感激的事情，结果发现，在每次测量中都有快乐水平提升而抑郁水平下降的效果，这种效应一直延续到干预后的六个月。

起源于日本的自我反省疗法——内观疗法，其实就是利用了感恩情绪，通过改变求助者的认知方式达到治疗效果的。内观法要求个体反省过去他人对自己的帮助以及自己为他人的付出，让个体体验到强烈的感恩，意识到以前同别人交往中存在的问题，以解决由于性格、生活经历中的非理性因素所造成的人际关系障碍及其所带来的心理困扰。

因此，在日常生活中通过"内观"或"计算恩惠"方法，可以有效提高个体的心理、生理健康水平。经过一段时间的感恩练习，这种认知方式会影响个体的思维方式，形成感恩特质，使人更倾向于用感激和欣赏的眼光去看待世界，增强人们对生活的满意水平，从而发展和维持积极的人际交往和社会关系。

二、多元文化背景下对感恩情绪研究的思考

我国正处于社会发展的转型时期，传统伦理逐渐解体，现代社会的伦理体系还没有完全形成，人们的价值观念呈现多元性和模糊性，出现了一些社会问题和道德失范现象。对此，教育者赋予感恩情绪很高地位，以期通过感恩教育，唤醒国民的感恩情绪，促进社会的和谐与稳定。然而，我国对感恩情绪的研究主要集中在德育领域，在心理学领域的相关研究很少。国外研究者对感恩情绪的心理学研究也才刚刚起步，许多有价值的研究结果尚需要进一步验证。因此，如何针对我国目前现状，在多元文化背景下开展本土化研究，是一个极其重要的问题。

（一）感恩表达和道德的关系

感恩是个体受益后的情绪反应，其体验和表达对道德领域的行为有着重要作用。在施助者看来，受助者的感恩表达了对施助者行为的认可，表示他们注意到了这种善意，并隐含着将来可能回报的意愿。然而，在不同的文化背景下，人们对感恩情绪表达的理解以及感恩对施助者的影响是不同的。

许多西方学者认为，感恩作为一种道德情绪是由于它源于道德行为并激发了道德动机，而并不是说感恩情绪的表达是道德的。古希腊学者亚里士多德甚至不赞同把感恩作为一种美德，他认为自我效能感强的人接受到帮助时不会轻易表达感恩，那意味着感激别人而贬低了他们自己的能力。许多美国人也认为感恩是一种不舒服的感受，他们认为自己的道德和宗教行为是出于本身的内在动机，而不是受社会责任和报恩义务影响下的回馈行为。

在我国传统文化中，感恩情绪指的是感激他人对自己的恩惠并设法报答的心理感受，通过回馈行为来表达感恩有着道德上的意义。如"知恩不报非君子""滴水之恩，当涌泉相报"的古训都强调了感恩的表达和回报行为是做人最基本的道德准则。感恩的表达除了针对施助者的报答行为，还可以是社会层次的感恩，个体通过增强社会责任感以及相关的亲社会行为来回馈社会、表达感恩。将来研究可以探察在我国当前多元文化背景下，人们对感恩表达的态度和个体价值观之间、人格特质和感恩表达的特点之间存在着什么联系，或许有时候羞于表达感激只是源于个体的文化观或人格特质等心理特性，而不具有道德上的意义。

（二）感恩情绪和亏欠感的关系

国外研究者认为，人们之所以有时候不愿意体验和表达感恩情绪，是由于感恩中暗含着感激和亏欠感相互矛盾的结构成分。感激是正性情绪，而亏欠感是使人不安的负性情绪，其内涵是个体得到了帮助就有义务去回报，这会引发受助者的回避动机。

在我国传统文化中，知恩图报是传统美德，受到恩惠就有以某种方式回报的义务和责任。个体受到恩惠后，可能会因意识到回报的义务而产生亏欠的负性情绪。因此，在我国当前多元文化背景下，如何将知恩图报的传统道德和正性的感恩情绪结合起来，使国民积极感恩，并将感恩对象上升到社会层面，不是回馈施助者个体，而是回馈社会的良性循环中来，是有待于研究的重要课题。此外，从施助层面，如何减少功利性施助，使慈善真正做到人们内心深处，减轻受助者的压力和亏欠感，都是有意义的研究方向，从而使人的良知得以彰显，境界得以升华，生命得以完善，使我们的社会更加和谐。

（三）感恩情绪的应用研究

如前所述，感恩情绪在促进人际关系，提高个体主观幸福感以及减轻临床抑郁、睡眠障碍方面起着重要的作用。这说明，感恩不仅影响着个体积极的心理状态，而且对个体的身体疾病康复也有着显著疗效。针对感恩情绪的这些功能，将来研究可以进一步探察有感恩特质的人是否具有更积极的免疫系统，更良好的健康状态；感恩情绪的培养是否对青少年的问题行为修复、提高学校生活满意度以及提高学业成绩有促进作用；感恩情绪的干预是否能够提高人们的心理弹性，使人们面对灾难的时候有更积极的应对风格，都是构建和谐社会进程中非常有意义的课题。

1. 感恩情绪在青少年发展教育中的应用研究

在以往研究中，感恩情绪对身心健康的影响和干预一般都是针对成人群体，对青少年的研究很少。青少年阶段是人生中的"狂风骤雨"期，情绪体验具有两极性的特点，容易发生情绪失调或心理发展停滞现象。对此，通过培养青少年积极乐观的情绪，增强其对生活的满意度可以缓解这些现象的出现。

那么，能否用培养感恩情绪的方法提高生活满意度，从而减少问题行为呢？近来某研究发现，通过"计算恩惠"的方法对学生干预两周后发现，学生体验到更高水平的学校生活满意度，减轻了厌学情绪。这就为将来研究提供了可行性，或许通过感恩情绪的培养和干预，学校生活满意度的提高可以使青少年去追求学业成功，提高注意力水平，发展和维持积极的同伴关系，这些结论尚需要使用纵向研究方式进一步来探察。

2. 感恩情绪在创伤干预中的应用研究

2008 年的汶川大地震造成了重大的人员伤亡，在灾难面前，许多地震的幸存者面对全社会各界力量的全力支持和救助，表达出强烈的感恩情绪。感恩情绪是个体在遭受到巨大身心创伤后的积极保护性因素，可使幸存者降低悲痛感以及创伤后失调行为发生的可能性，甚至会调整幸存者的社会关系，使他们重新思考人生的意义。同样，在美国的"9·11"事件中，感恩情绪也是当时幸存者普遍共有的情绪，强烈的感恩可以有效降低他们的心理悲痛感。

部分幸存者由于巨大伤痛可能会引发系列心理问题，甚至出现创伤后应激障碍（PTSD），产生各种精神障碍和躯体症状。他们拒绝接受残酷现实，感受不到当前的积极刺激，无法再像以前一样正常生活。由于感恩情绪作为增加个体心理弹性和主观幸福感的重要因素，可以尝试将"内观法""计算恩惠"或记录感恩日记等方法，应用到灾后对幸存者的心理干预和心理治疗中，拓宽个体的注意资源区间，构建更积极的认知评估方式和自我调节策略，使幸存者尽快走出灾难的阴影。将来这方面的认知研究也可以尝试，如利用信息加工任务能否有效检测，感恩情绪确实拓宽了个体的注意资源，使个体注意到更多的外部积极信息。

感恩是一个非常有前景的研究领域，近几年感恩心理学在国外的兴起给了我们很多启示。在我国当前多元文化社会背景下，极其有必要进行这方面的研究。将感恩中蕴含的传统道德观和现代文化密切整合起来，并应用于道德教育、心理干预和临床治疗，不断地修复和增强国民的凝聚力，实现人与人之间互养循环的幸福感，进而形成更加和谐共享的社会。

第二十二章

学生心理危机网络救援的案例研究

当学生出现严重心理危机的时候，如果能够得到及时的帮助，可能会避免更加严重伤害的发生。本章通过某学校心理咨询中心利用网络成功帮助一名患有重度抑郁障碍学生的案例，从中总结出干预成功的几点经验。

一、干预过程

2011年4月的一天，心理咨询中心接到一个紧急电话。学校某男生在网上买了100片安眠药准备自杀，并将这个消息告诉了自己信赖的网友小王。小王感到事态严重，急忙给校心理咨询中心打来电话。

心理咨询中心领导立即召开紧急会议，分析该男生的情况及干预方案。目前了解到的信息如下：

（1）该生姓名不详，其网友只知道他的网名和QQ号码。

（2）该生敏感多疑，易受伤害，在现实生活中不愿意和别人交往，甚至害怕与别人说话。

（3）该生对比其年长的女性容易产生信任，网友小王就是他网络中认识的姐姐。

（4）该生因情绪问题曾经在百度上发帖求救，但是没有人给出能切实帮助他的方法。从发帖内容可以判断，该生生活在一个不健全的家庭中，母亲曾经患有过抑郁症，并实施过服药自杀行为。该生有强烈的抑郁情绪，经常为近乎失控的情绪感到绝望。

（5）该生情绪极不稳定，威胁网友小王为自己保密。一旦有人知道了自己要自杀的消息，便会让别人付出血的代价。

基于此，心理咨询中心启动紧急危机干预程序，根据五级危机干预机制，通知各级相关领导，并调动一切力量查询该生所在院系和姓名。经过各部门紧密配合，很快查到了该生的详细资料。院系领导和老师布置了同宿舍的同学密切监控，防止该生发生意外。同时，辅导员利用院系广泛开展深度辅导的名义和该生谈心，了解其情绪状况，并将该生带到心理咨询中心接受咨询。然而，该生的自我防御和掩饰性非常强，其心理自我测评结果极为健康，咨询中给人的印象是侃侃而谈，积极向上，没有任何自杀风险。经过案例讨论，心理咨询中心的领导和老师们决定从其他角度进入该生内心，由某咨询师"潜伏"在网络，以网友身份和该生建立联系，疏导该生情绪，避免自杀危机的发生。

于是，心理咨询师开始在网络上展开干预，加该生为 QQ 好友。该生疑心较强，对人缺乏信任，询问"你是谁"，由于咨询师的答案令他不满意，他两次拒绝了咨询师的好友请求。最后咨询师回答说"我也不知道我是谁，我一直在寻找……"好友申请才获得通过。该生极容易被激怒，在和其他网友聊天的过程中，如果网友没有即刻回答他，他就会产生被歧视、被抛弃的感觉，强烈的愤怒情绪让他想毁坏东西，并将网友加入"黑名单"，同时产生沮丧和受伤感。了解到这些，为了防止该生由于情绪不稳定导致自杀或自伤行为，咨询师在聊天过程中很在意他的感受，哪怕中途离开片刻都会事先告诉他，让他体验到安全感。经过一天和一个晚上的谈心，该生对咨询师产生了信任，认为咨询师可以帮助自己，并称呼咨询师为姐姐，但始终对咨询师如何找到自己充满了好奇和不可思议。在双方已经建立良好关系的基础上，咨询师像蚕丝剥茧一样，在该生可以接受的范围内逐渐暴露自己的身份，从与该生同一个学校—同一个校区—可以帮助他的人—教师—心理咨询中心的教师—会为他的家庭情况保密的人，将自己从虚拟网络中的"姐姐"拉回到现实。在一层一层的暴露中，该生对事实的容忍度逐渐增强，尽管对亲近的"姐姐"变为"教师"感到失望，但终于认可了现实，同意去心理咨询中心接受咨询。

为了迎接走向现实的来访者，心理咨询中心领导兼督导师事先对咨询师进行辅导，确定了咨询思路和方向。心理咨询中心的老师们忐忑不安，不知道来访者是否会主动前来。咨询时间到了，来访者还没有到，大家都有些着急。这时，咨询师的手机响起了短信通知，来访者就在门外，但是他不敢进来。咨询师将来访者接到咨询室，尽管是第二次来咨询中心，但是来访者和上一次的阳光男孩判若两人。他非常紧张，身体有些发抖，说话声音很小。咨询师从网络上的话题开始谈起，逐渐舒缓来访者的紧张情绪。来访者答应不再伤害自己，并主动将安眠药交给了咨询师。

在咨询中，咨询师了解到来访者的父母离异，他和母亲一起生活，母亲患有抑郁症，家庭经济状况十分窘迫。但是，来访者担心同学和老师知道自己的家庭状况，从来不告诉任何人，也不敢申请学校的困难补助，有时吃饭都成了问题。咨询结束后，咨询师将来访者的情况向中心领导做了汇报。中心领导经过商议，决定对该生开通"隐性"困难补助绿色通道。一方面，咨询中心领导和学生处的资助科以及来访者学院的领导联系，说明来访者的特殊问题，为他申请困难补助开绿灯；另一方面，由咨询师指导来访者如何申请困难补助，让来访者自己主动向学院申请困难补助，对于家庭状况一栏可以不填，由于事先已经沟通好，学院领导对这份信息不全的申请表"网开一面"，很快帮助来访者落实了补助问题。这件事给了来访者极大的动力，提升了他的自我价值感。

在第二次咨询中，咨询师评估了来访者的情绪困扰，建议来访者去医院精神科就诊。来访者起初对去医院充满抗拒，但是咨询结束后的第三天，来访者去医院就诊，诊断为重度抑郁障碍。第三次咨询来访者由母亲陪伴来到咨询中心，和咨询师沟通了来访者最近的状况，决定休学治疗。半年后，来访者回到学校上课。据学院的辅导员反应，来访者已经能够适应学校的生活。

二、可供借鉴的经验

经过各方面的共同努力，此次自杀危机事件终于得到圆满解决。总结干预成功的经验，主要有以下几个方面。

1. 建立有效应对危机的五级干预机制

心理咨询中心历来重视心理危机预防与干预工作，构建了融心理健康教育和心理危机预防干预于一体的5级工作机制，由学校、院系、班级、宿舍和学生个体组成。一方面，通过五级机制开展全员心理健康教育培训，广泛传播心理健康知识，提升心理保健意识；另一方面，形成从学生个体、宿舍、班级到学校的危机快速反应通道，有利于危机的及时发现、及时报告、及时干预。在5级机制中，学校各个管理层次，各个群体彼此之间相互联系，相互沟通，形成了一个纵向衔接、横向沟通、各方配合，在时间上具有连续性，在空间上具有全方位性的心理危机预防与干预的网络工作系统。正是由于 5 级危机干预机制及时、高效地发挥了作用，危机干预网络中的各部门密切配合，心理咨询中心才能在短时间内找到危机中的学生，及时监控，紧急干预。也才能利用一切力量，开通"隐性"困难补助绿色通道，让来访者在不暴露家庭信息的情况下，顺利地申请到困难补助，解决了生活上的困难，为化解心理危机奠定了良好的基础。

2. 转换工作视角，创新危机干预方法

危机事件具有多变性和突发性，固有的干预方法很难应对不断变化的危机状况。例如，互联网的出现就要求我们在危机干预的过程中，必须考虑信息传播途径的变化和传播特点，从而采用灵活的应对方法。也就是说，危机干预机制必须时刻与时俱进。在本次干预事件中，当来访者不与人交往、排斥他人，不愿意让别人知道自己的真实情况且有极强的掩饰性时，利用他喜欢网络交往特点，从网络中走进来访者的内心，从而逐渐引领他走出虚幻的网络，学会面对现实解决自己的问题。

3. 强大的专业支持

危机干预有时就像在针尖上跳舞，对于敏感、多疑、极易受到伤害的来访者，咨询师稍有不慎就可能引发来访者反感，导致干预失败，发生危机事件。本次干预的成功在于咨询师不是单独在行动，而是身边有强大的专业团队不断在提供支持。中心的领导和同事都是专业能力很强的督导师和咨询师，在整个干预过程中，心理咨询中心的老师们集体讨论干预方案，每一次咨询之前由督导师辅导咨询思路，咨询后再次接受咨询督导。对于咨询中遇到的问题，如助学补助问题由领导出面协商解决。正是由于整个团队的齐心协力、积极合作，才能将一个个危机事件成功化解。

4. 发现并利用来访者自身的积极资源

咨询师的工作不是直接帮助来访者解决困难，而是利用来访者自身的积极资源，提高其独立解决问题的能力，使之以后再遇到挫折和困扰时，可以独立自主地加以解决。对于案例中的来访者，如果心理咨询中心领导和相关部门联系，很容易就可以解决来访者的困难补助问题，但是这样做就会失去了帮助来访者自我成长的契机。因此，中心领导私下做好工作，开通"隐性"的绿色通道，表面上由来访者自己独立去申请、争取助学金。通过这一"授人以渔"的过程，帮助来访者发现自己的能力和积极资源，改变抑郁患者常有的"无用感、无价值感"的核心信念，提升来访者的自我价值感。

283

第二十三章

学校安全立法的基本原则和制度框架

制定一部《校园安全法》是推动我国学校安全管理制度化的关键。制定这样一部法律，必须在理论上对立法的目标、功能、模式、原则和制度框架具备清晰的认识。学校安全立法的目标和功能是为学校应急管理机制的有效、有序、有力运行提供支撑和保障。在立法模式上，应当选择制定一部适用于各级各类学校、用于调整学校突发事件应对全过程的、公私合体的统一立法。其立法原则包括实质法治原则、权力优位原则、比例原则、权责能统一原则等。而立法的制度框架应主要围绕学校应急管理中的关键机制展开，兼及学校应急管理体制和学校应急预案制度。

自 20 世纪 90 年代开始，学校安全便已成为社会焦点问题。随着近年来多起恶性校园突发事件的连续爆发，这一问题更呈愈演愈烈之势。人们普遍认同，在制度层面上完善各种学校突发事件应对机制，特别是制定一部专门的法律，是解决这一问题的根本出路。在 1999 年的全国人大会议上，便有代表联名提案制定《校园安全法》并获得广泛响应。但在已经过去的十多年间，我们看到的是教育部、公安部、司法部等在一次次学校突发事件之后不断地颁发各种规范性文件，而人们翘首以待的《校园安全法》则杳无踪影。对此，立法机关和行政主管部门的解释是立法的可行性存在着障碍。[1]

---

[1]　"《校园安全法》，为何难出炉？"，载于《羊城晚报》2010 年 5 月 6 日第 4 版。在此期间，辽宁、云南、黑龙江、宁波、深圳、武汉等地陆续出台了学校安全管理的地方性法规。这恰恰从侧面说明，将可行性问题作为阻碍这部法律出台的理由是苍白的。

在我们看来，《校园安全法》迟迟难以出台的真正障碍，在于我们对制定这样一部法律还缺乏足够的理论储备。无论是教育学界还是法学界，对于学校安全立法的目标、功能、模式和原则还没有得到一个有说服力的判断或选择，对这部法律的制度概貌也缺乏一个清晰的架构。那么，对上述问题的探索和回答，无疑就具有现实而且迫切的意义了。

一、立法的目标与功能

学校应急管理是公共应急管理的一个特殊领域，学校安全法制自然也是公共应急法制的一部分。长期以来，许多学者因循传统的公法理念，认为应急法的主要目的在于授予并控制公权力，保障和维护公民权利。[①] 对学校安全立法的研究也难脱窠臼，研究者多认为其立法目的是赋予公安机关、教育部门、学校等主体以学校安全管理的权力和职责，划分学校突发事件中的法律责任，最终以保障学生安全和权利为依归。[②] 更有学者直接将权利与权力及其相互关系作为学校安全立法的主要维度加以讨论。[③]

在我们看来，上述观点是用权力控制、权利保障等传统公法理念遮蔽了包括学校安全法制在内的应急法作为特殊法制的本质。一个国家的应急法律体系，首先是一种法律化的应急管理机制，然后才是控制或平衡公权力和私权利的法律工具。后者确实是应急法的重要目标之一，但无论如何只是第二位的。如果法律不能为人们的应急管理活动提供保障和支撑，从而使其获得控制和克服公共危机的足够能力，那么任何控制公权力和保障私权利的努力都是奢谈。

学校安全管理机制，是长期以来人们在学校安全管理活动中积累下来的、被实践证明为行之有效的方法和策略以某种制度形式确认、固化下来的结果。而学校安全法制就是对这些机制中最核心内容的凝练，其目标在于通过赋予这些方法和策略以法律的效力，规范和指引人们应对学校突发事件的活动。一言以蔽之，学校安全立法的目标在于通过法律为各种学校安全管理机制的运行提供支撑和保障。

---

① 韩大元、莫于川：《应急法制论》，法律出版社 2005 版，第 63～77 页。

② 参见张维平、翁莹秀：《〈校园安全法〉立法基本理论问题研究》，载于《沈阳师范大学学报》（社会科学版）2004 年第 4 期；叶燎原：《安全校园：立法的几点思考》，载于《思想战线》2006 年第 6 期。

③ 王立峰：《高校公共安全的法律维度——来自于法哲学视域的观照》，载于《山西财经大学学报》（高等教育版）2008 年第 2 期。

那么，法律是通过何种方式实现上述目标的呢？从学校安全立法的功能出发，可以认为其作用方式在以下3点：第一，引导和约束人们实施学校安全管理的行为，保障学校应急机制的有效运行。应急机制是人们付出巨大代价所获得的、为实践证明为行之有效的、相对稳定的策略和方法。但对于每一次突发事件中的应对主体而言，这种策略和方法往往并非源于其自身感性经验，未必能够获得其高度认同和自觉遵行。突发事件一旦来临，又要求这些策略和方法在最短的时间内被有效实施。那么，只有将这些机制中最重要的部分上升为法律，借助于法的权威及其背后的国家强制力，才能确保其有效运行。第二，明晰人们在学校突发事件应对中的角色，保障学校应急机制的有序运行。学校应急管理机制——尤其是紧急处置机制的实施，要求包括政府、学校、社区、教师、学生在内的各类相关主体做出一定的角色转换，即这些人群在应急机制的实施过程中可能扮演某种有别于平常的角色。这种转变可能表现为政府权力的扩张和责任的增强，对师生个人自由的克减和义务的课予，以及学校获得某种平常所不具备的紧急权力等。我们很难想象，离开了法律上的安排，这种角色转换在危机来临时将如何实现。第三，确保各种必要资源的准备和投入，保障应急机制的有力运行。应急管理机制的运行，需要以消耗大量的人财物资源为代价，学校应急管理也概莫能外。在突发事件的事前管理中，人们准备的资源还极有可能久备不用而导致"浪费"。这些资源无论来自于公共财政的投入，还是商业渠道的融资，或者是对个人的劝募，如果缺少了法律提供的依据和工具，其保障都必将十分脆弱。

对立法目标与功能的界定，作为一种价值判断的结果，必然对具体的制度架构产生决定性影响。将法律对学校应急管理机制的支撑与保障作为其首要目标，就意味着法律将更多地倾向于维护公共权力——如检查性权力的行使，而对学生等个体的权利尤其是人身权利将给予更多限制。一个可以作为佐证的例子是：从20世纪80年代开始，以自由主义风格著称的美国法院也越来越倾向于支持学校行使其安全管理权，而对于学生，则在强调保护其陈述、申辩等程序性权利的同时减轻了对其隐私权、人身自由权等实体权利的保护力度。[①]

二、对立法模式的选择

有研究者将国外的学校安全立法归纳为两种模式：校内保护型与校外保护

---

① New Jersey v. T. L. O, 469 U. S. 325（1985）; Thompson v. Carthage Independent School District., 87F. 3d 979（1996）.

型，前者以日本为典型，后者以美国为样板。[①] 这种分类显然是以诱发学校突发事件的危险源作为标准的，前者重在控制内部风险，后者重在应对外部侵害。这种分类对于揭示立法规律并指引我们在立法模式上做出正确选择并无多少帮助，原因在于：一方面，无论危险源来自于学校内部或外部，都属于学校安全法制调整的范畴；另一方面，对立法模式的归纳所应考虑的因素远不止于法律的调整对象，还涉及法律体系的构成、法律的内部结构、法律的调整方式等诸多复杂因素。而对立法模式的选择，其标准则是何种模式的立法更有利于实现法律既定的目标和功能。我们认为，对我国学校安全立法的模式选择，需从以下四点予以考察。

第一，一法囊括还是多法并行。依致灾因子与应对方法的不同，管理学上通常将突发事件划分为自然灾害、事故灾难、公共卫生事件和社会安全事件4种，2007年施行的《突发事件应对法》也采用了这一划分方法。显然，上述4类突发事件都是学校安全管理防范和处置的对象。那么，立法机关是应该就不同类型的学校突发事件有针对性地分别立法还是将其整合在一部法律中呢？从国内的地方立法来看，毫无例外地选择了后者，而且对常见类型的学校突发事件基本上给予了同等对待。从比较法的角度来看，日本早期曾采取多法并行模式，依事件类型的不同分别制定单行法；美国虽采用一法为主的模式，但其《校园安全法》等法律的主要调整对象是发生在校园的人为安全事件。

我们认为，对上述问题的研判必须从学校突发事件的特征着眼。必须承认，学校作为一个大规模人群集体生活的特定社会单元，相对于普通区域而言，其发生的突发事件往往具有规模大、传播快、形态复杂和损失较重的特点。但若与同为人员密集单位如工厂、矿区、机关、部队中的同类突发事件相比，则发生在学校的自然灾害、事故灾难和公共卫生事件的突发事件，在产生、演变与应对上并无特别之处。唯一的不同在于社会安全事件。首先，学生的人格塑造尚未成熟，对敏感事件容易产生情绪化反应，许多在其他场景下不易引发突发事件的因素，在学校环境下可能成为导火索。其次，学校是进行知识生产和传授的场所，高校更被喻为社会思想的发源地和风向标，在学校爆发的突发事件对人们产生的心理冲击往往会被放大，甚至产生深刻的政治和社会影响。最后，许多学校背后关联着巨大的社会网络如家长网络、校友网络、校董网络等，发生在学校的安全事件必将在这些群体中产生巨大反响。由是观之，则美国以社会安全事件为核心的立法模式有其合理性。但中美两国的不同又在于：发生在美国学校的社会安全事件远多于、也远重于其他类型的灾难；而在中国，上述4种类型的学校突发事件几

---

① 曲正伟：《关于制定"校园安全法"的几点思考》，载于《教学与管理》2001年第13期。

乎同样严重。有鉴于此，我国的学校安全立法可采取有重点的一法模式，即以社会安全事件的应对为主要内容，兼顾其他类型的突发事件。对于后者而言，其内容将表现为相关上位法的实施性规范，并无多少制度创新可言。

第二，统一立法还是分类立法。某些地方立法机关认为，应将高校与中小学的安全管理分别立法，理由有二：一是高校学生为完全民事行为能力人，而中小学生则不然；二是中小学生多为突发事件的承受者，而高校学生兼具突发事件制造者与承受着的角色。① 在我们看来，上述的第一种差异只在确定突发事件的赔偿责任时具有法律意义；而第二种差异在高校学生、高中学生与职校学生之间的界限并不清晰，很难截然划分。因此，依学校类型的不同而分别立法，实无必要。

第三，全过程立法还是分阶段立法。管理学上普遍认为，突发事件的应对活动是一个涵盖无事、事前、临事、事中和事后全过程的循环反复的链条，② 应急法的调整自然也应贯穿其始终。西方国家的学校应急管理便是按照上述环节展开的。与长期以来我国的公共应急法律体系"重事中、轻事前"的弊端相反，现有的学校安全地方立法普遍呈现出"重事前、轻事中、无事后"的特点。这些立法将大量内容集中在事前预防上，而对于事中的处置和救援机制则比较单薄，对事后管理除致力于责任追究外，有关恢复和善后机制的规定基本空白。"防救结合、以防为主"在应急管理中固然已被奉为圭臬，但应急管理的各环节毕竟是一个相互作用、循环转化的封闭链条，得力的事中处置和有效的事后恢复对于危机的次生、衍生、再生具有关键的遏制作用。地方立法上这种重"防"轻"救"的特点，固然与现行安全管理体制下学校缺乏处置空间从而难有作为密切相关，但更折射出人们对学校突发事件及其所引发法律责任的极度畏惧。我们认为，在实现学校应急管理机制创新的前提下，未来国家层面的立法仍应遵循一般管理规律，着眼于调整学校安全管理的全过程，而非其中的某一两个环节。

第四，公私分离还是公私一体。学校安全法制所涉及的法律关系，既包括因行政机关与作为公务法人的学校实施管理活动而产生的公法关系，也包括因学校突发事件导致之赔偿责任所包含的私法关系。行政、民事乃至刑事法律规范杂糅其中，除刑事规范可使用援引条款直接适用《中华人民共和国刑法》（以下简称〈刑法〉）外，有关行政与民事问题均需在立法中解决。那么，是将两者分别立法调整——如分别制定《学校安全管理法》与《学校安全事故责任法》，还是在一部法律中加以一体规定呢？某些国家如韩国采取了前一模式，但我们认为后者

---

① 深圳、武汉两地的地方性法规便采取了这一立法模式，其立法调整的范围不包括高等院校。

② 薛澜、钟开斌：《突发公共事件分类、分级与分期：应急体制的管理基础》，载于《中国行政管理》2005 年第 2 期。

更佳，理由有二：一则学校突发事件所导致之赔偿，不仅包括民事赔偿，也可能表现为行政赔偿或两种赔偿责任的混合。二则在公共应急管理中，即使是民事责任的确定也并不应完全因袭传统民法理论，某些责任的确定可能将突破公、私法的分野。一言以蔽之，公共应急管理中没有纯粹的私法问题。

综上所述，我国的学校安全立法，在模式上应选择制定一部适用于各级各类学校以及用于调整学校突发事件应对全过程的、公私合体的统一立法。在统一立法的基础上，再由国务院及其部门视必要制定实施性的法规、规章。

三、对法律原则的确认

研究者在讨论学校安全立法时，每每论及立法的基本原则。但其观点大多建立在对"法律原则"这一概念内涵的错误理解之上。其谬误在于将法律原则混同于工作原则、方针政策。如有人将学校安全立法的基本原则总结为以下 4 项：预防为主原则、综合治理原则、有利于学生全面成长原则和纠纷解决中的过错推定原则。[①] 法律原则是用来证立、整合及说明众多具体规则与法律适用活动的普遍性规范，是更高层次法律推论的权威性出发点。[②] 按照德沃金的观点，识别法律原则的标准在于判断其是否"基于政治道德并能融通既有法制"。[③] 据此，法律原则一方面必须体现人们的某种价值共识；另一方面又足以统领该领域的具体法律规则，既可成为立法活动的指引，又可作为法律解释的基准，并在穷尽具体规则的前提下有在个案中被适用的效力。如此，则诸多研究者就学校安全立法提出之所谓原则，皆不成其为法律原则。我们认为，从学校安全立法的目标、功能及其所调整社会关系的属性出发，以下几项应可被确认为其基本法律原则：

第一，实质法治原则。法治原则是公法的核心原则，其内涵是一切公权力的运行都应当符合法律的规定且不得超越法律授权的范围。但应急法在性质上是一种特殊法制，其制度设计较之常态法制应当更具弹性，即允许公权力的运行在目的正当的前提下对形式上的合法性有所权变和突破。所以，学校安全的具体制度架构也必须允许学校和行政机关基于保护最大多数人的安全这一公共利益目标，

---

① 郑布英：《关于校园安全立法的几个问题》，载于《武汉大学学报》（哲学社会科学版）2005 年第 4 期。

② David M. Walker. The Oxford Companion to Law [M]. Oxford：Clarendon Press，1980：739.

③ Ronald Dworkin. Taking Rights Seriously [M]. Massachusetts：Harvard University Press，1977：105 – 117.

在实施学校安全管理中拥有更多的裁量权。因此，学校安全立法将更多地以实质法治而非形式法治为追求。

第二，权力优位原则。较之一般公法，应急法中的"权力—权利"关系更加充满矛盾统一的张力。作为应对公共危机的非常态法制，应急法的具体制度往往以公权力的扩张和优越为表象，却以对个体权利最大限度的保障为依归。在学校应急管理中，政府、学校等公权力主体将获得比平常更广泛的权限，并可以就其某些形式违法而实质正当的行为豁免法律责任。反之，学生等个人权利将受到不同程度的限制和克减。当然，这种限制和克减以不侵犯基本人权为底线。但这种权力优位的制度设计，在本质上并不是为了公权力的扩张，而是以必要的代价来防御和克服校园危机，从而换取对师生生命财产安全最大限度的保障。

第三，比例原则。比例原则作为公法上的一项重要原则，阐述了公共管理中的"手段—目的"关系，要求手段有助于管理目的的实现，而在多种可能达致同一目的的手段中，应当选择对相对人损害最小的一种，且手段与其所达到的目的间必须符合适当比例或相称。① 对于学校安全法制而言，比例原则——某些研究者称之为适度原则②——对于防止政府和学校的过度防御和过度响应行为无疑具有显著意义。依照比例原则，将学校画地为牢与社区完全隔离、取消对抗性体育活动、限制学生郊游和社会实践等一度被广泛采用的极端控制措施，③ 都应当在立法中被摒弃。

第四，权、责、能统一原则。学校安全法制是学校应急管理机制的法律化表现形式，而学校应急管理机制有效运行的重要基础之一，就是对应急管理权力、责任和能力的合理分配。在现行体制下，权、责、能配置错位已成为影响相关应急管理机制发挥效能的障碍所在。譬如，在学校与政府之间，责任重心在学校，而权力和能力重心在政府；在上下级政府之间，责任重心在基层，而权力和能力重心在上层。因此，必须在立法上对学校突发事件各应对主体的权力、责任和能力重新梳理，其核心是实现学校本身应急管理权、责、能的统一。

四、对制度框架的描述

学校安全立法的基本框架自然应围绕学校应急管理中的关键机制展开，将那

---

① 余凌云：《论行政法上的比例原则》，载于《法学家》2002 年第 2 期。
② 尹晓敏：《论学校安全管理的适度原则》，载于《现代教育论丛》2007 年第 4 期。
③ 王法敏、杨挺：《从"圈养"现象透视学校安全管理思维》，载于《教育导刊》2009 年第 5 期。

些已经被实践证明为行之有效的学校应急管理机制以法律形式确认下来，以图长久地发挥作用。而学校应急管理机制的有效运行，需要以一定的组织为载体，这种组织载体就是学校应急管理体制。各种法定的应急管理机制，又必须与某一特定学校的具体情境相结合形成应急预案，方有付诸操作的可能。因此，应急体制和应急预案也是立法中必不可少的部分。

（一）学校应急体制

体制作为承载机制运行的组织，对于后者的运行效果具有决定意义。诚如某些学者所言，传统的学校教育组织已经成为学校危机管理绩效的掣肘，亟待变革。① 而健全学校应急体制的核心在于有效整合各种应急力量，实现整个学校应急系统的能力最大化，其目标是形成一个"政府—学校—社会"多元协作的应急组织体系。长期以来，我国的学校应急体制建设也致力于这一目标，研究者对此也颇具共识，但其整合的中心始终是政府而非学校。其主要做法是扩大地方政府及其教育、公安等部门在学校安全管理中的职能，对学校本身虽强化了其内部管理职责但并未赋予其必要的应急管理权限和相应的应急资源，同时还强调了学校对政府应急管理活动的配合、协同义务。这种政府主导的体制貌似强化了学校应急管理系统的能力，实际上既人为增加了决策层级，又加大了行政机关间的协调成本，与公共应急管理中能力集中、重心下移的原则背道而驰。

一个真正有效的学校应急体制应该以学校为中心对各种资源加以整合，其核心制度就是实现学校在安全管理上权、责、能的匹配与统一。具体可做如下架构：首先，赋予学校对一般突发事件的紧急决策和处置权，以及对更高级别事件的先期处置权。其次，借鉴美国建立校园警察制度。美国的校园警察在职权和任职条件上与其他警察基本相同，隶属于学校，由学校决定其任免并负担其薪金。② 考虑到中美两国在学校安全形势及警察体制上的不同，校园警察机构在中国不应如某些学者主张的那样拥有完整的警察权，③ 而应只承担治安管理职能而不承担刑事侦查职能，同时实行学校与属地公安机关的双重领导。④ 再次，以学校的安全需求为中心重新设定行政机关的职责，将其现有的学校安全管理职能转化为对

---

① 颜丙峰、宋晓慧：《危机管理：解决高校管理困境的组织创新》，载于《国家教育行政学院学报》2005 年第 4 期。

② 李云鹏：《美国保卫校园的安全机制》，载于《外国中小学教育》2011 年第 2 期。

③ 崔卓兰、宋慧宇：《高校公共安全服务社会化探讨》，载于《北方法学》2008 年第 3 期。

④ 2002 年《教育部、公安部关于加强高校安全保卫工作的通知》曾提出在重点高校复建曾经在 20 世纪 80 年代设立的公安派出机构，但该方案最终未能实施。

学校实施安全管理的法定支持和援助义务，其范围包括资金、信息、配套设施、周边环境治理等，并在法律上规定学校对行政机关履行上述义务的具体请求权。最后，赋予学校对所在社区各种应急管理资源以优先获取和使用的权利。

（二）学校应急机制

毫无疑问，贯穿于应急管理全过程的各种应急管理机制都应当在学校中得到建立。但对学校而言，某些机制相对于一般的公共应急管理并无特别之处，因此并非立法考虑的重点。立法上应当着重建构的，乃是那些在学校安全管理中具有特殊性，或对实现学校安全管理目标具有关键意义的机制。其荦荦大者，在以下几项：

第一，应急教育与演练机制。"预防为主、关口前移"是应急管理上的重要法则，而学校安全事前管理的重点一在教育，二在演练。尽管学校应急教育与演练的意义已经被一再讨论和重申，有关部门和地方的法规、规章也多所涉及，但惜乎没有制度上强制性的保障，也缺乏全局性的统筹。为此，可以在立法上做如下3点设计：一是将应急教育规定为各级各类学校的必修课程，并强制性地规定学时；二是将在"5·12"全国防灾减灾宣传周举行应急演练活动规定为学校的法定义务；三是将学校设定为其所在社区的应急教育、演练和避难的场所，要求地方政府在学校配置基本的应急演练、救援、避难的设备设施，以统筹利用社会应急资源。

第二，信息传递与预警机制。一个良好的突发事件信息与预警系统需要具备2个条件：一是信息来源充分，二是信息传递迅速。前者取决于信息节点的数量，后者取决于组织内部的层级结构。学校作为一个自上而下垂直控制的组织，在信息获取上具有优势，在信息传递上则处于劣势。只有通过优化应急管理层次，将自上而下的垂直结构转变为扁平型的横向结构，才可以使突发事件信息完整、迅速地传递到学校决策层，成为危机预警的依据。[①] 为实现这一目标，法律应当规定学校必须建立决策层直接控制的外部危机信息收集系统（用于收集气象预报、交通信息、流行病疫情、食品安全信息等），学校安全防范技术系统（用于监测可能产生威胁的校内及周边危险活动），舆情信息收集系统（如面向学生或家长的校园 BBS）。

第三，紧急决策机制。紧急决策机制通常包括3个部分：决策主体、决策程

---

① 中国行政管理学会课题组：《高校应急管理机制建设研究报告》，载于《中国行政管理》2006年第10期。

序与决策责任。决策主体即学校的应急指挥机构，在美国称为学校危机应对小组（CRT）。指挥机构应当由校长、校园警察机构负责人、心理干预人员、校内其他安全管理部门负责人、学生自治团体负责人等组成，并邀请所在社区负责人、有合作关系的应急救援组织、非政府组织代表参加。指挥机构并不是临时性的，其职责不仅包括在危机爆发时做出紧急决策，还包括在平常状态下对学校安全管理的领导与协调。出于节约人力资源的考虑，学校应急指挥机构应当具有弹性，可以根据突发事件的级别而缩小或扩大其规模。[①] 应急决策程序则应遵循"属地管理、逐级介入"的原则，由学校承担第一反应职责，在超出学校处置能力范围的情况下再逐级报请上级政府介入。至于决策责任，立法上既应规定对违法或重大过失决策的责任追究，也应包括对紧急情况下权变决策的责任豁免和减轻。

第四，信息公开机制。信息公开在应急管理中的重要意义已无须赘言，而信息公开机制的建立只有通过在法律上对危机应对主体课予严格的公开义务方能实现。对于学校安全管理而言，这一义务主体包括学校与行政机关。为了平衡保护未成年人隐私等特殊目标，学校安全管理中的信息公开与一般情况将有所不同。其公开的重点应界定在学校安全形势的统计与评估报告、学校突发事件的事态信息、突发事件预警信息、突发事件的处置信息等。

第五，心理干预机制。无论是对于预防因心理危机引发的突发事件，还是对于事件发生后师生心理创伤的平复，心理干预向来被认为是应对学校突发事件的一项极重要机制。在我国心理干预专业队伍相对匮乏的情况下，学校尤其是高校甚至具有比较优势。绝大多数高校和条件较好的中小学都能够聘任专职的心理咨询人员，综合性高校本身通常更设立心理学院系或专业；条件较差的学校也可以通过使部分学生辅导员接受培训以获得基本的心理干预技能，或由教育行政机关聘用专业人员在一定区域内集中提供服务。立法的作用在于将上述做法确定为一种强制性义务。

第六，责任分配机制。学校安全管理中的责任分配包括两方面：一是私法责任，即损害赔偿责任；二是公法责任，即对突发事件制造者和管理者行政责任与刑事责任的追究。对于公法责任，学校安全立法无须另作规定，直接适用《突发事件应对法》和《刑法》等法律上的责任分配规则即可。对于私法责任则应分为2个问题来解决：一是关于赔偿责任的分配，可以直接适用《侵权责任法》上的规定，其核心仍是传统的过错责任，具体形态包括一般过错责任、过错推定责任和补充责任。[②] 二是赔偿责任的实现，目前我国中小学普遍推行的校方责任险

---

① 方展画、王东：《美国校园危机管理的组织架构分析》，载于《高等教育研究》2008年第9期。

② 劳凯声、陈希：《〈侵权责任法〉与学校对未成年学生的保护职责》，载于《教育研究》2010年第9期。

是一种商业保险，其赔付数额有限，日韩等国则采用国家支持的互助（共济）保险。[①] 我们认为，在立法上可以采取强制性的商业保险与自愿的互助保险相结合的方式，在将来全国建立巨灾保险的情况下还应强制要求学校购买巨灾保险，以进一步提高赔付数额，并最大限度地分散学校风险。

（三）学校应急预案

应急预案是针对可能的重大事故（件）或灾害，为保证迅速、有序、有效地开展应急与救援行动、降低事故损失而预先制订的有关计划或方案。[②] 我国公共应急体系的核心内容通常被概括为"一案三制"，"一案"即指应急预案，其重要性由此可见一斑。我国的公共应急预案体系建设始于 2003 年 SARS 危机之后，历八年至今已框架初成，其体系完整、覆盖全面，"横向到边、纵向到底"，但内容粗疏，几无可操作性可言。学校应急预案则更加不堪，非但可操作性不容乐观，且体系残缺不全，覆盖率低。多数学校至今没有编制任何应急预案，或只有一部笼统抽象的总体预案。在学校突发事件发生时，大多数情况下仍然只能依靠决策者临机决断，常常难免手足无措，坐失时机。

因此，学校安全立法应当着力解决应急预案的制度化与有效性问题。对于制度化问题，立法上应明确而详细地规定学校应急预案的体系构成、编制主体、基本要素、编制方法、实战演练、更新机制等内容。而对于预案的有效性问题，则重在增强学校的预案编制能力。应急预案的编制是一项复杂的管理技术，需要编制者具备丰富的实践经验和较强的专业能力。而一般中小学和部分高校本身不具备独立编制预案的能力，所以法律应当规定教育行政部门有义务组织专家拟定各种预案编制指南和范本向学校提供，同时提供必要的技术支持。

---

① 参见王岚：《日本的学校意外伤害事故赔偿制度》，载于《当代教育科学》2006 年第 13 期；柳京淑：《韩国学校事故处理探析——以韩国汉城学校安全协议会为例》，载于《比较教育研究》2005 年第 7 期。

② 詹承豫、顾林生：《转危为安：应急预案的作用逻辑》，载于《中国行政管理》2007 年第 5 期。

第二十四章

学校应急管理法律体系的现状和问题

目前我国正处于社会转型时期，社会各种不安的因素较多，所以学校面临着较为严峻的安全问题。随着许多学校安全事故的发生，学校安全也成为社会关注的焦点，如何给学生创造一个安全且有保障的校园环境是我们亟须解决的重要问题。虽然我国目前制定了一系列有关学校安全方面的法律、法规、规章及规范性文件，但突发性事件应急管理的立法还很欠缺。本章立足于学校突发事件应急管理法律体系的现状，分析目前存在的一些突出性的问题，并提出相应的完善意见。

一、学校突发事件应急管理的法律体系

（一）学校突发事件应对法律法规体系概览

目前我国正处于社会转型时期，社会各种不安的因素较多，所以学校面临着较为严峻的安全问题。随着许多学校安全事故的发生，学校安全也成为社会关注的焦点，如何给学生创造一个安全且有保障的校园环境是我们亟须解决的重要问题。

在法律层面我国既制定了《中华人民共和国未成年人保护法》《中华人民共

和国预防未成年人犯罪法》（以下简称〈未成年人保护法〉〈预防未成年人犯罪法〉）等专门针对未成年人的法律，也有《中华人民共和国教育法》《中华人民共和国突发事件应对法》《中华人民共和国义务教育法》《中华人民共和国侵权责任法》（以下简称〈教育法〉〈突发事件应对法〉〈义务教育法〉〈侵权责任法〉）等不仅仅针对青少年学生，而且对保护青少年学生同样适用的法律，例如《侵权责任法》专门明确了完全无民事行为能力和部分民事行为能力人在学校、幼儿园内发生人身损害的侵权责任认定原则。这些法律层级最高，在效力和内容上都统领着其他较低层次的法规。在行政法规的层面，我国制定了一些专门针对校园安全管理的行政法规，比如《校车安全管理条例》《学校卫生工作条例》、《学校体育工作条例》《幼儿园管理条例》等，这些法规对于在校园中某一特定方面问题的规范有着非常重要的作用。在部门规章方面，我国制定了《学生伤害事故处理办法》《学校食堂与学生集体用餐卫生管理规定》《中小学幼儿园安全管理办法》《小学管理规程》《幼儿园工作规程》《中小学校园环境管理的暂行规定》等规范。我国还制定了大量的规范性文件来保障校园安全，例如《中央综治办、教育部、公安部关于进一步加强学校幼儿园安全防范工作建立健全长效工作机制的意见》《中国气象局、教育部关于加强学校防雷安全工作的紧急通知》《教育部关于进一步加强中小学安全工作，预防学生拥挤踩踏事故的通知》等，由于数量繁多，在此不一一列举。另外，教育部还制定了《教育系统突发公共事件应急预案》《教育系统公共卫生类突发事件应急预案》《教育系统事故灾难类突发公共事件应急预案》《教育系统自然灾害类突发公共事件应急预案》等预案来应对突发事件，以此来指导和促使教育系统在突发事件中能够更好地应对，保障学生安全。

除了以上国家层面的学校安全相关法律、法规、规章以及规范性文件之外，一些地方政府也出台了许多学校安全立法的地方性法规、地方政府规章以及地方规范性文件。这些地方法律法规对当地有着较强的针对性，有助于地方性学校安全问题的解决。

上述的学校突发事件应对法律、法规、规章以及规范性文件对学校的突发事件应急管理责任主体及职责、监管机构与机关内容、校内安全管理、日常安全管理、安全教育、学校周边安全管理、安全事故处理、奖励与责任等方面作出了一些各有侧重、相对分散的规定。由此可见，近些年来我国初步形成了学校突发事件应对法律体系的基本框架。这对于保障学校及其学生和教职工的人身、财产安全，维护校园正常的教育教学秩序，促进教育事业发展等有着十分重要的作用。

但是，我们必须清楚地认识到我国在学校突发事件应对立法中仍存在着许多的问题，近年来层出不穷的学校安全事故也暴露出了学校安全中存在着较大的软肋。尤其是 2010 年，从 3 月 23 日福建南平血案，到 5 月 30 日发生在陕西南郑县的校园血案，不到两个月的时间内先后发生了 6 起针对学校未成年人的恶性袭击事件，不但考验家长心理底线，敲响校园安全警钟，也对学校突发事件应对法律提出了新的挑战与任务。要从根本上解决学校安全问题，就需要建立起一套维护学校安全的完善的法律体系，通过学校突发事件应对立法，全面规范学校安全工作，将学校安全纳入常态化管理系统之中。

（二）学校突发事件应对法律制度分类

规范化的学校安全工作必须依托于制度建设。建立健全学校各项安全工作制度，落实各项安全管理规定是预防学校安全事故、保障师生安全的根本要求。迄今为止，我国还没有一部完整的有关学校突发事件应对的法律。但是，还是有新义务教育法以及一些有关学校安全的政策法规，可作为学校安全制度模式选择的法律和政策依据。新《义务教育法》规定："学校应当建立、健全安全制度和应急机制，对学生进行安全教育，加强管理，及时消除隐患，预防发生事故"。2006 年教育部等 10 个部委颁布的《中小学幼儿园安全管理办法》规定："学校应当遵守有关安全工作的法律、法规和规章，建立健全校内各项安全管理制度和安全应急机制，及时消除隐患，预防发生事故"等。它们都明确要求建立学校安全制度来进行学校安全管理。

在行政法规之中，《中小学幼儿园安全管理办法》是我国第一个专门关于中小学安全管理的法规性文件，也是第一个以十部委部长令的形式发布的有关中小学安全管理工作的文件，还是第一个与新修订的《义务教育法》配套的法规性文件。《中小学幼儿园安全管理办法》共分九章六十六个条文。九章分别为总则、安全管理职责、校内安全管理制度、日常安全管理、安全教育、校园周边安全管理、安全事故处理、奖励与责任和附则。从文本内容来看，该法主要涉及学校安全的范围，责任主体和各义务主体的义务范围，并着重规定了学校的责任和义务，以及事故处理的程序和责任追究机制。它内容全面，注重制度建设，有着很强的针对性，同时它规定具体，操作性强。因此，本章主要围绕该办法的具体规定为重点展开分析。

根据《中小学幼儿园安全管理办法》，我们可以将学校突发事件应对法律制度分为安全管理职责分配制度、校内安全管理制度、日常安全管理制度、安全教育制度、校园周边安全管理制度、安全事故处理制度和奖励与责任追究制度等七类制度。

二、现行学校突发事件应急管理法律体系的问题

（一）学校突发事件应对法律分析

依法治国，建设社会主义法治国家，是社会主义现代化的重要目标之一；依法治校，是依法治国的重要组成部分，保证校园安全则是依法治校的重要内容。虽然有许多学者呼吁要建立《学校法》[①] 及《校园安全法》[②] 等法律，但是目前我国还没有一部专门的法律来全方面规范学校安全，存在着立法空白。从现有的学校突发事件应对方面的相关法律、法规、规章及规范性文件来看，我国学校突发事件应对法律法规有着下列不足。

1. 学校突发事件应对法律法规体系不够健全

虽然我国现已初步形成了学校突发事件应对法律体系的基本框架，但是由于我国法制建设时间较短，教育法制化进程尚未深入推进，在学校安全问题上就反映出了相关法律法规的缺失。并且，现存的法律法规又缺乏系统性和整体性，学校安全方面的许多问题都是无法可依、无章可循。具体来讲，在法律层面上，虽然有《未成年人保护法》《预防未成年人犯罪法》《教育法》《突发事件应对法》《义务教育法》《侵权责任法》等不少法律，但是这些法律对于学校安全问题的规定过于笼统，缺乏可操作性。在行政法规和规章层面，学校安全的规定又有着较强的政策性，缺乏科学性与法规之间的协调。而在规范性文件层面上，很多都是基于当时国家或者地方的实际情况或者突发事件而应急提出的，因此缺少针对性和协调性，较为零散，很难在整体上发挥作用。

现有的学校突发事件应对相关法律法规散见于许多的法律、法规、规章以及相关文件之中，颁布主体包括教育、公安、交通、文化、卫生等部门，相互之间缺乏衔接与配套，容易造成各行其是的局面，并且不可避免地会出现矛盾与空白。由于缺乏处于统领地位的制度依据，使在全国范围内无法形成统一的有关学

---

① 马怀德：《学校法律制度研究》，北京大学出版社 2007 年版。
② 林鸿潮：《论学校安全立法及其制度框架》，载于《教育研究》2011 年第 8 期，第 13 页；王大泉：《学校安全立法的现状与需求》，载于《北京教育》2013 年第 10 期，第 7 页。

校安全的规范体系，存在着内容零散、效力低下、冲突较多、衔接不足、制度缺位等明显弊端，不能构成学校安全保障的有效制度机制。[①]

2. 学校突发事件应对专项立法滞后

虽然近年来，就学校安全问题专门制定法律或者行政法规的呼声很高，几乎每年全国人大代表、全国政协委员都有建议或者提案，提案起草《学校安全法》或者相关法律。据报道，早在 1999 年 3 月的九届人大二次会议上，湖北省代表团就提交了相关议案，呼吁尽快制定《学校安全法》。此后，在多次全国人民代表大会上，都有代表提交关于尽快制定《校园安全法》的议案，可 10 年后《校园安全法》仍不见踪影，我国目前还没有专门的学校安全法律。现有的《未成年人保护法》《义务教育法》《教育法》等，在学校安全方面不仅范围狭窄而且内容宽泛，没有具体的规定。

美国政府历来高度重视校园安全，把建设安全校园作为国家教育的重要战略目标之一，认为安全的学校是卓越学校建设的题中应有之义。美国政府重视学校安全立法，自 20 世纪 90 年代以来，颁布了一系列学校安全法案。例如，1990 年美国国会通过《校园安全法》（*Clery Act*），该法要求学校定期公布校园治安的真实情况及校方所采取的安全措施，及时发布校园安全警告，便于在校学生和家长及时了解该校的安全情况，以采取有针对性的防范措施。在社会的关注下，公开的校园安全报告成为衡量学校安全程度的主要依据，也成为影响学生及家长选择学校的主要因素之一。再如 2001 年，布什总统签署了《不让一个孩子掉队法案》（*No Child Left Behind Act*），法案要求学校对校园暴力事件进行详细统计，并将结果公之于众。面对教师也成为校园暴力的对象和受害者的新情况，法案还首次提出了"保护教师"的口号，一为保护教师，二为解决教师因权力有限而无法应对问题学生及课堂危机的问题。美国通过强化学校安全立法和实施有效的校园安全政策，同时进行安全教育和品格教育，在学校乃至整个社会中大力培育安全文化，遏制和打击暴力文化，确保校园成为广大师生学习、成长和工作的安全场所。

可以看出，与西方发达国家相比，我国目前的学校突发事件应对的立法状况存在着比较大的差距，由此可以在一定程度上向国外进行借鉴，综合参考我国的具体国情社情校情，建立一个长效的机制，进行专项立法，从法律制度上来充分保证学校校园的安全。

[①] 李昕：《论校园安全保障的制度现状与立法完善》，载于《首都师范大学学报》2011 年第 3 期，第 44 页。

3. 学校突发事件应对法律法规层次相对较低

当前，我国学校突发事件应对立法散见于许多"条例""办法""规定""意见""纲要""通知"等法规文件。许多关于学校安全的规定和具体实施办法都是通过各种行政文件发布的，缺乏法律权威和制度刚性。《行政诉讼法》第52条规定："人民法院审理行政案件，以法律和行政法规、地方性法规为依据。地方性法规适用于本行政区域内发生的行政案件。人民法院审理民族自治地方的行政案件，并以该民族自治地方的自治条例和单行条例为依据。"第53条规定："人民法院审理行政案件，参照国务院部、委根据法律和国务院的行政法规、决定、命令制定、发布的规章以及省、自治区、直辖市和省、自治区的人民政府所在地的市和经国务院批准的较大的市的人民政府根据法律和国务院的行政法规制定、发布的规章。人民法院认为地方人民政府制定、发布的规章与国务院部、委制定、发布的规章不一致的，以及国务院部、委制定、发布的规章之间不一致的，由最高人民法院送请国务院作出解释或者裁决。"在行政诉讼案件中，人民法院审查行政机关依据规章作出的行政行为时，应按照立法法关于法律适用原则的规定，对该行为适用的规章依据进行审查。如果规章的规定与上位法规定相冲突，应依据上位法规定对行政行为的效力进行判断并作出判决。因此即便是教育部等国务院部委制定的与学校安全有关的部门规章，在行政诉讼与民事、经济诉讼中也只能起到"参照"适用的功能。

作为我国第一个专门关于中小学安全管理的法规性文件，以及第一个以十部委部长令的形式发布的有关中小学安全管理工作的文件，《中小学幼儿园安全管理办法》同样也存在着位阶不够的问题。立法层次低下"使得有关部门在学校安全工作中缺乏积极性、主动性。没有执法权的教育行政部门和学校成为学校安全工作的主要力量，这就给部门间的协调工作带来了很大的难度，'各部门齐抓共管'往往成为一句空的口号"①。

4. 学校突发事件应对法律法规可操作性较差

第一，目前有关学校安全事项的法律法规中存在着严重的结构不完整，许多文本表述并不具有规范意义上的法律后果。如《未成年人保护法》第22条规定："学校、幼儿园、托儿所应当建立安全制度，加强对未成年人的安全教育，采取措施保障未成年人的人身安全。学校、幼儿园安排未成年人参加集会、文化娱乐、社会实践等集体活动，应当有利于未成年人的健康成长，防止发生人身安全

---

① 步立建：《当前中小学安全工作的问题与对策》，载于《中小学管理》2007年第10期。

事故。"而相关法律后果仅在第六十条作出笼统规定："违反本法规定，侵害未成年人的合法权益，其他法律、法规已规定行政处罚的，从其规定；造成人身财产损失或者其他损害的，依法承担民事责任；构成犯罪的，依法追究刑事责任。"该法没有将责任主体未尽相应法律义务时的法律后果具体化，仅仅是笼统地规定了法律后果，因此造成了义务与责任的割裂，缺乏可操作性。

第二，在法律条文用语方面，我国一些学校突发事件应对立法规定太过原则、抽象，主要表现为：一是法律条文中大量使用"及时""加大""限期"等不确定的用词，并且后续没有作出相应具体规定，给适用带来很大困难。二是宣示性、号召性条款较多，缺乏具体操作性。《义务教育法》首次明确地将中小学安全工作写进法律，但是仍然存在着原则性强、操作性弱的弊端。如《义务教育法》第23条："各级人民政府及其有关部门依法维护学校周边秩序，保护学生、教师、学校的合法权益，为学校提供安全保障。"第24条第一款规定："学校应当建立、健全安全制度和应急机制，对学生进行安全教育，加强管理，及时消除隐患，预防发生事故。"这两个关乎学校的重要条款很难适用于实际的安全工作之中，宣示性意义大于实际运用的意义。

第三，部分学校突发事件应对法律法规过于陈旧，亟须修订。我国许多已经颁布的学校法规制定于80年代或90年代，因此内容已经远远落后于形势的发展。例如我国现行《教育法》是1995年施行的，距今已有20余年时间，而《学校卫生工作条例》和《学校体育工作条例》都是1990年开始实施的，时间更加久远，造成了规定与现实的脱节，不能适应学校卫生、体育工作的需要。

（二）学校突发事件应对法律制度分析

虽然我国目前学校突发事件应对法律面临着的不健全、不系统、较滞后以及位阶低等问题，但是我们仍然要依靠现有法律法规从法律制度上来充分保证学校校园的安全。美国为保障学校安全，在联邦层面制定了很多相关法律，通过许多措施来保证学校安全。有学者总结的一些美国针对学校突发事件应对的规定和制度可以作为参考，主要有：将建设安全学校作为国家战略目标；注重运用信息公开和报告制度；赋予学生转学权利；注重反暴力学校安全制度；校园警察制度；学校保险制度；注重开展安全教育和执法合作等。"除了联邦和州层面的法律法规外，教育部、有关行政部门以及其他机构还发布大量实施细则和指引，以及危机管理、事故报告的示范方案，使得有关学校突发事件应对制度和措施具有极强的可操作性。各州往往在联邦立法的基础上加以完善补充，偶尔也会有所创新。"①

在尚没有制定专门的《学校安全法》之前，保护较小年龄的学生是比较重要的，因为他们还未成年，没有很强的判断能力和自我保护能力，导致许多校园事故都发生在未成年人身上，同时也会引起社会的广泛关注。以《中小学幼儿园安全管理办法》为例，我们可以对该办法规定的 7 大类制度进行分析，分别为安全管理职责分配制度、校内安全管理制度、日常安全管理制度、安全教育制度、校园周边安全管理制度、安全事故处理制度和奖励与责任追究制度。

1. 安全管理职责分配制度

本制度主要对地方各级人民政府及其教育、公安、司法行政、建设、交通、文化、卫生、工商、质检、新闻出版等部门进行职责上的分工，明确各自职责领域。这个制度主要是针对学校外部的行政管理部门的，不包含学校自身及学校内部机构的职责。作为公共权力主要的行使者，政府在社会治理多中心主体中处于领导和核心的地位。因此，在学校安全问题上应该承担起领导、协调、监督、指导等等多重职责。

例如《义务教育法》第 23 条规定："各级人民政府及其有关部门依法维护学校周边秩序，保护学生、教师、学校的合法权益，为学校提供安全保障。"《未成年人保护法》第 7 条规定："中央和地方各级国家机关应当在各自的职责范围内做好未成年人保护工作。国务院和地方各级人民政府领导有关部门做好未成年人保护工作；将未成年人保护工作纳入国民经济和社会发展规划以及年度计划，相关经费纳入本级政府预算。国务院和省、自治区、直辖市人民政府采取组织措施，协调有关部门做好未成年人保护工作。具体机构由国务院和省、自治区、直辖市人民政府规定。"这两部法律都对此进行了规定，由此可以看出各级人民政府和有关部门对学校安全负有责任。通过这种法律手段能真正增强相关人员对事故防范的安全意识和责任观念，使他们积极主动地采取有效措施，消除安全隐患，最大限度地减少和避免校园伤害事故的发生。

2. 校内安全管理制度

校内安全是学校安全管理的重中之重，因此《中小学幼儿园安全管理办法》设专章规定了校内安全管理制度，包括校长负责制（第 16 条）、门卫制度（第 17 条）、校外人员的登记或者验证制度（第 17 条）、危房报告制度（第 18 条）、

---

① 姚金菊：《美国学校安全法律制度概览》，载于《北京教育》2013 年第 10 期。

安全定期检查制度（第18条）、消防安全制度（第19条）、水电气安全管理制度（第20条）、食堂卫生安全制度（第21条）、实验室安全管理制度（第22条）、学生健康保障制度（第23条）、安全信息通报制度（第24条）、宿舍安全管理制度（第25条）、校车管理制度（第26条）、安全工作档案制度等（第20条）14个制度。这14个制度每一个都有着非常重要的作用，一旦存在制度的疏漏，将可能引起十分严重的后果。

以校车管理制度为例，《中小学幼儿园安全管理办法》第26条规定："学校购买或者租用机动车专门用于接送学生的，应当建立车辆管理制度，并及时到公安机关交通管理部门备案。接送学生的车辆必须检验合格，并定期维护和检测。接送学生专用校车应当粘贴统一标识。标识样式由省级公安机关交通管理部门和教育行政部门制定。学校不得租用拼装车、报废车和个人机动车接送学生。接送学生的机动车驾驶员应当身体健康，具备相应准驾车型3年以上安全驾驶经历，最近3年内任一记分周期没有记满12分记录，无致人伤亡的交通责任事故。"校车安全一直是社会关注的热点和焦点，因为它关乎着无数孩子和家庭的安全与幸福。2011年湖南衡南县松江镇搭载20名小学生的三轮摩托车失事，14位学生死亡、6个孩子受伤；河南新野县上港乡一辆超载面包车交通事故，车内十数名孩子伤亡；湖南邵阳塘田市镇一艘满载初中生的渡船沉没，10余人死亡……这些仅仅是当年事故的一小部分。因此，在这样校车安全事故频发的背景下，2012年3月28日国务院第197次常务会议通过了《校车安全管理条例》，专门来保障学生乘坐校车安全。

3. 日常安全管理制度

日常安全管理制度也包含着许多内容，例如日常教育教学活动以及集体劳动、教学实习或者社会实践活动中的安全问题；学校组织学生参加大型集体活动中的安全问题；组织体育教学和体育活动中的安全问题；学生上下学交接中的安全问题；由于教师等学校工作人员聘任不当而带来的安全问题等等，《中小学幼儿园安全管理办法》第28条至第37条用10个条文对此进行了专门规定。同时《未成年人保护法》《义务教育法》《学生伤害事故处理办法》等法律法规以及其他规章和规范性文件也都对此作出了相应。例如，2005年11月14日晨，山西省长治市沁源县沁源二中初中二、三年级800多名学生，在17名教师的组织带领下，在马路上出早操跑步。返校途中，一辆大货车撞入学生队伍中，酿成21名师生死亡、18名学生受伤的特大交通事故。有鉴于此，教育部即颁发了《教育部关于加强学校体育活动安全防范工作的紧急通知》，以此保证在学校体育工作中师生的安全与健康。

4. 安全教育制度

校园安全管理的原则之一是预防为主，校园安全管理的重心应当放在预防和减少校园安全事故的发生上，而不是放在事故发生后如何处理、如何赔偿以及如何尽可能推卸学校责任上。安全教育可以说是预防校园安全事故的重要途径之一，经过有效的安全教育，大部分的意外伤害都可以避免。美国非常注重对学校安全的教育工作，《不让一个孩子掉队法案》对教师进行早期预警和干预技术培训，对学生在暴力危机时刻的应对手段进行培训。

《义务教育法》第24条规定："学校应当建立、健全安全制度和应急机制，对学生进行安全教育，加强管理，及时消除隐患，预防发生事故。"《未成年人保护法》第22条规定："学校、幼儿园、托儿所应当建立安全制度，加强对未成年人的安全教育，采取措施保障未成年人的人身安全。"在部门规章层面，《中小学幼儿园安全管理办法》第五章用了很大篇幅专章规定了安全教育制度，例如对安全教育课程、交通安全教育、消防安全教育等等都作出了具体的规定。同时，该办法还将具体工作落实到兼职法制副校长或者法制辅导员，由专人进行负责更有利于保障安全教育工作的开展进行。

5. 校园周边安全管理制度

良好的学校周边环境是校内安全的第一道屏障，学校周边环境对校园安全影响较大，例如网吧、游戏厅、酒吧等休闲娱乐场所，会诱导学生进行高消费，影响其正确的世界观、人生观、价值观的形成，特别是其中虚拟的凶杀、暴力、色情的内容极易成为他们日后违法犯罪的诱因。学校周围非法经营的小卖部、饮食摊点由于是无证经营、流动性大，一旦学生因此发生食物中毒等情况便很难获得救济。另外，校园周边的安全问题也是非常重要的，如果存在疏忽，很容易给学生造成人身伤害。

有鉴于此，《义务教育法》第23条从法律层面上规定"各级人民政府及其有关部门依法维护学校周边秩序"，《未成年人保护法》也规定："中小学校园周边不得设置营业性歌舞娱乐场所、互联网上网服务营业场所等不适宜未成年人活动的场所。营业性歌舞娱乐场所、互联网上网服务营业场所等不适宜未成年人活动的场所，不得允许未成年人进入，经营者应当在显著位置设置未成年人禁入标志；对难以判明是否已成年的，应当要求其出示身份证件"。《中小学幼儿园安全管理办法》进一步规定了要建立"部际联席会议制度"，"教育、公安、司法行政、建设、交通、文化、卫生、工商、质检、新闻出版等部门要定期研究部署学校安全管理工作，依法维护学校周边秩序；通过多种途径和方式，听取学校和社会各界关于学校安全管理工作的意见和建议"。此外，公安部、教育部联合发出的《关于进一步加强中小学校交通安全工作的通知》《公安机关维护校园及周边治安秩序八条措施》，教育部印发的《关于进一步做好中小学幼儿园安全工作的"六条措施"》等也都对校园周边安全管理作出了相应的规定。

6. 安全事故处理制度

学校安全事故的及时、有效处理能够将事故的不利后果降到最小化。为积极预防和妥善处理学校安全事故处理制度、保护师生的合法权益和生命财产，我国在一些法律法规中都对此进行了规定，比如《未成年人保护法》第24条从原则上进行了规定："学校对未成年学生在校内或者本校组织的校外活动中发生人身伤害事故的，应当及时救护，妥善处理，并及时向有关主管部门报告"。

《中小学幼儿园安全管理办法》《学生伤害事故处理办法》《教育部办公厅关于加强学校事故报告工作的通知》和其他相关法律法规都做出了相应的具体规定，建立了安全事故报告、及时处理和总结通报等制度。如《中小学幼儿园安全管理办法》第58条规定："发生教职工和学生伤亡等安全事故的，学校应当及时报告主管教育行政部门和政府有关部门；属于重大事故的，教育行政部门应当按照有关规定及时逐级上报"。这即是对安全事故报告制度的具体规定。再如《学生伤害事故处理办法》第15条对安全事故的及时处理作出了规定："发生学生伤害事故，学校应当及时救助受伤害学生，并应当及时告知未成年学生的监护人；有条件的，应当采取紧急救援等方式救助"。

7. 奖励与责任追究制度

《未成年人保护法》第九条规定："各级人民政府和有关部门对保护未成年人有显著成绩的组织和个人，给予表彰和奖励。"《中小学幼儿园安全管理办法》第60条规定："教育、公安、司法行政、建设、交通、文化、卫生、工商、质检、新闻出版等部门，对在学校安全工作中成绩显著或者做出突出贡献的单位和个人，应当视情况联合或者分别给予表彰、奖励。"对学校安全工作表现出色的行政机关和个人给予奖励有利于提高其工作积极性。当然《中小学幼儿园安全管理办法》还规定："教育、公安、司法行政、建设、交通、文化、卫生、工商、质检、新闻出版等部门，不依法履行学校安全监督与管理职责的，由上级部门给予批评；对直接责任人员由上级部门和所在单位视情节轻重给予批评教育或者行政处分；构成犯罪的，依法追究刑事责任。"通过明确责任，有利于积极预防、妥善处理学校安全事故，全面保护学生和学校的合法权益。

为使学校安全事故得到及时、公正、有效的解决，保护受害人的合法权益和救济权利，维护教育教学秩序，追究相关责任人的法律责任，同时还须要建立健全学校安全事故处理的协商解决、调解解决和诉讼解决制度。《学生伤害事故处理办法》第 18 条规定："发生学生伤害事故，学校与受伤害学生或者学生家长可以通过协商方式解决；双方自愿，可以书面请求主管教育行政部门进行调解。成年学生或者未成年学生的监护人也可以依法直接提起诉讼"。

三、依法进行学校突发事件应急管理的要点

依法进行学校突发事件应急管理的基本目的是要提高学校学生的防范意识和能力，协调各方关系、调动各方力量，保护学生安全。因此，我国学校突发事件应急管理需要遵循以下要点。

（一）进行积极预防

学校突发事件应急管理应该以风险控制和事故防范为核心，并将之作为整个学校突发事件应急管理工作的基本点和出发点，应急管理理念应实现从"应急"到"预防"的有效转化。学校应该要推进实现学校事故预防的专业化和安全责任的分散化，进行积极预防应该要做到以下几点：一是重视教育培训。"学校应急知识宣传教育是应急管理的重要组成部分，是有效防范安全事故和有效减少事故损失的重要手段。"[①] 所以学校要规范化地组织学生进行应急常识和应急法规制度的学习，在开学初和放假前集中开展应急知识教育，开展实验课的应急防护教育，开展交通、消防和江河湖海游泳的应急卫生教育等。同时，学校要制订师生员工的安全训练计划，教职工和学生都要定期地在危急情况中进行训练和实践，以增强师生预防突发事故的意识，培养师生在突发安全事故中临危不乱、沉着自救的能力。[②] 二是强化安全检查。强化安全检查的价值，在于能够及时发现学校教育管理过程中各种不安全因素，采取相应措施消解安全隐患，积极防范可能发生的风险，做到防患于未然。学校应该经常性地、定期或不定期对教学楼、实验楼、办公楼、学生宿舍、礼堂、食堂、公测、供电线路、避雷设施等，特别是防

---

① 阎卫东：《建立高等职业院校校园安全管理体系的探讨》，载于《中国职业技术教育》2005 年第 26 期。

② 方益权、尹晓敏等：《中国学校安全立法研究》，中国社会科学出版社 2013 年版，第 117 页。

火、防盗、防毒、防雷击等重点设施进行拉网式检查，并对有关安全问题及时作出处理。[①] "多一分准备就少一分灾害，所谓校园安全管理，乃是针对学校中教学活动进行时所需要的各项设施、活动场所、器材设备等项目以及门禁管制活动进程等实施定期或不定期的检查采取适当的措施随时予以改善，以期使学生意外伤害减至最低程度，以提升教育品质、奠定幸福安全的信心。"[②]

（二）规范制度建设

建立健全学校各项安全工作制度，落实各项安全管理规定，是预防学校安全事故、保障师生安全的根本要求。学校要积极致力于如下制度建设：门卫制度和校外人员入校的登记或者验证制度；校内安全定期检查制度和危房报告制度；消防安全制度和消防工作责任制；用水、用电、用气等相关设施设备的安全管理制度；食堂物资定点采购和索证、登记制度与饭菜留验和记录制度；实验室安全管理制度；传染病疫情及其他突发公共卫生事件的报告制度；学生安全信息通报制度；住宿学生安全管理制度；校车安全管理制度等。同时，学校也要充分落实安全制度，不然制度再好，不落实就是一句空话。做到"既有制度必依、执行制度必严、违反制度必究"，这样才能充分发挥出安全制度在加强学校突发事件应急管理中的应有作用。

（三）完善应急预案与应急演练

"应急预案是针对可能的重大事故（件）或灾害，为保证迅速、有序、有效地开展应急与救援行动、降低事故损失而预先制定的有关计划或方案。"[③] 学校安全应急预案在学校应急系统中起着关键作用，它明确了在突发安全事件发生之前、发生过程中以及刚刚结束之后的责任分配，以及相应的策略和资源准备等，是开展有序、有效事故应急救援工作的行动指南。学校应急预案的基本类型有：火灾事故应急预案、食物中毒应急预案、传染病疫情应急预案、雷电灾害应急预案、防溺水安全应急预案、学校交通事故应急预案、晚间突遇停电应急预案、楼梯间拥挤踩踏事故应急预案、突发自然灾害事故应急预案等。

---

① 方益权、尹晓敏等：《中国学校安全立法研究》，中国社会科学出版社 2013 年版，第 116 页。

② 陈宝山：《校园意外事件和校园安全》，http://www.doc88.com/p-908857631688.html，最后访问日期：2014 年 4 月 1 日。

③ 林鸿潮：《论学校安全立法及其制度框架》，载于《教育研究》2011 年第 8 期，第 13 页；王大泉：《学校安全立法的现状与需求》，载于《北京教育》2013 年第 10 期，第 18 页。

《中小学幼儿园安全管理办法》第 42 条规定："学校可根据当地实际情况，组织师生开展多种形式的事故预防演练。学校应当每学期至少开展一次针对洪水、地震、火灾等灾害事故的紧急疏散演练，使师生掌握避险、逃生、自救的方法"。"学校安全应急演练是指以事先制定的学校事故应急预案为依据，通过演练来检验应急预案的整体或局部是否能有效地付诸实践，预案在应付可能出现的各种意外情况方面所具备的适应性，使预案得到进一步的修改和完善，同时提高学校各应急救援组织之间、应急指挥人员之间的协同应急作战能力和水平，已达到提升学校事故应急救援实战能力的目的"[1]。学校加强应急演练有助于加强学校安全工作力度，强化学生安全教育，提高学生应急应变能力和自救自护、安全撤离的能力，保证学校平安校园工程的实施，确保学生遇到重大突出事件能有效安全地撤离，最大限度地减少伤亡。

（四）落实责任追究

学校安全状况直接影响学校自身安全工作成效和基本办学秩序，在学校安全环境治理过程中，学校理所当然是主要责任人之一。学校安全保卫责任不只限于校内范围，对于学校周边安全环境治理学校也承担着一定的责任。

《国务院关于特大安全事故行政责任追究的规定》第 10 条规定："中小学校对学生进行劳动技能教育以及组织学生参加公益劳动等社会实践活动，必须确保学生安全。严禁以任何形式、名义组织学生从事接触易燃、易爆、有毒、有害等危险品的劳动或者其他危险性劳动。严禁将学校场地出租作为从事易燃、易爆、有毒、有害等危险品的生产、经营场所。中小学校违反前款规定的，按照学校隶属关系，对县（市、区）、乡（镇）人民政府主要领导人和县（市、区）人民政府教育行政部门正职负责人，根据情节轻重，给予记过、降级直至撤职的行政处分；构成玩忽职守罪或者其他罪的，依法追究刑事责任。中小学校违反本条第一款规定的，对校长给予撤职的行政处分，对直接组织者给予开除公职的行政处分；构成非法制造爆炸物罪或者其他罪的，依法追究刑事责任。"《义务教育法》第 55 条："学校或者教师在义务教育工作中违反〈教育法〉〈教师法〉规定的，依照〈教育法〉〈教师法〉的有关规定处罚。"其他一些相关法律法规也对学校的安全管理责任进行了规定，这能够督促学校及相关人员更好地落实自身安全工作责任，加大安全工作执行力。

---

① 方益权、尹晓敏等：《中国学校安全立法研究》，中国社会科学出版社 2013 年版，第 170 页。

第二十五章

学校突发事件处理中的联合调解机制

学校突发事件应急体系建设是国家公共危机应急体系建设的组成部分，健全的应急体系包括预警机制、应急机制和责任机制，整个应对过程包括准备、应对和恢复三个阶段。本章的主要工作和创新点在于提出目前教育联合调解机制应当建立和推广，该机制是在责任机制和恢复与重建阶段的组成部分，并在该阶段解决教育纠纷中发挥作用。作为加强学校突发事件应急处置能力、消除体系和管理盲区、保障教育健康发展的机制，教育联合调解机制是建立和完善学校突发事件应急体系建设中不可或缺的重要内容，因为绝对多数和将来更多的学校突发事件伴生的教育民事纠纷由该机制调解处理结案。

目前全国在校学生约有2亿人，绝大多数是青少年学生。每年约有1 000万的儿童受到各种伤害，占全国儿童总数的10%，其中10万左右的儿童死亡，40万儿童残疾，受伤害已成为我国1~14岁儿童死亡的第一位原因，15~19岁的死亡率最高。

学校突发事件的频发，严重危及学生健康和生命。1999年以前，全国学生每年死亡人数高达17 000人，1999年以后每年学生死亡人数在15 000人，平均每天因各种突发事件而死亡的学生人数达40余人，相当于每天消失一个班的学生。

学校突发事件与学生健康和生命安全休戚相关，常常牵涉到家庭和社会，关系到社会稳定和谐。基数庞大的学校突发事件，催生出健全的学校突发事件应急体系建设，并随着具体情况的变化不断修订完善。突发事件恢复阶段，责任机制要求对突发事件的善后处理除了问责刑事责任和行政责任外，还包括民事责任，民事责任的处理不外乎诉讼和非诉讼（Alternative Dispute Resolution）两大类，非诉讼包括和解、调解、仲裁和行政裁决，调解包括司法调解、行政调解、仲裁调解及人民调解；从新出现的调解形式上来看，又有委托调解和联合调解；调解不成时，为引导教育纠纷当事人妥善解决纠纷，还出现了诉调衔接制度。

当前社会经济变革已涉及深水区，社会结构深刻变动、利益格局剧烈调整、社会群体及个体的世界观发生了重大变化，各种矛盾不断增加，趋于多样化、专业化和复杂化，产生的纠纷面广量大。

化解教育行业民事纠纷成为当前摆在各级教育行政部门及各级各类学校面前的难题。尤其是发生学生伤害事故等非正常事件的情况下，当事人及其亲属往往不够理性，以各种借口到学校吵闹，干扰正常的教学秩序，故意毁坏公私财物，谩骂教职员工，甚至使用暴力。有的为了达到目的，不惜放弃其工作串联亲朋好友甚至雇用社会闲杂人员，引发群体事件。

在大多数事件中，虽然教育机构不负有事故责任，也无法律上的赔偿义务，但为平稳妥善地处置事件，教育机构或教育行政部门需要耗费大量的精力与当事人对话，不得不支付一定数额的补偿费用。事件的处置常常在一段时间内成为学校、教育行政部门乃至当地政府的中心工作，给社会带来相当大的困扰。人大代表和各界人士对此甚为忧虑，纷纷建议采取措施，严格执法，维护秩序。

据问卷调查统计，学校突发事件的民事善后处理，当事人和解占26%，诉讼解决的仅占20.4%，教育纠纷通过各种形式的调解处理结案占50.9%，其他占2.7%，即学校突发事件的善后处理，主要是通过调解方式结案的。因此，建设学校突发事件教育联合调解机制，对于加强学校对突发事件的应对能力，打造平安学校环境，维护社会秩序及教育教学秩序，减少事件损失，建立完整的学校突发事件应急体系，具有不可替代性。

一、调解的历史法律文化

我国的调解制度源远流长，盛衰交融，具有悠久的历史和顽强的生命力。在初民社会中，解决纠纷方式就存在调解。

历史上，先秦就有"调停、劝释、私休、休和、和息、排难解纷"等各种不同名称的调解。调解处理案件的范围很宽泛，斗殴、钱债、户婚、田土等发生的民事纠纷和轻微的刑事案件都可以调解。

调解种类分为诉讼调解和民间调解，以不同主体的调解主持者来区分，诉讼调解又称州县官府调解，由于历史上基层官府行政与司法合一，实际上相当于现代的行政调解和司法调解，民间调解又可分为民间调解、宗族调解和乡里调解。

民间调解是各方纠纷当事人分别邀请民间有威望的人或亲友中正直公道的人出面说和、劝导、调停，从而消除纷争的活动。其优点是方式简便灵活，既避免公差的勒索，又不受行政司法权干预，而且方式灵活，不受固定程序拘羁，深受百姓青睐，是当时普通民众解决民间纷争的首选途径。如在汉代的洛阳，"振人之命不矜其功"的大侠郭解出面调停了两宗族多年积怨仇杀，获得成功。

宗族调解是指宗族成员之间发生纠纷时，族长依照家法、族规进行的调解决断，解决争议的方式。

乡里调解是乡老、里正等最基层的小吏调解本乡本里的民事纠纷和轻微刑事案件，具有半官方性质的调解。《周礼》中有"六乡六遂""调人之职，司万民之难而谐合之"，专司"谐合"而不理审判，类似于诉讼外调解。春秋战国设有专门调解复仇案件的官员，称为"调人"。在古代行政权与司法权合一，官府调解既可能为行政调解也可能为司法调解。当案件进入诉讼程序时的调解相当于司法调解。

元代《元典章·刑部·诉讼》中的"告拦"制度，专门设立了通过非司法、行政途径处理纠纷。

明代设置双重调解、调解前置的制度：先进行民间调解，民间调解不成再进入诉讼程序；进入诉讼程序后，实行优先调解政策。

中国历史不仅早已出现了调解优先、调解前置政策，还存在着调解社会化情形。清代存在类似委托调解的"官批民调"制度，州县官除当堂调解外，有时还指示乡保调解，派差役协助。其社会化调解程序是：先由官府将诉讼案件批令乡保调解，再由乡保组织调解，并将调解的情况和处理意见禀报批令官府。调解成功，乡保请求官府销案，调解不成，需要禀复说明两造不愿私休，官府再提讯一干人证，再行审判。

就记载当时情形来分析，乡保调解应当比州县官员调解效果好。这可能是因为民事纠纷多发生在基层民间，乡保所闻所见，容易获得真实情况，而"州县案牍之间，未必尽得其情"。这种"半官方"性质的乡保调解，在当时也是经常使用的有效的纠纷化解方式。

历史文化传统调解制度的社会基础是宗族宗法制度和对诉权的限制，以"地缘、血缘"为纽带，"无讼"思想、"贱诉"心理是思想基础，"畏讼累"才是传统调解发达的根源，而社会文明程度是影响调解的发展的客观因素。

二、调解、调解组织及其发展

庞德认为："中国在寻找现代的法律制度时，不必背弃自己的遗产"。

调解（Mediation，Conciliation）是一种古老的纠纷解决方式，是人类在社会生活过程中为解决相互之间纠纷而自然产生的。

20 世纪 50 年代，浙江省绍兴市枫桥地区在解决民间纠纷中探索出成功的方法，称为"枫桥经验"，追求"小事不出村，大事不出镇，矛盾不上告"的效果，该经验着眼于充分发挥村级自治组织领导下的治保调解力量，达到稳定农村来稳定全局的目的。20 世纪 80 年代初被重新整理挖掘后在全国推广实施，效果十分理想。枫桥经验所确定的这种调解方式是在当时的物质生产和文化条件下，融合当地各方多种力量，促成冲突各方价值取向的相对一致，实现纠纷平稳解决。

近年来，浙江省宁波市实施的"第三方"调解医疗事故纠纷，通过整合社会资源，建立医疗卫生的行业性、专业性人民调解委员会，以及发挥鉴定在医疗事故中的作用，纠纷当事人在选择、接受和参加医疗调解纠纷的过程中，感受到调解的公正、合理和权利自治性，放弃过高或不现实的请求。据当地司法行政机关公布的统计数据，医疗纠纷的调解化解结案率高达 99% 以上，有效地缓解了目前日趋紧张的医患关系，遏制住医疗纠纷矛盾激化，恶性事件发生率明显降低，被誉为"宁波解法"。

调解制度，在非诉讼解决纠纷机制中历史悠久，20 世纪 80 年代中期，被国际法学界评价为"东方一枝花"的调解，在世界范围内得到广泛认可和应用，取得了很好的效果。

2010 年 8 月 28 日，全国人大常委会通过《人民调解法》，是人民调解工作进入新阶段的标志。

一般而言，我国各类组织对其成员之间，成员与外界之间的纠纷兼具一定的调解功能，一些调解组织由政府协调组织或资助。人们所熟知的传统调解主要是人民调解，是指人民调解委员会通过说服、疏导等方法，促使当事人在平等协商基础上自愿达成调解协议，解决民间纠纷的活动。

依法设立的人民调解委员会主体是村民委员会、居民委员会，而企业事业单位根据需要设立人民调解委员会。调解委员会属于调解民间纠纷的群众性组织，独立开展工作，受设立主体领导。

各级司法行政机关有指导和定期培训的职能，基层人民法院对调解组织有业务指导的义务，并赋予纠纷当事人在调解协议生效之日起 30 日内有司法确认选择权。国家鼓励和支持人民调解工作，调解组织不向当事人收取费用，有及时调解和调解不成告知救济途径的义务，政府支持和保障调解工作所需经费，对有突出贡献的调解组织和个人给予表彰和奖励。

随着人民调解制度的改革，仲裁调解、行政调解、司法调解等等其他调解因素不断介入人民调解，在"大调解"化解矛盾纠纷的背景下，地方司法行政机关在乡镇、街道设立的司法调解组织，现在已明确归属人民调解的范畴，仅建立在基层自治组织的人民调解委员会格局已突破，电视调解、网络调解、电台调解、"和事佬""老娘舅""金牌调解"等各种形式的调解组织，以及派驻法院人民调解工作室、公安机关派出机构与辖区司法所、乡镇街道共同设立的联合调解中心、快速调解室，已逾越人民调解法所规定设立主体范围。至少人民调解委员会、人民调解员和调解的纠纷在统计过程中，没有与建立在基层自治组织中的传统意义上的人民调解加以区分。

三、教育纠纷联合调解机制及其模式

随着现代教育制度的建立和依法治教深入进行，学校突发事件伴生的教育民事纠纷解决机制，无论在理论上还是实践领域，都引起了社会的广泛关注，也成为学者们关注的焦点。

如何更好地建立学校突发事件应急机制，解决教育民事纠纷，维护教育民事纠纷当事人的正当权益，保障教育事业健康发展，巩固教育秩序，消除学校突发事件影响的需要。在"大调解"改革经验的基础上，构建多元化纠纷解决机制，发挥非诉讼社会救济优势，衔接教育纠纷司法救济。应运而生的教育联合调解机制，可以更好地解决教育民事纠纷的解决机制。

教育联合调解机制，是教育系统为处理学校突发事件而产生的教育民事纠纷，集合优化有关政府机关、社会组织和个人的力量，把人民调解作为调解的首选方式，推进人民调解、行政调解、司法调解相互衔接配合，通过说服、疏导等方法，促使当事人在平等协商基础上自愿达成调解协议，及时解决教育民事纠纷的活动，形成教育领域人民调解组织网络，共同化解教育系统民事纠纷的组织体系和调解工作机制。

浙江教育系统，尤其是杭州市教育系统，历来十分注重教育领域突发事件的民事纠纷化解的研究和实践。早在 2002 年 10 月通过的《杭州市中小学校学生伤害事故处理条例》中就明确规定了组建政府保障工作经费、有关行政机关、社会团体和个人参与教育系统处理教育民事纠纷的调解组织，还成功地调解处理了一起涉军的重大教育民事纠纷，并得到党和国家、军队当时的最高领导人的肯定。这应该是杭州市，乃至全国，最早的以地方性法规确定下来的学校突发事件应急体系中的教育联合调解机构和机制。

现行的杭州市教育系统的教育联合调解机制，根据新颁布的《人民调解法》

和已有的地方性法规，结合城市以及城乡具体情况，形成两种相互结合又各有不同的下城模式和江干模式。

（一）下城模式

在区层级，成立杭州市下城区教育系统人民调解委员会，属于行业性专业性人民调解委员会性质。在本辖区中心学校设立教育系统人民调解委员会调解工作室，调解该区域重大疑难和所属学校、教育集团的人民调解委员会不适宜或不能调解的教育纠纷案件。

本辖区内各有独立法人资格的教育集团、学校，根据需要分别设置人民调解委员会，独立开展教育民事纠纷调解工作。学校不同的校区以及教育集团的所属集团内不同校区和有法人资格学校，一般不再另行设立独立的人民调解委员会，作为教育集团、学校设立的人民调解委员会涵盖调解的范围。不同的教育集团之间、学校之间以及教育集团和学校之间，根据实际情况和具体需要，可以设立共同联合的人民调解委员会。

街道社区人民调解委员会与辖区所在的教育集团、学校人民调解委员会分工配合，相互支持、协调和帮助，共同处理辖区教育纠纷案件。

人民调解委员会委员除了本单位人员外，还由来自于街道、公安、司法、居委会、家长委员会等行政机关、自治组织和社会团体的人员组成，并设立人民调解员名册。根据需要，人民调解委员会聘请人民调解员来自于社会各个不同阶层的单位、组织和团体，代表着各方的利益需求，注重吸纳专业单位人士参与联合调解，如教育法学会、律师事务所和本地大专院校、科研单位的符合联合调解要求的专门人员。

教育集团、学校的人民调解委员会为非常设机构，教育集团、学校分别领导各自设立的人民调解委员会开展本单位的教育民事纠纷调解工作，并负责调解场地、工作经费，由辖区的司法所负责具体指导。

区教育系统人民调解指导委员会是区教育行政机关的内设机构，代表区教育行政机关与区司法行政机关及其调解管理部门共同组织各调解委员会的支持、指导、定期培训、统计和协调以及衔接政府对人民调解组织和人民调解员的表彰奖励工作，还承担本区教育系统各人民调解委员会的调解研究、总结和工作经费支持保障任务，与各调解委员会共同衔接基层人民法院对人民调解委员会的业务指导。

（二）江干模式

在本区域内设立独立开展调解工作的人民调解组织——杭州市江干区教育系统

人民调解委员会，本区教育局所辖的教育集团、学校不再另设人民调解委员会。

根据区域和教育集团、学校的规模、人才储备、交通情况和所属区域共性，分别设置区教育系统人民调解委员会调解工作室，人民调解员由各教育集团、学校推荐，人民调解委员会选择聘任，设立人民调解委员会人民调解员名册，全区教育系统可以共享。

人民调解委员会面向全社会聘请人民调解员，来自于教育系统内外，可以是区域所属的单位，也可以是省、市级所属单位的人员，甚至是省外及中央驻杭单位的人员，符合法律规定条件的，聘请的人民调解员身份、户籍不再受限制，可以是国家机关工作人员，也可以是外来务工人员子女家长。只要符合条件，人民调解委员会根据需要，向全社会择优聘用。

调解所需的场地由各学校和教育集团提供，调解工作经费由教育行政机关统一支持和保障，各学校、教育集团适当补贴。

教育系统人民调解委员会领导各调解工作室的人民调解活动，负责内部培训，审核各调解组的调解协议，统计、总结和研究调解工作，统一接受司法行政机关提供的指导、定期培训以及基层人民法院的业务指导，对外参加和接受行政机关对人民调解组织和人民调解员的评比、表彰和奖励。

两种模式均建立确保公正调解的配套制度：调解员名册制度、调解专家顾问制度、调解业务指导员制度和调解公正监督员制度。

调解员名册制度：建立人民调解员名册，公示调解员专业特长，当事人选任或者调解委员会指派名册中人民调解员处理教育纠纷。

调解专家顾问制度：聘请法律、教育、医学、鉴定等与教育纠纷处理有关联各方面专家，解决处理纠纷时出现的专业问题，为当事人或调解组织提供专业咨询和出具专业意见，以解决专业疑难问题，保证案件调解顺利。

调解业务指导员制度：聘请辖区基层法院业务骨干担任业务指导员，进行业务指导。从而保证调解案件的质量，提高人民调解水平。

调解公正监督员制度：聘请具有社会知名度、有影响力的社会人士，根据教育纠纷调解的实际需要，现场监督调解过程和调解结果的公正性、合法性。

（三）教育纠纷联合调解机制

由于各种原因，一般受害当事人具有以主观意思直接考量教育纠纷的相对各方当事人和教育机构诚信问题并认为只有引起教育行政机关或辖区政府高层领导重视，才能得到最大限度权利保护的潜意识，同时现实生活中的其他纠纷处理经验会直接运用到教育纠纷的处理中。

目前我国是以政府举办公办学校为主，社会力量出资举办民办学校为辅的教育办学体制。每当学校突发事件引起教育纠纷，社会治理的考核机制辖区官员首先考虑的是和谐。突发事件应急处置过程中，当事人和当事教育机构往往是看行政机关和领导相机行事，当事人不会首先考虑的突发事件的起因、事件的处置、事件后果和自身的义务履行情况，不考虑教育的行业、专业特点，而是收集对自己有利的证据，主观判断对方的责任。各方坚持己方立场、不善沟通，有的担心合法权益得不到维护，有的为获取其他利益采取各种方式方法实现其目的。而此时，为化解纠纷，行政机关经常失位于行政处理，反而越俎代庖，越位于教育机构的义务，直接参与教育纠纷的处理事务。导致主体不清、责任难以界定，当事人对公正性产生怀疑。

我国突发事件应对机制的主体是明确的，纠纷处理以主体的不同界定性质，并且不同主体处理的纠纷结果，其效力各有差异。教育纠纷中，受害当事人往往更依赖于行政机关，而行政机关为主体的行政调解，在处理教育纠纷时，根据法律规定，对属于本机关职权管辖范围内的行政纠纷，通过耐心的说服教育，使纠纷的各方当事人互相谅解，在平等协商的基础上达成一致协议，从而合理地、彻底地解决纠纷矛盾。行政调解是法定的，具有很大局限性，在效力上，调解达成的协议相当于当事人之间的协议。因我国没有颁布行政调解法或相应层级的规范，导致在调解程序上当事人纠缠不清。现实中，只要当事人不采取其他救济途径，不提出终止行政调解，一般无法明确终止行政调解，从而不能终结行政调解程序，其结果使行政机关疲于应付，当事人劳民伤财。

因此，建立整合社会资源的教育纠纷联合调解机制，具有现实意义。建立人民调解优先、教育行业性、专业性人民调解委员会为业务主体，行政调解和仲裁调解为辅助，司法调解为支撑的联合调解体系，完善委托调解和联合调解机制，发挥诉调衔接制度优势，并将教育纠纷调解工作纳入到学校突发事件应急体系建设中。

四、教育联合调解机制在应急处理中的作用

用教育联合调解机制处理学校突发事件教育纠纷，主要基于研究教育民事纠纷处理。首先必须揭示其内在的本质特征，运用教育学、社会学、法学、伦理学的基础理论，不断完善我国教育民事纠纷解决机制的理论体系，进而填补完善学校突发事件应急体系建设的不足；其次基于教育民事纠纷的特殊性与专门性，教育民事纠纷解决需要一种更具特色的机制整合与运用。

教育联合调解机制既能不妨害处理教育纠纷诉讼解决纠纷机制的权威性、效力性优点，也能发挥非诉讼调解机制的灵活性、高效性以及特殊性优点，这是一种现存社会力量和资源结合、多元化与专门化并行的学校突发事件应急后期处理机制，将调解这种传统的社会救济手段经过资源整合，优势互补，动员和集聚全社会力量解决社会问题制度，对于教育领域夹杂国家、学校、家庭、教师、学生和教育理念冲突的复杂情感的民事纠纷处理，无疑具有独特意义。

其可见作用：第一，表现在学校突发事件应急体系建设，往往偏重预警机制和应急机制的建设，对恢复阶段的和责任机制有所忽略，因为该机制在其他领域如诉讼等公力救济领域有诸多的研究、实践和理论，刚性有余；在非诉讼（ADR）领域的研究和实践同样百花齐放，硕果累累，因而或多或少地忽视了该领域的建设，其后果是显而易见的。第二，健全完整的学校突发事件应急体系建设应当重视结果，而不是应急过程的精彩、壮丽，所有的过程和程序是为问责、恢复和今后的预防与救济服务的。第三，实践已经证明，调解方式是处理学校突发事件产生的教育纠纷最为有效的方式，其余方式是对其的有效补充。教育联合调解机制是对该解决纠纷方式的提高和完善，是研究的深入和发展。第四，建设学校突发事件应急体系的目标是有一个健全的应急体系，健全的应急体系目的是处理突发事件，处理突发事件的最终结果是处理好突发事件引发的所有问题，其主要成功的标准之一就是以社会最低的成本，及时恢复突发事件带来的后果，从而恢复发展。教育联合调解机制在当前恰好满足了学校突发事件处理教育纠纷的需要。只有做好了恢复重建，处理完所有的突发事件遗留问题，才是该体系建设圆满经受了一次考验，也是学校突发事件应急体系中的恢复与重建的起点。

五、结　语

国家公共危机应急体系建设包括学校突发事件应急体系，健全的学校突发事件应急体系应当具备预警机制、应急机制和责任机制，整个应对过程包括准备、应对和恢复3个阶段。教育联合调解机制在责任机制和恢复阶段解决教育纠纷发挥有效作用。加强学校突发事件应急处置能力，消除体系和管理盲区，保障教育健康发展，教育联合调解机制是建立和完善学校突发事件应急体系建设中不可或缺的重要内容，因为绝对多数和将来更多的学校突发事件伴生的教育民事纠纷由该机制调解处理结案。

第二十六章

学校突发事件应急管理中的问责制

依法治校是贯彻党的十八大精神，是推进依法治国基本方略的必然要求，也是推进学校法治建设的重要内容。教育部在 2012 年印发了《全面推进依法治校实施纲要》（以下简称〈实施纲要〉），对我国各级各类学校的依法治校工作做出了全面部署。依法治校，就是要在理顺政府与学校之间权责关系的基础上，实现学校各项管理制度的规范化、程序化，依法保障学校、教师和学生的合法权益，形成教育部门依法行政、学校依法接受监督的格局。这就需要我们在依法行政、依法治校的基础上，重新审视与构建政府、学校、社会之间的新型关系，加快学校各项制度的法治建设。

近年来，我国学校突发事件应急管理体系建设虽然取得了长足发展，在一定程度上有效避免或减少了突发事件的发生，但是实践中由于人为因素导致学校突发事件发生的事例仍然大量存在，这与学校突发事件问责制的不完善有着相当的关系。基于此，本章旨在于通过对我国学校突发事件问责制的现状及其现实困境的分析，"对症下药"，以期建构能够回应现实需要的问责基本理论，具体涵盖包括问责的基本原则、问责主体、问责对象、问责范围、问责程序以及问责方式等基础性理论问题，以实现对学校突发事件问责制的全面彻底规制，进而为学校突发事件问责制的规范化、法制化提供充分的理论支撑。

一、完善学校突发事件问责制的必要性和紧迫性

（一）近年来频发的学校突发事件迫切需要健全完善问责制

近年来学校安全事故频频发生，校园的安全问题已经成为社会各界共同关注的热点问题。保障校园安全是全社会安全工作的一个重要组成部分，它直接关系到青少年能否健康成长，关系到全社会的和谐稳定。虽然我国各地方教育部门相继出台了一些关于预防、处理突发事件的措施和办法，但是学校突发事件并没有得到有效的遏制。以2013年为例，就发生了广西都安400余名小学生喝"营养餐"牛奶腹泻事件、四川眉山一学校346名学生集体疑似食物中毒事件、湖北秦集小学踩踏事件等重大学校安全事故。

通过对大量学校突发事件的诱因进行分析，其中不乏由于台风、山洪、地震等不可控的自然灾害等客观因素所造成，但是更多的则是由于相关责任人的人为因素所导致。例如，在《盘点：2013年中国校园十大事故》中，无一例事故是由自然灾害所导致。[①] 像经常出现的学校楼堂馆舍发生火灾、建筑物倒塌、拥挤踩踏、食物中毒等非自然灾害类重大安全事故，基本上本应属于"可防可控"范围之内的。在这些事故灾难、公共卫生和考试安全类等突发事件多发的重点领域，就其产生的特点而言，多是由相关责任人的疏忽大意、玩忽职守造成。究其原因，更多地应当归咎于学校管理者以及教育部门相关领导责任感的缺失，未真正树立保障校园安全的防范意识，更没有认识到学校突发事件所带来的社会危害。而导致责任感缺失与责任意识不强的重要原因就在于尚未建立起一套严格的责任追究制度，即缺少系统的、完整的学校突发事件问责制。因此，建立健全学校突发事件问责制成为解决学校突发事件频发的迫切需求。一套系统、完备的学校突发事件问责制能够切实提高相关人员的责任意识，从根源上避免或减少学校突发事件的发生。

---

① 《盘点：2013年中国校园十大事故》，搜狐网，http://learning.sohu.com/20140108/n393171483.shtml（最后访问时间：2014年4月16日）。

（二）完善学校突发事件问责制是推进学校应急管理体系现代化的内在要求

2003 年以来，党中央、国务院认真总结抗击"非典"的经验和教训，全面加强应急管理工作，部署了应急管理"一案三制"建设，即：编制应对突发事件的应急预案，建立健全应急管理体制、机制和法制，全面实施我国应急管理体系建构巨大社会工程。① 截至目前，我国应急管理体系已经基本形成。健全完善的法律制度是"一案三制"中的核心组成部分，它是学校突发事件应急管理预案、体制和机制的重要保障，它以刚性规定保证了体制的合法性和机制运行的有序性。

我国各级各类学校虽然在"一案三制"的指导下不断加强了应急管理体系建设，并取得了明显成效，但是在许多具体的法律制度上，还有待进一步完善。根据党的十八届三中全会"推进国家治理体系现代化"的要求，突发事件应急管理体系作为国家治理体系的重要组成部分，为了适应时代发展的需要，其体制、机制和法制必须更加科学和完善，所包含的各项内容也必须制度化、规范化和程序化。其中，问责制作为一项预防行政管理人员失职失责行为发生的重要法律制度，是应急管理法制中不可或缺的一部分。建立健全学校突发事件问责制，对于完善学校突发事件应急管理体系，提高学校管理人员和教育部门工作人员的责任感，实现学校突发事件应急管理目标有着重要意义。因此，完善学校突发事件问责制是推进学校应急管理体系现代化的内在要求，也是确保学校安全稳定的法治保障。

（三）完善学校突发事件问责制是认真贯彻落实"依法治校"理念的现实需要

习近平总书记在首都各界纪念现行宪法公布施行 30 周年大会上指出，全面推进依法治国，要求坚持法治国家、法治政府、法治社会一体建设。目前，我国学校的法治观念和依法管理的意识还比较薄弱，依法治校的制度和措施还不健全，这与依法治国基本方略的要求还存在着一定的差距。"依法治校"是依法治国基本方略在教育领域的本质要求，我们应当重新审视并加快学校的法治建设，

① 《国务院关于全面加强应急管理工作的意见》，载于《人民日报》2006 年 7 月 7 日。

对学校突发事件应急管理体系等各个方面的法律制度进行完善，使法治成为政府管理学校和学校内部治理的基本方式，从而促进法治国家、法治政府和法治社会的一体化建设。"依法治校"可以理解为"依法行政"与"依法治学"，核心在于规范教育部门与学校权力，切实维护师生的合法权益。学校作为社会的重要组成部分，虽然具有一定的"自治权"，但它对师生的管理本质上是一种公共行政权。按照权责相统一的原则，学校在享有管理权的同时，还应当履行保障全体师生人身安全的义务，如果该项义务没有履行好，就应当承担相应的责任。因此，在建立学校突发事件应急管理体系中，应当重点完善问责制，即依法追究相关人员的法律责任，实现学校管理过程中的权责相统一。

然而，任何学校突发事件的产生都不是由一个孤立的内在因素所导致，其原因可能是多方面的，承担责任的主体也应当是多元的。根据学校突发事件及应急管理过程中的具体情形不同，承担责任的主体除了涉及学校管理者和决策者之外，还应当追究监管者——教育部门相关领导的责任。前者承担的是一种直接责任，后者承担的是一定范围内的监管责任，即间接责任。针对前者的依法问责体现的是"依法治校"与"法治社会"的建设，针对后者的则是"依法行政"与"法治政府"的建设。所以，我们在构建学校突发事件问责制时，不能将政府与社会的概念对立起来，形成一种责任上的分裂关系，而是应当将两者紧密地联系起来。综上所述，完善的学校突发事件问责制对厘清政府与学校之间的责任划分，合理界定相关人员的责任具有重要的指导意义。可见，政府依法监管责任与学校依法治学责任相连的格局形成，不仅有利于责任政府与责任学校的法治建设，也是达成"依法治校"的终极目标，推进"法治国家、法治政府、法治社会"一体化建设的现实需要。

（四）完善学校突发事件问责制是促进学校突发事件治理能力现代化的强大动力

党的十八届三中全会提出要"推进国家治理能力现代化"，这就要求我们要将国家治理体系中的体制和机制转化为一种能力的体现，通过发挥其功能，提高公共治理能力。与管理相比，治理更多地强调多元主体的参与和共治，而不是由政府进行单一的管理。学校突发事件治理能力的高低与政府治理水平、学校治理能力都有着直接的联系。针对学校突发事件，政府和学校应当善于运用法治思维和法治方式处理问题，以提升其预防与应对能力，实现学校突发事件治理能力的现代化。

问责制是促进政府与学校管理科学化、民主化的一项重要法律制度，它要求权力与责任相匹配、相统一。无论是学校的管理人员还是政府部门的行政人员，一旦出现滥用职权、疏于职守而导致突发事件，发生滥用权力，都属于问责制规制的范畴。可见，完善的学校突发事件问责制将在一定程度上推动学校管理者和教育部门工作人员责任意识的树立与养成，通过约束相关责任人依法履职行权，督促其运用法治思维和法治方式处理学校突发事件，即将其习惯运用的行政思维、领导思维、管理思维逐步转变为法治思维，将传统的行政手段逐步转变为法治方式。因此，完善学校突发事件问责制对于提高政府与学校依法化解矛盾、维护稳定、减少损害的能力具有重要的作用，是促进学校突发事件治理能力现代化的强大推动力。

二、学校突发事件问责制中的基础问题

（一）学校突发事件的界定、特征与类型

根据《突发事件应对法》第 3 条的规定，突发事件是指突然发生、造成或者可能造成严重社会危害，需要采取应急处置措施予以应对的自然灾害、事故灾难、公共卫生事件和社会安全事件。学校突发事件是突发事件下的一个种类概念，将范围限定在了"学校"，这里的学校不仅包含幼儿园、小学、中学和大学，还应当包括一些培训类非学历教育院校。

学校作为突发事件应急管理体系下的一个特殊领域，除了具备突发事件所固有的突然性、不确定性和危害性等特征外，还具有一些自身的特点和规律。只有认识和把握了这些特点，才有可能找到学校突发事件应急管理的规律。其特殊性主要体现在以下几个方面：第一，学校自身的特殊性。学校作为一个在特定时间内较大规模人群共同生活的特定社会单元，与企业、厂矿、机关等集体单位一样，具备公共事件易突发的先天条件。在学校这样人口高密度聚集的区域，突发事件往往具有规模大、传播广、形态复杂、损失较重等特点，这本来就是公共应急管理的重点领域。第二，学校人口构成的特殊性。在学校人口构成中占绝大多数的学生群体，具有年轻化的特点，其人格塑造往往尚未完全成熟，对敏感事件容易产生情绪化反应，从而导致突发事件的产生和扩大。许多在其他场景下不易

引发突发事件的因素，在学校环境下就可能成为突发事件的导火索。① 第三，学校的社会风潮性。学校是一个社会进行传授知识与研究的组织机构，具有社会思潮风向标的意义。在学校爆发的突发事件，对于人们产生的心理冲击往往会被放大，某些事件甚至还会产生深刻的政治影响和社会影响。因此，学校更易于在社会思潮发生变化的时候，或者出现社会风潮新动向的时候，相应出现一些突发事件。第四，突发事件具有联动效应。学校的背后关联着巨大的社会网络，包括家长网络、校友网络和友邻单位等，在学校发生的突发事件往往在这些群体中产生巨大的反响。尤其是当学校自身成为突发事件的制造者或当事方时，学校通过动员这些社会网络而聚集起来的能量更加不容小觑。② 第五，相对集中性。有些突发事件集中出现在学校，在社会其他领域相对出现少一些。如突发公共卫生事件大部分发生在中小学校，因为与成人相比，低龄学生因为体能差与心智弱而更易于患病或受到传染，而低龄学生的心理素质与认知能力相对比较弱，在一些低龄学生中容易集中出现群体性癔病。因此，学校突发事件具有某一类的突发事件相对集中的特性。③

依据《突发事件应对法》第三条的规定，从突发事件的发展过程、性质和机理来看，学校突发事件主要包括自然灾害、事故灾难、公共卫生事件和社会安全四个类型。第一，自然灾害类学校突发事件。该类突发事件主要是指受台风、洪涝、暴风雪、沙尘暴、高温严寒、山体崩塌、滑坡、泥石流、地震灾害等其他自然灾害的侵袭，造成学校师生较大人员伤亡和严重财产损失的事件。第二，事故灾难类学校突发事件。该类突发事件主要指学校楼堂馆舍等发生的火灾、爆炸、建筑物倒塌、拥挤踩踏等重大安全事故；校园重大交通安全事故；大型群体活动公共安全事件；造成重大影响和损失的后勤供水、电、气、热、油等事故；重大环境污染和生态破坏事件；在教育统一考试中，命题管理、试卷印刷、运送、保管等环节出现的泄密事件，以及在考试实施、评卷组织管理过程中发生的违规事件。影响学校安全与稳定的其他突发灾难事故等。第三，公共卫生类学校突发事件。该类突发事件主要指在校园内突然发生并影响或可能影响学校师生身体健康和生命安全的重大传染病疫情、食物中毒、职业中毒、其他中毒、环境因素事件、意外辐射照射事件、传染病菌（毒）中丢失、预防接种和预防服药群体性不

---

① 学校基础设施建设质量问题甚至学生饮食及食品安全食堂伙食质量、分量、价格和食堂工作人员服务态度以及食堂就餐环境都可能诱发学校突发事件。参见何能、沈雕：《高等学校学生突发事件诱因及对策探析》，载于《重庆电子工程职业学院学报》2009 年第 1 期。
② 林鸿潮、彭涛：《论学校应急管理机制的完善及其法治化》，载于《北京航空航天大学学报》（社会科学版）第 24 卷。
③ 高小平、彭涛：《学校应急管理：特点、机制和策略》，载于《中国行政管理》2011 年第 9 期。

良反应、医源性感染、群体性不明原因疾病及以其他严重影响学校师生健康的事件。① 第四，社会安全类学校突发事件。该类突发事件主要指校园内聚集事件失控，未经批准走出校门进行大规模游行、集会、静坐以及打砸抢等引发不同地区、学校的连锁反应，已形成严重影响社会稳定的大规模群体性事件；针对学校师生的各类恐怖袭击等事件。

（二）问责制的基本含义

问责可以被细化为动态的"问"以及静态的"责"两个部分。对"问"字含义的界定应当置于"问责"一词的具体语境中。2005 年版的《现代汉语词典》收录了"问责"一词，将其解释为责任追究，并将"问"定义为"追究"。② 事实上，"问责"作为一个动态过程，如果单纯地将其理解为事后的责任追究过程显然有些偏狭，因为责任追究之前必然需要展开调查确认的过程，"问"的过程以及"问"的结果应当是问的主体与问的对象双向交流后的"产物"，缺少任何一方的有效参与都会有失公允。而根据《汉语大词典》对"问"的界定，不仅有"追究"之意，同时还可以将其解释为"询问"。③ 可见，问责语境中的"问"应当包括两个方面的内容、缺一不可并且有先后顺序之分：首先是问的主体对问的对象进行询问以及问的对象对问的主体解释说明的过程；其次才是问责主体对问的对象进行责任追究的过程。所谓责，即责任的简称，有职务职责、分内应做的事、应承担的过失等解释。有学者将责任的内涵区分为广义和狭义两种：广义的责任是指在政治、道德或在法律等方面所应为的行为的程度和范围；狭义的责任则指违反某种义务（政治的、道德的或法律的）所应承担的后果，这种后果往往与谴责、惩罚联系在一起，因而是不利的后果。④ 可见，责任首先意味着责任主体应尽的职责和义务，它要求责任主体不但要做正确的事，还要正确地做事，属于积极责任范畴；责任的第二层含义则体现为责任主体因未履行或未正确履行职责和义务而承担的否定性后果，即应当被追究的责任，带有谴责和惩罚的含义，属于消极责任范畴，其中积极责任是消极责任的前提和基础，消极责任又是积极责任的必要保障。综上所述，问责有以下两种模式：问责主体质询或

---

① "浙江省校园突发公共事件分类"，浙江省人民政府网，http：//www.zj.gov.cn/art/2008/12/5/art_5519_254507.html（最后访问时间：2014 年 4 月 17 日）。

② 中国社会科学院语言研究所词典编辑室编：《现代汉语词典》，商务印书馆 2005 年版，第 1431 页。

③ 《汉语大词典》对"问"的解释主要包括：一是询问、诘问；二是论难、探讨；三是考察、过问；四是审讯；五是追究等，不一而足。参见罗竹风：《汉语大辞典》，汉语大辞典出版社 1993 年版，第 29 页。

④ 参见王成栋：《政府责任论》，中国政法大学出版社 1999 年版，第 5 页。

过问问责对象履行职责的情况；问责主体追究问责对象并使其承担不履职或履职不当的后果。前者强调履职过程；后者侧重履职结果，即"责任追究"模式。

我国现行法律法规及相关中央文件并没有对"问责制"这一概念作出统一的界定，只是在政治领域内不乏一些实践的案例。有学者将"问责制"简单地理解为"责任追究制"，这是不恰当的。一是因为中央在责任追究制之外提出"问责"必另有用意，二是这样理解会忽视对过程责任的监督，责任追究制只是问责制的一种具体化表象。因此，本课题研究的"问责制"应当采广义，除了重点关注履职行权的结果之外，还同时兼顾对履职过程中的行为进行监督过问。从承担责任的方式上来讲，学校突发事件问责制的"责"也应当是一种广义上的责任，既包括直接责任，又包括间接责任；既有行政责任，又有法律责任、道德责任和政治责任等。

三、当前我国学校突发事件问责制的现实困境

（一）责任意识未树立

责任意识的形成和逐步强化是问责制完善和发展的基础，而它的缺失也将对学校突发事件问责制带来巨大的阻力。《实施纲要》第 21 部分："健全安全管理及突发事件的应急处理机制"中仅规定要"健全安全风险的事前预防、事后转移机制"，并未提及要建立健全安全风险的事后责任追究机制。另外，根据课题组调查问卷的结果显示，当被问及应急响应分为哪几个阶段时，有93.3%的被调查者将责任追究排除在外。这在一定程度上反映了我国学校管理者和教育部门工作人员责任意识的普遍缺乏，未能认识到学校突发事件的预防和应对工作的核心与关键。

上述相关人员责任意识缺乏的原因主要包括以下 3 个方面：第一，受"官本位"传统思想的影响，难以接受问责制。在我国这样一个深受"官本位"思想影响的社会里，领导责任的缺失是较为普遍的现象，现实生活中的重大失责现象频频发生，但对相关领导的责任往往没有进行严格的追究。[①] 究其原因，在于"有权必有责、权责相统一"的责任意识没有得到普遍树立。具体在学校的安全

① 陈国权等：《责任政府：从权力本位到责任本位》，浙江大学出版社 2009 年版，第 12 页。

管理工作中，往往忽视对师生人身和财产安全的保护，极易出现因滥用职权、玩忽职守导致学校突发事件，却不主动承担相应责任的现象，即更多地强调权力的行使，而非责任的承担，这种根深蒂固的"官本位"思想无疑对建立健全学校突发事件问责制产生了巨大的思想障碍。第二，问责文化环境的缺失。责任意识的树立需要与之相适应的问责文化，问责文化具有标本兼治的重要作用，能够为责任意识的形成与问责机制的发展提供充足的"养料"。在中国数千年的文化历史积淀中，对权力的强烈追求，对责任的忽视造成了问责文化的淡泊。我国对于问责文化和问责制度的重视始于 2003 年非典事件，短短十年间，这种问责文化的环境是难以真正确立的。第三，对权力监督制约机制的认识不足。建立健全学校突发事件问责制的一个重要目标就是"用权受监督"，通过监督制约学校相关管理部门以及教育监管部门权力的行使，从而从根源上防止突发事件的发生并减少相应的危害后果，进而保障师生的生命财产安全。部分学校管理人员认为学校具有的"自治权"不属于行政权，无须受到监督与制约，否则会对学校的工作起到阻碍作用，这种错位认识也是导致学校突发事件问责制的建立与实施在一定程度上受到了软阻抗的重要原因。

（二）相关法律制度不健全

我国在 2007 年制定了《突发事件应对法》，标志着突发事件应对工作全面纳入到了法制轨道。中共中央办公厅、国务院办公厅在 2009 年出台的《关于实行党政领导干部问责的暂行规定》则是问责法制化的重要标志，其中第五条对突发事件问责进行了规定，"有下列情形之一的，对党政领导干部实行问责：对群体性、突发性事件处置失当，导致事态恶化，造成恶劣影响的。"教育部于 2014 年 2 月制定了《教育重大突发事件专项督导暂行办法》（以下简称〈暂行办法〉），该办法虽然建立了教育重大突发事件督导问责机制，但仅对问责做了笼统的规定，并未涉及问责制的具体制度构建。①

我国学校突发事件问责制的实行需要以完善的法律法规作为基础和前提，这也是依法治校的基本要求。然而在实践中，虽然我国各个省市出台了一些相关的问责法律制度，但是在中央和国家层面尚未出台专门针对问责的法律制度。在学校突发事件领域尤其如此，仅有《暂行办法》的两条规定是明显不够的，这种原

---

① 《教育重大突发事件专项督导暂行办法》第 12 条规定："建立教育重大突发事件督导问责机制，将专项督导结果作为对相关单位和负责人进行责任追究的重要依据。"第 13 条规定："对教育重大突发事件应对处理工作责任不落实、应对不积极、处理不妥当的地区、单位和个人，建议当地人民政府对其进行问责，对造成严重后果的依法追究责任。"

则性、不明确的规定显然很难推进学校突发事件问责制的有效实行，缺乏具体的可操作性。由于在实践中缺乏具体的相关法律法规作为依据，因而在学校突发事件问责的过程中往往还带有一定的人治色彩，远离了程序问责的法治轨道。问责启动不规范、问责对象不准确、问责范围不明确等问题依旧广泛存在。可见，我国学校突发事件问责制方面的法律法规不健全，无法形成对该领域整体性、全面性和系统性的法律保障，这种立法的滞后性已经大大影响了问责制对学校以及教育部门的有效监督，亟须在《暂行办法》基础上对问责制进行全面、彻底规范。

（三）问责主体薄弱

问责主体旨在解决"由谁问责"的问题，即当出现问责事由时，有权追究责任的个人和组织的统称。在我国问责制的实行过程中，问责主体比较单一，更多的是一种"上问下"的同体问责，即政府部门内部，上级对下级的问责。上级机关问责下级机关，无疑是一种重要的方式，也完全符合法律的规定，但如果问责制仅仅是上级追究下级的责任，那么在上级需要承担连带责任的情况下，就难保问责结果的公正性，而且容易出现问责"白条"的情况。

与其他领域的现实状况一样，学校突发事件的问责往往只限于同体问责，即主要由本级人民政府或党委对相关教育行政部门问责，由学校的主管部门对学校及相关责任人问责。这种问责主体的单一性往往很难保障问责的科学性与有效性：一方面，同体问责具有内部性和非公开性，缺乏透明度，难免让人质疑官官相护的可能性，从而影响它的公正性，至少在形式上难以确保正义性；另一方面，大多数问责事件都是上问下责，如果上级官员失职则可能出现无人问责之可能。可见，这种"自上而下"的系统内问责，如果缺乏异体问责及时而有效的介入，显然有悖"自己不能做自己案件法官"的自然正义原则。学校突发事件异体问责不足，社会、新闻媒体往往很难介入其中，从而增加学校突发事件应急管理的成本，也使问责的公正性和效果受到一定程度的影响。

（四）问责对象不准确

随着突发事件的多因性增强，学校与外界的联系日益紧密，学校突发事件中的各种法律关系也变得更加复杂。由于目前对学校突发事件中学校和教育行政部门的职责尚未作出明确的规定，实践中"有责无权、有权无责、权责交错"等各种混乱问题层出不穷，主要表现为：第一，问责对象应当是责任人，而非单位。根据委托代理理论，管理者的责任实质上就是单位责任的转化，单位责任主要借助直接管理者与间接管理者的具体行为来完成的，故问责对象应当落实到个人，而非推诿至单位。第二，问责对象除了要锁定负有直接管理职责的行政人员之外，需要重点落实负有间接领导责任的领导干部。正如著名学者张贤明教授所言："锁定高官，是因为问责的本意是针对高级官员即领导干部，而不是一般工作人员，一般工作人员的责任往往是由高官来问责的，锁定了高官，就抓住了责任体系中最关键的环节，正所谓'纲举目张'；锁定了行政高官，是因为行政权力在国家政治生活中具有主动性和扩张性，正如依法治国的关键是依法行政一样，责任政治的关键也必须将问责对象锁定为行政部门的高官"①。在已有的学校突发事件问责案例中，问责对象更多地针对学校的直接管理人员，所涉学校的负责人以及负有监管职责的教育行政部门的相关领导往往可能会因上述低级别管理者责任的承担而被洗责。

（五）问责范围不全面

问责的范围直接决定了问责的广度和深度。问责的范围只能是特定的，且必须与其所担负的使命相匹配。问责的范围既不能太窄，否则会降低其固有的价值；也不能太宽，否则也将会对问责应有功能的发挥产生消极影响。因此，问责范围作为学校突发事件问责制中一个不可或缺的内容，必须予以明确且宽严适度。

目前我国学校突发事件问责范围还存在着不严不宽的问题，主要体现在以下三个方面：第一，"抓大不抓小"。当前我国学校突发事件应急管理中的问责范围主要局限于社会关注程度高、造成生命财产损失大的"大事"，而对影响范围较小的突发事件则不了了之，例如对于工作效率低、执行不力等"小事"很少问责。时间长了，就造成相关责任人员的问责意识缺乏，容易发生大事。事实上，很多重大学校突发事件都是由于相关责任人员平时责任意识差，出现小事不重视，最后转化为重大事故。第二，"忽视不作为"。当前我国学校突发事件的问责主要针对突发事件中滥用职权或不正当行使职权的行为，而缺乏对突发事件预警人员的不作为或故意拖延行为进行问责。例如，学校突发事件问责往往只聚焦于学校管理者的职权行为，忽视了教育部门监管责任的缺位。不管是作为，还是不作为，在一定程度上共同对学校的师生和社会造成了损害，都应该承担相应的责任，缺乏任何一方面的问责制都是不健全的。第三，"看后不看前"。学校突发事件的问责制应当关注突发事件的整个过程，包括事前预防、事发应对、事中处置

---

① 张贤明：《官员问责的政治逻辑、制度建构与路径选择》，载于《学习和探索》2005年第2期。

和善后管理等各个过程，每个过程中的相关责任人都应当纳入到问责范围。当前我国学校突发事件的问责重点是对事发后执行不力的问责，《教育重大突发事件专项督导暂行办法》第 13 条的问责条款仅规定了教育重大突发事件"应对处理工作"中责任不落实、应对不积极、处理不妥当等方面的责任，对于事前预防、事中决策环节的失误责任在很大程度上被忽略。

（六）问责程序不规范

我国问责制还处于初步发展阶段，各项问责程序仍不健全，普遍采取"权力问责"的方式，还未真正实现"制度问责"的法治目标。虽然《关于实行党政领导干部问责的暂行规定》第三章规定了"实行问责的程序"，但是对具体的实施程序并未做出详细规定。作为至少能够在形式上确保正义的最为基础性的原则，正当程序原则是得以确保问责制沿着法治轨道运行的最为关键性的原则，否则问责制的功能极易因其缺少程序的保障而消失殆尽。

在学校突发事件问责制中，因程序不规范、不完善而引发的问题日益凸显。目前有关学校突发事件的问责依据主要为一些行政法规、部门规章、规范性文件及学校自身的制度规定，这些规定往往过于笼统，可操作性不强，相关之间不协调、不一致的现象时有发生。正当程序理念指导下的完整的学校突发事件问责程序应当涵盖以下 4 个阶段：第一，启动程序。即规定在什么情况下可以引发对相关人员的问责。第二，调查程序。调查程序是依法全面收集各种证据，查清问责所涉事实是否存在的重要阶段。第三，决定程序。即在前一阶段基础上，对于符合法定问责情形要求的，由问责决定主体做出处理结果的程序。第四，申诉程序。即被问责的对象对问责决定不服时，提出申诉、复审的程序。对比之下，在学校突发事件问责实践中，程序方面仍然存在以下缺陷：启动程序易受一些社会舆论等非制度性因素的影响，问责程序启动的随意性较为明显；调查程序往往不规范，这极易造成对被问责对象失职行为性质、情节和危害后果等要素把握不当；缺少申诉程序，使得被问责对象的救济权利无法得到有效保障。

（七）责任与过错不相适应

根据课题组调查问卷的结果显示，关于"责任追究机制对学校突发事件应对的作用"这一项，大部分被调查对象都认可问责制的重要性。但是，潜在的问责对象认可程度明显低于不需要承担责任的群体。除了责任意识缺失的因素外，他们更多的是对于问责结果能否合理的担忧，即问责结果与过错程度能否相适应并成比例。

通过对学校突发事件问责事件的梳理不难发现，对相关责任人的问责力度往往受到法外一些因素的影响，比如社会环境、大众舆论、受害人压力、其他利益主体干预等方面，被问责者所承担的责任与其过错不相匹配的现象时有发生，其原因不仅在于法律上缺乏对责任主体的清晰界定，更在于缺乏对所应承担责任程度合理考量的机制，即没有建立起相应的责任豁免与责任减轻制度。在特殊条件下的学校突发事件应急决策活动往往具有以下特点：第一，决策的约束条件非常苛刻，决策者在短暂的时间内无法完全了解其拥有的法定权力；第二，在法定的决策主体无法履行职责时，需要由其他主体越权决策；第三，法定的决策程序可能被抛弃，大多数情况下的应急决策将表现为个人独断；第四，决策结果很难预料，可能产生违法后果。因此，有必要在制度上为这种特殊条件下决策主体、决策程序和决策内容等方面的权变性选择提供必要空间，又要确保其不脱离法治的基本轨道，为此就需要对有关责任豁免、责任减轻的条件、程序和方式作出必要的设计。作为问责制的一个重要组成部分，缺少责任豁免、责任减轻与之相配套的责任追究制度，必然偏离其制度目标。

四、学校突发事件问责制的构建

（一）学校突发事件问责制的基本原则

基本原则是整个法律体系或者某一法律部门所适用的、体现法的基本价值的原则。学校突发事件问责的基本原则是指能够反映问责制的本质特征和价值，并贯穿于学校突发事件问责制运行的始终，对学校突发事件问责法律规范的制定与实施具有普遍规制作用的根本法律准则。我国学校突发事件问责制的基本原则应当包括以下 5 个原则。

第一，权责一致原则。权责一致原则构成问责制的逻辑前提和理论基础，它是指行政人员享有的权利与其承担的义务必须具有高度的一致性和密切的对等性。行政人员在依法享有权力的同时，也必须承担相应的义务，即权力有多大，责任就有多大。建立学校突发事件问责制并确保其良性运行的首要条件就是权责一致原则，它科学地处理了权力与责任之间的协调关系，既保证了权力的有效实行，也通过责任的设定保证了对权力的有效监督，它构成问责的边界和程度的逻辑基础。但在具体运行过程中，职责和职权在价值序列上却是有先后之分的，即职责是第一位的，而职权是第二位的，绝不存在没有责任的权力，当然也不存在没有权力基础的责任。因此，在学校突发事件问责过程中，应当首先在"有权必有责、权责相统一"的理念指导下坚持权责一致原则，以确保学校管理人员以及教育行政部门监管者所应承担的责任，不仅在"量"上与其享有的职权相对应，更重要的是要符合"度"的要求，这也是确保问责制得以发挥其监督制约功能的关键。

第二，依法问责原则。依法问责原则是法治原则在问责领域的集中体现，它是实现问责制法治化的基本前提。依法问责是指依照法律规定的条件和程序，由指定的国家机关按照其享有的权利，对学校管理人员和教育行政部门监管者的法律责任进行确认和追究。由此可知，在学校突发事件的预防和处置过程中，由谁对教育行政部门和学校的管理人员进行问责、如何确定和追究相关人员的责任、他们应该承担什么样的责任等，这些都必须由法律事先做出全方位的规定，从而明晰他们的责任。依法问责原则首先要求"问责法定"，这是依法问责原则隐含的基本前提，将问责制中的核心要素上升到法律的层面，这是确保问责制真正具有震慑力的必要条件。而在"有法可依"基础上，依法问责原则应当更加注重法律的实施问题，即问责主体的所有活动都必须在法定权限和范围内进行，任何逾越法定边界的行为都将被视为无效，正所谓"无法律、则无问责"。概而言之，依法问责原则应当贯穿于学校突发事件问责立法及其实施的各个阶段，它是凸显法治的优越性，并彻底结束目前学校突发事件问责在实践操作层面上混乱状态的根本性指导原则。

第三，比例原则。比例原则是指被问责对象受到的制裁方式，必须与其自身过错大小、造成的损失及其影响程度等客观事实成比例，这是确保公平、理性问责的基础和前提，这在一定程度上能够避免责任与过错不相适应的现象。具体来说，比例原则应当包含以下3个方面的内容：其一，适当性要求，即问责方式必须与问责制自身的价值诉求相匹配，根据相关责任人员在学校突发事件中的过错大小以及情节轻重等要素，选择相应的制裁方式；其二，必要性要求，即问责决定主体在法定权限范围内采用多种问责方式均可达致相同效果的情形下，应当选择对相关责任人员合法权益损害最小的方式；其三，相当性要求，即问责主体对相关责任人员采取的问责方式，必须与得到的公共利益价值相当，不能为了较小的公共利益，而使人民忍受更大的损失。可见，比例原则不仅能够有效地指导并约束学校突发事件问责法律规范的制定、解释和适用，更为重要的是，当法律规定本身比较抽象或者宽泛时，该原则能够充分发挥其填补法律空白或者漏洞的作用，形成对问责主体裁量权的有效规制。

331

第四，单位责任与个人责任相结合原则。根据《暂行办法》的规定，在学校突发事件中可以将被问责对象分为相关单位和负责人两种。在问责的过程中不可偏失任何一方，在追究学校管理责任的同时也要对相关责任人员的过错进行惩处，在对学校管理人员进行处罚的同时也应当检视教育部门的监管责任。学校在法律规定的范围内享有一定的行政管理权，在享有权力的同时也意味着承担相应的责任。学校在行使管理权的过程中，因过失或处理不当而导致突发事件并造成一定后果的，应当对学校进行问责。同时，教育行政部门也要因其所辖学校出现的突发事件而承担因监管不力引发的后果责任。在学校及教育行政部门承担责任后，并不意味着个人责任的减免，相应的责任人员也要为自己的过失乃承担责任，对其进行惩罚。

第五，直接责任与间接责任相结合原则。直接责任是指责任人因自身主观过错而对自己的违法或不当行为造成的后果负责，间接责任是指问责客体对与其有特定联系的他人之违法或不当行为因领导不力而应当承担的责任。在学校突发事件问责中，既要追究负有维护学校安全管理职责的管理者因主观过错而引发的岗位责任，同时也要追究负有决策职责的相关负责人因监管不力而应承担的领导责任，前者是一种因自身行为不当而引发的结果责任，即直接责任，后者则是一种间接责任，即因监管不力而需承担的连带责任。可见，在学校突发事件问责实践中，学校的相关岗位管理者要对其自身违法或不当行为造成的重大损失和不良后果承担主要责任（直接责任），学校主要负责人以及教育部门的相关领导同时也要承担一定的监管责任（间接责任），两者相互结合，既加强了对直接岗位责任人的监督制约，同时又提高了学校主要负责人与教育部门的责任意识，并强化了教育部门与学校工作之间的紧密度。

（二）学校突发事件问责制的构成要素

1. 问责主体

问责主体揭示出相关责任人应当对谁负责的基本逻辑，其广度和深度直接决定了问责机制是否符合民主政治的基本要求以及行政权运行的基本逻辑。目前我国学校突发事件问责制还处于初期探索阶段，问责主体比较单一，主要是同一系统内部的同体问责，即由本级人民政府、党委或教育行政部门进行问责。换言之，学校突发事件的相关责任人仅对以上三类主体负责。由于问责主体与问责对象之间存在着"上下关系""内部关系"，直接导致了学校突发事件问责的力度与效果不尽如人意。

以对问责机制影响程度的不同，问责主体可以被细化为问责发起主体和问责决定主体两大类，其中前者为问责程序启动提供线索来源，后者作为整个问责流程的主导者，在法定权限内负责推进问责机制的顺利进行。在对学校突发事件问责主体的界定中，我们要充分考虑到学校自身的独特性质，将其与行政问责主体相区分。学校作为公共行政组织，在一定范围内行使着公共行政权，除了应当向教育行政部门及本级政府负责之外，还应当向社会公众负责。社会公众作为公权力的真正享有者，对公权力行使者的行为及其履职责任进行监督问责是理所当然的，它是最具合法性和权威性的问责主体。因此，学校突发事件问责制应当在同体问责的基础上，扩大问责主体的范围，增加系统外的异体问责。依据我国宪法的相关规定，可以将社会公众、民主党派、司法机关和新闻媒体等列入问责发起主体的范围。但是，社会公众本身即具广泛性的特质决定了此种问责方式只能具有间接效力，因此，社会公众和新闻媒体更多的是通过间接手段（批评、建议、申诉、控告、检举、举报等方式）作用于问责决定主体，问责程序是否正式启动还要经过有权主体的严格审查。除此之外，异体问责作用的充分发挥还需要学校的政务、校务向社会公开透明，问责信息与问责过程全面公开，这也是社会公众和新闻媒体得以及时发现教育行政部门与学校管理者失职行为，并将其置于监督之下的前提。根据问责对象的不同，学校突发事件的问责决定主体应当包括本级人大及其常委会、人民政府、党委和教育行政部门。但是在具体实践中，人大及其常委会在问责程序中往往只是扮演"橡皮图章"的角色，各级政府、党委却在整个问责的全过程中代为发挥主导性的关键作用，这就可能导致本应当成为问责对象的教育行政部门转而成为问责主体。在一定程度上规避了责任的承担或将应当承担的责任"转嫁"于学校及其管理者之上。因此，问责决定主体不能仅仅局限于政府及教育行政部门对学校及相关管理者的问责，还应当重点加强人大及其常委会、政府对教育行政部门监管责任的问责。综上所述，学校突发事件问责主体应当且必须是一个由多方共同参与、相互协调配合的有机结合体，采用以同体问责为主，融合多元问责主体的问责方式。

2. 问责对象

问责对象的不明确直接影响到学校突发事件问责制的实施效果，极易出现"有责无权、有权无责、权责交错"等各种混乱问题。依据单位责任与个人责任相结合原则，学校突发事件的问责对象应当分为单位和个人两种。单位责任主要是由所涉学校及相应的教育行政部门承担，个人责任则是由教育行政部门和学校的相关领导、具体责任人来承担。依据直接责任与间接责任相结合原则，学校突发事件的问责对象不是单一的，而是包含了多个主体。根据在学校突发事件处置全程中的职权分配，承担直接责任的问责对象主要是指负有岗位职责的学校直接管理者，承担间接责任的问责对象则是负有领导责任的学校相关负责人以及教育行政部门的领导。即在追究学校突发事件决策执行者的责任同时，也要追究决策制定者与监管者的责任，在具体问责方式上，前者承担主要责任，主要表现为行政法律责任和刑事法律责任的承担，后者则承担次要责任，更多表现为行政责任和领导责任。

具体说来，在划分教育行政部门与所涉学校之间的责任分担时，应当根据学校突发事件的过程不同，具体问题具体分析，而不能单纯以突发事件发生在校园为由，将责任完全推诿至学校领导及具体负责人，教育行政部门的相关领导也应当承担相应的责任。在学校突发事件的预防阶段，由于学校人员的工作失误导致突发事件的产生（主要指事故灾难、公共卫生事件和社会安全这三类突发事件），学校具体负责人应当承担主要的直接责任，教育行政部门与学校领导应当负有间接责任，前者属于监管责任，后者属于领导责任。在学校突发事件发生之后的应急管理阶段，作为学校主管单位的教育行政部门应当起到主导作用，如果因其行为不当或失职，从而导致损害结果的扩大，教育行政部门的领导和相关人员应当负有直接的责任。当然，如果所涉学校在处置过程中没有按照教育部门的任务安排或采用不合理方式，从而导致更为严重的危害后果的，也应当承担一定的责任。综上所述，学校突发事件问责对象应当涵盖教育行政部门和学校两个单位，具体包括教育行政部门和学校的相关领导干部、具体岗位责任人等个人。其中，问责对象应以个人问责为主、单位问责为辅，并重点落实对相关领导干部的问责。

3. 问责范围

问责范围旨在解决"问什么"的问题。在具体问责实践中，首先要明确问责的范围，科学全面的问责范围是解决"抓大不抓小""忽视不作为"和"看后不看前"等问题的关键。在确定问责范围时应当考虑以下三个因素：有限性、明确性和可操作性。有限性，即在对相关人员进行问责时应对其未履行或未妥善履行义务的失职行为的主观过错程度进行分析；明确性，即减少不确定法律概念的适用，以减少范围的笼统性；可操作性，即规定的问责范围应当附有能够量化的具体操作标准。

从学校突发事件的过程性来分析，问责范围主要涵盖预警与应对两大部分。预警是保障学校突发事件高效预防的重要环节，恰当的预警能够有效地将突发事件防患于未然。学校突发事件预警责任应该包含两类，第一类是负有学校安全管理职责的相关岗位责任人在突发事件发生的可能性增大的时由于失职和不作为所承担的责任。比如由于没有及时向主管领导或学校保卫处、校领导报告事故即将发生或发生的可能性增大，从而错过了将事件控制在萌芽状态的时机而最终导致事件发生，那么负有学校安全管理责任的相关人员则必须承担预警责任。[①] 第二类预警责任是指学校第一责任人或主管责任人在接到政府、教育主管部门的预警信号或者学校有关部门负责人报告预警信息后不作为，没有及时采取应急措施而导致事件发生的，也需要承担预警责任。由此可见，学校突发事件预警阶段的责任追究也应当纳入到问责的范围，相关人员被问责的原因主要在于失职或不作为。

应对是及时有效遏制学校突发事件失态扩大发展的重要手段，科学的应对手段能够有效减少校园的恐慌，维护学校的稳定，减少全体师生的伤亡和财产损失。学校突发事件应对阶段的责任范围可以分为决策责任与岗位责任。决策责任主要是指在学校发生了突发事件之后，教育部门和学校领导干部因不当行使应急决策权而承担相应的责任。因为其决策是否科学合理，直接决定着学校突发事件能否处置成功。岗位责任主要是指学校突发事件应急管理过程中所明确的相关岗位人员的责任。只有每个岗位上的工作人员切实履行自己的法定职责，严格执行应急决策，才能使学校突发事件的应对获得成功。因此，在学校突发事件发生后的具体处理过程中，如因作出错误处理方案、不严格执行决策或不作为的，也应当承担相应的责任。综上所述，学校突发事件的问责范围应当在既涵盖全面又兼顾个别、既具普遍适用性又操作性较强的基本框架内。

4. 问责程序

依据事实和法律来进行问责、规范问责程序，是完善和发展学校突发事件问责制的必由之路。程序是保证问责活动规范有序运行的关键，在整个学校突发事件问责过程中有着十分重要的作用。目前，学校突发事件问责程序可操作性不强的主要原因就在于制度方面存在的缺陷，主要表现为法律上的空白或过于抽象的概括规定。

完善的学校突发事件问责程序应当包括以下 4 个阶段：第一，启动阶段。这是一个问责程序进行的起始环节，将决定着后续问责程序能否展开的重要阶段。目前，学校突发事件问责启动主体多为政府和教育行政部门，这在很大程度上加大了问责程序的随意性和不确定性。规范的启动程序应当包含依申请启动程序和依职权启动程序两种情形，前者主要指社会公众和新闻媒体等异体问责主体在法定权限内向问责启动主体提供问责线索来源以申请问责，后者指问责启动主体直

---

① 刘淑华、卜睿、徐晓静：《高校突发事件应急管理中的问责制研究》，载于《教育与职业》2010
年第 29 期。

接发现符合问责范围的事件或事故时，有权在法定管辖权范围内直接启动问责程序。第二，调查阶段。该阶段是指在问责启动之后，应当由问责主体行使调查权，核查有关事实后（包括失职行为性质、情节和危害后果等要素），提出初步处理意见。在调查过程中，问责主体应该本着全面、直接、及时、合理的调查原则，通过检查、审查、视察、听取意见等方式进行全面掌握案情，认定证据事实，为做出公正、合理的判断打下基础，避免问责权力的恣意和专断。第三，决定阶段。该阶段是指问责决定主体根据调查结果，对问责对象做出是否问责的判断。若符合问责构成要件，则需依法对相关责任人员作出问责处理决定，并告知问责对象有陈述、申辩的权利。需要特别注意的是，问责主体在选择问责方式时，应当重点对问责对象是否具有责任豁免与责任减轻等情节予以考虑，以确保最终责任的认定确实与其主观过错程度相匹配。第四，申诉阶段。具体是指当问责对象对问责决定不服时，有权在法定期限内向问责决定主体提出申诉，请求复审。复审的主体应当为问责决定主体的上一级领导监督机关，审理方式可以以书面审理为主。

5. 问责方式及其适用

学校突发事件问责制中应当明确规定问责对象所应承担责任的种类和内容。由于学校突发事件问责对象有别于一般的行政问责对象，因此，学校突发事件的责任体系主要涵盖行政责任、道德责任和法律责任三种类型。这三种责任在内容和形式上既相互区别，又相互影响和渗透，从而共同形成一个多元复合的责任体系：其中行政责任的承担方式有通报批评、停止履行职责等；道德责任的承担方式主要包括公开道歉、引咎辞职；法律责任的承担方式主要包括刑事制裁、经济赔偿、行政赔偿等方面。其中，行政责任和道德责任更多的是针对学校相关负责人以及教育部门的监管者，本质上是一种领导责任，他们在学校突发事件中主要作为决策的制定者，承担的是一种间接责任。而所涉学校的具体岗位人员则是决策的执行者，对因其自身失职行为所造成的危害后果则要承担直接责任。承担责任的方式主要表现为行政责任和法律责任两种，其中行政责任所涉处分主要有警告、记过、记大过、降级、撤职、开除等方式，如果有涉嫌违法犯罪的，还应当追究其刑事责任等。

问责的适用是指问责决定主体根据学校突发事件的导因不同，按照法律规定的程序确定应当采取何种问责方式的专门活动。课题组原本希望能够设计出一套明确而又有针对性的学校突发事件问责制运行示意图，以形成对具体问责实践强有力的指导和规范。但是囿于目前法律规定尚未对学校突发事件问责制的诸要素做出全面、统一规定的客观现实，特别是个案中诸要素的不确定性又迥然有异，希冀对每一种问责方式的适用条件及其程序作出具体细致的规定，这既不现实也不可能。因此，对于学校突发事件问责制在个案中的具体适用，还需要问责主体在法定权限范围内根据具体案件事实的不同，重点结合以下几个因素综合考量：学校突发事件的起因、造成的损失大小以及社会影响程度、教育行政部门的监管职责、所涉学校的校长及副校长的领导责任、直接岗位管理人员的主观过错程度及其与损害后果的因果关系等因素。至于在实践中具体问责到哪一级别的领导，是正职还是副职，各种责任方式如何在不同的责任人之间分担，只有结合上述各方面的事实因素并在规范、完善的问责程序以及权威公正的问责主体的基本框架之下才有可能达至公正且符合理性。

五、结　　语

完善学校突发事件问责制，是提升政府与学校治理能力、实现学校治理法治化、推动依法治校的重要组成部分。实现问责制的良好运行除了本章所涉基础性制度构建之外，相应的实施与保障机制的建立健全更是确保问责制得以顺利运转的关键，比如学校的信息公开与政务透明机制的完善，不仅能够有效解决政府、学校和社会公众之间信息不对称的问题，还可以在一定程度上促进问责结果的合理与公正；问责文化的建设，问责文化具有标本兼治的重要作用，它要求正确看待权力与责任之间的关系，权力有多大，责任就有多大，使公共行政权力者在行使权力时，时常保持高度的责任心，督促其运用法治思维和法治方式正确处理问题。

总之，任何一项新制度从建立到发展，都是一个长期、渐进的过程，特别是在国家层面的行政问责制尚未成熟之前，学校突发事件问责制的发展与完善的过程必然也会漫长与复杂。尽管任务艰巨，而且困难重重，但希望总在前方。

附 录

中华人民共和国学校安全管理
条例（学者建议稿）

第一章 总 则

第一条【立法目的】为了预防和减少学校安全事故，控制、减轻和消除学校安全事故引起的危害，规范学校安全管理活动，保护学生、教职工、学校的合法权益，维护教育教学秩序，根据《中华人民共和国教育法》《中华人民共和国义务教育法》《中华人民共和国突发事件应对法》，制定本条例。

第二条【适用范围】本条例所称学校，包括幼儿园、普通中小学校、特殊教育学校、中等职业学校、工读学校。

第三条【基本原则】学校安全管理应当坚持以人为本、预防为主，实行学校负责、政府指导、属地管理、社会参与、综合治理的原则。

第四条【政府职责】国务院领导全国的学校安全管理工作。

县级以上地方人民政府领导本行政区域内的学校安全管理工作，履行下列职责：

（一）领导本级人民政府有关部门和本行政区域内的学校实施学校安全管理的相关法律、法规、规章；

（二）编制本行政区域的学校安全管理规划，制定本行政区域学校安全管理的政策和方针；

（三）确定、协调有关部门在学校安全管理中的工作职责，建立学校安全管理协作联动机制；

（四）定期召开学校安全工作会议，督促、检查、推进本行政区域内学校的安全管理工作，研究、解决学校安全管理中的重大问题；

（五）责成有关部门对本行政区域内学校的安全管理进行监督管理，考核学校安全责任制的落实情况；

（六）确保学校选址安全；

（七）组织学校周边环境的综合治理；

（八）组织对学校安全事故的处置、救援、调查和问责工作；

（九）保障政府实施学校安全管理所需的人员、经费、设施、设备和专业技术服务；

（十）其他应当由政府负责的学校安全管理工作。

第五条【教育部门职责】县级以上地方人民政府的教育行政部门主管本行政区域内的学校安全管理工作，履行下列职责：

（一）建立健全学校安全的日常管理制度，完善应对学校安全事故的预警、处置、救援、善后和责任追究等制度；

（二）指导、监督学校建立和落实各项安全管理制度和措施；

（三）会同有关部门制定学校安全管理标准，指导学校建立信息化安全管理平台；

（四）确定学校安全管理工作考核目标，对学校的安全管理工作进行评估、考核；

（五）督促学校实施安全隐患排查，落实整改措施；

（六）协助本级人民政府组织对学校安全事故的处置、救援、调查和问责工作；

（七）指导学校处理与学校安全事故相关的法律纠纷和善后事宜；

（八）其他应当由教育行政主管部门负责的学校安全管理工作。

第六条【其他部门职责】公安、卫生、交通运输、国土资源、住房和城乡建设、工商行政管理、质量技术监督、食品药品监督管理等其他行政机关应当在各自职权范围内做好校园及其周边区域的安全管理工作。

第七条【乡镇村居职责】学校所在地乡（镇）人民政府、街道办事处应当按照各自职责，加强对学校及周边的安全管理。学校所在地的村（居）民委员会应当协助学校做好安全管理工作。

第八条【学校职责】学校应当加强自身安全管理，对学生进行安全教育、管理和保护，履行下列职责：

（一）建立和落实各项学校安全管理制度，建立与本校安全管理相适应的工作机构，配备专职或兼职安全管理人员；

（二）建立健全学校安全管理工作责任制和事故责任追究制度；

（三）建立健全学校安全事故预警和处置机制，制定学校突发事件的应急预案，开展应急预案演练；

（四）开展学校安全宣传、教育、培训和演练；

（五）开展学校日常安全管理；

（六）定期开展安全检查，排查隐患，落实整改措施；

（七）做好校园矛盾纠纷的排查化解工作；

（八）依法先期处置学校安全事故；

（九）法律、法规规定的其他职责。

校长是学校安全管理的第一责任人。

学校应当设立专职或者兼职的安全管理机构，并确定该机构的负责人。

学校应当在教育行政部门的指导下，从人民法院、人民检察院和公安机关、司法行政部门、政府法制机构、律师事务所、高等学校等单位中选聘称职的法律工作者担任学校的兼职法制副校长或者法制辅导员。兼职法制副校长或者法制辅导员应当定期对学校师生进行法制教育，协助学校落实安全管理制度。

第九条【教职工职责】学校教职工应当遵守法律、法规、规章和工作纪律，履行岗位职责，不得擅离岗位；不得有侵害、侮辱、体罚、变相体罚等伤害学生的行为；在教育教学活动中应当履行保护学生的职责，并结合自身岗位职责对学生进行安全教育；发现学生行为具有危险性的，及时告诫、制止，并告知学校及学生监护人。

第十条【家庭职责】学生家长应当依法履行监护、监管职责，对学生进行安全教育，配合学校落实有关安全管理制度和安全保护措施。

成立了家长委员会的学校，应当制定家长委员会参与学校安全管理的制度。

第十一条【学生义务】学生应当遵守学校的规章制度和纪律，服从学校的教育和管理，不得从事危及自身或者其他师生人身安全的活动。

第十二条【社会参与】有条件的学校应当与所在社区建立安全协作机制。

国家鼓励单位和个人为学校安全提供志愿服务，鼓励企业、事业单位研发、生产与学校安全相关的技术和产品，提供与学校安全相关的专业服务。

第十三条【学校安全报告】各级教育行政部门应当在每年 3 月 31 日之前完成关于本行政区域上一年度学校安全管理工作和学生伤亡事故情况的报告，并向社会公开。

第十四条 【表彰奖励】对在学校安全管理工作中成绩显著或者做出突出贡献的单位和个人，县级以上人民政府应当给予表彰、奖励。

第二章 学校安全事故的防范

第十五条 【总体规定】学校应当建立、健全各种安全管理制度，防范学校安全事故。

第十六条 【学生安全教育】学校应当制订学生安全教育培养方案和学期、学年安全教育计划，开设安全教育课，配备必要的安全教育教材，每学期安全教育不少于 8 课时。安全教育的内容应当包括社会安全、交通安全、公共卫生、意外伤害、网络信息安全、自然灾害和其他危害学生安全的事件的预防和应对。

每学期第二周为学生安全教育周。在安全教育周期间，学校应当采取多种形式对学生进行安全教育，有关国家机关应当给予支持。

县级以上地方人民政府及其有关部门应当为学校开展安全教育提供场地、经费、设施、师资等支持。

广播、电视、报刊、网络等媒体应当开展形式多样的学校安全知识宣传，播出或者刊登与学校安全相关的公益广告。

第十七条 【教职工安全培训】县级以上地方人民政府教育行政部门应当定期组织学校负责人、学校负责安全管理的工作人员和安全保卫人员进行有关安全管理的教育和培训。

学校应当制订教职工安全教育培训计划，使教职工熟悉安全规章制度和安全救护常识，掌握指导学生预防事故、自救、逃生、紧急避险的方法。

第十八条 【学校安保机构】学校应当设立安全保卫机构，聘用专业保卫人员。规模较小的学校未设置安全保卫机构的，应当明确专人负责安全保卫工作。

学校安全保卫机构和安全保卫人员履行下列职责：

（一）维护学校治安秩序，预防和制止校内违法犯罪活动；

（二）做好学校防火、防盗工作；

（三）对出入学校的人员、车辆、物品进行查验；

（四）管理学校安全防范设施，及时排查、报告安全隐患，并采取整改措施；

（五）保护在学校内发生的刑事、治安案件及各类事故的现场，协助公安机关维护现场秩序，配合相关主管部门做好调查、处理工作；

（六）协助有关主管部门做好学校周边的治安管理工作；

（七）完成学校交办的其他安全管理工作。

为学校提供安全保卫服务的单位和人员应当具备《中华人民共和国保安服务管理条例》规定的条件。

第十九条 【学校门卫】学校实行门卫制度，建立校外人员入校登记或者验证制度。学校保卫人员应当加强对校门的管理，非学校人员和非学校机动车未经许可不得进入校园。

学校门卫应当由专职保安或者其他能够切实履行职责的人员担任。

第二十条 【校园巡逻】学校应当建立校园巡逻制度，安全保卫人员应当定时巡查学校。其中，夜间关闭校门前应当巡查一次以上，夜间应当巡查两次以上。

第二十一条 【校园治安事件防范】任何人不得在学校内打架斗殴、寻衅滋事，不得将非教学所需的易燃、易爆、危险、有毒物品或受治安管制的刀具、器械带进学校。

学校教职员工和临时工作人员患有精神疾病、传染性疾病或者有其他情形可能影响学校安全的，主管部门和学校应当对其采取离岗治疗或调整工作岗位等必要措施。

对有《中华人民共和国预防未成年人犯罪法》规定的严重不良行为的学生，学校应当要求其监护人配合采取严加管教措施，或者依法送工读学校进行矫治和接受教育。

学校发现学生吸食毒品和滥用药物成瘾的，应当及时告知学生监护人和公安机关，学生监护人和公安机关应当及时处理。

第二十二条 【公安治安管理】公安机关应当将学校确定为治安保卫重点单位，按规定在学校配置安全防范设施，并同所在地公安机关联网。

公安机关应当指导、监督学校做好校园保卫工作，加强对学校周边的治安巡逻，在治安情况复杂的学校周边设置警务室或者治安岗亭，及时制止和查处危害学生安全的违法犯罪活动。

第二十三条 【学校消防】学校应当依法履行消防安全职责，成立消防安全组织机构，配置消防设施、器材，设置消防安全标志，每学期对学校进行消防安全检查，发现火灾隐患应当及时采取消除措施。

公安消防机构应当将学校列为重点消防单位，定期对学校进行消防安全检查，督促、帮助学校消除火灾隐患。

第二十四条 【学校交通安全】公安、交通、住房和城乡建设行政部门或者乡（镇）人民政府应当根据各自职责在学校门前道路设置规范的交通警示标志，施划交通标线，根据需要设置交通信号灯、减速带、过街天桥等设施。

公安交警机构在学校上学、放学时间，应当根据需要部署警力或者交通协管人员维持学校及周边交通秩序。

学校不得出租校园内场地停放校外机动车辆。进入学校校园的校外机动车辆，应当获得学校的同意，并服从学校的管理。

禁止学生在学校内驾驶机动车、电动自行车和使用滑轮、滑板。

第二十五条【校车安全】配备或者租用校车的学校，应当遵守《中华人民共和国校车安全管理条例》的规定，保障校车安全。

第二十六条【建筑与设施、用品安全】学校的建筑物及其附属设施、教育教学设施和用品、生活服务设施和用品应当符合国家或者行业安全标准和规范。

学校应当每学期至少对学校的建筑物及其附属设施、教育教学设施和用品、生活服务设施和用品进行一次安全检查，对校园内具有危险性的设施、设备、场所、区域，应当设置明显的安全警示标志或者安全防护装置；对存在安全隐患的设施、设备，应当停止使用，立即整改；对一时无法整改的重大隐患，应当立即报告主管的教育行政部门，并加强安全防范措施。

学校及周边建设工程的建设和施工单位应当加强安全生产管理，发现安全隐患的，应当及时整改。住房和城乡建设行政部门应当加强对学校及周边建设工程的监督检查，对可能危及学校安全的，应当责令改正；逾期不改正的，应当责令停止施工，经整改合格后方可复工。

第二十七条【地质安全】国土资源、水行政等部门应当对地处灾害易发区的学校及周边进行定期测评，对存在地质灾害、洪涝灾害等安全隐患的，应当向学校和有关主管部门发出禁止使用、禁止通行或者要求采取加固整改措施、设置防护设施的通知，学校和有关主管部门应当采取相应措施。

第二十八条【宿舍安全】学校为学生提供住宿的，应当制定住宿管理制度，聘用专职的宿舍管理人员，保障学生的住宿安全。

学校不得租用普通民用住宅作为学生宿舍。

学校应当针对女生的特点，加强对女生宿舍的安全管理。

第二十九条【危化品安全】学校应当将教学、科研、社会实践等活动需要的有毒、有害、易燃、易爆物品或者其他危险品存放在安全地点，制定专门的管理制度，指定专人保管。

学校周边有毒、有害、易燃、易爆物品或者其他危险品的存储，电力设施的建设，应当按照国家规定与学校保持安全距离，并设立警示标志。

第三十条【饮食安全】学校向学生提供的饮用水和食品，必须符合国家卫生标准和安全标准。建有食堂的学校应当建立食堂工作人员健康管理制度，建立工作人员健康档案，工作人员应当每年进行健康检查，取得健康合格证明；应当建立食堂物资定点采购、索证、登记制度和饭菜留验、记录制度。

向学校供应食品的单位应当取得许可证和检验检疫报告，并接受相关检测。食品药品监督部门应当对学校食堂的食品安全状况进行监督检查，并实施监督抽验。

卫生、工商行政管理、质量技术监督、食品药品监督管理、城市管理等部门应当加强对学校及其周边食品生产经营单位和摆摊设点行为的监督检查，查处非法经营行为。卫生行政部门应当对学校的生活饮用水卫生状况进行监督检查，指导学校保障生活饮用水卫生，对学校传染病防控工作进行监督检查，督促学校落实各项防控措施。

第三十一条【学校防疫】学校应当设立卫生（保健）室，配备具有从业资格的专职医务（保健）人员或者兼职卫生保健教师，购置必需的急救器材和药品，保障对学生常见病的治疗，并负责学校传染病疫情及其他突发公共卫生事件的报告。有条件的学校，应当配备专（兼）职心理咨询教师。

学校发现传染病病人或者疑似传染病病人时，应当立即向所在地的疾病预防控制机构报告，并采取暂时性隔离措施和通知学生家长。

第三十二条【学校保健】新生入学应当提交体检证明。托儿所、幼儿园、小学在学生入托、入学时应当查验预防接种证书。学校应当实行学生定期健康检查制度，建立学生健康档案。未成年学生的健康档案应当经其监护人确认。

学生有特殊疾病、特异体质或者其他异常生理、心理情况的，学生或其监护人应当如实告知学校。学校应当制作记录并在教育教学活动中采取必要的防护措施，涉及个人隐私的应当保密。

学校发现学生存在生理或者心理异常，或者患有精神性、传染性疾病及其他可能严重影响学生身心健康疾病的，应当及时通知学生家长，并采取休学等措施。

第三十三条【学校自然环境安全】学校及其周边区域的山体、水流对学校建筑物、活动场所、通道等构成安全隐患的，有关主管部门应当定期测评，根据测评结果向有关部门或者学校发出禁止使用、通行或者限期整改、设置防护设施的通知，有关部门或者学校应当按照通知设置有效的防护设施，并设置禁用或者禁止通行、禁止靠近等警示标志。

在学校校园和周边五十米范围内不得从事易燃、易爆、剧毒、放射性、腐蚀性等危险物品的生产、经营、储存、使用活动，以及设立其他可能影响学校安全的场所或者设施；不得设置集贸市场、摆摊设点、堆放杂物；不得在学校围墙或者建筑物上搭建违章建筑物、构筑物、设施。

学校周边区域废水、废气、工业固体废物、各类噪声、放射性物质等污染物的排放应当符合国家和地方标准。环境保护部门应当加强对学校周边环境保护工作的监督管理，防止有关生产经营单位的污染源对学校造成污染；对造成或者可能造成污染的，应当依法责令有关生产经营单位采取措施及时处理或者限期治理；对学校受到严重污染的，应当向所在地县级人民政府报告，由所在地县级人民政府采取有效措施，消除危害。

第三十四条【学校社会环境安全】学校周围二百米范围内不得设置营业性歌舞厅、电子游戏厅、网吧等不适宜未成年人活动的场所；对擅自设立的，由县级以上地方人民政府主管部门依法查处。

县级以上地方人民政府主管部门应当定期检查学校周边出版物市场，发现制售非法出版物行为的，依法查处。

学校应当在有关主管部门的指导下，加强对学校局域网络的安全监控，设置必要的安全屏障，防止学生接触暴力、色情、封建迷信、邪教、赌博等有害的网络内容。

第三十五条【特殊教学活动安全】学校在进行实验教学、实践教学和体育教学之前，应当对仪器、电路、化学试剂、药品、体育活动设施、场所进行检查，确保安全方可使用。

学校应当加强教学实验中使用的危险化学品、放射性材料、生物活体样本及生物制剂的安全管理工作，规范实验安全操作和教师指导制度。

第三十六条【上下学安全】学校应当在学生上学、放学、课间以及遇紧急情况需要疏散学生的时段，安排教职工维护秩序，并引导学生有序通过校内易发生人群拥挤的通道，避免拥挤踩踏事故的发生。

学校应当将上下学时间及时告知监护人。对无民事行为能力的学生，学校与学生的监护人应当进行接送交接。对于早到校、晚离校的学生，学校应当安排专人看管。

第三十七条【课间安全】学校应当实行学校领导和教师安全值日制度，在学生课间室外活动场所安排专人巡查、管理、疏导、保护学生，发现学生有危险行为或者其他违法、违纪行为的，应当及时告诫、制止。

第三十八条【校内活动安全】学校组织文艺、体育、庆典等大型集体活动，应当成立临时安全管理机构，提前对学生进行安全教育，制定安全应急预案，配备相应设施，指派专人维持秩序。

学校组织体育教学、竞赛的，应当选择安全的活动场所，采取必要的安全防护措施。游泳、跳水、器械项目的教学、竞赛，应当配备足够数量、具有专业救护能力的人员现场看护。

第三十九条【校外活动安全】学校对学生进行劳动技能教育以及组织学生参加社会实践、劳动、郊游等各种活动，必须确保学生安全，并按照每班至少两人的数额安排教职工进行全程陪护和管理。

学校组织大型集体外出活动，应当报学校主管部门批准或者备案，并提前书面告知公安交警机构。公安交警机构应当采取适当措施维护学校出入口道路交通秩序。

学校委托其他单位或者与其他单位共同组织学生参加校外活动，应当与受委托单位或者共同组织单位就安全保障作出书面约定。受委托单位或者共同组织单位应当按照法律、法规和规章的规定以及约定，采取有效措施，提供安全保障。学校应当查验受委托单位或者共同组织单位的安全保障措施、人员安排及交通工具的情况。学校组织学生参加军事训练，应当与军事部门共同做好安全教育及防范工作；有实弹训练项目的，必须按照训练规程组织实施。

学校不得组织学生参加抢险等应当由专业人员或者成人从事的活动，不得组织学生参与制作烟花爆竹、有毒化学品和其他不安全工种的作业，不得组织学生参加商业性活动。

第四十条【假期安全】学校在暑假、寒假前应当组织人员进行全面安全检查，对学生进行安全教育。

学校在节假日应当安排人员值班，保护学校财产安全。

学校在暑假、寒假前应当对学生进行防溺水的专项教育。公安机关应当在禁止游泳区域设置禁止游泳标志。水行政主管部门应当督促有关单位对江河湖泊的岸线、堤防进行安全巡查和加强日常管理，在其他易发生学生溺水地段的显著位置设置安全警示标志。

第四十一条【学校安全档案】学校应当建立安全工作档案，记录日常安全工作、安全责任落实、安全检查、安全隐患消除等情况。

安全档案是实施安全工作目标考核、责任追究和事故处理的重要依据。

第三章 学校安全的应急准备和应急保障

第四十二条【应急预案】县级以上地方人民政府教育行政部门应当督促、指导学校建立常见学校安全事故的应急处置工作机制，制定相应的应急预案。

各级人民政府教育行政部门和其他主管部门应当制定处置常见学校安全事故的应急预案。

第四十三条【应急设施设备】学校应当在教学楼、图书馆、食堂和集体宿舍等场所配备应急照明装置，设置安全出口标志，保证疏散通道、安全出口畅通。

中等规模以上学校应当在学校门口、学生宿舍门口、教学楼门口、围墙边界及其他需要监控的重点部位安装视频监控、报警等技防设施，有条件的可以与公安机关联网。

学生在校期间，学校应当确保学习或者住宿区域通道畅通，不得封堵安全出口。

第四十四条【应急演练】学校应当至少每学期开展一次应急演练活动，增强学生安全意识，提高逃生避险能力。相关主管部门应当予以支持。

第四十五条【经费保障】学校安全经费由学校的举办者予以保障。学校不得以保障安全为由向学生收取任何费用。

县级以上地方人民政府应当在每年财政预算中安排学校安全管理和学校安全事故人身伤害救助专项经费。

第四十六条【保险】国家建立和完善学生人身伤害校方责任险和学生人身意外伤害险制度。学校应当投保学生人身伤害校方责任险。鼓励学生、未成年学生监护人投保学生人身意外伤害险。学校可以为学生参加意外伤害险提供便利条件，但不得从中收取任何费用。

第四章　学校安全的检查、监测和预警

第四十七条【学校安全检查】学校每学期至少应当进行一次安全检查，检查的内容包括：

（一）学校建筑物、设施、设备、活动场所和交通车辆；

（二）学校向学生提供的食品和饮用水；

（三）学校的电器线路、油气管道、安全保护设施、教学用危险物品和校园互联网络；

（四）各项学校安全管理制度的落实情况；

（五）学校周边环境的安全状况；

（六）其他应列入安全检查的事项。

学校在安全检查中发现问题的，应当向有关主管部门及时报告并采取整改措施。

第四十八条【行政机关的监督检查】县级以上地方人民政府有关部门应当依据各自职责定期对学校及周边安全状况进行监督检查，建立台账，及时跟踪、指导、监督学校及周边安全隐患整改工作。

第四十九条【学生人身安全监管】学校应当建立学生安全信息通报机制，及时与学生家长交流学生无故迟到、早退、旷课情况，学生身体和心理的异常情况以及其他关系学生人身安全的信息。

学生应当到校而未到校的，学校应当及时通知学生家长。学生需要提前离校的，应当由家长书面说明理由，并有班主任或校长指定人员的签名方可离校。

第五十条【预警机制】可能发生台风、洪水、地震等自然灾害和重大传染病等影响学校安全的突发事件时，有关主管部门应当及时向学校发布预警信息。学校接到预警信息后，可以采取临时停课等措施，并及时向主管的教育行政部门备案。

第五章 学校安全事故的处理

第五十一条【事故处理原则】学校安全事故的处理应当遵循合法、及时、公正、合理的原则。

第五十二条【事故处置机制】设区的市和县级人民政府的教育行政部门和其他主管部门、学校应当建立学校安全事故的应急处置机制。

第五十三条【学校的处置】发生安全事故后，学校应当采取以下措施处理：

（一）采取有效措施，阻断或隔离危险源，防止事故扩大；

（二）组织自主救援，并向救援机构求助，减少人员伤亡和财产损失；

（三）将安全事故信息和学生人身伤害情况在2小时内向教育行政部门或其他主管部门报告，并及时告知学生监护人，不得瞒报、谎报或缓报；

（四）保护事故现场，进行事故调查，或者协助有关部门进行事故调查；

（五）在有关主管部门或者救援机构到达现场后，配合做好事故处置和救援工作。

学校发生安全事故时应当优先救助学生，学校教职工应当履行保护、救助学生的职责。

第五十四条【行政机关的处置】学校发生安全事故时，教育行政部门和其他主管部门应当立即赶到现场，组织处置和救援工作，进行调查处理，并按照有关规定及时上报事故情况。

第五十五条【事故调查】发生学校安全事故，学校应当及时进行调查处理；情况复杂或影响重大的，由学校所在地县级以上地方人民政府组织教育行政部门及其他相关部门、学校、保险机构、当事人或者当事人委托的代理人组成调查组进行调查。成立了家长委员会的学校，家长委员会应当推选代表参加调查。

调查组应当查清事故经过、事故原因和事故损失，查明事故性质，认定事故责任，及时提出整改措施和处理意见，并在事故发生之日起 30 日内提交调查报告。依法需要检验、检疫、鉴定或者侦查的，所需时间不计算在上述期限之内。

第五十六条【责任认定】学生在学校学习、活动期间受到人身伤害，学校未履行安全教育、管理和保护职责的，应当依法承担责任。

发生学生人身伤害事故，学校已按照有关法律、法规和规章的规定履行对学生的安全教育、管理和保护职责，行为并无不当的，不承担赔偿责任，但法律、行政法规另有规定的除外。

学生或者学生监护人对学生人身伤害事故的发生有过错的，应当依法承担相应的责任。

在学校组织的各种活动中发生安全事件造成学生人身伤害事故，由第三方承担责任的，学校应当协助受伤害学生及其监护人向责任方索赔。

第五十七条【纠纷解决机制】对学校安全事故的损害赔偿，当事人可以协商解决，也可以申请县级以上地方人民政府有关主管部门或者人民调解组织调解。

有关主管部门或者人民调解组织依法在查清事实、分清责任的基础上，引导当事人自愿达成调解协议。双方当事人自接受调解之日起 30 日内达不成调解协议的，有关主管部门或者人民调解组织应当终止调解。调解结束或者终止调解的，有关主管部门或者人民调解组织应当书面通知当事人。

双方当事人经过调解对事故处理达成一致意见的，应当签订调解协议。

当事人不愿协商、调解，或者经协商、调解不能达成一致意见，或者达成调解协议后其他当事人不予履行的，可以依法向人民法院提起诉讼。

第五十八条【善后措施】学校安全事故应急处置结束后，学校应当履行以下职责：

（一）尽快修复受损的学校建筑物、设施、设备，无法立即修复并存在安全隐患的，应当设置安全警告标志或采取安全防护措施；

（二）因处置事故而临时停课的，经检查确认安全隐患已经消除后，方可复课；

（三）涉及保险理赔事宜的，及时向保险机构报案，积极推动保险理赔工作；

（四）对学生进行心理辅导，减轻事故对学生心理的不良影响。

第五十九条【保障措施】任何单位和个人不得阻挠、干涉学校安全事故的依法调查和处理，不得侮辱、殴打教职工和学生，不得侵占、损毁学校的教育教学、生活服务设施和其他财产，不得扰乱学校正常的教育教学秩序。

第六章　法　律　责　任

第六十条【学校的法律责任】学校违反本条例规定，未履行安全管理责任、未落实安全管理措施的，由县级以上地方人民政府教育行政部门或其他主管部门责令限期改正；拒不改正，或者因未履行安全管理责任、未落实安全管理措施而造成学校安全事故或者重大安全隐患的，或者干扰、破坏学校安全事故处置和调查的，由县级以上地方人民政府教育行政部门对校长和其他直接责任人员依法给予处分，并可责令学校停办或者依法吊销其办学许可证；构成犯罪的，依法追究刑事责任。

第六十一条【教职工的法律责任】对学校安全事故负有责任的教职工，由学校给予批评教育；造成严重后果的，由学校或者县级以上地方人民政府教育行政部门给予处分；违反《中华人民共和国治安管理处罚法》的，由公安机关依法给予治安处罚；构成犯罪的，依法追究刑事责任。

学校教职工在履行职责中因故意或者重大过失造成学生人身伤害事故的，学校承担损害赔偿责任后，可以向有责任的教职工进行追偿。

第六十二条【学生的法律责任】违反学校纪律，对学校安全事故负有责任的学生，由学校按照规定给予纪律处分；违反《中华人民共和国治安管理处罚法》的，由公安机关依法给予治安处罚；构成犯罪的，依法追究刑事责任。

第六十三条【行政机关及其工作人员的法律责任】各级地方人民政府、县级以上人民政府有关部门违反本条例规定，未履行学校安全管理责任或者未落实安全管理措施的，由上级人民政府或其主管部门责令改正。拒不改正，或者因未履行安全管理责任、未落实安全管理措施而造成学校安全事故或者重大安全隐患的，或者干扰、破坏学校安全事故处置和调查的，由主管部门或者行政监察机关对其直接负责的主管人员和其他直接责任人员依法给予处分；构成犯罪的，依法追究刑事责任。

行政机关工作人员在学校安全事故处置、救援和调查中滥用职权、玩忽职守，或者不依法履行职责的，由主管部门或者行政监察机关依法给予处分；构成犯罪的，依法追究刑事责任。

第六十四条【其他人的法律责任】其他单位和个人侮辱、殴打学生、教职员工，干扰学校教育教学秩序的，由公安机关依照《中华人民共和国治安管理处罚法》给予治安处罚；构成犯罪的，依法追究刑事责任。

第七章 附 则

第六十五条【名词解释】本条例所称中等规模以上学校是指幼儿园学生人数 100 人以上、其他学校在校生人数 500 人以上规模的学校。

第六十六条【参照适用】托儿所、少年宫、少年儿童业余体育学校、招收全日制学生的非学历教育机构的安全管理参照本条例执行。

第六十七条【生效时间】本条例自 年 月 日起施行。

"完善学校突发事件应急管理机制" 调查问卷及其数据分析

"完善学校突发事件应急管理机制" 调查问卷

您好!

中国政法大学法治政府研究院受教育部委托,承担教育部哲学社会科学重大课题攻关项目 "完善学校突发事件应急管理机制" 的研究工作。为了更好地实现课题研究目标,为完善我国的学校应急管理机制,加强校园安全制度建设提出更为切实有效的建议,我们组织了这次问卷调查活动。

您对问卷所设置问题的判断和选择,将为我们提供宝贵的帮助。本调查问卷一律采用无记名方式,您的个人信息将得到充分尊重和保护。填写问卷占用了您的宝贵时间,谨表衷心感谢!

中国政法大学法治政府研究院课题组

一、您的基本情况

1. 您所在学校的类型是:

□重点大学   □非重点大学   □职业学校   □中学   □小学

2. 您在学校中的身份是:

□校领导   □学校中层干部   □学校安保干部   □普通教师   □学生

3. 您在学校工作至今已有_____年。

二、您对当前学校安全形势的总体判断

请您在问题后的横线内填写一个 0 ~ 10 的数字表示您的判断。0 表明最不严重,10 表示最严重。

您认为当前我国学校安全形势的整体情况如何?_____

三、您对当前学校突发事件成因的判断

请您在问题后的横线内填写一个 0~10 的数字表示您的判断。0 表明最不重要，10 表示最重要。

您认为以下因素对当前学校安全形势的影响程度如何？

1. 各种外部社会矛盾波及学校？＿＿＿＿＿＿

2. 教育领域自身问题（学风、就业、师德等问题）？＿＿＿＿＿＿

3. 学校自身组织机构（人员密集、集体生活等）？＿＿＿＿＿＿

4. 学校自身管理问题（安全防范不足、学校内部矛盾等）？＿＿＿＿＿＿

5. 学生的群体或个体因素（年轻、不成熟等）？＿＿＿＿＿＿

6. 不良社会思潮影响（个人主义、拜金主义等）？＿＿＿＿＿＿

四、您对当前各类学校突发事件严重程度的判断

请您在问题后的横线内填写一个 0~10 的数字表示您的判断。0 表明最不严重，10 表示最严重。

1. 在您看来，当前学校中自然灾害类事件（如水灾、台风、暴雨等气象灾害）的严重程度是？＿＿＿＿＿＿

2. 在您看来，当前学校中事故灾难类事件（如施工安全、建筑和设施安全、火灾等）的严重程度是？＿＿＿＿＿＿

3. 在您看来，当前学校中交通安全事故类事件的严重程度是？＿＿＿＿＿＿

4. 在您看来，当前学校中食品卫生类事件（如食物中毒等）的严重程度是？＿＿＿＿＿＿

5. 在您看来，当前学校中突发传染病类事件的严重程度是？＿＿＿＿＿＿

6. 在您看来，当前学校中暴力伤害事件（如杀人、斗殴等）的严重程度是？＿＿＿＿＿＿

7. 在您看来，当前学校中维权抗争类事件（如罢餐、罢课等）的严重程度是？＿＿＿＿＿＿

8. 在您看来，当前学校中心理疾病类事件（如由于心理压力引发的自残、自杀等）的严重程度是？＿＿＿＿＿＿

9. 在您看来，当前学校中网络舆情类事件的严重程度是？＿＿＿＿＿＿

五、您对校园应急管理各种机制的作用和完善程度的看法

请您在问题后的横线内填写一个 0~10 的数字表示您的判断。0 表示作用最不重要，或最不完善；10 表示作用最重要，或最完善。

1. 在您看来，"学校—政府—社会"之间的协作机制对学校突发事件应对的作用是＿＿＿＿＿＿，其目前的完善程度是？＿＿＿＿＿＿

2. 在您看来，应急指挥和决策机制对学校突发事件应对的作用是＿＿＿＿＿＿，

353

其目前的完善程度是？_____

3. 在您看来，应急预案对学校突发事件应对的作用是_____，其目前的完善程度是？_____

4. 在您看来，应急教育、培训、演练机制对学校突发事件应对的作用是_____，其目前的完善程度是？_____

5. 在您看来，舆情监控机制对学校突发事件应对的作用是_____，其目前的完善程度是？_____

6. 在您看来，信息收集和传递机制对学校突发事件应对的作用是_____，其目前的完善程度是？_____

7. 在您看来，心理干预机制对学校突发事件应对的作用是_____，其目前的完善程度是？_____

8. 在您看来，责任追究机制对学校突发事件应对的作用是_____，其目前的完善程度是？_____

六、您对学校安全立法的看法

请您在问题后的横线内填写一个 0～10 的数字表示您的判断。0 表示最不需要，或最不可能；10 表示最需要，或最可能。

您认为当前我国制定一部《学校安全法》的必要性如何_____，您认为在五年内出台这样一部法律的可能性有多大？_____

"完善学校突发事件应急管理机制" 调查问卷分析报告

本次调查共发放问卷 1 273 份，回收有效问卷 1 273 份，有效率 100%。涉及约 86 个城市，1 144 名学生，87 名各学校的中层领导以及 42 名校级领导。数据汇总后保留两位小数。本数据分析仅包括样本数大于等于 5 的样本数据。

以下是数据分析：

一、对当前学校安全形势的总体判断

您认为当前我国学校安全形势的整体情况如何？

在本组数据中，认为我国学校安全形势不严峻，也就是总体安全的群体是学校的中层领导，而认为我国学校安全形势严峻的群体是学生，其中保定的在校学生群体认为安全形势最为严重。在本组数据中，学校的校长级的领导以及中层领导，无论是重点院校还是非重点院校，基本都认为我国学校安全形势可以接受，虽然不能说是十分安全的。总体来说，学生的认可程度低于学校领导的认可程序，这可能与学生对于学校安全事故的切身感受更直接有关，也可能与学生对于学校安全形势的信息获得不如学校领导的获得直接且信息量大有关。在学生群体

中，重点院校和非重点院校的学生都认为我国学校安全形势一般，不能称之为安全。比较重点院校与非重点院校学生的数据，我们可以看到，非重点院校的在校学生认为学校的安全形势更加严峻，这同非重点院校的安保建设投入较重点院校少，非重点院校位置往往不在省会或者一线城市，以及非重点院校学生生源素质不高有关。

从所有的被调查人群的反应来看，普遍认为学校的安全形势还处于可接受的范围之内。如大学校领导 4.87，中层领导（包含重点院校与非重点院校）4.49，学生 5.69。学生对安全形势的判断严重于学校领导层，这可能与学生与领导对安全形势的理解有所不同相关，不同年龄的人对问题的认识存在区别。

二、对当前学校突发事件成因的判断

您认为以下因素对当前学校安全形势的影响程度如何？

1. 各种外部社会矛盾波及学校？

在本组数据中，相比于其他群体，三亚的学生认为外部社会矛盾对学校安全形势的影响较小，而重庆的学生认为外部矛盾对学校安全形势的影响最大。学校领导群体（包括重点和非重点院校）均认为外部矛盾对学校安全形势有重大影响，其中重点院校的中层领导相比于非重点院校的中层领导更加认为外部社会矛盾会波及校园安全。

领导层普遍认为学校外部的纠纷对学校影响比较大，而学生通常认为不大。但是不论学生还是领导对该问题的判断值平均数均高于中间值 5，说明在学生与领导之间都认可学校外的因素对学校安全有重大影响。

2. 教育领域自身问题（学风、就业、师德等）？

对该问题的认为呈现职位与数值的反比关系，即职位越高判断值越低，而职位越低则判断值越高。学生处于最高判断，校领导处于最低的数值。因为该问题关系到教育领域自身，而对于教育自身责任最大的在于校领导，中层领导次之，学生最轻，因此不排除因利益关系的存在影响到各层面的人作出判断的因素。

3. 学校自身组织机构（人员密集、集体生活等）？

对于该问题的判断结果与前一问题基本类似。但是学生的平均值与校领导的平均值之间的差为 2.01，属于差距比较大，说明学生与校领导的看法差异比较大。

4. 学校自身管理问题（安全防范不足、学校内部矛盾等）？

涉及学校自身的问题的时候，学校领导层面与学生的看法总是有差异。学生的平均值与学校领导层面的值相差为 2.12。

5. 学生的群体或个体因素（年轻、不成熟等）？

涉及学生自身的因素的时候学生与校领导的值的差为 1.25。学生对于自己的

355

评价相对比较客观，能够认识到学生群体的问题也可能是产生学校不安全的因素之一。

6. 不良社会思潮影响（个人主义、拜金主义等）？

无论学生还是学校领导平均值均高于5，说明社会思潮对于学校安全的影响还是比较严重。但是存在的趋势是领导对于该问题的判断普遍轻于学生的判断。可能与学生易于受到外界思潮的影响有关。

三、对当前各类学校突发事件严重程度的判断

1. 在您看来，当前学校中自然灾害类事件（如水灾、台风、暴雨等气象灾害）的严重程度是？

平均值低于3.41。因此在受调查人群中对该因素对于学校安全的影响低。

2. 在您看来，当前学校中事故灾难类事件（如施工安全、建筑和设施安全、火灾等）的严重程度是？

该因素对于学校安全的影响的平均值没有超过5，说明该因素的影响比较低。

3. 在您看来，当前学校中交通安全事故类事件的严重程度是？

全部受调查人群对于该因素的平均值没有超过5，说明在社会中该因素对于学校安全的影响不高。

4. 在您看来，当前学校中食品卫生类事件（如食物中毒等）的严重程度是？

学生对该因素的评价超过了5，而领导普遍低于5。可能与学生通常在学校食堂就餐，而领导则较少在学校食堂就餐有关。因此学校食品卫生通常与学生有关。

5. 在您看来，当前学校中突发传染病类事件的严重程度是？

平均值低于5，无论是学生还是领导都不认为该因素是影响学校安全的重要因素。

6. 在您看来，当前学校中暴力伤害事件（如杀人、斗殴等）的严重程度是？

平均值低于5，说明目前学校内的暴力事件整体还是比较少。学生与领导感受不严重。

7. 在您看来，当前学校中维权抗争类事件（如罢餐、罢课等）的严重程度是？

平均值低于3.4，说明目前学校中的类似事件比较少。

8. 在您看来，当前学校中心理疾病类事件（如由于心理压力引发的自残、自杀等）的严重程度是？

平均值高于5.01，属于比较严重的因素。学生与领导的看法比较一致，学生与领导看法的值差只有0.52，差距比较小。

9. 在您看来，当前学校中网络舆情类事件的严重程度是？

平均值高于5.45，属于比较严重的因素。而且学生与领导的看法高度一致，

其中值差只有 0.12。

四、对校园应急管理各种机制的作用和完善程度的看法

1. 在您看来,"学校—政府—社会"之间的协作机制对学校突发事件应对的作用是?

无论是学生还是老师都认同学校—政府—社会之间的协作机制对于学校突发事件的综合作用。说明以后学校突发事件的处理工作加强的方向在于强化这三者之间的协作。

其目前的完善程度是?

虽然上述问题重要,但是受调查者看来该问题解决的并不好。学生与校领导的平均值均低于 4.59。

2. 在您看来,应急指挥和决策机制对学校突发事件应对的作用是?

大家都高度认可该机制对于学校突发事件的作用,最低的平均值也有 7.02。

其目前的完善程度是?

平均值比较低,说明重要的问题大家都能够意识得到,但是解决得总是不完美。

3. 在您看来,应急预案对学校突发事件应对的作用是?

对于应急预案认可程度比较高。学生对该预案的认可程度不如老师高,可能与学生参与的少有一定关系。

其目前的完善程度是?

平均值不高,目前预案的完善还存在大量的工作要做。

4. 在您看来,应急教育、培训、演练机制对学校突发事件应对的作用是?

所有受调查人员认同教育、培训、演练对于学校突发事件应对的作用。

其目前的完善程度是?

平均值低于 5,说明还存在巨大的提高空间。

5. 在您看来,舆情监控机制对学校突发事件应对的作用是?

平均值高于 5,该因素对于学校安全的影响比较大。

其目前的完善程度是?

普遍认为不完善。

6. 在您看来,信息收集和传递机制对学校突发事件应对的作用是?

平均值高于 5,受调查的人群认可该因素对于学校安全的影响。

其目前的完善程度是?

学校领导一般认为该机制完善的尚可,平均值高于 5.55,而学生认可度低一些,只有 3.66,可能与学生对于信息的收集与传递机制不清楚有一定关系。

7. 在您看来,心理干预机制对学校突发事件应对的作用是?

基本认可该因素的重要作用。平均值高于 5。

357

其目前的完善程度是？

如同前一问题，领导认为完善得尚可，而学生并不认为完善得尚可。

8. 在您看来，责任追究机制对学校突发事件应对的作用是？

都认可该因素的重要性。但是可能会承担责任的群体领导群体认可的程度低于通常不需要承担责任的群体学生。

其目前的完善程度是？

受调查群体基本上不认同责任承担机制比较完善。

五、对学校安全立法的看法

您认为当前我国制定一部《学校安全法》的必要性如何？

最低为学生，但是即使学生最低，平均分值也达到了7.8。说明受调查人群对于该法认同以及需求还是比较迫切。而对于该法，学校的领导层面比学生更为迫切的需要，这与该法律一旦通过，则由领导层承担实施任务有一定关系，另外，学校领导在实践中也迫切需要该法对自己日常的学校安全职责的实现进行指导。

您认为在五年内出台这样一部法律的可能性有多大？

从所得到的数据来看，公众对于该法律的通过持比较谨慎的态度，并不是特别的乐观。

日本学校危机管理手册

第一部分　危机管理体制的基本方针

1. 目的。

其目的为避免教职员工以及学生，或者大学的设施等可能遭受各种重大损失，使其"防患于未然"即"风险管理"。而且当危害等发生的情况下，"把损失控制在最小限度内"即"危机管理"。

2. 定义。

（1）危机：因火灾、灾害、恐怖活动、传染病等以及其他重大事件或事故的发生，给教职员工和学生等生命健康或者大学组织、财产以及名誉带来重大损害，或者有可能发生危害的危急状况。

（2）危机管理：当危机发生时掌控并分析其原因和状况，把危机带来的损害控制在最小范围内。

（3）风险：经济损失、人身损害，或者防止组织团体为达成目标所潜藏风险的可能性。

（4）风险管理：研究设想出的危机体制以及对策，防止危机发生，以及日常管理学校中遇到的风险。

3. 风险的对象以及危机的范围。

大学直接面对的风险有多种。制定防止危机发生的规则等，由各自的委员会进行风险管理。从全校的立场来看，个别委员会等不能完全覆盖自然灾害等的情况下，危机管理委员会以及危机对策总部应该决定对策，实施训练等作出具体的风险管理以及危机管理。

4. 学校潜在风险的分类。

学校潜在的风险分类如表附录 – 1 所示。学校运营过程中，无法完全避开风险危机。在风险管理和对策不充分的情况下，外在的危机以及内在的风险容易发生，因此在平时应适当地进行危机风险管理是很重要。个别危机风险的分类如下。

表附录 –1　　　　　　　　　　**学校潜在风险分类**

现象	风险	危机
自然灾害	·地理因素 ·防灾对策不完善 ·缺少防灾意识	·地震，风水灾害等自然灾害的发生和灾害的扩大
健康危机	·致死亡率或者传染率很高以及相关传染病的对策不完善 ·卫生管理体制问题 ·剧毒物，有害物质，R1 等管理体制的问题	·由于大规模传染病引发教职员工和学生的死亡，长期停课 ·大规模的集体食物中毒 ·因剧毒物，有害物质，R1 等导致集体健康受损害
重大事故	·设备安全管理上的问题 ·危险物，剧毒物管理体制问题 ·潜在教职员工以及学生活动中的风险	·由于火灾，爆炸事故或者设备安全管理上的重大事故，使教职员工和学生受到重大的影响。 ·危险物，剧毒物的大量泄漏引起的事故 ·因教职员工和学生的关系引起的重大事故
重大事件	·教职员工和学生缺少守法意识 ·会计上不正当的因素 ·研究理论问题 ·事故对策，防范对策，防范可疑者对策的不完善 ·社会形势，国际形势的动向	·教职员工和学生的违法行为（例如：吸食毒品） ·会计上重大的不正当行为 ·研究成果的篡改 ·由于可疑者侵入，可疑物等引起受损害的可能性 ·因大规模的骚乱，恐怖等遭受损害的可能性
其他	·学校运营中因重大问题引起的危险	·学校运营中的重大危机

（1）运营风险。

学校运营过程中遭受到风险带来的严重损害。如丧失教育，研究机能，毁损重要资料，研究材料，教职员工和学生受到损伤等。

（2）法规制定风险。

各种法令，如卫生安全，劳动安全，环境保护，劳动者的权利保护等，学校违反应遵守的法令和规则从而造成的风险。

（3）财务风险。

学校资产上的风险，即因损害设施带来的维修费用，盗窃财产，知识产权的侵害，金融商品价格跌落等。

（4）评价风险。

与学习名声相关的风险，即大学的评价差、知名度低下、丧失社会信用度等。

（5）科学技术、情报技术风险。

研究成果流失，电子记录被篡改等信息通信科学技术领域的风险。

5. 危机管理的基本方针。

（1）构建全校危机管理体制。

（2）应对危机不充足时，应制定对策。

（3）为了提高职员的危机意识，实施教育和培训。

（4）检查危机管理的状况并制订计划。

第二部分　危机管理的组织

1. 危机管理组织体制。

（1）全校的组织体制。

通常召开危机管理委员会的同时，收集情报，分析并制定对策。

（2）危机管理委员会。

学校危机管理规则第 5 条规定，危机管理委员会必须由通过校长、理事以及校长认可的人员组成。

（3）危机管理委员会的作用。

a）讨论风险对策，制定方案。b）制作危机管理手册，随时修改，校内通知。c）对干部、职员等进行教育和培训。d）紧急危机时，制定危机对策本部的组织体制、活动内容、对策。e）紧急时加强管理情报系统。

（4）个别委员会实施危机风险管理。

a）个别委员会，即负责其职务的事务，规定其掌管的业务以及根据其职务收集风险情报，进行分析。b）个别委员会等对风险评估，预测危机严重程度，危机发生的可能性，职员等受损害影响的程度，从需求、法规事项、危机管理基本方针的重要性等方面考虑。c）个别委员会等针对个别风险实施对策，制定对策方案，根据需求制定个别对策。针对紧急性和迫切性强的对策优先实施。其费用与效果的比例，实现的可能性，回避危机的因素，导入过去实例中有效的对策，与相关机关协作等，考虑以上因素的基础上制定方案。d）个别委员会等应向危机管理委员会报告对应危机的对策，并听从指示。

（5）紧急应对的事前准备。

a）补充个别方针。个别委员会等，根据需求，制定个别基本方针。b）为紧急应对而进行教育培训。全校为紧急应对该危机，进行教育培训，根据内容的不同应由个别部门负责实施。c）收集情报并联络。

（6）紧急时。

1）危机时的联络机构（见表附录 –2）。

表附录 –2

危机状况	初期对应部门
·校内发生的情况	
1. 与自然灾害，可疑者侵入相关的事件，事故	总务处
2. 与火灾、盗窃、破损等相关	财务部
3. 与设施异常，建筑物、设备等相关	设施部
4. 与干部，职员相关	总务部
5. 与学生相关	学务部
6. 其他	总务部
·校外发生的情况	
1. 与干部，职员相关	总务部
2. 与学生相关	学务部
3. 其他	总务部

注：初期对应部门根据情况，必要时联络相关部门。

a）危机发生时，发现者或得到情报者（以下简称'发现者'），与其所掌管的事务、职务、设施等无关，一律应向部门局长报告，接到报告的部长按照危机管理手册上的规定进行联络，采取适当的措施。b）必要的情况下，部局等局长等应根据自己的判断向警察局、消防局等相关机关联络。紧急情况下，依据发现者的判断通报联络，请求援助。c）危机在工作时间以外发生时，发现者应根据紧急联络网，迅速通报。而且无法联络上联络者时，应向下一位联系。d）部局等的管理下发生危机时，应通过部局等局长向危机管理委员会联络。

2）危机情报联络的要旨。

a）按照危机管理手册把已知的状况迅速通报。b）尽可能简洁、迅速地通报危机情报。c）已知的状况是否符合紧急、异常情势无法判断时，应立即作为紧急、异常情势处理。d）紧急联络之后，整理成《受损状况报告书》。

3）集合体制。

a）紧急情况发生时，根据各局局长的判断，必要时应紧急召集各部门负责的职员。

b）通过联络网得到通知的职员，应迅速到该部门集合。

c）通过电视等方式得知紧急情况发生时，尽可能通过紧急联络网取得联系，集合。

4）应对初期的危机。

a）危机发生后，初期应对方针如表附录－2所示。

b）初期对应部。

管理危机发生的土地、建筑物等设施的部门。

5）危机对应本部的设立。

由校长宣布危机对策本部设立，危机管理委员会的人员转移到危机对策本部。校长从理事中选出副部长，而且必要时加入监察人员。

6）危机对策本部设立的通知。

危机对策本部设立之后，应用所有方式在校内通知。

7）危机对策本部的工作。

a）收集危机情报并分析情报。

b）危机时作出必要的对策和指示。

c）调整与危机相关的机关。

d）提供与危机相关的报道情报。

e）与各部门联合。

f）与其他危机对应相关的必要事项。

8）危机对策本部的设立场所。

例如，事务局管理设立在1楼会议室。无法设立场所时，应根据情况确保其他的场所。

9）紧急时相关机关的联系方表。

按照危机管理手册与危机相关机关取得联系。

10）事后。

a）解散危机对策本部。

本部长（校长）宣布结束后，解散危机对策本部，移交到危机管理委员会。

危机对策本部解散之后，全校统一用校内网等方式在校内公布。而且向该地区社区和地方公共团体告知，召开记者招待会。

b）记录。

各部门按照时间顺序记录，整理紧急应对的情况，向负责的理事等报告。

负责的理事接受紧急应对的报告，向危机管理委员会说明情况。

c）分析、评价和防范对策。

危机管理委员会中，分析危机发生的原因，评价紧急应对的实施，必要时重新修改个别防范对策。

（7）各部组织机构。

在各部制定组织机构。

（8）相关机关、合作机关。

教育部、其他学校的法人、地方公共团体、能源等供给公司等。

2. 危机管理应对基准。

危机管理对应基准分为危机管理体制（见表附录－3），危机状况（见表附录－4）。

表附录－3　　　　　　　　（危机管理体制）

危机程度（由轻到重顺序）	部门	全校
1	按照紧急联络网联络	日后负责部门应作出通知
2	根据情况必要时设立对策本部	按紧急联络网，与负责部门联络，接受指示
3	根据情况必要时设立对策本部	根据情况必要时设立对策本部
4	设立对策本部	设立对策本部

表附录－4　　　　　　　　（危机状况）

风险	危机程度1级	危机程度2级	危机程度3级	危机程度4级
地震	震度4级以下，无受伤者，设施、设备未受到损害	·震度5弱5强 ·有轻伤者 ·设施、设备受损，但没有继续扩大的趋势	与危机程度2级的状况相同	·震度6弱以上 ·有受重伤者设施，设备受损害并有扩大的可能性

风险	危机程度 1 级	危机程度 2 级	危机程度 3 级	危机程度 4 级
灾害相关（火灾、风水灾害等）	无受伤者，设施、设备未受到损害	·有轻伤者 ·设施、设备受损，但没有继续扩大的趋势 ·学生或者监护人，在校外通过电话、电子邮件咨询 ·关于该灾害新闻机构申请咨询或者采访	·与同危机程度 2 级的状况相同	·受害者为重伤以上 ·设施，设备受到损害并有扩大的可能性。 ·多数学生或者监护人，在校外通过电话、电子邮件咨询 ·关于该灾害诸多新闻机构申请咨询或者采访
事故相关（交通事故、灾害事故）	无受伤者	·出现多人轻伤 ·学生或者监护人，在校外通过电话、电子邮件咨询 ·关于该灾害新闻机构申请咨询或者采访	·与危机程度 2 级的状况相同	·受害者为重伤以上 ·多数学生或者监护人，在校外通过电话、电子邮件咨询 ·关于该灾害诸多新闻机构申请咨询或者采访
犯罪相关（盗窃、破损、犯罪等）	向警察报案	向警察报案之后，新闻机构可以申请咨询或者采访	·与危机程度 2 级的状况相同	·能够预测出受害严重对社会影响很大。 ·关于该灾害诸多新闻机构申请咨询或者采访

3. 紧急时的通报。

1）目的。

接到危机管理对策本部的指示，关于相关事实，学校紧急应对内容、方针等应及时向学校相关人员以及地区居民通报，其目的是为了消除灾害的扩大以及二次受灾等。

2）通报手段。

a）利用新闻机构。

为了迅速大范围的通知，作为紧急时的通报手段可以积极利用。

b）学校主页。

学校应主动地提供相关内容并与新闻机构联系。

3）向新闻机构提供情报。

a）收集、整理情报。

危机发生之后，各部门应立即收集情报，将已确认的情报与未确认的情报分类。另外，整理与事实相关的受害情况以及受害扩大的情况，紧急性、重大性的程度，发生原因，向危机管理对策本部汇报。

b）写成报告。

危机管理对策本部根据本部与宣传室的协议，决定向新闻机构提供情报的内容，并写成报告。

c）提供情报。

紧急时提供情报，通过紧急召开记者招待会发出信息，并接受新闻机构采访与咨询。危机发生后汇集能够确认的内容，发出信息。并区分已发信息和追加信息。根据危机的内容与规模需要长期、持续发信时，应根据需要向新闻机构定期提供情报。

d）应对采访、咨询。

危机发生后，接受新闻机构的采访、咨询，统一各宣传室。各部门应和危机管理对策本部协商，明确公布的内容，同时选定负责人员，准备应对新闻机构的采访与咨询。但是，刚发生危机之后，各部门已接受新闻机构的采访与咨询的，应迅速向宣传室汇报。

e）紧急记者招待会。

为了保障新闻机构的效率、效果，防止发出零散的信息，根据需要应尽早召开记者招待会。以下情况需要召开记者招待会。其一，新闻机构申请集中采访时；其二，与学校相关的重大事件、事故、受害等情况发生时，已引起社会关注；其三，职员以及学生等有伤亡者时，追究学校的管理责任情况等。提前2个小时，由宣传室通知新闻机构，召开记者招待会。召开记者招待会的责任分配。由宣传室主办，主持会场。原则上，由相关的理事进行整体说明。但是，危机对策本部设立以后，原则上由校长或者负责宣传部的理事举行。与部门相关的内容，该部门的部长也应出席。各部门负责人员（原则上由部长）补充说明，对提出的问题作出详细答复。

4）危机管理的组织体制图。

a）工作时间以外的紧急联络网。（见图附录－1）

b）指挥、命令的系统图。（见图附录－2）

c）班的任务。（见表附录－5）

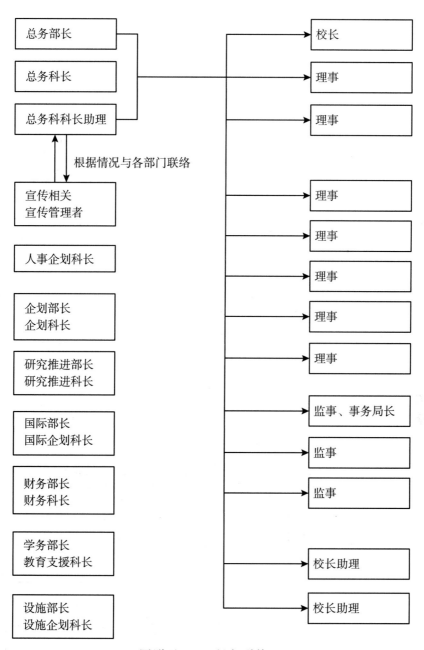

图附录 -1　紧急联络网

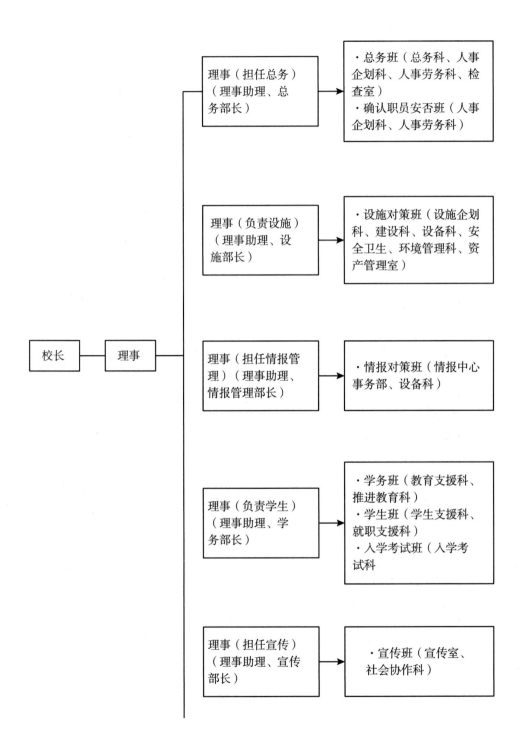

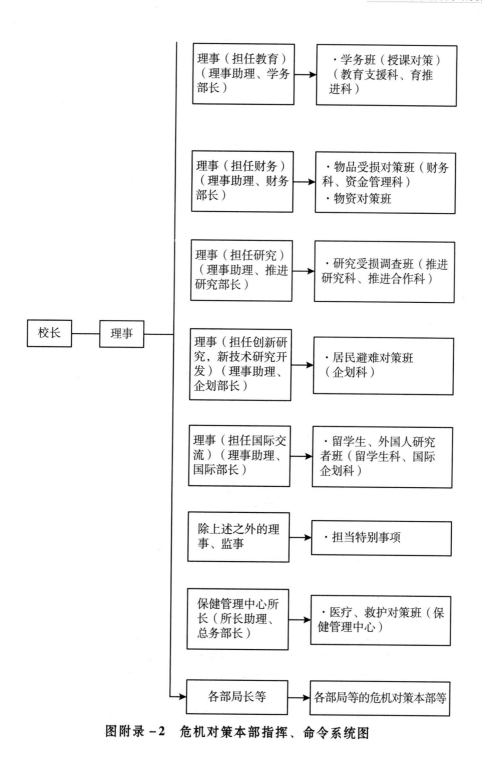

图附录－2　危机对策本部指挥、命令系统图

表附录 - 5　　　　　　　　　　**危机对策本部担当业务内容**

班	业务内容
1. 总务班	总务科长作为班长，执行以下工作： （1）把握整个危机管理对策本部的工作，集中管理。 （2）确保工作人员。其一，灾害发生后 24 小时工作体制，要注意工作人员的身心健康。其二，部门急需工作人员时，应实施从全校调整，调动工作人员。其三，应采取交替工作制度。其四，交通不便时，应确保校车等通勤手段。 （3）从校外提供救援设备等。 在受灾地区救援生命以及其他救援活动需要设备时，应与相关部门等协调联系。 （4）地震等灾害时，利用地理位置较近的大学作为后援体制。 为有效及时支援受灾学校。 （5）与相关机关联络。 关于灾害对策与省市相关机关及时联系。
2. 宣传班	宣传部门的管理者作为班长，执行以下工作： （1）收集情报。 a）从各部门收集情报，及时掌握校内的状况。 b）运用电话、传真、报纸、收音机、电视等快速准确地收集情报。 c）得到有用的情报传达给各部门。 d）把收集到的情报按照时间顺序，整理、记录。 （2）接待新闻机关和访问者。 a）把校内的状况等情报提供给新闻机构。 b）接待来自校外机关等访问者。
3. 确认职员安否班	人事企划科长作为班长，执行以下工作： 确认职员安否的同时，调查职员以及其家庭成员和住宅等受灾状况。 a）受理并整理事务局、各部局等的报告。 b）从事务局、各部门等取得的情报，按顺序报告、联络。 c）调查时应与各科、各部门等及时联络，把握全校的状况。 d）调查、确认时，运用传真、电话、电子邮件等手段。
4. 居民避难对策班	企划科长作为班长，执行以下工作： （1）指定附近的学校，或校内某院系作为收容避难所。 指定场所（教室）并与地方公共团体联络。在名册上记入姓名、人数等。 （2）使用未被指定为收容避难所的地方，应及时与该部门部长取得联系，并进行调整。 （3）接到地方公共团体的请求之前，地区居民已到各部门等避难时，应及时与相关部门的部长取得联系。指定避难场所，联系地方公共团体。在名册上记入姓名与人员数。 （4）为了准确地将情报传递给避难居民，应及时与收留避难居民的各部门联系。

班	业务内容
4. 居民避难对策班	（5）收留避难居民的部门等与地方公共团体联络，应采取以下措施。其一，尽可能满足避难居民的要求。其二，接待访问避难居民者。其三，要求对策班配备作为避难所应具备的设施设备。例如，做饭设施、洗衣设施、电话设备、保安措施、简易厕所等。其四，由避难居民自发组成自治组织。统一大学与地方公共团体的联络窗口。其五，联络相关机关。
5. 物资对策班	契约科长作为班长，执行以下工作： （1）确保救援物资的搬入搬出以及保管。 确保货车运输工作人员安全。 （2）地方公共团体以及其他大学相互联络调整，确保救援物资、食品等。管理物资数量。无法预测搬运时间时，应确保搬运人员。 （3）与避难居民对策班长保持联系，以便调配避难居民及危机管理对策本部的工作人员。 （4）为危机管理对策本部工作人员提供住宿、寝具和食物。 （5）确保职工宿舍。 （6）财产使用许可。 提供各部门的设施的同时需要按程序实施使用许可。 （7）与保健管理中心联系，确保运输受伤的教职员工、学生等去医院。
6. 物品受损对策班	财务科长作为班长，执行以下工作： （1）掌握物品的受损状况。 （2）接受并运用捐助资金。 其一，设定银行汇款号码，管理并确认捐款人以及金额。 其二，另设委员会，合理运用。
7. 设施对策班	设施企划科长作为班长，执行以下工作： （1）掌握设施、设备以及土地的受灾情况。 其一，通过各科、各部门等的报告，掌握全校的状况。其二，对于有可能受损于二次灾害的设施，应采取立即禁止进入的应急措施。 （2）确保生命线。生命线即生命赖以生存的资源。 早日恢复电、煤气、水道、电话等生命线。
8. 情报中心对策班	情报中心事务长作为班长，执行以下工作： 迅速准确地从各科、各部门得到情报。
9. 科研受害调查班	推进科研科长作为班长，执行以下工作： 掌握与科研相关的受损状况。与各科、各部门（动物实验委员会，遗传基因实验安全委员会，放射性同位元素等管理委员会，核燃料物资管理委员会等）以及委员会等联络，调查因科研而引起的损害。

班	业务内容
10. 学务班	教育支援科长作为班长，执行以下工作： （1）确认学生的安全，同时调查住宅等受灾状况。 a）收集、整理各部门的报告、情报。 b）调查时与各学部联络，准确掌握全校的状况。 c）运用传真、电话、电子邮件等手段确认，调查。 （2）教课对策。 通过校内通知、联络等方式，确认开课及学习成绩的方法等。应及时将上课时间表等通知教职员工，学生。 （3）及时联络，调整与学生相关的事项，通知学生。
11. 学生班	学生支援科长作为班长，执行以下工作： （1）确认住宿生的安否以及宿舍的安全，调查受灾状况。调查确认的方式通过传真、电话、电子邮件等手段。 （2）确保学生宿舍安全。 （3）掌握学生课外活动的状况并进行必要的指导。 （4）掌握学生在校内与校外的志愿者活动的状况并进行必要的指导。 （5）确认学生会馆以及课外活动设施等建筑物的安全，调查受灾情况。 （6）确保福利设施的安全，调查受灾状况。 （7）灾害发生时期与相关部门联系，调整学生交付学费等各种费用的交付方式。 （8）与保健管理中心联合预防并治疗急性精神障碍（Acute Stress Disorde，ASD）或者外伤后精神障碍（PTSD）。
12. 入学考试班	作为入学考试科班长，执行以下工作： 考生对策。灾害发生时期，关于入学考试会场以及实施日期等，进行校内联系、调整。如变更入学考试会场等，应及时通知考生。
13. 留学生、外国人研究班	留学生科长作为班长，执行以下工作： （1）调查留学生、外国研究生的安否情况以及住宅等受灾状况。 （2）在职员安否确认班以及学务班的情报中，整理出留学生、外国人研究者的情况，必要时向使馆提供情报。 （3）确保留学生、外国人研究者的宿舍的安全。 （4）减轻留学生、外国人研究者的不安感，重要情报用英语通知。
14. 医疗、救护对策班	保健管理中心所长作为班长，执行以下工作。 （1）对受害的职员、学生采取医疗应急措施。 （2）掌握、调查能够诊疗的医院。必要时搬送受伤的职员和学生等。

危机对策本部担当业务内容。

d）确认安否体制。

确认职员等（包括外国研究者）的安否。理事（担当总务）的指导下，人事企划科长作为班长，通过人事企划科所属职员，人事劳务科所属职员以及国际企划科所属职员确认职员的安否，同时调查职员的家庭成员以及其住宅的受灾情况。确认、调查时，运用传真，电话，电子邮件等所有手段与部门及时联系，准确地把握学校的状况。

确认学生的安否。确认、调查时，运用传真，电话，电子邮件等所有手段与部门及时联系，准确地把握学校的状况。在理事（负责教育的理事）的指导下，教育支援科长作为班长，通过教育支援所属职员，教育推进科所属职员以及留学生科所属职员确认学生的安否，同时调查学生的住宅受灾状况。

5）为了更好地危机管理实施训练，培训，检查。

a）（防灾、紧急联络等）危机管理训练、培训。

学校对职员以及学生进行灾害和防灾相关知识的教育。为了培养危机意识，以下事项需定期训练，培训。其一，与灾害和防灾相关的基础知识。其二，职员和学生的作用。其三，灾害发生时具体的对策。其四，与防灾相关的注意事项。

b）检查制度、器材、设备。

学校在灾害发生时使用的设备、物品、食品等，应定期检查补充。

如，9月1日是防灾日，每年的9月1日则为检查日。如果9月1日是星期六，则推算到9月3日。

检查制度。学校的危机管理基本手册以及个别手册等应随时检查修改。

第三部分　各类危机管理手册

一、地震对策手册（见图附录－3）

（一）地震发生时的注意事项

1. 防备地震措施。

·固定办公用具、日常用具等，防止其滑落。

·设有 2 个以上不同方向的安全出口。

·禁止在走廊，出入口、楼梯等地方放置影响避难的物品。

·确认紧急时携带避难物品的内容。

·日常不使用煤气时关掉煤气阀。

2. 地震发生时。

（1）地震发生 2 分钟，首先注意保护自身安全。

a）躲到桌子底下，或者身体靠墙或柱子。

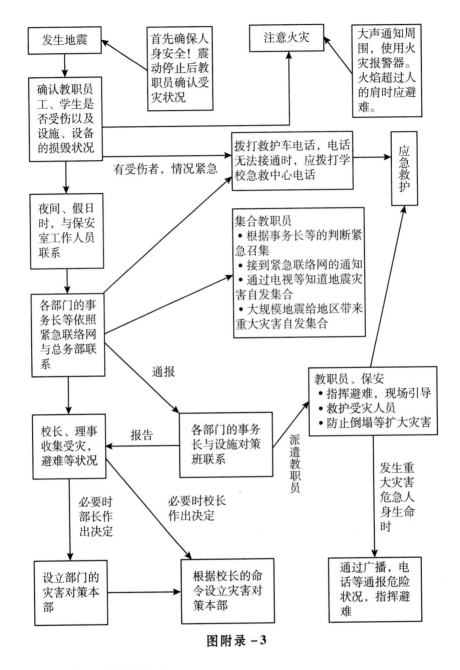

图附录－3

b）打开门，确保脱险出口。

c）不要慌张地向外跑。

d）如在电梯里，应按所有楼层的按钮，确保安全离开电梯。如被关在电梯里，按非常按钮，等待救援。

e）开车途中，应慢慢停靠路边，熄火。

（2）停止晃动时。

a）关掉使用中的火、煤气开关。

b）拔掉电器插头、电闸。

c）对易倒、易落下的物品采取应急措施。

d）开车途中，用收音机获得信息。避难时，留下联系方式，车钥匙放在车上，带上驾驶证，步行避难。

e）出现受伤者时采取急救措施，必要时请求救援。

3. 火灾初期应灭火。

·发现火灾应大声告知周围，使用火灾报警器。

·用灭火器、灭火栓进行初期灭火。

·火焰到人肩以上时，应躲避。

4. 发现建筑物倒塌等危险。

·大声告知周围，而且使用火灾报警器。

·按紧急联络网的联系方式，联系教职员工。

·不能靠近危险地区。

·有重伤者时应抓紧每一分每一秒，根据自己的判断拨打紧急救护电话。

5. 拨打急救电话。

受伤者的位置，受伤状况准确简洁通报。

6. 避难指示。

·使用广播设备，电话。如无法使用通信设备时，教职员工应巡回每个教室口头传达。

·确保紧急电话的接通，尽量减少非紧急电话。

7. 避难时应注意事项。

·禁止使用电梯。

·应积极支援对不熟悉环境的来访者和残疾者。

·为防止门变形打不开，避难时应打开门。

·注意玻璃、广告牌等下落物，保护头部。

·倾斜建筑物、混凝土墙自动贩卖机等有倒塌可能性时不要靠近。

·发生火灾时，防止吸入烟，降低身体的高度，用手绢、毛巾捂住鼻子和嘴。

·一旦出去避难，不要再次返回。

8. 确认避难情况。

·沉着地确认避难者、受伤者、需要救援者等具体的人数，并通报。

9. 收集情报。

·从教职员工、电视、收音机、消防厅、相关机关等公信力强的渠道收集情报。

· 注意不要受恐怖、谣言等不确实情报的诱惑。

· 大规模地震时，确认教职员以及学生的安否。

二、风灾水害的对策手册

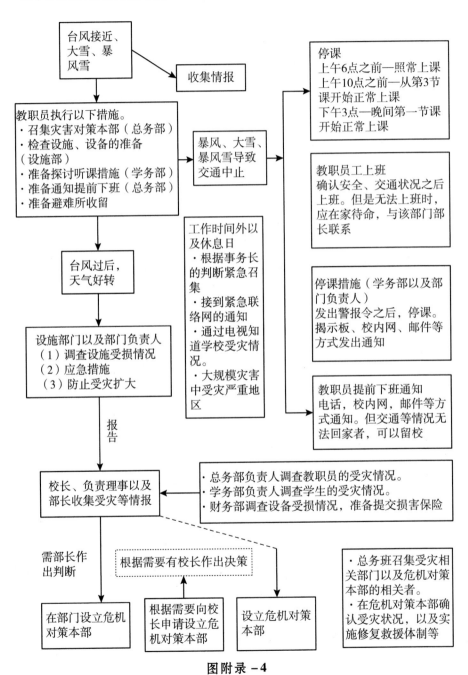

图附录－4

（二）发生风灾水害时的注意事项

1. 防备风灾水害。

确认周边地区曾经受灾状况。清扫房屋顶部的雨水排水口以及屋外的排水沟。

2. 风灾水害发生时。

· 随时把握准确的气象警报，洪水警报等灾害情报。

· 确保学生、儿童的安全采取停课措施。

· 不要在校园内，周边，屋顶上等设有容易被强风吹落的物品。

· 广告牌、球网、球门等危险设施是否已倒，应撤下该设施。

· 出入口，窗户是否已锁好，根据需要保护外面的窗户。

· 在有浸水可能性的地区，根据需要设防水板等设施。

· 将重要的书籍、器械、药品等危险物品转移到安全地方。

3. 确认受灾后的安全。

· 灾后迅速移除障碍物等，必要时及时修理并实施安全对策，如禁止进入危险场地等。

· 设施异常时，应请专家确认其安全性，实施应急危险调查。

· 因浸水等污染校内设施时，清扫时应撒防疫药剂等，实施卫生管理所必需的措施。

· 确认电器、煤气、水道等与生活相关的设施机能的安全性。特别是电器系统浸水受损时，专业人员检查，确保安全之前不能通电打开开关。

4. 早日修复受灾设备。

· 迅速调查受灾状况，记录现实情况和照片等资料。

· 防止受灾扩大并防止二次受灾的危险，根据情况需要修复受灾设备。

· 为尽早开始修复工作，迅速准确地以报告书的形式向相关机关报告受灾情况并制订修复工作计划书。（与保险负责部门联系，由保险公司进行现场调查。）

· 修复工作所需的与设施、设备相关的账本等资料应妥善管理。

三、火灾对策手册

（三）火灾发生时的注意事项

1. 防范火灾的发生。

· 不要将易燃品放到火附近。

· 确认消防器、消防栓、消防报警器、广播等设备的使用方法和放置场所。

· 确保两条以上不同方向的避难途径。

· 禁止在走廊，出入口、楼梯等地方放置影响避难的物品。

· 到指定场所吸烟。

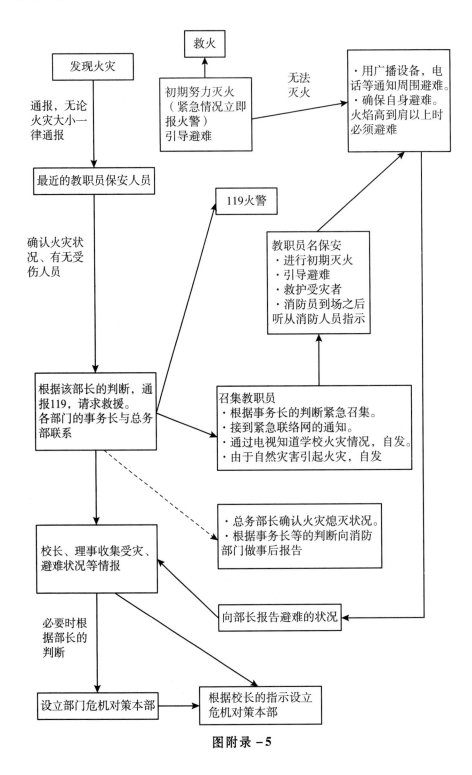

图附录－5

·确认紧急时携带避难物品的内容。

·日常不使用煤气时，关掉煤气阀。

2. 发生火灾时。

·大声通知周围，并使用火灾报警器。

·按紧急联络网上的联络方式，联络负责教职员工。

·不能灭火时，拨打"119"火警。

·有重伤者时，叫救护车。

3. 初期灭火。

·详细介绍灭火器的使用方法。

·详细介绍消防栓使用方法。

4. 拨打"119"火警。

5. 避难指示。

6. 避难时注意事项。

·发生火灾时，防止吸入烟，降低身体的高度，用湿手绢、湿毛巾捂住鼻子和嘴。

·拿好紧急时携带物品避难。

·禁止使用电梯。

·应积极支援对不熟悉环境的来访者和残疾者。

·火焰有所控制时，关闭门和窗，不要锁上。

·一旦出去避难，不要再次返回。

7. 确认避难状况。

按火灾对策手册。准确掌握避难者、受伤者、需救护者的人数。

（四）事故、事件发生时的注意事项

1. 发生事故时，首先注意人身安全。

确保安全后，掌握受害的状况。

2. 报警。

3. 叫救护车。

4. 应急措施。

确保自身不受危害的前提下，采取应急措施。

5. 应急救护。

·止血、人工呼吸等。

·与医务室联系。

6. 收集情报。

事情的起因，受害的状况，紧急性，严重性等。

379

7. 与校外相关机关联系。

（五）发生交通事故时的注意事项

1. 平时注意交通安全。

· 自觉遵守交通规则并提高安全意识。

· 携带紧急联络表，受害状况报告书，身份证。

· 回避过于紧张的时间安排。

· 日常生活有检查车的习惯。

· 熟知已加入保险的内容。

2. 交通事故发生时。

（1）生命第一，立即叫救护车。

救护车赶到之前，根据情况采取止血、人工呼吸等急救措施。确认医院地点。

（2）防止危险的措施。

交通堵塞，二次事故等引起事故现场较混乱时，应采取引导车辆的措施防止危险发生。取得警察的许可后，可以移动事故车。

3. 报警。

4. 向学校汇报。

5. 其他注意事项。

· 确认肇事者，受害者车牌号，住址、姓名、年龄、工作单位。

· 目击者的姓名，住址，电话，作为证言的内容。

· 如有相机，拍现场照片。

· 与保险公司联系。

（六）发现可疑人员时的注意事项

1. 防止可疑人员进入。

· 巡视校内，确认是否有偏僻场所和容易侵入场所。

· 确认火灾报警器、播放设备等的使用方法和设置场所。

· 两条以上不同方向的避难途径。

· 禁止在走廊，出入口、楼梯等地方放置影响避难的物品。

· 定期确认保安体制和保安人员联络体制。

· 校内附近设置校内路线指南，并在教学楼的入口，教学楼内设路线指南图。

2. 确认是否是可疑人员。

· 大声询问来校有何事情。

· 是否持有凶器等。

·是否有不自觉的动作或粗暴的态度。

3. 请求可疑人员离校。

·与负责职员联系。

·注意对方的语言和态度，礼貌的说明请求其离校的理由。为确保人身安全，与对方保持 1～1.5 米。

·如有拒绝离校，粗暴行为可报警。

·一旦离校之后，有再次入侵学校的可能，应目送其离校后暂时留在原处观察。

4. 隔离可疑人员。

·如没有携带凶器，安排房间隔离。最好安排只有一个出入门的房间。

·多数教职员制止其暴力行为，并说服其离校。

5. 报警。

·教职员工在道路上用巡逻车等引导。

6. 引导避难。

通过广播设备、电话等，注意广播内容不要刺激可疑人员。

例如，通知某部门的工作人员到某处集合等内容即可。

7. 注意避难。

·积极支援对不熟悉环境的来访者和残疾者。

·一旦出去避难，不要再次返回。

8. 确认避难情况。

准确掌握避难者、受伤者、需救护者的人数。

（七）发生传染病的注意事项

1. 防止麻疹等传染病发生。

·根据母子健康手册，确认病史以及接种育苗的状况。

·没有病史，并且没有接种育苗或者接种育苗超过 10 年以上的人员，应接受医疗机关的体检检查，确认无传染病后接种育苗。

2. 发生荨麻疹等传染病时。

（1）患者。

·避免接触人员，回家疗养。

·与所属院系和校保健管理中心联络。

·协助校内相关部门的调查。

（2）所属部门。

·向保健管理中心报告。

·协助保健管理中心，调查本人的状况，以及与其频繁接触者和校内发生的状况。

（3）保健管理中心。

·向市保健所汇报。

·协助相关部门，调查本人的状况，与其频繁接触者和校内发生的状况。

·向校长以及理事报告。

·防止传染扩大。

·引起校内注意。

·与宣传部的管理者联系。

（4）频繁接触者。

·明确频繁接触者的范围（如班级、宿舍等）。

·为了预防传染病，应接受医院的检查。

（5）设立危机管理对策本部。

根据需要由校长决定设立危机对策本部，研讨今后对策。

（6）对策会议（保健委员会）。

·讨论今后的对策，根据需要召开对策会议（保健委员会）。

·防止校内传染的可能性，各部门及全校采取停课措施。

3. 防止感染扩大。

（1）引起校内注意。

（2）提倡接种育苗。

（3）根据需要，研讨是否延期或中止学校的专题讲座等在校活动。

中国学校突发事件应急预案范本

第一部分 总 则

一、编制目的和依据

为全面提高学校处置各种突发公共事件的能力，保障师生员工生命财产安全，保持学校稳定和促进教育事业持续健康发展，根据《国家突发公共事件总体应急预案》《教育系统突发公共事件应急预案》、人民政府、教育部相关预案和有关法律、法规，结合我国学校现实情况，制定本预案。

二、突发公共事件的分类和适用范围

根据突发公共事件的性质和学校特点，本预案主要适用于以下各类事件：

1. 自然灾害。

包括气象、洪水、地质、地震灾害以及由地震诱发的各种次生灾害等。

2. 社会安全事件。

主要包括：校园内外涉及师生的各种非法集会、游行、示威、请愿以及集体罢餐、罢课、上访、聚众闹事等群体性事件，民族宗教事件，各类恐怖袭击事件，师生非正常死亡、失踪等可能会引发影响学校和社会稳定的事件等。

3. 公共卫生事件。

主要包括传染病疫情，群体性不明原因疾病，食品安全和职业危害，以及所在地区发生的、严重影响师生健康和生命安全的事件。

4. 事故灾害。

包括学校楼堂馆舍内发生的火灾、建筑物倒塌、拥挤踩踏等重大安全事故，校园重大交通安全事故，校园水面冰面溺水事故，大型群体活动公共安全事故，造成重大影响和损失的后勤供水、电、气、热、油等事故，危险化学品事故，核

383

与辐射事故，重大环境污染和生态破坏事故等。

5. 网络、信息安全事件。

主要包括利用校园网络发送有害信息，进行反动、色情、迷信等宣传活动；窃取国家及教育行政部门、学校保密信息，可能造成严重后果的事件；各种破坏校园网络安全运行的事件。

6. 影响学校安全与稳定的其他突发公共事件。

本预案适用于本校重大突发公共事件的应对工作，凡涉及跨校或本省区域的，依据有关预案处置。

三、突发公共事件的级别

突发公共事件按照事件的紧迫程度、形成的规模、行为方式和激烈程度、可能造成的危害和影响，一般分为：Ⅰ级（特别重大事件）、Ⅱ级（重大事件）、Ⅲ级（较大事件）、Ⅳ级（一般事件）。

四、应急工作原则

1. 预防为主，教育疏导。

各级党政部门要始终把维护稳定作为头等大事来抓，立足防范，抓早、抓小。切实解决好群众关心的问题，积极做好教育疏导工作，认真开展矛盾纠纷排查调处工作，努力把不安定因素解决在萌芽、解决在基层、解决在校内。

2. 统一指挥，快速反应。

学校成立突发公共事件应急处置工作领导小组（以下简称领导小组），全面负责学校应对突发公共事件的处置工作，形成以校级领导小组为核心的处置突发公共事件快速反应机制。一旦发生重大事件，确保发现、报告、指挥、处置等环节的紧密衔接，做到快速反应，正确应对，处置果断，力争把问题解决在萌芽状态。

3. 系统联动，群防群控。

发生突发公共事件后，领导小组成员、各相关部门、院系负责人要立即深入第一线，掌握情况，开展工作，控制局面。形成各部门、院系系统联动、群防群控、全方位、立体式处置突发事件的工作格局。

4. 区分性质，依法处置。

处理突发公共事件，一定要在法律许可的范围内开展工作，严格区分和正确处理两类不同性质的矛盾。要坚持从保护师生生命和财产安全的角度出发，按照"动之以情、晓之以理，可散不可聚，可顺不可激，可分不可结"的工作原则，及时化解矛盾，防止事态扩大，必要时可请求公安、司法等部门介入和援助。

5. 落实责任，齐抓共管。

学校党委书记是维护稳定工作的第一责任人，党政齐抓共管，明确分工，各负其责。各部门和院系严格落实领导责任制,按照《维护安全稳定工作责任书》的要求,层层落实责任。

6. 加强保障,重在建设。

从制度上、组织上、物质上全面加强应对突发公共事件的保障措施。在领导精力、经费保障和力量部署等方面加强硬件与软件建设,增强工作实力,提高工作效率。

第二部分 组织体系

一、领导小组

学校党委和行政部门是学校范围内突发公共事件应急管理工作的最高领导机构。学校成立突发公共事件应急处置工作领导小组,作为学校应急处置突发公共事件的领导指挥机构。领导小组由党委书记任组长,分管副书记和副校长任副组长,领导小组成员由相关部门的负责同志组成。

校突发公共事件应急处置工作领导小组职责是:传达贯彻上级有关稳定工作的指示精神,部署学校稳定工作。对校内发生的突发事件,实行集中领导,统一指挥。组织部署各有关机构和部门迅速依法处置校内发生的各类突发公共事件,维护学校安全与稳定。

二、领导小组办公室

学校突发公共事件应急处置领导小组下设领导小组办公室,挂靠在党委保卫部,由党办主任任主任,校办主任、保卫部长任副主任。领导小组办公室是领导小组的日常办事机构。在处理突发事件时,领导小组办公室协助各类突发事件指挥部的工作。

领导小组办公室职责是:根据领导小组的部署,具体协调各有关机构、部门,分工合作;及时收集、整理动态信息,提出处理各类突发公共事件的指导意见和具体措施,并向领导提出对策建议;负责上传下达和校内外信息传递;负责与校外有关机构联络;调动应急力量;对处置突发事件过程中发现的问题进行研究并提出对策等。

三、现场指挥部

根据突发事件的类别,成立下列指挥部,负责突发事件的现场指挥处置。各指挥部职责是:

第一,决定是否启动相关预案;

第二,负责指挥处置本类突发事件;

第三,研究确定事件性质、类型以及与其他类别突发事件的联系,决定实施

385

处置方案；

第四，决定信息报送的标准、内容以及请求上级指示、援助等事项；

第五，决定对外发布信息的口径和时间、方式等；

第六，总结经验、教训，调查有关责任人的责任。

（一）事故灾难与自然灾害事件指挥部

事故灾难与自然灾害事件指挥部由分管校党委副书记任总指挥，分管副校长任副总指挥。指挥部办公室设在校长办公室，相关工作由校长办公室协调。

（二）社会安全突发事件指挥部

社会安全突发事件指挥部由分管校党委副书记任总指挥，分管副校长任副总指挥。指挥部办公室设在党委办公室，相关工作由党委办公室协调。

（三）公共卫生突发事件指挥部

公共卫生突发事件指挥部由分管副校长任总指挥。指挥部办公室设在校医院，相关工作由校医院协调。

（四）网络与信息安全突发事件指挥部

网络与信息安全突发事件指挥部由分管副校长任总指挥，宣传部部长任副总指挥。指挥部办公室设在宣传部，相关工作由宣传部和网络信息中心协调。

四、工作小组

为有效、迅速应对校内突发公共事件，领导小组下设六个职能工作组。接到突发事件指令后，迅速赶到现场，听候现场指挥部调动。

1. 信息联络与宣传组。

工作组设在党委宣传部，日常工作由宣传部承担。组长由宣传部部长担任。主要职责是：广泛收集校内外、国内外有关安全和稳定的信息，对一些有预警性和背景性的信息及时整理形成报告上报校领导，供领导决策参考；负责校内指挥命令上传和下达；利用各种宣传工具（包括校电视台、广播电台、校报、小百合BBS、橱窗、布告栏等）积极开展正面宣传活动；负责敏感时期校内媒体（包括小百合 BBS）的监控工作；负责与校外媒体联系，统一对外媒体接待及宣传口径；负责与政府有关部门联系，沟通信息或请求援助。

2. 教育疏导组。

工作组设在学工部，日常工作由学工部承担。组长由学工部部长担任，研究生院、继续教育学院、金陵学院等单位分管学生工作的副院长任副组长，其他分管学生工作的负责同志为成员。主要职责是：做好大学生思想政治教育工作，培养一支政治上过硬、思想上合格的学工干部、辅导员和学生干部队伍；及时了解掌握师生员工的思想动态和引发事端的原因，掌握深层次、预警性信息；事件发生时，及时有效地做好师生员工的思想教育和疏导工作；协助信息联络与宣传组做好突发事件期间的舆论引导和宣传工作。

3. 治安保卫组。

工作组设在保卫处，组长由保卫处处长担任。主要职责是：突发事件的现场控制，人员疏散，校内交通管制；落实重点要害部位安全措施；维护学校治安秩序，防止各类破坏活动；加强与公安部门的联系，协助公安机关查破案件，调查事故。

4. 后勤保障组。

工作组设在后勤集团，日常工作由后勤集团承担。组长由后勤党委书记担任，副组长由后勤集团总经理、财务处处长担任。主要职责是：提供车辆、电力、通信、食宿等有关条件，维护学校正常工作、生活秩序；建立应急救灾物资储备仓库，以备不时之需；保障突发事件时期的后勤供给。

5. 医疗救治组。

工作组设在校医院，日常工作由校医院承担。组长由校医院院长担任，主要人员由校医院有关人员组成。负责突发事件发生后的医疗救治工作；做好传染病人的疫情报告、隔离消毒等相关工作；负责与校外医疗机构的联系。

第三部分　预防和预警机制

一、预防预警信息

1. 信息报送原则。

（1）迅速：最先发现突发公共事件的单位或个人应在第一时间向学校各级突发公共事件应急处置工作机构报告。

领导小组办公室电话：＿＿＿＿＿＿＿；

保卫处 24 小时值班电话：＿＿＿＿＿＿＿。

（2）准确：信息内容要客观翔实，不得主观臆断，不得误报、漏报、瞒报。

（3）直报：发生 I 级突发事件，可直接向校突发公共事件应急处置工作领导小组成员报告。

（4）续报：事件情况发生变化后，应及时续报。

2. 信息报送机制。

领导小组办公室接到突发事件报告后，应立即报告领导小组和相关指挥部，通知各职能工作组组长、副组长，并按领导要求开展工作，同时与事发地保持密切联系，进一步核实情况。对重大信息，领导小组办公室按领导小组意见及时上报教育部、江苏省委、省政府。

3. 应急信息主要内容。

（1）事件发生的基本情况，包括时间、地点、规模、涉及人员、破坏程度以及人员伤亡等情况；

　　（2）事件发生起因分析、性质判断和影响程度评估；

　　（3）已经采取的措施；

　　（4）校内外公众及媒体的反应；

　　（5）事态现状、处置过程和结果；

　　（6）需要报送的其他事项。

二、预防预警行动

　　1. 加强应急反应机制的日常管理，充分发挥领导小组办公室在应急反应机制建设中的核心作用，在实践中不断运用和完善应急处置预案。领导小组办公室要加强人员培训，定期开展演练活动，提高队伍理论素质、实践技能和应对突发公共事件的指挥能力。

　　2. 做好应对学校各类突发公共事件的人力、物力和财力方面的储备工作，确保突发公共事件预防、现场控制的应急设施、设备和必要的经费。

三、信息发布

　　严格按照党中央、国务院以及教育部有关规定，牢固把握信息发布和舆论控制的主动权。信息发布要全面、客观、准确、及时。建立学校新闻发言人制度（由党委宣传部负责），必要时向公众或媒体公布重大突发事件的相关信息。

第四部分　应急预案启动标准和响应程序

一、特别重大事件（Ⅰ级）应急响应

　　特别重大事件（Ⅰ级）发生后，应立即启动本预案，校突发公共事件应急处置工作领导小组应立即进入指挥状态，并将处置情况及时报教育部、江苏省委、省政府及省、市公安部门。

二、重大事件（Ⅱ级）应急响应

　　重大事件（Ⅱ级）发生后，应立即启动本预案，校突发公共事件应急处置工作领导小组应立即进入指挥状态，并将处置情况及时报教育部及省、市公安部门。

三、较大事件（Ⅲ级）应急响应

　　较大事件（Ⅲ级）发生后，校突发公共事件应急处置工作领导小组办公室应立即进入指挥状态，并请示领导小组是否启动本预案，并将处置情况及时报省教育厅及省、市公安部门。

第五部分　突发公共事件处置程序

突发公共事件发生后，在处置上要快速响应、指挥有力、措施果断，各职能工作组、各院系、部门领导小组要在学校领导小组的统一指挥下，各司其职，密切配合，形成快速、准确、高效的工作机制。

一、预防阶段

各学校要按照"安全第一"和"预防为主"的方针，加强安全教育和安全检查，配合职能部门落实对重点人头和重点部位的控制措施，注意发现、收集可能危及校园安全稳定的信息，及时报告校领导小组办公室，及时采取预防措施，有效预防突发公共事件。领导小组办公室要经常对各院系、各单位的上述工作进行督促、检查，对检查不合格单位责令其限期整改。

二、发生阶段

一旦发生突发公共事件，领导小组指挥部立即进入运转状态，指挥部和总值班室设在保卫处报警中心，领导小组办公室协助指挥部工作。各职能工作组立即到位，并保持通信联络顺畅、快捷，按事件的性质、规模、范围采取相应的处置措施。紧急情况需外部协助的立即向有关部门电话求助（火灾"119"；人员伤亡"120"；重大案件"110"）。必要时可预先通知校内广播、电视、网络等传媒做好播报准备。在事件处置过程中，要与上级相关部门保持密切联系。

三、善后处理阶段

认真总结经验教训，落实整改措施，依法追究并查处相关责任人，安抚和平静师生情绪，尽快恢复正常秩序。

第六部分　应 急 保 障

一、信息保障

校突发公共事件应急处置工作领导小组办公室应建立健全并落实突发公共事件信息收集、传递、报送、处理等各环节运行机制，完善信息传输渠道，保持信息传输设施和通信设备完好，保持通信方便快捷，确保信息报送渠道的安全畅通。

二、物资保障

领导小组办公室应建立处置突发公共事件的物资储备，保障妥善处置突发公共事件的物资充足。特殊应急物资应由专人保管，保证物资、器材的完好和可使用性。物资存放合理，保持通道畅通，物资运输便利、安全。

389

三、资金保障

领导小组办公室应将突发事件应急资金纳入学校统一财政预算，并严格保证应急资金充足，以备不时之需。

四、人员保障

领导小组办公室应组建突发公共事件应急预备队，一旦启动预案，立即投入使用。应急预备队按照突发公共事件的具体情况和指挥部门要求及时调整成员组成。预备队主要由学工部、保卫处、医院和后勤集团等部门人员组成。

五、培训演练保障

领导小组办公室应积极开展应急处置工作队伍的技能培训，定期进行应急模拟演练，提高协同作战和快速反应能力。

六、责任与奖惩

突发公共事件应急处置工作实行领导负责制和责任追究制。对在突发公共事件应急处置中做出突出贡献的先进集体和个人要给予表彰和奖励。对在突发公共事件应急处置中未按照规定履行报告职责，迟报、瞒报、漏报和谎报重要情况，在突发公共事件调查、控制、救治等工作中玩忽职守、失职、渎职以及未能履行应急处理职责的行为，将对有关责任人员给予行政处分，构成犯罪的，依法追究刑事责任。

第七部分　中小学校突发事件应急预案

一、学校简况

（一）建筑情况

××学校校园位于××，共有××栋建筑。学校的建筑有××，××，……各建筑物的历史分别为：……

以下附有各建筑的逃生路线、避难所、火警报警点、消防栓、灭火器、急救箱、抢险物资存储所以及电气开关地点的总图；学校各年级所处位置的总图。校园地图应当包括校园及周边区域。校园地图至少应当包括以下信息：

1. 主要的疏散路线。
2. 替补的疏散路线。
3. 残疾人疏散区域。
4. 各类公用设备的开关位置。
5. 天然气位置。
6. 水源位置。
7. 电源位置。

8. 采暖通风及空调系统的位置。

9. 电话系统。

10. 学生集合位置。

11. 危险物品存放位置。

12. 锅炉房。

13. 各个房间的编号。

14. 各个房间的门及窗户位置。

15. 任何的其他值得应急管理中需要考虑的信息。

备注：学校的每一个房间及建筑物都应当设有主要疏散路线及替补疏散路线。学校的地图最好有相应的简图来表示。当突发事件来临的时候，简图比建筑蓝图更易于观察。最好是建筑蓝图与简图同时具备，因为蓝图在火灾等灾害发生之时可以快速地确定建筑的准确结构、位置等等。

（二）学生情况

××学校当前注册学生总数是××。这些学生中需要特殊照顾（如残疾、过敏等）的人数有××。需要特殊关注的学生位于以下学校建筑中：第××楼××房间。

（三）教职工情况

学校的员工有：教师、主管、行政人员、教辅人员、食堂人员和保管人员。学校教职工中有××人有特殊需要，这些职工分别位于××楼××室。

在演习及突发事件应对中有特殊需要的学生及教师的名单在附件中。

二、应急组织机构及相应职责

（一）领导指挥小组

1. 组长：学校校长、党委书记。

2. 副组长：副校长、党委副书记、安保部门负责人。

3. 组员：各年级组长、各班班主任。

（二）职责

在突发事件发生后主要承担统筹工作，为各主体分配任务并协调不同主体之间的职权关系。另外，根据突发事件具体类型的不同，应急组织机构的负责人及其职责也会有不同的调整。

三、应急预案的配套清单

（一）应急工作相关人员名单

1. 互助小组教师名单。

在应对中小学突发事件的过程中，各年级教师需要进行配合，有组织地结成互助小组，实现彼此之间的分工与帮助。

391

教师名字	结成互助小组的教师名字

2. 有特殊技能的人员名单。

将有特殊技能的人员进行备案，能够在突发事件发生后第一时间找到协助处理的人，有利于突发事件的迅速解决。

姓名	技能	电话	单位

（二）应急物资清单

这些应急物资至少应当包括：

1. 通信工具。

2. 急救物资。

3. 灭火设备。

4. 照明设备。

5. 教室应急箱。

6. 食物。

7. 水。

8. 毛毯。

9. 补给。

10. 工具。

备注：必须明确所有的可用于应急的物资以及该物资所处的位置。

（三）标准格式的"家长告知信"

由于大部分中小学生系未成年人，校园突发事件发生之后其监护人往往非常担心，因此学校突发事件应急处理小组应当提前编制好"家长告知信"的模板，遇到突发事件后在积极处理的同时将此告知信予以发出，起到安抚其情绪、并保障其知情权的作用。具体模板如下：

亲爱的家长：

为了应对本学期可能有的学校突发事件，我们期望您能够注意到学校已经采取了一些有效的危机应对方面的预防措施。因此如果有突发事件出现的话，您的孩子在我们学校能够得到有效的保护。我们学校有详细的突发事件应对预案，该预案可以应对本校可能面临的各种突发事件。

为了应对事件，我们需要您在突发事件出现的时候配合做好以下工作：

1. 请不要给学校打电话，该电话线是需要用来进行应急反应的通信方式。

2. 在严重的突发事件出现之后，学生将会被监管在学校直到被核实身份的、有能力的成年人接走。该成年人应当是每年开学的时候家长提交给学校的填写好的应急通信卡上所确认的、在紧急情况之下有资格接走孩子的成年人。请您在仔细考虑以下因素之后再授权有资格在紧急情况之下可以接走您孩子的成年人。

· 年满18周岁。

· 通常情况之下都在家。

· 在必要的时候，该人能够步行到学校。

· 熟悉您的孩子。

· 能够照看好您的孩子。

3. 请将您的收音机调整到紧急广播的频率上。如果学生还在学校被监管着，收音机将会广播该情况。如果电力系统没有瘫痪，学校的信息还将会通过地区学校有线电视播放。另外，学校的最新应急行动可以通过地区应急办公室来了解。

4. 给您的孩子强调在突发事件发生的时候一定要听从学校应急处理人员的指挥。

在突发事件处理中，学生只能由学生的父母或者经过其父母授权的成年人领回家，这些有权带走学生的人应当是在学校与家长的紧急联络卡上确认的人。在严重的突发事件中，学生将在学校特定的与家长会合的出口处交给家长。请各位家长熟悉学校应急预案，在将学生交回家长的程序中能够耐心等待。当突发事件发生的时候，请指示您的孩子在学校耐心等待，直到您来学校接他或者您指定的专人来接。突发事件处理之时，当地的通信系统可能瘫痪或者陷入混乱，因此请您留一个外省的联系电话，以便于打入电话受影响的时候我们可以用您留下的外省联系电话沟通信息。

学生是否被监管在学校取决于学校周围的街道是否被封锁。如果因街道封锁而导致学生被留在学校监管，则当地的广播系统会有通告。当自然灾害发生的时候，学生将会被转移，此时学生被监管在公共汽车上。

如果自然灾害发生在下午，校车司机需要尽可能将学生送回各自的家。如果道路情况导致司机无法送学生回家，则应当将学生送回到最近的学校场所，而学校则会告知家长学生所在。

当发生有毒害气体在学校附近泄露的时候，避难所将会被选择在有防护的地方。所有的学生与教师都不得停留在空地，应当集中在教室并在处理突发事件的过程中尽力阻止外界空气进入教室。在应急管理的演习及实施过程中避难所的标志应当置于教室的窗户或者门上。

当突发事件结束的时候，表示校园安全的信号将会发出。

各位家长请与您的家人一同讨论学校突发事件的一些处理问题。这样当学校发生突发事件的时候事先已了解学校如何处理突发事件，会有助于减少您的担忧。

×× 学校校长

四、不同类型突发事件的具体应急方案

类型一：火灾事故应急方案

（一）组织机构及职责

1. 领导指挥小组。

组长：学校校长、片区消防部门负责人

副组长：分管安全的副校长

组员：各年级组长、消防官兵

职责：火灾事故发生后，负责统筹救灾、协调各部门工作，提升救灾效率，避免职权混乱。

2. 疏散引导小组。

组长：学校保卫部门负责人

组员：学校保卫部、后勤保障部门工作人员，学校周边志愿者团体等

职责：负责平日货场自救、应急疏散的宣传教育、培训、演练等具体事务。火灾发生第一时间向消防部门进行通报，安全疏散师生。

3. 消防灭火小组。

组长：分管安全的副校长、片区消防部门队长

组员：保卫科长、后勤保障人员

职责：平时进行经常性的灭火战术、技能和快速反应能力的培训、演练，灭火器材、工具、设备的管理、维护。火灾发生时协同消防部门开展灭火救护等工作。

（二）报警和接警

1. 报警程序：

（1）根据火势如需报警立即就近用电话或手机报告消防中心（电话119），报告时要提供准确的学校名称、地址，说明燃烧的是什么物质、火势如何、有无被困人员等，待对方放下电话再挂机；

（2）迅速向应急事件处理领导小组成员或值班负责人汇报。

2. 接警注意事项：

（1）应当派相关工作人员到公路边等候消防车到来，火灾发生现场应当为消防车留出足够的驶入通道；

（2）迅速组织到场消防人员携带灭火器具赶赴现场进行扑救。

（三）人员疏散

1. 组织师生有序逃生。

（1）学校领导和教师要迅速组织学生逃生，原则是"先救人，后救物"；

（2）后勤人员及时开通全部安全通道，相关工作人员组织师生撤至安全地带，调查是否有人困在火场，并阻止学生救灾。

2. 到达安全地带之后的协助工作。

（1）当师生到达安全地带之后，组织逃生的人员应使用灭火器、水桶、脸盆等灭火或控制火势；

（2）消防车到来之前，所有教职工均有义务参加扑救，消防车到了之后要听从消防队员的指挥做好配合工作。

（四）物资抢救

火场物资抢救室减少损失，防止火势蔓延的有效方法。首先要及时疏散易燃易爆物品，其次要疏散重要文件、资料及贵重物品。疏散出来的物品要存放到安全地点，指派专人看管，以防万一。

（五）扑救方法

（1）各类火灾都可以使用学校配置的灭火器扑救（在此对学校提出要求，须定期对消防栓等灭火器具进行检查）；

（2）扑救液体火灾，如汽油、柴油、食用油等，只能用灭火器、沙土、浸湿的棉被等，绝对不能用水扑救。

（六）注意事项

（1）火灾事故首要的一条是保护人员安全，扑救要在确保人员不受伤害的前提下进行；

（2）火灾发生后，学校技术人员应查明原因，如是电源引起，应立即切断电源；

（3）发现火灾后应掌握的原则是边救火，边报警；

（4）人员在逃生时应掌握正确的方法，学校有义务定期组织师生进行逃生演练；

（5）不组织学生参加灭火。

（七）火灾善后工作

（1）事故调查：在学校负责人的领导下，由保卫科等相关部门组织，消防部门配合进行灾情调查，查明火灾原因、具体责任及财产损失等情况；

（2）事故结论：依据火灾原因及调查结果，由消防部门作出事故结论；

（3）事故处理：根据调查结果和有关法律、法规及学校规章制度，由以上各组共同研究，以书面材料报学校领导；

（4）事故通报：根据处理结果和校领导的指示，由学校发文进行通报，以示警示；

（5）出现重大安全事故必须上报市教育局。

类型二：集体中毒事件应急方案

（一）组织机构及职责

1. 领导指挥小组。

组长：校长

组员：副校长、学校保卫部门负责人、后勤部门负责人

职责：全面负责事故的处理工作，统筹各职能部门的工作。

2. 现场处置小组。

组长：分管安全的副校长、后勤部门负责人

组员：食堂全体工作人员

职责：负责组织现场保护、现场勘察、疏导交通和维护现场秩序；医务室、总务处、食堂管理员协助卫生行政部门调查取样，于 2 小时内报告上级卫生部门。

3. 医疗救援小组。

组长：校医院负责人

组员：校医院全体工作人员

职责：在学校相关部门的组织下，对中毒人员进行医疗救治。

4. 家长协调小组。

组长：校长

组员：学生管理部门工作人员、校团委、校心理辅导办公室成员等

职责：与中毒学生的家长进行沟通，安抚其情绪，协调事故的处理问题。

（二）对中毒人员的应急处置

（1）凡就餐后，师生出现不明病因的肚痛、胸闷、恶心、乏力昏沉、呕吐、腹泻等症状，各班主任、值周领导、值周教师应马上向校领导或年级负责人报告；

（2）初步诊断、治疗、护理患病的学生，用"催吐法"协助中毒学生吐出有毒物；

（3）以最快速度将中毒人员送往附近医院，情况紧急时拨打急救中心电话"120"请求救助，如中毒学生较多、情况紧急，可向就近医院寻求紧急救援；

（4）立即组织骨干教师或年级负责人组成陪护队伍，无关人员未经批准不准到医疗单位探视，以免影响治疗秩序。

（三）对问题食品的处理

（1）食堂管理人员保护好现场，封存一切剩余可疑食物及原料、工具、设备、保护好中毒现场和食品留样，防止人为地破坏现场，等候卫生执法部门处理；

（2）由学校后勤保卫部门对食堂中的预留食品、蔬菜样品立即停止出售并实行封存；

（3）及时向上级主管部门以及卫生安全监督部门报告，经检验确认后，立即对将相关食品送至指定地点进一步查验并销毁。

（四）通知中毒学生家长

（1）校长或家长协调小组成员应当就事态发展情况迅速与家长联系，并向上级主管部门以及卫生安全监督部门报告；

（2）学管处、团委以及学校心理办公室的工作人员做好师生思想工作，稳定学生及家长情绪；

（3）学管处、团委等相关部门负责与学生家长进行沟通，通过保险理赔、学校赔偿等形式负担学生家庭的损失。

（五）信息保障工作

（1）事件发生后，学校设立专门的值班应答电话，接受学生家长的询问及社会监督；

（2）视情况召开通报会，做好学生思想政治工作，稳定学生情绪；

（3）由校办公室牵头，后勤部、医务室配合，在事故发生后 12 小时内制作事故书面报告。报告应包括以下内容：事故发生时间、地点、食堂名称，食堂负责人姓名，中毒人数；事故抢救处理的情况及采取的措施；需要有关部门和单位协助有关事项；事故报告单位、签发人和报告时间。并及时上报指挥部，保障信息畅通和信息的准确性，为领导决策提供可靠依据；

（4）严格按照规定的时限客观如实地逐级上报，不得随意散布消息。

（六）善后处理工作

（1）各部门配合学校做好中毒人员的安抚工作，待上级部门的检验报告出来以后，确定责任。对表现突出的人员，给予一定的表彰奖励；对致残、致病、死亡的人员，按国家有关规定给予补助和抚恤；对事故主要责任人员，按有关规定处理。

（2）事件处理完毕后，学校食物中毒应急小组，要组织各部门认真总结，查找工作中存在的不足，加强管理，汲取教训，杜绝类似事件的再次发生，同时向上级部门作出书面报告。

类型三：校外不法人员进入校内实施暴力或抢劫事件应急方案

（一）组织机构及职责

1. 领导指挥小组。

组长：校长

组员：副校长、保卫部门负责人、校园安保负责人

职责：承担和履行学校突发事件预防、应急准备、应急处置和善后处理等职责，统一领导和协调应急处置工作。

2. 应急处置小组。

组长：保卫部门负责人、校园安保负责人

组员：保卫部门工作人员、校园保安人员

职责：应于意外发生的第一时间做出反应，采取紧急措施防止损害的扩大，及时向公安机关报告并协助配合公安机关的工作。

（二）应急措施

1. 外来人员进入校园的规定。

（1）外来人员不履行登记手续，强行闯入，门卫应力加阻止，不得放行；

（2）外来人员已强行闯入校内，门卫追赶不及，应立即电话通知校内安全值班人员或者应急小组领导人员，以便及时将闯入者查清逐出。

2. 校内不法行为处置办法。

校内若发现不法分子袭扰、行凶、行窃、斗殴、抢劫、劫持人质、放火、破坏公私财物，应立即采取下列处置方法：

（1）迅速报警；

（2）迅速报告校长室或保卫处；

（3）对歹徒进行劝阻并选准时机予以制服，保护在场师生安全；

（4）立即将受伤师生送往附近医院进行救治；

（5）记录不法分子的体貌特征和其他犯罪情节，收缴不法分子施暴凶器，保护好案发现场。

（三）责任划分

（1）在校外不法人员进入校内实施暴力或抢劫事件后，首位发现突发事件的教师或学生要以学校利益、师生利益为重，积极承担起临时指挥、控险、报警等任务，及时做好组织、抢救和报告工作；

（2）在突发事件发生后，全校教职工要把抢救、保护学生生命安全视为第一要务，不得临阵退却，更不得采取事不关己的回避、脱逃手段，否则，将视作严

重违反《教师职业道德》，给予降级、撤职、解聘等处分；造成严重后果的，依法给予行政处分，直至追究刑事责任；

（3）突发事件发生后，由当事人（第一报告者或知情者），在应急预案领导小组中主管负责人的召集下，在事发2小时内，认真仔细如实地做好记录以备查用。较大事件及时报告上级主管部门。

（四）善后工作

由学生管理部门或者相关行政职能部门负责与伤亡学生家长联系，商讨追责、赔偿等事宜，并且联合上级管理部门，及时将处理情况向社会予以公开。

类型四：学校地震应急方案

（一）组织机构及职责

1. 领导指挥小组。

组长：校长

组员：副校长、保卫部门负责人

职责：全面负责学校地震应急工作，制定地震应急预案，统筹协调各部门在应急救灾中的工作。

2. 日常防范小组。

组长：保卫部门负责人

组员：保卫部门工作人员、各年级负责人

职责：进行自救互救、避震疏散知识和安全常识的宣传教育、提高学校师生应急意识和抵御地震灾害的能力，并定期组织逃生演练。

3. 应急工作小组。

组长：保卫部门负责人、安保负责人、学生管理部门负责人

组员：保卫部门、安保机构以及学生管理部门工作人员

职责：地震发生的第一时间作出反应，按照应急预案中规定的措施组织逃生，严格依据日常演练确定的逃生路径及逃生方式，辅之以灵活变通的形式，在高效的逃生过程中最大限度地保障师生人身安全。

（二）震前应急准备

（1）应急工作领导组办公地点及通信方法：指挥部办公室设在学校操场正中位置，总指挥电话：_____；

（2）指挥部办公室要定期修订学校预案，并组织指挥部成员学习和熟悉预案，并适时组织演练；周密计划和充分准备抗震救灾设备、器材、装备、工具等，并落实数量明确到人；学生管理部门、校团委等利用宣传栏经常开展防震科普知识宣传；

（3）疏散组要制定人员疏散方案，疏散路线，疏散场地环境平面图并在校办

公室备案；

（4）抢险救灾组熟悉预案，明确职责，尤其对水、电设施及火险等经常进行检查；负责抢险工具、器材、设备的落实；组织抢险救灾组成员定期进行演练；

（5）制定治安管理措施，加强对重点部门、设施、线路的监控及巡视；

（6）出现地震谣传，校办公室、政教处要及时平息地震谣传或误传，开展防震科普知识培训，提高师生识别地震谣传的能力，安定人心，保证学校安定。

（三）临震应急响应

1. 政府临震预报发布后，学校地震应急指挥部指挥长宣布进入"应急状态"，做好地震应急准备，应对可能面临的地震。

2. 突发地震时，立即启动"地震应急预案"。

（1）"地震应急预案"一般应由指挥长（领导指挥小组组长）启动；

（2）如指挥长不在学校，无法启动预案的，指挥长可电话指定一名副指挥长（副组长）代为启动预案，或由副指挥长直接启动预案，副指挥长代理行使指挥长职责；

（3）副指挥长启动预案，应同时向指挥长报告，如当时无法报告或无法与指挥长取得联系的，可事后向指挥长作专门汇报。

（四）突发地震时的应急措施

1. 应急避震。

信号员发出"地震警报"信号（信号为：三响短促哨声，连续多次），进入应急避震状态。

（1）任课教师：立即停止授课，转为避震疏散组成员，负责该班级的应急避震、紧急疏散工作；

（2）学生：迅速躲避在各自的课桌下或课桌旁，尽量蜷曲身体，降低身体重心，蹲下，并用双手或书包保护头部（平房教室、底楼教室靠门口的少部分学生可直接跑到教室外最近的安全地方）；

（3）上实验课、微机课的师生：迅速关闭电源、火源、气源等次生灾害源，预防次生灾害的发生，随后执行前述第（1）（2）项规定；

2. 紧急疏散。

信号管理员发出解除"地震警报"信号（信号为：一声长哨，连续多次），进入紧急疏散状态。

（1）避震疏散组其他成员：迅速到达指定的紧急疏散线路及场地，负责学生疏散过程中的安全；

（2）教学楼每层设立一名疏散指挥员（避震疏散组组长指定当时不在上课的教师担任），按"应急疏散秩序表"规定次序疏散。疏散次序：按照从低层向高层，以近楼梯到离远楼梯教室为序，安排各班级有序疏散；

（3）任课教师：组织学生安全有序疏散，并提醒学生注意安全，不要相互拥挤。教室讲台、靠楼梯最近的任课教师应立即赶到楼梯口做好安全防护工作；

（4）其他在校教师应立即赶到学生疏散路线相关节点做好防护工作；

（5）学生：在教师指导下，按规定的次序、路线，迅速，有序地撤离至指定地点（操场、空旷地带）；

（6）各班主任清点人数，检查学生受伤情况，稳定学生情绪，并向年级组长或学校办公室、校长办公室汇报统计结果。

3. 自救互救。

根据师生受伤情况，自救互救组开展救助工作。

（1）学校卫生室、后勤部门迅速在疏散地设立临时救护点，组织救治；

（2）各班班主任及任课教师组织学生开展救助，配合、协助校医对轻伤者给予必要的消毒、清洗、包扎等医疗处置；

（3）如有伤势较重的伤员，学校无能力处置的，就近送医或在第一时间内联系"120"医疗急救中心，请求救治；

（4）安全办公室以及后勤部门检查学校食堂、宿舍、教学楼、实验室等重点部位，查看是否受损及损坏情况，检查是否发生火灾、水灾、毒气等次生灾害，并组织人员采取相应预防、处置措施；

（5）发生火灾、毒气泄漏等次生灾害后，学校应在处置的同时，向"119""110"等部门提出救援请求。

4. 教育安抚。

突发地震后，针对学生可能出现的情绪紧张、神情焦虑等心理问题，校团委、学校心理咨询室立即开展防震减灾科普宣传教育及心理疏导工作，舒缓学生震后心理压力。

（五）灾后经验总结及保障措施

1. 灾情报告。

突发地震后，应急疏散组应立即对地震中师生伤亡、校舍损坏等情况进行统计、汇总，了解、收集学校地震应急中采取的基本措施，起草《学校地震应急情况报告》，经指挥长审阅、批准，震后半小时内将《学校地震应急情况报告》报教育、防震减灾行政主管部门。有新生重大灾情的，随时报告；无新生重大灾情的，震后2小时、6小时内分别做好续报工作，以后每天报告1次。

2. 震后教学保障。

（1）安全保卫组震后应立即对校舍进行安全检查，如发现有校舍受损，应对其进行封闭，并组织安全鉴定；

（2）校舍受损无法满足教学需要，应搭建帐篷或活动板房，设立临时教学点。

3. 应急结束。

政府或教育、防震减灾行政主管部门确认近期不再有破坏性地震发生，则宣告应急结束，恢复正常教学秩序。

4. 地震应急预案模拟流程图（见图附录－6）。

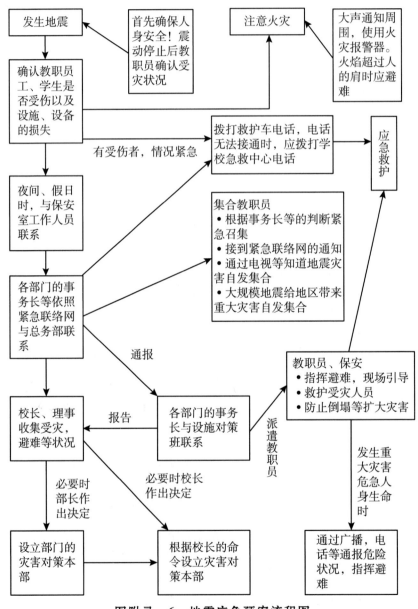

图附录－6　地震应急预案流程图

类型五：外出大型活动安全事故应急方案

（一）组织机构及职责

1. 领导指挥小组。

组长：校长

组员：副校长、各年级负责人

职责：统筹应急工作，制定应急预案。

2. 应急反应小组。

组长：副校长

组员：保卫部门负责人、各班班主任

（二）外出大型活动的申报

学校组织外出大型活动必须申报教育局，经同意后才能实施。组织的外出大型活动前要集中进行安全教育，要有详细的安全预案，有得力的保障措施和足够安全管理人员，并有明确的职责。要加强巡视，随时清点人数，严禁单独行动。返程时在规定地点清点人数，如使用车辆，随队老师必须跟车返校。活动结束后，组织者应立即向批准单位报告活动安全情况。

（三）事故发生后的应急处理

（1）学校在举行集体外出，大型活动前必须加强师生员工的安全防范意识，杜绝事故发生；

（2）在没有做好周密安排之前绝不允许到不熟悉的山林、山洞旅游，在举行大型活动时不允许盲目地模仿影视人物的危险动作作为活动项目；

（3）在集体外出、大型活动中发生突发事故，必须迅速把师生转移到安全地带，并及时将事故信息向学校安全领导小组汇报，由校长上报教育行政部门；

（4）指导在场人员及时抢救，尽全力减少人员伤亡；

（5）调派人员及时将受伤人员送到医院救治，同时向 120 报警，请求援助救护伤员；

（6）及时向"110"报警，请求援助，保护好事故现场，并请求其他部门支援；

（7）集体外出、大型活动安全事故应急领导小组采取相应措施，做好善后处置工作；

（8）做好事故上报材料，总结经验教训。

第八部分　高校突发事件应急预案

一、学校简况

（一）建筑情况

××学校校园位于××，分为×个校区，各校区共有××栋建筑。学校的建筑有××，××……各建筑物的历史分别为：……

以下附有学校各校区、各学院所处位置的总图；各校区、各建筑的逃生路线、避难所、火警报警点、消防栓、灭火器、急救箱、抢险物资存储所以及电气开关地点的总图。校园地图应当包括校园及周边区域。校园地图至少应当包括以下信息：

1. 各校区以及各学院的具体建筑情况。

2. 主要的疏散路线。

3. 替补的疏散路线。

4. 残疾人疏散区域。

5. 各类公用设备的开关位置。

6. 天然气位置。

7. 水源位置。

8. 电源位置。

9. 采暖通风及空调系统的位置。

10. 电话系统。

11. 学生集合位置。

12. 危险物品存放位置。

13. 锅炉房。

14. 各个房间的编号。

15. 各个房间的门及窗户位置。

16. 任何的其他值得应急管理中需要考虑的信息。

备注：学校的每一个房间及建筑物都应当设有主要疏散路线及替补疏散路线。学校的地图最好有相应的简图来表示。当突发事件来临的时候，简图比建筑蓝图更易于观察。最好是建筑蓝图与简图同时具备，因为蓝图在火灾等灾害发生之时可以快速确定建筑的准确结构、位置等。

（二）学生情况

××学校当前注册学生总数是××，分别居住于××，××栋宿舍楼中。这些学生中需要特殊照顾（如残疾、过敏等）的人数有××。需要特殊关注的学生位于以下学校建筑中：第××楼××房间。

（三）教职工情况

学校的员工有：教师、教辅人员、行政人员、食堂人员、安保人员。学校教职工中有××人有特殊需要，这些职工分别位于××楼××室，宿舍位于××楼。

在演习及突发事件应对中有特殊需要的学生及教师的名单在附件中。

二、应急组织机构及相应职责

（一）领导指挥小组

1. 组长：学校校长、校党委书记。

2. 副组长：副校长、校党委副书记、各学院院长、各学院党委书记、校团委负责人、安保部门负责人。

3. 组员：各学院团委负责人、各学院专职辅导员。

（二）职责

在突发事件发生后主要承担统筹工作，为各主体分配任务并协调不同主体之间的职权关系。另外，根据突发事件具体类型的不同，应急组织机构的负责人及其职责也会有不同的调整。

（三）突发事件初期应对职责部门

1. 突发事件发生时的联络机构。

（1）突发事件发生时，发现者或得到情报者（以下简称'发现者'），与其所掌管的事务、职务、设施等无关，一律应向学校安保部门值班人员报告，接到报告的值班人员按照突发事件应急预案中的规定进行联络，采取适当的措施；

（2）必要情况下，值班人员等应根据自己的判断与警察局、消防局等相关机关联络。紧急情况下，依据发现者的判断进行通报，请求援助。

2. 集合体制。

（1）突发事件发生时，根据应急小组组长或副组长的判断，必要时应紧急召集各应急小组的负责人员；

（2）通过联络网通知相关人员，召集他们迅速到该部门集合。

3. 部门职责对应表。

危机发生后，初期应对方针如下：

危机状况	初期对应部门
校内发生的情况	
与自然灾害、可疑者侵入相关的事件、事故	总务处
与火灾、盗窃、破损等相关	财务部
与设施异常、建筑物、设备等相关	设施部
与干部、职员相关	总务部
与学生相关	学务部
其他	总务部

续表

危机状况	初期对应部门
校外发生的情况	
与干部，职员相关	总务部
与学生相关	学务部
其他	总务部

注：初期对应部门根据情况，必要时联络相关应急小组。

三、应急演习工作部署

（一）构建应急演习制度

高校安全保卫部门应当在校团委的领导下构建一套完整的应急演习制度，主要包括以下内容：

（1）应急演习的时间：每一学年开学后，10 月份进行第一次应急演习，之后每隔 2 个月开展一次。

（2）应急演习的类型：每次演习针对不同的突发事件类型进行，可根据学校所处地区的实际情况进行安排，如依次为地震逃生演习、火灾逃生演习等。

（3）应急工作负责人员：各院系领导作为本院直接负责人，并由各辅导员组织应急逃生工作的开展。

（二）编制应急演习日志

××学校应急演习日志。

时间	演习类型	备注

注：该日志应有学院各辅导员以年级为单位进行编制，并将编制好的演习日志统一交至学院，最后经学校团委负责人整理，送至安全保卫部门备案，用以指导实际的应急工作。

四、分类处理

（一）火灾事故

（1）学校突发火灾事故，保卫处接到报警后，应迅速报告指挥部，指挥部成员应立即赶赴现场指挥救援工作，全力组织人员疏散和自救工作，同时，要在第一时间内向公安消防"119"指挥中心报警；

（2）立即组织义务消防队员和相关技术人员赶赴现场，扑灭早期起火；采取诸如切断电源、气源，抢救危险品等紧急安全措施，避免继发性危害；

（3）拨打"119"报警时，要讲清部位、着火现场情况，现场有易燃、易爆、剧毒、放射性等危险品时，要着重说明。报警后要派人引导消防、公安人员进入现场；指挥部和有关部门负责人在消防队员到现场后，主动提供有关信息，配合消防队员组织救人和灭火抢险工作；

（4）校医院立即到现场抢救伤病员并妥善安置。必要时拨打"120"请求社会医疗机构援助；

（5）治安保卫组立即封锁现场各通道，加强警卫和巡逻，维护秩序，指挥引导人员疏散；转移重要财物，确保人员、财产的安全；

（6）后勤保障组确保供电、供水需要，做好后勤保障工作。事故单位负责清点人员，事故中受伤人员要及时抢救；

（7）疏散出来的物资应派人看护。凡是易燃、易爆、剧毒、放射性物品，均应谨慎处置，切实保证安全；

（8）信息联络与宣传组应立即通过各种方式发布公告，提醒师生员工不要接近事故现场；同时控制好校内舆论，并做好舆论引导；

（9）解决好受灾人员的安居问题；

（10）事故处理后，指挥部应成立调查组，调查事件发生的原因，检查工作中存在的漏洞，并追究有关人员的责任。必要时可请公安部门介入。

（二）大型群体活动的公共安全事故

（1）学校举办的各类大型文体活动，必须按有关规定做好专项安全保卫方案，落实安全保卫措施；

（2）发生重大安全事故，指挥部和有关部门领导应立即赶赴事故现场指挥抢救，遇有学生、教工死亡、受伤等情况，立即组织医院进行伤病员抢救工作；

（3）活动组织者和安全工作负责人要稳定现场秩序，根据室内、室外不同情况组织师生有序疏散逃生，担负起保护学生生命安全的责任，尽力避免继发性灾害；

（4）指挥部和有关部门领导要亲临一线，靠前指挥，组织疏导、抢救伤病员，要在第一时间向公安机关和政府其他有关部门报告，积极争取支援帮助，并向教育主管部门报告。

（三）外出组织实习、参观、考察等活动安全事故

（1）指挥部办公室应针对外出组织实习、参观、考察等活动可能发生的突发事件配备必要的应急工具和设施；

（2）各组织外出单位应完善通信体系，外出团队出发前应给所在单位留下完备的联系方式，做好与所在单位的定期通信联络工作，并定期清点人员，及时沟通信息；

（3）事件发生时，外出团队应及时向学校有关领导和有关部门、所在单位报

告，同时积极开展必要的救助和自救工作；

（4）学校领导要高度重视，首先判断事件的性质，权衡事件的轻重，统一认识，统一指挥，协调好学校和事故一线两部分工作，积极开展救助；

（5）积极争取事故发生地当地党委、政府和有关部门的支援帮助。

（四）校园恶性交通事故

（1）校园发生恶性交通事故，遇有学生、教工死亡、受伤等情况，指挥部和有关部门负责同志要在第一时间赶到现场，组织抢救，并立即向公安交警部门和教育主管部门报告；

（2）保护好事故现场，有效控制肇事人，寻找证人；

（3）指挥部协助公安交警部门及时查明事故情况；涉及外籍师生的，要尽快按规定报告各级外事部门。

（五）发生集会、罢餐、罢课、静坐、请愿、封堵道路和拦截车辆等群体性事件

（1）学校一旦发生影响稳定的群体性事件，校领导小组成员、社会安全突发事件指挥部成员和各工作组成员要立即到位，由在校的领导小组成员、指挥部负责人负责统一指挥。指挥部工作人员和各工作小组成员要立即打开所有必要的通信工具，保持通信畅通；

（2）信息联络与宣传组要及时了解事件的起因、性质、规模、人员构成等基本情况，并及时上报教育部、高校所在省的省委以及省委高校工委、省教育厅和公安部门。宣传部做好正面宣传和舆论引导工作，稳定师生的情绪；

（3）治安保卫组要及时组织人员对事件现场进行控制和戒备，防止一些别有用心的人乘机进行煽动、破坏活动；同时，要加强学校要害部位的安全保卫，维护校园秩序；

（4）教育疏导组要及时了解参加人员的思想情况，找出问题的症结和矛盾的焦点，有针对性地做好思想教育和疏导工作，尤其是做好重点对象的思想工作，消减对抗情绪，缓和、化解矛盾；

（5）后勤保障组要维护学校正常的工作、生活秩序，并提供车辆、水电、膳食等条件保障。校医院组织救护车辆、医务人员，到达指定地点待命；

（6）若群体性事件涉及外籍专家或留学生，外事工作组应立即介入，及时了解情况向指挥部汇报，由指挥部作出进一步处理意见；

（7）在处置事件的过程中，要加强对校园网络、广播、电视、报刊、橱窗、黑板报等媒体的控制和管理，及时发现并妥善处置校园内的大、小字报，控制舆论阵地；

（8）对于较大规模（10人以上）的群体性聚集事件，指挥部领导要亲临现

场，靠前指挥，尽快平息事态，防止事态进一步扩大；

（9）认真做好善后处理工作。校有关部门要及时总结事件发生、发展的原因，吸取经验和教训，采取有效措施，避免类似事件再次发生。奖罚分明，对处理事件的有功人员给予奖励，有关责任人要严肃处理。

（六）重大暴力性或报复社会的犯罪案件（指杀人、涉枪、绑架、以爆炸物等相要挟等严重危害人身安全的重大恶性案件）

（1）保卫处接到报警时，应问明事件发生的时间、地点、性质、现场人员伤亡及损失情况，立即派员赶赴现场先期处置；

（2）迅速向指挥部成员、领导小组办公室汇报，由指挥部调动各工作组迅速应对；

（3）立即与公安机关联系，在公安机关抵达现场后以其为主，配合处理；

（4）组织力量迅速封锁、保护现场，如有人员伤亡，应立即采取措施救治；

（5）立即在校内布控设点进行巡逻盘查，调动技防力量进行监控，注意发现可疑人员。

（七）学生自杀、走失事件

（1）建立学生自杀、走失事件的预警机制，争取早发现、早报告。各院系和学工部门、学生宿舍管理部门应高度重视学生的心理健康问题，努力做到定期摸排，经常了解、掌握学生的思想动态，及时发现有心理障碍或情绪、行为严重异常的学生，并逐级上报；

（2）积极进行心理干预治疗，预防自杀、出走事件的发生。对有心理障碍的学生，所在院系和心理咨询中心应积极为其进行心理疏导和治疗工作，尽快消除其心理障碍；对不能消除心理障碍或有自杀、出走倾向的学生，其所在院系应立即采取一切必要措施，严防学生自杀或出走事件的发生；

（3）一旦发生学生自杀、出走的情况，接报的部门要立即采取措施救治、查找，同时向指挥部成员汇报。所在院系负责人立即到位。对有自杀倾向或自杀未遂的学生，心理咨询中心对其实行心理危机干预治疗，校医院负责救护，所在院系派专人陪护，并与学生的家人联系，共同做好学生的心理疏导和善后处理工作。对出走的学生，要尽一切可能寻找学生的下落，必要时可请求公安机关协助。

（八）游行、示威突发事件

（1）学工部门、团委挑选可靠的学生干部或学生党员担任信息员，通过他们及时掌握学生的思想动态，发现异常情况及时上报辅导员、学工部门或团委；

（2）宣传部门及时掌握校园网信息动态，发现有关号召游行、示威的文章后及时删除，并留存备份。对大量散发此类信息的网友，要查清其真实身份，酌情处理。如网上出现大量有关号召游行、示威的煽动性信息，需及时上报指挥部或校领导小组办公室。保卫处配合做好上述工作；

（3）对出现游行、示威信息较多的院系，校团委、学工部门应会同该院系学生工作老师、辅导员深入学生当中，了解学生思想动态，稳定学生的情绪，对学生宣讲政府、学校的有关政策和态度，要求他们从社会稳定的大局出发，用理性、合法的方式表达自己的爱国热情；

（4）指挥部或校领导小组办公室接到大量可能发生游行、示威的警报，或校内出现游行、示威时，立即启动本预案，指挥部成员立即到位并保持通信畅通，各工作组和各院系、单位领导小组立即进入工作状态；

（5）指挥部领导及团委、学工处、宣传部、保卫处领导，以及相关院系领导、辅导员立即赶赴校内游行地点，稳定学生情绪，进行教育疏导，各院系包干负责，分散隔离，并做好重点人员的工作；

（6）对于较大规模游行、示威事件，指挥部主要领导要亲临现场，靠前指挥，尽快平息事态，防止事态进一步蔓延，将事态控制在校园围墙以内；如事态无法控制，大批学生欲冲上街头，应立即向上级请示，请求公安部门协助处理；

（7）信息联络与宣传组要及时了解事件的起因、性质、规模、人员构成等基本情况，并及时上报教育部、江苏省委以及省委高校工委、省教育厅和公安部门，并统一对外宣传口径。立即通过各种方式（广播、校园网、海报等）宣传政府的有关政策和学校的有关态度，对学生晓之以理、动之以情，让学生了解《中华人民共和国集会游行示威法》的有关内容及违法的严重后果，积极做好正面舆论引导，稳定师生的情绪；

（8）治安保卫组要及时组织人员对现场进行控制和戒备，维护现场秩序；同时，加强对学校各大门的控制，严防校外别有用心人员伺机进入我校煽动、破坏、制造混乱。在未接到上级通知以前，不允许游行学生离开学校。加强北大楼及重点科研、保密等要害部位的守卫；

（9）教育疏导组要及时了解参加人员的思想情况，找出问题的症结和矛盾的焦点，有针对性地做好思想教育和疏导工作，尤其是做好重点对象的思想工作，消减对抗情绪，缓和、化解矛盾；

（10）后勤保障组要维护学校正常的工作、生活秩序，并保障对车辆、水电、膳食等条件的需要。校医院组织救护车辆、医务人员，到达指定地点待命；

（11）若游行、示威涉及外籍专家或留学生，外事工作组应立即介入，及时了解情况向指挥部汇报，由指挥部作出进一步处理意见；

（12）在处置事件的过程中，要加强对校园网络、广播、电视、报刊、橱窗、黑板报等媒体的控制和管理，及时发现并妥善处置校园内的大、小字报，控制舆论阵地；

（13）妥善做好善后处理工作。校有关部门要及时总结事件发生、发展的原因，吸取经验和教训，采取有效措施，避免类似事件再次发生。奖罚分明，对处理事件的有功人员给予奖励，有关责任人要严肃处理。

第九部分　善后与恢复

后期处置工作的重点是尽快查清引发事件的根本原因，妥善解决引发群体性事件的实质问题，尽可能满足师生合理要求，安抚和平静师生情绪，恢复校内正常秩序。

一、属于国际、国内重大热点问题或有关国家、民族情感等敏感问题引发的政治性群体事件

此类事件后期处置工作的重点是：通过形势报告会、座谈会、讲座等形式，加强正确的引导和教育，组织师生学习中央有关文件，开展法制教育，保护师生爱国热情和民族情感，抵制错误思潮，引导师生自觉把思想和行动统一到党中央的决策上来。

二、属于校园及周边安全环境造成意外事故及人员伤亡而引发的群体性事件

后期处置工作重点是：对在事故中伤亡的师生进行必要的人道主义抚恤和救助，对受害者家属进行慰问；积极配合政府、公安等有关部门，加强对校园及周边环境的清理整治，切实解决校园及周边存在的交通、治安等隐患问题，确保师生生命和财产安全。

三、属于校内体制改革中涉及师生切身利益问题引发的群体性事件

后期处置工作重点是：及时帮助解决师生的困难和问题，对法律和政策有明确规定的，督促有关方面及时落实；对要求合理、一时难以解决的，深入细致地做好说服教育工作。关心和安排好有困难的教职工、离退休教职工的生活，审慎处理好后勤社会化改革、校办企业改制中的人员安置问题。

四、事件结束后，办公室要提出进一步改进的方法和措施，巩固稳定局面，防止反弹

要及时组织相关人员进行认真总结，反思引发事件产生的原因和问题，对事件处理中的经验、不足和教训加以总结分析，起草总结分析报告并报领导小组成员。

学校突发事件应急演练方案设计

一、学校突发事件应急演练的意义和目的

1. 检验和改善应急预案的可行性。

学校突发事件应急预案是学校针对未来可能发生的突发事件，为保证迅速有效地做出应急响应、开展救援与行动而预先制定的行动计划和操作指南。因此预案是否具有科学性、可行性、灵活性，必须要经过实践的检验。通过应急演练，学校应急预案及应急措施的实际效果可以得到检验，各部门的协调能力可以得到验证，应急准备工作的充分性可以得到证实。总之，只有通过应急演练，才能真正发现应急预案中存在的问题，并根据实际情况进行修改和完善。

2. 提高师生的应急能力。

应急能力是当一个人面对危险情境时合理应对危机、保护自己同时救助他人的能力，包括应急反应能力、应急处置能力、应急救援能力等，属于人类的潜意识。通过学校应急演练可以使师生熟悉校园内存在的风险隐患、熟悉学校各类应急预案及校园内疏散撤离路线、增强面对危机的心理素质、掌握面对各类突发事件自救和他救的方法，使应急方法和知识成为直面危机时下意识的表现。

3. 明确每个人的角色和职责。

通过演练应使各位老师明确自己的任务和职责，以达到在突发事件发生时能够迅速启动应急预案，开展应急处置与救援行动，确保学生的安全的目的。学生通过演练应熟知撤离路线、安全集合地点。

4. 促进学校不同部门的协调。

学校突发事件的应对涉及多部门的协调配合，例如保卫处、医疗处、后勤处、普通教师等。但是日常工作学习中，各部门一般都是各自为战，联系较少，因此如果没有事先的演练，在发生紧急状况时各部门很难协调一致。"通过提前

演练，各相关部门和系统可以各司其职，保证在最短的时间内发挥其职能，提高整体应急反应能力。"[①]

二、应急演练方案的设计

应急演练的成功开展离不开好的演练脚本，这个脚本就是应急演练方案。演练方案是针对学校可能发生的突发事件，根据学校应急预案的要求，为某次演练的顺利展开而设计的详细、具体、完整的计划，内容包括应急演练的目的、时间、地点、参加人员、程序、情景设计、应对行动、评价准则及评价方法等。可按照以下流程制定应急演练方案。

1. 成立应急演练策划组。

应急演练策划组是整个应急演练活动的组织者、策划者，同时也是演练活动实施时重要的参与者和演练效果的重要评估者。由于其责任重大，要求应急演练策划组成员应具备专业应急知识，熟悉学校环境和应急预案，例如校长、学校保卫处领导、校应急部门的负责人、应急领域的教师或专家。演练策划组所应履行的职责包括确定演练的目的、时间、地点，编制应急演练方案，与相关单位和部门进行沟通，提前对参加演练的师生进行培训，分派演练任务和安排工作，准备应急演练所需资源，参与应急演练效果的总结和评估等。

2. 确定演练目标及演练范围。

演练目标即希望通过此次应急演练重点完成哪些任务、解决哪些问题及锻炼何种能力。演练目标必须明确、具体，同时应急演练策划组还要根据目标制定相应的评估标准，以对演练过程和效果进行检验和衡量。演练范围可小至一个班集体大至整个学校，涉及演练类型、参加应急演练的师生构成、演练时间、演练场地、演练涉及的部门（包括校内和校外）等。一般而言，演练欲达到的目的越多，层次越高，演练范围往往越大，所需的资源及前期准备工作越复杂。

3. 制定情景说明书及情景事件总清单。

情景说明即为整个学校应急演练设定一个初始条件和初始事件，是对演练所模拟的情景所进行的最详尽的说明，具体内容包括学校在什么时间什么地点发生了何种紧急事件，该事件发展速度如何，发展态势如何，涉及什么范围，危险性如何，是否已有学生受伤，学校已采取了哪些应急措施，需要师生配合做出哪些行动，是否有二次事件发生等。为保证应急演练的有效性，更加贴近真实情况，

[①] 李健华、黄郑华：《火灾事故应急预案编制与应用手册》，中国劳动社会保障出版社 2008 年版，第 85~86 页。

学校在设计事故情景时，应适当加入二次事件以锻炼师生的应急能力。情景事件总清单是在应急演练过程中需要引入的一系列情景事件按时间顺序的列表，包括情景事件的内容、期望的行动、发生时间。其目的是使演练内容和程序一目了然，方便演练控制人员了解某个情景事件何时发生、应何时行动。

4. 确定演练组织机构构成。

《中小学幼儿园应急疏散演练指南》规定，"学校应根据演练方案的要求，建立健全演练组织机构。成立由校长、有关领导及工作人员组成的演练指挥部（领导小组），全面负责演练活动的组织领导和协调指挥工作，同时落实每位成员在演练中的具体工作。"演练指挥部应下设若干小组，主要有演练控制组、宣传报道组、疏散引导组、抢险救护组、后勤保障组、模拟仿真组。每一个工作小组的成员构成、具体任务、工作职责、行动程序都应在演练方案中明确。

5. 制订评价方案。

评价方案主要是对本次应急演练的目标、实施情况、师生应对策略、应急能力、学校应急资源、应急预案的有效性做出的客观、科学、合理的评价。

6. 其他演练文件。

一是《演练控制指南》，是关于演练进程控制、仿真和保障活动的工作程序和职责说明，主要供演练控制人员、仿真人员使用。主要目的是向控制人员和仿真人员解释说明演练的具体程序、工作内容及分工。

表附录-6　　　《演练控制指南》的基本构成及要点

序号	标题	相关说明
1	演练背景	阐述整个演练举办的原因、意义和必要性
2	演练时间	明确演练开始时间、结束时间
3	演练地点	明确演练的地点
4	演练人员	列出所有参演的学生、教师、政府组织
5	演练目的和指标	列出演练期望达到的目标和指标
6	事件情景介绍	较详细地介绍演练所模拟的事件情景的具体情况，应包括所模拟的事件类型、每个情景启动的具体时间、启动方式、连续情景设置等内容
7	演练控制及保障分工	以表格的形式落实演练控制人员、仿真人员的名单及他们在演练现场的具体位置、每个人担负的控制保障工作
8	演练前记录检查表	列出演练前必须要进行的检查工作，包括清点人数、检查应急资源和设备、检查场地等，必须落实到人，并要求参与该工作的人员在完成检查后签字确认

序号	标题	相关说明
9	演练后恢复检查表	列出演练结束后所要进行的现场恢复和清理工作，包括清点人数、打扫现场、回收资源等，必须落实到人，并要求参与该工作的人员在完成检查后签字确认
10	演练现场地理位置示意图	地理位置示意图由两部分组成：首先应给出学校的电子地图，并在地图上明确标出演练发生的地理位置；然后就演练现场具体情况绘制现场平面图，平面布置图不要求标注具体的尺寸，但应包含演练现场各主要建筑物（如教学楼、宿舍楼、操场）的位置、设施（如消防栓）分布地点、模拟事件发生地点等信息

二是《演练人员手册》，所包含的信息均是基于保障师生安全和演练顺利进行的需要，演练人员必须了解的信息，主要向演练人员提供演练基本情况以及演练规则等方面的说明。

表附录-7   《演练人员手册》的基本构成及要点

序号	标题	相关说明
1	演练背景	阐述整个演练举办的原因、意义和必要性
2	演练时间	明确演练的日期及开始时间、结束时间；也可只提供大概时间，如学校将于2014年4月1日~2014年4月3日举办一次演练，以检验师生的应急能力
3	演练地点	明确演练的地点
4	演练人员	列出所有参演的学生、教师、政府组织
5	演练目的和指标	列出演练期望达到的目标和指标
6	事件情景介绍	较详细地介绍演练所模拟的事件情景的具体情况，应包括所模拟的事件类型、每个情景启动的具体时间、启动方式、连续情景设置等内容
7	开始演练	明确演练开始前一天，各应急小组、教师举行应急演练"碰头会"的时间、地点
8	演练过程	给出演练过程中可能涉及的应急预案，以供师生在演练前加强学习

续表

序号	标题	相关说明
9	演练规则	明确应急演练中的规则。如演练过程中所有消息或沟通必须以"这是一次演练"作为开头或结束语;所有师生必须严格遵守安全注意事项,听从现场指挥,保证演练安全有序进行等
10	真实事件处理	真实事件的处理总比演练活动优先。该部分主要介绍在演练过程中万一发生真实事故,演练人员应采取的应对措施。例如,演练人员要以"这不是演练"为开头或结束语进行紧急报告,然后由演练总指挥决定是否终止演练
11	演练现场平面布置图	平面布置图不要求标注具体的尺寸,但应包含演练现场各主要建筑物(如教学楼、宿舍楼、操场)的位置、应急设施(如消防栓)分布地点、主要通道设定地点等信息

三是《演练通信录》,记录各主要参演人员及部门的通信方式及演练时所在位置的文件,包括参演人员姓名、职务、联系电话、演练过程中所处位置、主要职能等,以利于在发生紧急情况时能及时联络他们。

三、学校突发事件应急演练方案及实施

学校突发事件应急演练方案实施的流程可以分为演练准备、演练实施和演练总结 3 个阶段。按照演练的过程可将各阶段予以完成的活动和内容分解,并整理成开展学校应急演练活动应完成的 18 项基本任务,如表附录 –8 所示。

表附录 –8　　　学校应急演练方案的实施流程及基本任务

阶段	序号	基本任务
演练准备	1	成立学校应急演练策划组
	2	确定学校应急演练日期、目标和演练范围
	3	编制学校应急演练方案
	4	确定应急演练现场规则
	5	指定应急演练评判人员
	6	安排后勤保障工作
	7	培训参演人员
	8	讲解应急演练方案与演练活动

阶段	序号	基本任务
演练实施	9	启动警报，宣布应急演练活动开始
	10	根据应急演练方案的情景设计展开演练活动
	11	终止演练，"险情"排除，学校恢复正常秩序
	12	评判人员记录演练情况
演练总结	13	访谈应急演练参与人员
	14	现场总结
	15	召开演练讲评会
	16	编写书面评价报告
	17	编写演练总结报告
	18	跟踪整改项的纠正

（注：本表系作者根据《突发事件应急演习与演习设计》等相关资料整理而成。）

　　从国际上来看，许多发达国家都非常重视应急演练，而且均已实现了常态化。比如在英国，为了应对可能出现的自然灾害，英国政府要求学校制定应急预案，并且每周都要举行应急训练，使训练成为每周的固定科目。在美国，从小学生到高中生必须熟知火警、地震等灾难演习，按照规定学校每个学年都要进行一到两次的安全演练。在日本，学校经常组织演习，告诉学生面对自然灾害时哪些做法是正确的，哪些是错误的。①

　　演练方案模板：杭州安吉路良渚实验学校反恐防暴应急演练为例。

　　2014 年 5 月 30 日上午 10：00，校长（通过广播站）宣布杭州安吉路良渚实验学校反恐防暴应急演练正式开始。

表附录 -9　　　　　　　反恐防暴应急演练方案模板

时间	人物	任务	要求	负责单位
10：00	演练 1 班全体师生	学生在校门口处模拟放学情景；班主任也在门口等待门卫开门，准备下班		教育研究发展中心
	歹徒	站在校外，混在家长之中，时刻观察校内状况准备—开门就冲进校园	刀具藏在上衣内	后勤服务中心（歹徒由后勤服务中心负责，下文不再赘述。）

---

①《学校应急演练要常态化不要形式化》，新华网，http：//news. xinhuanet. com/yzyd/edu/20140305/c_119615704. htm。

续表

时间	人物	任务	要求	负责单位
10：02	门卫保安	一名保安站在门口，另一名保安在值班室内按下开启学校大门的按钮	站在门口处保安要求站岗时佩戴整齐（安全帽、警棍）	后勤服务中心（保安由后勤服务中心负责，下文不再赘述。）
10：03	歹徒甲、乙、丙	保安开启大门后，三人立刻从怀中抽出砍刀，强行突破门口		
	门卫保安	①在值班室内的保安见状首先立刻按下公安报警装置，向公安部门报警；然后通过学校应急联动机制通知校长、广播站、医务室、社区保安，拉响校园警铃同时关闭校门；并迅速拿上防暴器械（防暴面罩、钢叉、铁棍等）与歹徒展开搏斗，奋力制止歹徒进入校园 ②站在门口的保安立即采取措施制止歹徒	学校与社区应在平时建立应急联动机制，通过日常的训练、合作，以在紧急时刻达到联防的效果	
	歹徒丙	趁保安与甲、乙搏斗期间，跳过学校防护门，持刀向学生砍去，追逐逃跑的学生		
	演练1班班主任	立刻组织学生向办公楼指定地点疏散。老师在疏散过程中应时刻注意学生安全，防止歹徒砍伤到学生。可在疏散过程中大声呼救，呵斥歹徒	因办公楼离学校门口较近，且办公楼内都是成年教师，便于保护学生安全，故向此疏散。要求提前设定好路线及避险办公室	教育研究发展中心（班主任及其他教师工作由教育中心负责，下文不再赘述。）
10：04	校广播站	接到门卫警报后，立刻向全校发出防暴紧急避险广播："全校师生请注意，现在学校门口处有三名手持砍刀的歹徒正在进行暴力行凶，请各班班主任迅速组织本班学生回到教室，锁好门窗，做好防暴应急准备。"	要求务必说明歹徒人数、行凶方式、建议避险方式	校长办公中心
	校协防员（体育老师及身强力壮的男性教师）	听到广播后，立刻拿上防暴工具从学校各个方向赶赴案发现场	校协防员制度乃是由学校选取符合条件的老师经过一定训练并配备简单实用器械，在应急时起到协防联动的作用	

续表

时间	人物	任务	要求	负责单位
10：04	其他各班班主任	听到广播后，①立刻组织学生回到本班教室，将教室前后门及全部窗户关闭、上锁，并用桌椅抵住前后门；②将教室内的拖把、笤帚利用起来，必要时刻以自卫，老师站在门后，时刻观察室外情况；③同时要安抚学生情绪，缓解学生的紧张及恐慌心理，做好教室内的稳定工作		
	校医务室	听到广播后，立即向120报告，防止发生意外事故		后勤服务中心
	演练1班班主任	成功把学生疏散到办公楼指定地点。到达指定地点后，立刻关闭、锁紧办公室门窗，同时用桌椅抵住房门，令学生躲到办公桌下面。教师站在门后，时刻观察室外情况，同时安抚学生情绪，缓解学生的紧张及恐慌心理，检查有无学生受伤		
	歹徒丙	追逐学生		
	值班老师	到校门口接应社区特警及公安人员		
10：06	歹徒丙	发现学生被有序疏散到办公楼内，不能踹开办公室的门，遂向教学楼奔去。站在演练2班门外，用力踹门、用砍刀砍门		
	社区保安	接到学校报警后迅速赶到学校门口，发现两名歹徒甲、乙正在和学校保安进行激烈搏斗，立刻与保安协力将两名歹徒制伏		
10：07	歹徒丙	经过尝试各种方法，最终破门而入，并意图砍杀师生		
	演练2班	演练2班班主任发现歹徒有破门而入的可能，指挥学生将桌椅根据教室空间、地形有序摆放，形成隔离带并令学生躲到桌子后面；班主任手持拖把或板凳阻碍歹徒靠近学生。协防员及时赶到，配合老师阻挡歹徒靠近学生		
	社区保安、校园协防老师	在值班老师的指引下向歹徒闯入的班级移动，找到歹徒丙，与丙展开周旋、搏斗，并制伏歹徒丙		后勤服务中心

续表

时间	人物	任务	要求	负责单位
10：07	公安人员（区、县应急系统各部门人员）	在值班老师的指引下赶到现场，学校将指挥权移交公安人员。公安人员根据现场状况紧急处置，学校协助完成相关指令和任务		后勤服务中心
	校医务室	对受伤学生及老师进行简单救治		后勤服务中心
10：10	校长	通过校园广播宣布危险已解除，各班主任可将教室门打开组织学生放学，并对演练2班的师生进行心理抚慰和疏导		校长办公中心
10：12	校长	宣布演练结束，组织参演教师及工作人员对本次演练进行评估、总结		
	演练1班班主任	组织学生从办公室有序撤回到本班教室，并对班级学生进行心理疏导，对本次演练进行简要点评		

应急演练评估：演练结束后，学校应急演练策划组应根据评价人员出具的书面评价报告编写本次演练总结报告，并在规定的时间内向校长及上级教育主管部门报告、备案。演练报告是对本次演练情况的详细说明和对本次演练的评价，报告内容包括本次演练的背景信息、演练时间、演练方案、参与演练的部门、演练目标、演练不足项、整改项及建议整改措施、对应急设施更新与维护方面的建议、对师生应急能力方面的评价与培训建议等。演练总结报告既可以达到对本次演练进行深入总结、评估、分析的目的，又可以为日后的应急演练提供借鉴。

表附录－10   **反恐防暴应急演练评价表**   填表日期：　年　月　日

评价项目	演练操作要求		演练评估	评价以及改进意见
演练准备	1. 演练目标	应急演练应明确演练目标，且演练目标完善，有针对性、可行性	优	演练目标明确，演练方案具有一定可行性
	2. 应急演练组织机构	应成立应急演练机构，组织机构应包括现场指挥组、宣传培训组、疏散引导组、演练保障组、自救互救演练组、记录报道组、心理疏导小组。各小组职能及成员构成明确，任务落实到每个成员	优	应急演练小组成立，包括校领导、安全应急专家、校各部门负责人，记录报道、宣传培训小组等非常到位，职责较为清晰

评价项目		演练操作要求	演练评估	评价以及改进意见
演练准备	3. 演练前安全教育	要求学校在演练前要依托校园网、校园广播、宣传橱窗、板报等传播载体，由相关专家或者班主任负责向全校学生宣讲防暴常识、自救互救的方法和技能、学校警报信号、疏散方法等，让师生明确演练的必要性和基本步骤	良	学校邀请安全应急相关专家进行了地震与暴力事件防范处理知识讲解，但覆盖人群只限于初中阶段，同时校园广播、宣传橱窗、板报等传播载体可以更为充分的利用
	4. 物资保障	具备演练方案、应急预案、通信录等纸质文本；演练所需设备、器材（如胸挂式应急工作证、警报铃声、对讲机、医疗急救箱、暴徒使用工具等）准备充足；应急疏散路线示意图	良	相关设备较为齐全，监控、警报装置、歹徒道具、广播等都准备，但有的设备设置可以进一步增强实用性，如监控设备与警报设备的功能衔接等
	5. 安全保障	提前对演练场地进行风险隐患排查，针对演练时可能出现的风险制定预防控制措施；演练现场具有必要的安保措施，保证演练安全进行	优	演练之前，校应急安全小组和校相关领导在全校范围内进行安全隐患排查
	6. 通信保障	应急组织机构、参演人员、模拟人员之间能够建立及时可靠的信息传递渠道；通信器材能够保证演练控制信息的快速传达，满足应急处置内部、外部通信联络需要	良	应急通信设备联动机制未能有效建立，此次演练中过多使用手机，手机设备在应急中存在联络滞后性以及耽误宝贵应急时间的状况
演练实施	1. 应急启动	能够按照预案规定程序组织报警、通知，启动应急预案，迅速反应，组织相关应急	优	应急启动迅速，歹徒快速得到控制
	2. 指挥与行动	校长能够根据应急预案迅速到现场指挥，指挥应急处置；校长或现场指挥部下达各项应急指令后，各部门、老师能够迅速执行	优	校领导全员参与，并各司其职
	3. 部门协调	学校各部门（校内教师、教务处、保卫处、医疗处、后勤处等，校外派出所、社区保安等）在紧急情况下能够协调配合，部门间信息沟通无障碍，能够将灾害信息及受灾情况及时通知其他部门，组织救援	良	虽然此次演练中校内外各个参与部门都非常积极，而且在演练中快速到位，但还是出现了校内应急部门与校外援助应急部门衔接脱节的情况，并且主导部门协调的通信中枢（校广播台）的功能需要进一步完善
	4. 应急疏散	全校师生以及安保人员熟悉应对措施，在疏散应对时能够做到听从指挥、服从安排、互帮互助、安静有序疏散应对暴力事件	优	校门口保安应对得力，教师内师生应对措施得当，但在歹徒从校门口到教师的这段距离畅通无阻，可以加强普通老师如何在安全的情况下阻碍歹徒的技能和方法教育

续表

评价项目		演练操作要求	演练评估	评价以及改进意见
演练实施	5. 医疗救助	到达冲突地点后，学生及校医务人员能够及时展开自救、互救，学校医疗急救物资充足，并能对受伤学生进行简单救治	优	准备及时充分，虽然演练中未出现伤亡，但能够对出现的受伤情况进行快速救治
	6. 心理疏导	要求由校长亲自到现场，对冲突现场的学生、教职员工进行讲话，心理疏导；慰问紧急救援的各部门教职员工；各班主任和任课老师能够及时安抚本班学生紧张情绪，对受伤学生进行心理疏导	优	演练前已经对各个教室的师生尤其是参与演练的班级做了心理演前疏导和交代，演后也做了相关解释和疏导
	7. 信息报告	要求学校能通过适当方式将学生安全状况信息告知家长；并报告上级部门；完善媒体公关预案，妥善应对媒体；能够在第一时间与当地公安部门和医院取得联系，做好沟通	良	与当地公安部门信息报告通畅及时；与上级部门信息沟通通畅；与家长信息沟通通畅；媒体公关预案需进一步完善
	8. 应急预案	要求应急预案具有针对性、有效性、可操作性，能够根据应急预案中的处置程序展开应急处置与救援	良	专项的防恐反暴预案需要进一步完善，尤其是在预警信息发布及沟通、校协防员联动机制方面需要细化
	9. 学生应急能力	要求熟悉学校应急疏散线路以及防暴有效措施，在发生紧急情况时能够有序、快速疏散撤离至安全地点或者能在老师组织下应对暴徒	优	此次演练中，校园内师生能够做到快速、有序撤离，冲突现场教室内学生能在老师指导下，完成自我保护和与歹徒对抗以获得宝贵的救援时间
	10. 教职工应急能力	发生紧急情况时，要求教职工冷静、不慌张，掌握防暴的避险、反击等技能；掌握医疗自救、互救知识和技能。能指导学生正确避险和应急；迅速组织学生应对或疏散撤离，维持撤离秩序和安全；具备对学生进行心理疏导的能力	优	在经过演练前跟老师进行防暴安全知识讲解，教职工在演练中协助学生也做到了沉着、冷静、及时正确地进行应对和防范
演练结束	1. 信号发布	演练完毕，由总指挥（校长）发布结束信号，宣布演练结束；演练结束后所有人员停止演练活动，校长进行现场总结点评，之后由老师组织学生有秩序撤离	优	校长在演练完毕后及时宣布演练完毕
	2. 秩序恢复	演练结束后应指定专人负责组织人员对演练现场进行清理和恢复，清点演练物资，恢复教学秩序	优	演练完毕后，教学等活动恢复

评价项目		演练操作要求	演练评估	评价以及改进意见
演练结束	3. 演练评估与总结	演练结束后由组织学生、教职工代表、专家对本次应急演练进行评估与总结，将演练情况与预定目标进行对比，指出本次应急演练的优点与不足，评估应急预案的有效性与可行性，并提出整改建议	优	演练后，校级各领导和校教职工、安保等代表参与总结会议，并充分讨论、共同学习
演练控制	演练进程控制	演练组织机构协调配合，沟通良好；能充分掌握演练方案，按照演练方案的要求，熟练发布控制信息，协调参演人员完成各项演练任务；控制人员能随时掌握演练进展情况，并向总指挥报告演练中出现的各种问题	良	演练中，由于校广播台的硬件限制，节奏控制较难，未能按照演练时间和程序推进，出现校内外应急部门配合部分脱节等情况
总评价		演练完成初设目标，在演练准备、演练实施和演练结束各阶段达成设定任务；及时发现学校硬件设施、不同主体、联动机制在演练中出现的问题，并进行改进和完善	优	依据演练方案，基本完成了预设目标；提升了学校师生在防暴中的应急能力和意识；检验了学校联动机制（包括校内和校外联动机制）在防暴中的有效性。演练充分有效，并暴露出当前学校在反恐防暴过程中可能出现的应急机制、应急能力、硬件软件等问题，为进一步完善学校应急管理提供了非常好的借鉴
完善建议		问题：1. 演练过程中学校的报送信息不能够及时支持，监控设备存在损坏；2. 联动机制缺乏日常的沟通、协调，演练中各主体行动难以磨合，出现脱节；3. 师生及教职员工的防恐反暴基本技能需进一步培训和加强 建议： 1. 完善学校的信息报送系统。监控设备、警铃等硬件设施要处于生效状态； 2. 制定和完善学校防恐反暴应急联动机制，加强联动机制的日常沟通、协调，不断磨合各主体的联合行动； 3. 对学校各部门、主体的职责进行梳理，比如校安保力量、校协防员、应急联动指挥等责任落实到个人； 4. 加大对师生及教职员工的应急知识和技能培训与教育，将演练录像、示范课录像充分利用起来，并充分使用校园广播、宣传橱窗、板报等传播载体进行宣传教育		

演练准备及演练注意事项：

演练准备：①向上级教育主管部门备案和相关部门通报。学校在应急演练前必须将演练时间、演练内容、演练方案向上级教育主管部门备案，可邀请上级领导观摩、指导应急演练工作；同时可通过广播、网站、横幅标语等方式通报相关部门和周边单位，预告演练的时间、地点、内容，避免发生误解、谣传和恐慌，保证演练安全顺利进行；做好与家长、公安部门、社区特警的联系沟通。②召开演前协调会。由校长主持对参演的部门和教师召开演前协调会，强调应急演练的意义，说明本次演练的内容和程序，明确应急演练准备阶段和实施阶段各人员的职责。③演练前宣传教育。学校在演练前要依托校园网、校园广播、宣传橱窗、板报等传播载体，由班主任负责向本班学生宣讲防暴知识和技能、学校疏散路线，让师生明确演练的必要性和基本步骤，尤其要对直接参加演练的师生提前做好宣教和沟通工作并进行培训。④演练前师生身体问询检查。演练前要对参演师生身体情况做一次问询检查，凡有特异体质（先天性心脏病、癫痫等）的师生，或演练前发烧、腿受伤等不宜进行紧张和奔跑活动的师生，要给予特殊考虑。⑤准备演练文件和物资。印制演练文件并分发给演练指挥部全体成员，演练文件包括演练方案、演练人员手册、通信录等；酌情配备需要的装备器材，如：胸挂式应急工作证、对讲机、医疗急救箱、塑料刀具、防暴工具。

演练注意事项：①安全第一。班主任要教育学生既要严肃对待，按要求认真执行，确保演练成功，又要保证安全。师生头脑要冷静，稳定情绪，有序地从室外向室内撤离，不准用手推扶前面的同学，不要拥挤，避免发生踩踏事故。②尽管是模拟演练，仍可能因拥挤使学生受伤，各班主任、现场保障人员要密切关注学生动向，及时采取保护措施，各班根据实际情况，安排人员照顾特殊学生。③发生演练意外事故，立即报告学校总指挥，第一时间救护伤员，做好善后处理工作。④在演练过程中要特别注意真实紧急事件的发生，当发生真实紧急事件时，一定要以"这不是演练"作为开头或结语告知参演人员，由演练状态转为真正应急状态。

学校突发事件应急管理的法律文件目录

一、法　　律

《突发事件应对法》
《教育法》
《义务教育法》
《未成年人保护法》
《预防未成年人犯罪法》
《侵权责任法》

二、行　政　法　规

《校车安全管理条例》
《学校卫生工作条例》
《学校体育工作条例》
《幼儿园管理条例》
《企业事业单位内部治安保卫条例》
《疫苗流通和预防接种管理条例》

三、部　门　规　章

《学生伤害事故处理办法》
《学校食堂与学生集体用餐卫生管理规定》
《中小学幼儿园安全管理办法》
《小学管理规程》

《幼儿园工作规程》

《中小学校园环境管理的暂行规定》

《生活饮用水卫生监督管理办法》

四、规范性文件

《中央综治办、教育部、公安部关于进一步加强学校幼儿园安全防范工作建立健全长效工作机制的意见》

《中小学公共安全教育指导纲要》

《关于加强青少年学生法制教育工作的若干意见》

《全面推进依法治校实施纲要》

《中等职业学校管理规程》

《小学生日常行为规范》

《中学生日常行为规范》

《中小学健康教育指导纲要》

《学校食物中毒事故行政责任追究暂行规定》

《教育部办公厅关于做好雨季中小学幼儿园安全工作的通知》

《教育部办公厅关于做好冬季中小学幼儿园安全工作的通知》

《气象灾害预警信号发布与传播办法》

《气象灾害预警信号及防御指南》

《教育部办公厅关于切实做好暑假期间安全工作的通知》

《教育部办公厅关于贯彻落实"打非治违"专项行动要求做好学校安全工作的通知》

《教育部关于做好雨雪冰冻灾害防御应对工作的紧急通知》

《教育部关于进一步做好学校应对雨雪冰冻灾害工作的紧急通知》

《教育部关于切实防范洪涝等自然灾害确保中小学生安全的紧急通知》

《教育部办公厅关于切实做好汛期学校安全工作的紧急通知》

《中国气象局、教育部关于加强学校防雷安全工作的紧急通知》

《教育部办公厅关于做好预防中小学生溺水事故工作的通知》

《教育部办公厅关于预防学生溺水事故切实做好学生安全工作的通知》

《教育部办公厅关于进一步加强勤工俭学和劳动实践活动过程中学生安全工作的通知》

《教育部关于加强学校体育活动安全防范工作的紧急通知》

教育部、卫生部、财政部《国家学校体育卫生条件试行基本标准》

《教育部关于进一步加强中小学安全工作，预防学生拥挤踩踏事故的通知》

《教育部关于进一步做好中小学幼儿园安全工作六条措施》

《教育部关于建立中小学幼儿园家长委员会的指导意见》

教育部、财政部、农业部《关于在全国开展新农村卫生新校园建设工程试点的通知》

《教育部办公厅关于加强学生军训安全工作的通知》

《学生军事训练工作规定》

教育部、外交部、公安部、国家旅游局《关于进一步加强对中小学生出国参加夏（冬）令营等有关活动管理的通知》

《全国学生体育竞赛管理规定》

教育部、财政部、中国保险监督管理委员会《关于推行校方责任保险，完善校园伤害事故风险管理机制的通知》

《教育部、公安部关于进一步加强学校安全保卫工作的意见》

《公安机关维护校园及周边治安秩序八条措施》

《司法部关于进一步加强学校及周边治安综合治理法制宣传教育工作的通知》

《全国中小学校舍安全工程实施方案》

《中西部农村初中校舍改造工程总体方案》

《国务院办公厅关于进一步加强学校及周边建筑安全管理的通知》

《学校震损校舍评估标准（试行）》

《教育部、住房和城乡建设部关于做好学校校舍抗震安全排查及有关事项的通知》

《城市普通中小学校校舍建设标准》

《农村普通中小学校建设标准》

《教育部关于进一步加强中小学校校舍建设与管理工作的通知》

教育部办公厅、卫生部办公厅、全国爱卫会办公室《关于农村学校卫生厕所建造的指导意见》

《公安部、教育部关于进一步加强中小学校交通安全工作的通知》

《教育部办公厅关于配合做好学生上下学交通安全有关工作的通知》

教育部、公安部、国家安全监管总局《关于加强农村中小学生幼儿上下学乘车安全工作的通知》

《教育部、公安部关于加强学校消防安全工作的通知》

教育部卫生部关于印发《农村寄宿制学校生活卫生设施建设与管理规范》的通知

《教育部办公厅关于做好农村寄宿制学校冬季采暖安全工作的通知》

教育部基础教育一司、公安部消防局《关于加强中小学消防安全宣传教育工作的通知》

《教育部办公厅关于加强学校森林草原防火工作的通知》

《关于建立全国中小学生安全教育日制度的通知》

《教育部关于进一步加强学校春游活动等安全工作的紧急通知》

教育部、卫生部《关于加强学校卫生防疫与食品卫生安全工作的意见》

国家食品药品监督管理局、教育部《关于进一步加强学校食堂食品安全工作的意见》

《农村义务教育学校食堂管理暂行办法》

《餐饮服务食品采购索证索票管理规定》

《学校食堂从业人员上岗卫生知识培训基本要求》

卫生部办公厅、教育部办公厅《学校和托幼机构传染病疫情报告工作规范（试行）》

国家食品药品监督管理局《餐饮服务食品安全操作规范》

卫生部办公厅、教育部办公厅《关于加强学校传染病防治工作的通知》

教育部办公厅、卫生部办公厅《关于进一步加强和规范学生健康服务工作管理的通知》

《预防接种工作规范》

《卫生部教育部关于做好入托、入学儿童预防接种证查验工作的通知》

《中小学心理健康教育指导纲要》

《国家中长期教育改革和发展规划纲要（2010～2020年)》

《教育部关于推进中小学信息公开工作的意见》

《教育部办公厅关于进一步加强网络信息系统安全保障工作的通知》

《教育部办公厅关于开展信息系统安全等级保护工作的通知》

《教育部关于当前加强中小学管理规范办学行为的指导意见》

《教育部办公厅关于加强涉外办学规范管理的通知》

五、预　　案

《国家突发公共事件总体应急预案》

《教育系统突发公共事件应急预案》

《教育系统公共卫生类突发事件应急预案》

《教育系统事故灾难类突发公共事件应急预案》

《教育系统自然灾害类突发公共事件应急预案》

学校突发事件应急管理的重要法律条文

一、法　　律

1. 《突发事件应对法》。

第三十条：各级各类学校应当把应急知识教育纳入教学内容，对学生进行应急知识教育，培养学生的安全意识和自救与互救能力。教育主管部门应当对学校开展应急知识教育进行指导和监督。

2. 《义务教育法》。

第十六条：学校建设，应当符合国家规定的办学标准，适应教育教学需要；应当符合国家规定的选址要求和建设标准，确保学生和教职工安全。

第二十三条：各级人民政府及其有关部门依法维护学校周边秩序，保护学生、教师、学校的合法权益，为学校提供安全保障。

第二十四条：学校应当建立、健全安全制度和应急机制，对学生进行安全教育，加强管理，及时消除隐患，预防发生事故。县级以上地方人民政府定期对学校校舍安全进行检查；对需要维修、改造的，及时予以维修、改造。学校不得聘用曾经因故意犯罪被依法剥夺政治权利或者其他不适合从事义务教育工作的人担任工作人员。

第五十二条：县级以上地方人民政府有下列情形之一的，由上级人民政府责令限期改正；情节严重的，对直接负责的主管人员和其他直接责任人员依法给予行政处分：

（一）未按照国家有关规定制定、调整学校的设置规划的；

（二）学校建设不符合国家规定的办学标准、选址要求和建设标准的；

（三）未定期对学校校舍安全进行检查，并及时维修、改造的；

（四）未依照本法规定均衡安排义务教育经费的。

3. 《未成年人保护法》。

第二十一条：学校、幼儿园、托儿所的教职员工应当尊重未成年人的人格尊严，不得对未成年人实施体罚、变相体罚或者其他侮辱人格尊严的行为。

第二十二条：学校、幼儿园、托儿所应当建立安全制度，加强对未成年人的安全教育，采取措施保障未成年人的人身安全。学校、幼儿园、托儿所不得在危及未成年人人身安全、健康的校舍和其他设施、场所中进行教育教学活动。学校、幼儿园安排未成年人参加集会、文化娱乐、社会实践等集体活动，应当有利于未成年人的健康成长，防止发生人身安全事故。

第二十三条：教育行政等部门和学校、幼儿园、托儿所应当根据需要，制定应对各种灾害、传染性疾病、食物中毒、意外伤害等突发事件的预案，配备相应设施并进行必要的演练，增强未成年人的自我保护意识和能力。

第二十四条：学校对未成年学生在校内或者本校组织的校外活动中发生人身伤害事故的，应当及时救护，妥善处理，并及时向有关主管部门报告。

4.《预防未成年人犯罪法》。

第二十五条：对于教唆、胁迫、引诱未成年人实施不良行为或者品行不良，影响恶劣，不适宜在学校工作的教职员工，教育行政部门、学校应当予以解聘或者辞退；构成犯罪的，依法追究刑事责任。

第二十六条：禁止在中小学校附近开办营业性歌舞厅、营业性电子游戏场所以及其他未成年人不适宜进入的场所。禁止开办上述场所的具体范围由省、自治区、直辖市人民政府规定。

5.《侵权责任法》。

第三十八条：无民事行为能力人在幼儿园、学校或者其他教育机构学习、生活期间受到人身损害的，幼儿园、学校或者其他教育机构应当承担责任，但能够证明尽到教育、管理职责的，不承担责任。

第三十九条：限制民事行为能力人在学校或者其他教育机构学习、生活期间受到人身损害，学校或者其他教育机构未尽到教育、管理职责的，应当承担责任。

第四十条：无民事行为能力人或者限制民事行为能力人在幼儿园、学校或者其他教育机构学习、生活期间，受到幼儿园、学校或者其他教育机构以外的人员人身损害的，由侵权人承担侵权责任；幼儿园、学校或者其他教育机构未尽到管理职责的，承担相应的补充责任。

二、行　政　法　规

《校车安全管理条例》①

---

① 由于《学校卫生工作条例》《学校体育工作条例》和《幼儿园管理条例》都是1990年开始正式实施，距今年数较长，很多条文都已不适应现实情况，因此不做摘选。

第七条：保障学生上下学交通安全是政府、学校、社会和家庭的共同责任。社会各方面应当为校车通行提供便利，协助保障校车通行安全。

第十条：配备校车的学校和校车服务提供者应当建立健全校车安全管理制度，配备安全管理人员，加强校车的安全维护，定期对校车驾驶人进行安全教育，组织校车驾驶人学习道路交通安全法律法规以及安全防范、应急处置和应急救援知识，保障学生乘坐校车安全。

第十一条：由校车服务提供者提供校车服务的，学校应当与校车服务提供者签订校车安全管理责任书，明确各自的安全管理责任，落实校车运行安全管理措施。学校应当将校车安全管理责任书报县级或者设区的市级人民政府教育行政部门备案。

第十二条：学校应当对教师、学生及其监护人进行交通安全教育，向学生讲解校车安全乘坐知识和校车安全事故应急处理技能，并定期组织校车安全事故应急处理演练。学生的监护人应当履行监护义务，配合学校或者校车服务提供者的校车安全管理工作。学生的监护人应当拒绝使用不符合安全要求的车辆接送学生上下学。

第二十二条：配备校车的学校和校车服务提供者应当按照国家规定做好校车的安全维护，建立安全维护档案，保证校车处于良好技术状态。不符合安全技术条件的校车，应当停运维修，消除安全隐患。校车应当由依法取得相应资质的维修企业维修。承接校车维修业务的企业应当按照规定的维修技术规范维修校车，并按照国务院交通运输主管部门的规定对所维修的校车实行质量保证期制度，在质量保证期内对校车的维修质量负责。

第三十八条：配备校车的学校、校车服务提供者应当指派照管人员随校车全程照管乘车学生。校车服务提供者为学校提供校车服务的，双方可以约定由学校指派随车照管人员。学校和校车服务提供者应当定期对随车照管人员进行安全教育，组织随车照管人员学习道路交通安全法律法规、应急处置和应急救援知识。

第五十四条：取得校车使用许可的学校、校车服务提供者违反本条例规定，情节严重的，原作出许可决定的地方人民政府可以吊销其校车使用许可，由公安机关交通管理部门收回校车标牌。

第五十五条：学校违反本条例规定的，除依照本条例有关规定予以处罚外，由教育行政部门给予通报批评；导致发生学生伤亡事故的，对政府举办的学校的负有责任的领导人员和直接责任人员依法给予处分；对民办学校由审批机关责令暂停招生，情节严重的，吊销其办学许可证，并由教育行政部门责令负有责任的领导人员和直接责任人员 5 年内不得从事学校管理事务。

三、部门规章

1.《学生伤害事故处理办法》①。

第二条：在学校实施的教育教学活动或者学校组织的校外活动中，以及在学校负有管理责任的校舍、场地、其他教育教学设施、生活设施内发生的，造成在校学生人身损害后果的事故的处理，适用本办法。

第五条：学校应当对在校学生进行必要的安全教育和自护自救教育；应当按照规定，建立健全安全制度，采取相应的管理措施，预防和消除教育教学环境中存在的安全隐患；当发生伤害事故时，应当及时采取措施救助受伤害学生。学校对学生进行安全教育、管理和保护，应当针对学生年龄、认知能力和法律行为能力的不同，采用相应的内容和预防措施。

第八条：发生学生伤害事故，造成学生人身损害的，学校应当按照《中华人民共和国侵权责任法》及相关法律、法规的规定，承担相应的事故责任。

第十五条：发生学生伤害事故，学校应当及时救助受伤害学生，并应当及时告知未成年学生的监护人；有条件的，应当采取紧急救援等方式救助。

第十六条：发生学生伤害事故，情形严重的，学校应当及时向主管教育行政部门及有关部门报告；属于重大伤亡事故的，教育行政部门应当按照有关规定及时向同级人民政府和上一级教育行政部门报告。

2.《学校食堂与学生集体用餐卫生管理规定》。

第二十三条：学校应建立主管校长负责制，并配备专职或者兼职的食品卫生管理人员。

第二十四条：学校应建立健全食品卫生安全管理制度。食堂实行承包经营时，学校必须把食品卫生安全作为承包合同的重要指标。

第二十五条：学校食堂必须取得卫生行政部门发放的卫生许可证，未取得卫生许可证的学校食堂不得开办；要积极配合、主动接受当地卫生行政部门的卫生监督。

第二十六条：学校食堂应当建立卫生管理规章制度及岗位责任制度，相关的卫生管理条款应在用餐场所公示，接受用餐者的监督。食堂应建立严格的安全保卫措施，严禁非食堂工作人员随意进入学校食堂的食品加工操作间及食品原料存放间，防止投毒事件的发生，确保学生用餐的卫生与安全。

---

① 由于《中小学幼儿园安全管理办法》整个规章都是围绕学校安全进行规定的，因此不再对其进行摘选。《小学管理规程》《幼儿园工作规程》皆为 1996 年开始实施，《中小学校园环境管理的暂行规定》是 1992 年开始实施，很多条文缺乏可操作性，因此不再摘选。

第二十七条：学校应当对学生加强饮食卫生教育，进行科学引导，劝阻学生不买街头无照（证）商贩出售的盒饭及食品，不食用来历不明的可疑食物。

第二十八条：各级教育行政部门应根据《食品卫生法》和本规定的要求，加强所辖学校的食品卫生工作的行政管理，并将食品卫生安全管理工作作为对学校督导评估的重要内容，在考核学校工作时，应将食品卫生安全工作作为重要的考核指标。

第二十九条：各级教育行政部门应制订食堂管理人员和从业人员的培训计划，并在卫生行政部门的指导下定期组织对所属学校食堂的管理人员和从业人员进行食品卫生知识、职业道德和法制教育的培训。

第三十条：各级教育行政部门及学校所属的卫生保健机构具有对学校食堂及学生集体用餐的业务指导才检查督促的职责，应定期深入学校食堂进行业务指导和检查督促。

第三十一条：各级卫生行政部门应当根据《食品卫生法》的有关规定，加强对学校食堂与学生集体用餐的卫生监督，对食堂采购、贮存、加工、销售中容易造成食物中毒或其他食源性疾患的重要环节应重点进行监督指导。加大卫生许可工作的管理和督查力度，严格执行卫生许可证的发放标准，对卫生质量不稳定和不具备卫生条件的学校食堂一律不予发证。对获得卫生许可证的学校食堂要加大监督的力度与频度。

第三十二条：学校应当建立食物中毒或者其他食源性疾患等突发事件的应急处理机制。发生食物中毒或疑似食物中毒事故后，应采取下列措施：

（一）立即停止生产经营活动，并向所在地人民政府、教育行政部门和卫生行政部门报告；

（二）协助卫生机构救治病人；

（三）保留造成食物中毒或者可能导致食物中毒的食品及其原料、工具、设备和现场；

（四）配合卫生行政部门进行调查，按卫生行政部门的要求如实提供有关材料和样品；

（五）落实卫生行政部门要求采取的其他措施，把事态控制在最小范围。

第三十三条：学校必须建立健全食物中毒或者其他食源性疾患的报告制度，发生食物中毒或疑似食物中毒事故应及时报告当地教育行政部门和卫生行政部门。当地教育行政部门应逐级报告上级教育行政部门。当地卫生行政部门应当于 6 小时内上报卫生部，并同时报告同级人民政府和上级卫生行政部门。

第三十四条：要建立学校食品卫生责任追究制度。对违反本规定，玩忽职

433

守、疏于管理，造成学生食物中毒或者其他食源性疾患的学校和责任人，以及造成食物中毒或其他食源性疾患后，隐瞒实情不上报的学校和责任人，由教育行政部门按照有关规定给予通报批评或行政处分。对不符合卫生许可证发放条件而发放卫生许可证造成食物中毒或其他食源性疾患的责任人，由卫生行政部门按照有关规定给予通报批评或行政处分。对违反本规定，造成重大食物中毒事件，情节特别严重的，要依法追究相应责任人的法律责任。

参 考 文 献

［1］李余华等：《高校突发事件应急处置机制研究》，西南交通大学出版社 2007 年版。

［2］戚建刚：《中国行政应急法律制度研究》，北京大学出版社 2010 年版。

［3］陈鹏、祈占勇：《教育法学的理论与实践》，中国社会科学出版社 2006 年版。

［4］丁烈云、杨新起：《校园突发事件应急管理》，华中师范大学出版社 2009 年版。

［5］钟开斌：《风险治理与政府应急管理流程优化》，北京大学出版社 2011 年版。

［6］黄顺康：《公共危机管理与危机法制研究》，中国检察出版社 2006 年版。

［7］艾学蛟：《危机：突发事件经典案例解析与实用指南》，中国长安出版社 2011 年版。

［8］郭济：《中央和大城市政府应急机制建设》，中国人民大学出版社 2005 年版。

［9］马怀德：《法治背景下的社会预警机制和应急管理体系研究》，法律出版社 2010 年版。

［10］［美］戴维·奥斯本、特德·盖布勒著，周敦仁译：《改革政府——企业家精神如何改革着公共部门》，上海译文出版社 1996 年版。

［11］唐承沛：《中小城市突发公共事件应急管理体系与方法》，同济大学出版社 2007 年版。

［12］戚建刚、杨小敏：《北京城市应急机制法制化的理论与实务》，华中科技大学出版社 2009 年版。

［13］张文显：《法学基本范畴研究》，中国政法大学出版社 1993 年版。

［14］简敏：《校园危机管理策略创新：当代高校稳定的现实选择》，中国监

察出版社 2007 年版。

　　［15］应松年：《行政法与行政诉讼法学》，法律出版社 2005 年版。

　　［16］翁岳生：《行政法》，中国法制出版社 2009 年版。

　　［17］李建良、林合、陈爱娥、林三钦、陈春生、黄启祯：《行政法入门》，元照出版公司 2004 年版。

　　［18］李尧远、马胜利、郑胜利：《应急预案管理》，北京大学出版社 2013 年版。

　　［19］李建华、黄郑华：《火灾事故应急预案编制与应用手册》，中国劳动社会保障出版社 2008 年版。

　　［20］计雷、李建平：《突发事件应急管理》，高等教育出版社 2006 年版。

　　［21］文正邦、陆伟明：《非政府组织视角下的社会中介组织法律问题研究》，法律出版社 2008 年版。

　　［22］全钟燮著、张柏、张钢、黎洁等译：《公共行政的社会建构：解释与批判》，北京大学出版社 2008 年版。

　　［23］王来华：《舆情研究概论：理论、方法与现实热点》，天津社会科学出版社 2003 年版。

　　［24］刘毅：《网络舆情研究概论》，天津人民出版 2007 年版。

　　［25］江平：《民法学》，中国政法大学出版 2011 年版。

　　［26］［英］曼纽尔·卡斯特著，夏铸九等译：《网络社会的崛起》，社会科学文献出版 2003 年版。

　　［27］杨国斌："The Power of the Internet in China：Citizen Activism"，哥伦比亚大学出版社 2009 年版。

　　［28］严峰：《网络群体性事件与公共安全》，上海三联书店 2012 年版。

　　［29］古斯塔夫·勒庞：《乌合之众：大众心理研究》，中央编译出版 2004 年版。

　　［30］帕特·华莱士：《互联网心理学》，中国轻工业出版社 2001 年版。

　　［31］艾达·萨伯里斯等：《建构时间：现代组织中的时间与管理》，北京师范大学出版社 2009 年版。

　　［32］［美］凯斯·桑斯坦：《网络共和国——网络社会中的民主问题》，上海人民出版社 2003 年版。

　　［33］［美］理查德·C.博克斯著，孙柏瑛等译：《公民治理：引领 21 世纪的美国社区》，中国人民大学出版社 2005 年版。

　　［34］唐亚阳：《中国教育系统网络舆情年度报告（2010）》，湖南大学出版社 2011 年版。

[35] 人民网舆情监测室：《如何应对网络舆情？——网络舆情分析师手册》，新华出版社 2011 年版。

[36] 李斌：《网络政治学导论》，中国社会科学出版社 2006 年版。

[37] [美] 斯蒂芬·戈得史密斯、威廉·D. 埃格斯著，孙迎春译：《网络化治理——公共部门的新形态》，北京大学出版社 2008 年版。

[38] 何显明：《群体性事件的发生机理及其应急处置》，学林出版社 2010 年版。

[39] 袁峰、顾铮铮、孙珏：《网络社会的政府与政治——网络技术在现代社会中的政治效应分析》，北京大学出版社 2006 年版。

[40] 贺文发、李烨辉：《突发事件与信息公开——危机传播中的政府、媒体与公众》，中国传媒大学出版社 2010 年版。

[41] 周菁：《与民意面对面》，研究出版社 2011 年版。

[42] 王佃利、曹现强：《公共决策导论》，人民大学出版社 2003 年版。

[43] 张金马：《公共政策分析：概念·过程·方法》，人民出版社 2004 年版。

[44] 丁烈云、杨新起：《校园突发事件应急管理》，华中师范大学出版社 2009 年版。

[45] [美] 劳伦斯·莱斯格著，李旭等译：《代码：塑造网络空间的法律》，中信出版社 2004 年版。

[46] 冯务中：《网络环境下的虚实和谐》，清华大学出版社 2008 年版。

[47] 钟瑛、牛静：《网络传播法制与伦理》，武汉大学出版社 2006 年版。

[48] 赵春丽：《网络民主发展研究》，经济科学出版社 2011 年版。

[49] 李宗勋：《网络社会与安全治理》，元照出版公司 2008 年版。

[50] 俞可平：《治理与善治》，社会科学出版社 2000 年版。

[51] 马怀德：《学校法律制度研究》，北京大学出版社 2007 年版。

[52] 方益权、尹晓敏等：《中国学校安全立法研究》，中国社会科学出版社 2013 年版。

[53] 王成栋：《政府责任论》，中国政法大学出版社 1999 年版。

[54] 陈国权等：《责任政府：从权力本位到责任本位》，浙江大学出版社 2009 年版。

[55] 何能、沈雕：《高等学校学生突发事件诱因及对策探析》，载于《重庆电子工程职业学院学报》2009 年第 1 期。

[56] 张颖、曾光：《2004 年全国学校突发公共卫生事件分析》，载于《中国学校卫生》2007 年第 1 期。

［57］雷芝樱等：《2004～2007 年广西学校突发公共卫生事件监测信息与对策分析》，载于《中华疾病控制杂志》2008 年第 10 期。

［58］王臻等：《浙江省 2005～2007 年学校突发公共卫生事件分析》，载于《浙江预防医学》2008 年第 12 期。

［59］齐勇、原浩：《校园枪声拷问学校应急管理机制》，载于《中国减灾》2007 第 5 期。

［60］秦秀清、刘婷：《网络舆情对大学生的影响及引导对策》，载于《长春工业大学学报》（高教研究版）2010 第 4 期。

［61］吴洁、金峰：《高等学校突发事件预警机制研究》，载于《北京工业大学学报》2009 年第 4 期。

［62］杨琴、林静：《湖南科技学院心理高危人群现状调查及干预机制研究》，载于《中国校医》2010 年第 3 期。

［63］胡湘明：《农村留守儿童心理健康的学校干预机制研究》，载于《山西青年管理干部学院学报》2009 年第 4 期。

［64］闪淳昌等：《美国应急管理机制建设的发展过程及对我国的启示》，载于《中国行政管理》2010 年第 8 期。

［65］叶燎原：《校园安全管理体系的探讨》，载于《工程抗震与加固改造》2005 年 12 月增刊。

［66］丁海榕：《加强校园安全管理初探》，载于《江苏警官学院学报》2011 年第 6 期。

［67］尹晓敏、方益权：《公共治理：我国校园安全管理的一种新范式》，载于《现代教育论丛》2011 年第 3 期。

［68］余中根：《构建有效的校园安全防范的学校、家庭与社区合作机制——美国巴尔的摩市的经验及其启示》，载于《外国中小学教育》2010 年第 7 期。

［69］余珊珊：《浅谈国外防灾教育对校园安全教育的启示》，载于《才智》2009 年第 13 期。

［70］王建军：《中小学校园安全文化建设的有效方法》，载于《中国现代教育装备》2012 年第 16 期。

［71］童小溪、战洋：《脆弱性、有备程度和组织失效：灾害的社会科学研究》，载于《国外理论动态》2008 年第 12 期。

［72］周利敏：《从自然脆弱性到社会脆弱性：灾害研究的范式转型》，载于《思想战线》2012 年第 2 期。

［73］王道春：《西方中小学校园安全管理对我国的启示》，载于《江苏警官学院学报》2011 年第 2 期。

438

[74] 陈坤等：《基于 PDCA 循环校园安全管理体系探讨》，载于《重庆科技学院学报》（社会科学版）2009 年第 5 期。

[75] 宋劲松、刘红霞：《应急管理中第一响应者制度的产生与发展》，载于《中国应急管理》2011 年第 8 期。

[76] 刘艳虹等：《北京市中小学安全管理现状调查》，载于《教学与管理》2008 年第 19 期。

[77] 万华：《学校安全工作中的难题与立法思考》，载于《华南师范大学学报》（社会科学版）2009 年第 3 期。

[78] 莫于川：《我国平安校园、和谐校园建设的法治路向》，载于《哈尔滨工业大学学报》（社会科学版）2011 年第 3 期。

[79] 杨颖秀：《结构性教育问题的危机与解除危机的教育政策重构》，载于《教育理论与实践》2006 年第 1 期。

[80] 李子奈、鲁传一：《管理创新在经济增长中贡献的定量分析》，载于《清华大学学报》（哲学社会科学版）2002 年第 2 期。

[81] 郭永刚：《国外学校危机干预综述》，载于《浙江教育学院学报》2008 年第 1 期。

[82] 方展画、王东：《美国校园危机管理的组织架构分析》，载于《高等教育研究》2008 年第 9 期。

[83] 中国行政管理学会课题组：《高校应急管理机制建设研究报告》，载于《中国行政管理》2006 年第 10 期。

[84] 薛二勇：《学校应对突发危机的机制建构——以美国的学校实践为例》，载于《外国中小学教育》2009 年第 8 期。

[85] 方展画、王东：《美国校园危机管理探究——兼论国内高校突发事件的应对策略》，载于《大学教育科学》2011 年第 4 期。

[86] 高小平、彭涛：《学校应急管理：特点、机制和策略》，载于《中国行政管理》2011 年第 9 期。

[87] 鲁霞：《日本学校教育中的 PTA、BCP 对灾害危机对应的作用》，载于《大连大学学报》2011 年第 6 期。

[88] 罗朝猛：《日本：全民动员给孩子个安全的校园》，载于《上海教育》2010 年第 11 期。

[89] 崔卓兰、宋慧宇：《高校公共安全服务社会化探讨》，载于《北方法学》2008 年第 3 期。

[90] 杨力、邢娟娟：《学校突发事件应急管理与预案模式探讨》，载于《中国安全生产科学技术》2010 年第 1 期。

[91] 李云鹏：《美国保卫校园的安全机制》，载于《外国中小学教育》2011年第 2 期。

[92] 杨九斌、武亚丽：《学校、政府、社区共同构建安全的校园——日本校园安全防御机制的建设及其对我国的启示》，载于《现代教育论丛》2010 年第 7 期。

[93] 林鸿潮、彭涛：《论学校应急管理机制的完善及其法治化》，载于《北京航空航天大学学报》（社会科学版）2011 年第 4 期。

[94] 纪宝成：《从"非典"防控看高校的危机管理》，载于《中国高教研究》2003 年第 8 期。

[95] 徐向峰：《论高校突发事件的特点及其应急管理》，载于《商业经济》2009 年。

[96] 王瑜、张涛：《中国高校危机管理机制研究》，载于《教育科学》2006 年第 2 期。

[97] 王茂涛：《高校危机管理体系的构建研究》，载于《阜阳师范学院学报》（社会科学版）2005 年第 1 期。

[98] 许中华、雷育胜：《高校危机的类型、特点及管理策略》，载于《中山大学学报论丛》2005 年第 4 期。

[99] 李佐卫、陈庆华、张学忠：《高校突发事件的概念、类型、成因及特点探析》，载于《昆明理工大学学报》（社会科学版）2004 年第 2 期。

[100] 詹承豫：《中国应急管理体系完善的理论与方法研究——基于"情景—冲击—脆弱性"的分析框架》，载于《政治学研究》2009 年第 5 期。

[101] 周之良、魏巍：《高校突发事件的诱因与应急管理对策研究》，载于《重庆职业技术学院学报》2008 年第 6 期。

[102] 李佳佳：《我国公共危机管理多元参与机制研究》，上海师范大学 2008 年硕士学位论文。

[103] 刘芳芳：《多元主体参与公共危机管理的组织网络构建研究》，湘潭大学 2010 年硕士学位论文。

[104] 莫于川、梁爽：《社会应急能力建设与志愿服务法制发展》，载于《行政法学研究》2010 年第 4 期。

[105] 许希辉：《公共危机管理中的志愿者参与研究》，兰州大学 2010 年硕士学位论文。

[106] 郭学堂：《国际危机管理与决策模式分析》，载于《现代国际关系》2003 年第 8 期。

[107] 罗豪才：《现代行政法的理论基础——论行政机关与相对一方的权利

义务平衡》，载于《中国法学》1993 年第 1 期。

［108］申素平：《谈政府与高校的法律监督和行政指导关系》，载于《中国高等教育》2003 年第 8 期。

［109］谢安邦、闫光才：《高校的权力结构与权力结构的调整——对我国高校管理体制改革方向的探索》，载于《高等教育研究》1998 年第 2 期。

［110］戚建刚：《我国食品安全风险规制模式之转型》，载于《法学研究》2011 年第 1 期。

［111］陈科、朱敏晓：《美国高校校园危机管理特征及启示》，载于《国家教育行政学院学报》2012 年第 12 期。

［112］李艳艳：《高校突发事件多元应对机制研究》，南京信息工程大学 2013 年硕士学位论文。

［113］陈剩勇、赵光勇：《"参与式治理"研究述评》，载于《教学与研究》2009 年第 8 期。

［114］孙华：《论大学校园应急预案的编制》，载于《煤炭高等教育》2007 年第 2 期。

［115］陈洁华：《中国危机管理法制化研究》，华东师范大学 2008 年博士研究生学位论文。

［116］胡国清、饶克勤、孙振球：《突发公共卫生事件应急预案编制初探》，载于《中华医学杂志》2008 年第 31 期。

［117］崔维：《应急预案编制：问题与优化》，载于《山东行政学院学报》2012 年第 1 期。

［118］吴洪华：《学校应急教育存在的误区和对策》，载于《教育实践与研究》2008 年第 10 期。

［119］尹进涛：《我国高校应急管理的法律适用分析——基于公民人身权的视角》，载于《教育月刊》2010 年第 8 期。

［120］张海波：《中国应急预案体系的运行机理、绩效约束与管理优化》，载于《中国应急管理》2011 年第 6 期。

［121］廖文科：《我国学校突发公共卫生事件应急处置的基本原则和要求》，载于《中国学校卫生》2007 年第 28 卷第 1 期。

［122］卢平、徐勇：《学校突发公共卫生事件应对模型的循证研究》，载于《中国学校卫生》，2009 年第 8 期。

［123］钟开斌、张佳：《论应急预案的编制与管理》，载于《经济管理》2006 年第 3 期。

［124］禹竹蕊：《论应急预案的动态综合评估》，载于《人民论坛》2011 年

第 14 期。

[125] 于瑛英、驰宏、高敏刚：《应急预案的综合评估研究》，载于《中国科技论坛》2009 年第 1 期。

[126] 鲁荣辉：《基于流程的应急预案有效性评估研究》，大连理工大学2013 年硕士学位论文。

[127] 张大成：《论对高校应急预案编制和管理的完善》，载于《辽宁工业大学学报》（社会科学版）2010 年第 1 期。

[128] 陈秀珍：《我国中小学安全现状分析》，载于《城市与减灾》2005 年第 4 期。

[129] 康力、董银红：《泛危机时代应急预案制定中存在的问题以对策思考》，载于《商业时代》2010 年第 29 期。

[130] 张永理：《试论我国突发性事件应急预案管理中的五个核心问题》，2010 年中国社会学年会论文。

[131] 闪淳昌：《构建社会主义和谐社会中的中国应急管理》，载于 2007 年中国科协年会专题论坛论文集。

[132] 严娅：《城乡中学校园安全教育及安全管理的差异研究》，载于《黑龙江史志》2011 年第 9 期。

[133] 曾润喜、徐晓林：《网络舆情突发事件预警系统、指标与机制》，载于《情报杂志》2009 年第 11 期。

[134] 谢科范等：《网络舆情突发事件的生命周期原理及集群决策研究》，载于《武汉理工大学学报》（社科版）2010 年第 4 期。

[135] 王国华、戴雨露：《网络传播中"反沉默螺旋"现象研究》，载于《北京理工大学学报》（社会科学版）2010 年第 6 期。

[136] 王琦：《网络传播中"反沉默螺旋"现象浅析——以"家乐福事件"为例》，载于《新闻爱好者》2009 年第 12 期。

[137] 葛琳：《网络舆论与网络群体性事件》，载于《新闻爱好者》2008 年第 9 期。

[138] 杜坤林：《高校网络舆情生成机制与应对策略研究》，载于《中国青年研究》2011 年第 7 期。

[139] 钟开斌：《一案三制：中国应急管理体系建设的基本框架》，载于《南京社会科学》2009 年第 11 期。

[140] 王宇飞：《一案三制是学校突发事件应急管理的治本之策》，载于《哈尔滨工业大学学报》（社科版）2009 年第 3 期。

[141] 高小平：《一案三制对政府应急管理决策和组织理论的重大创新》，

载于《湖南社会科学》2010 年第 5 期。

[142] 丁柏铨：《略论舆情——兼及它与舆论、新闻的关系》，载于《新闻记者》2007 年第 6 期。

[143] 曾润喜、徐晓林：《网络舆情突发事件预警系统、指标与机制》，载于《情报杂志》2009 年第 11 期。

[144] 张丽娟、曾润喜、王国华：《高校群体性事件网络舆情管理研究》，载于《情报杂志》2011 年第 6 期。

[145] 吴勇、王玉良：《不确定视域下校园网络舆情管理机制的构建》，载于《学术论坛》2009 年第 7 期。

[146] 王健：《高校网络舆情的监测与引导》，载于《信息网络安全》2009 年第 3 期。

[147] 王学俭、刘强：《当前高校校园网络舆情的逻辑分析》，载于《中国高等教育》2010 年第 10 期。

[148] 边隽：《高校网络舆情管理机制研究》，河南大学 2011 年硕士学位论文。

[149] 高晔：《高校网络舆情管理对策研究》，上海交通大学 2010 年硕士学位论文。

[150] 俞可平：《治理和善治引论》，载于《马克思主义与现实》，1999 年第 5 期。

[151] 俞可平：《全球治理引论》，载于《马克思主义与现实》2002 年第 1 期。

[152] 中国行政管理学会课题组：《我国转型期群体性突发事件主要特点、原因及政府对策研究》，载于《中国行政管理》2002 年第 5 期。

[153] 陈增光：《网络环境下突发公共事件的政府信息公开与舆论引导研究》，北京大学 2009 年硕士研究生学位论文。

[154] 李京京：《网络社区的舆情监控研究》，北京大学 2009 年硕士研究生学位论文。

[155] 蒋广学等：《基于舆情传播规律的高校网络舆情综合引导探研——以北京大学未名 BBS 为例》，载于《北京教育》2011 年第 12 期。

[156] 俞可平：《当代西方政治理论的热点问题》，载于《理论参考》2003 年第 1 期。

[157] 马荔：《突发事件网络舆情政府治理研究》，北京邮电大学 2010 年博士研究生学位论文。

[158] 薛松：《政治参与视角下的网络群体性事件分析》，载于《公安研究》

2011 年第 4 期。

[159] 林鹏：《基于聚类分析的我国网络群体性事件内涵研究》，载于《未来与发展》2010 年第 8 期。

[160] 靳德涛：《网络舆论对我国公共决策的影响研究》，河南大学 2009 年硕士研究生学位论文。

[161] 王雯：《我国播客传播内容监管策略研究》，北京大学 2009 年硕士研究生学位论文，第 55～66 页。

[162] 刘杰、梁荣、张砥：《网络诱致突发事件：概念、特征和处置》，载于《中国行政管理》2010 年第 2 期。

[163] 戚建刚：《极端事件的风险恐慌及对行政法制之意蕴》，载于《中国法学》2010 年第 2 期。

[164] 林崇德：《积极而科学地开展心理健康教育》，载于《北京师范大学学报》（社会科学版）2003 年第 1 期。

[165] 林崇德、刘春晖：《心理和谐是经济发展方式转变和自主创新的保证》，载于《北京师范大学学报》（社会科学版）2011 年第 1 期。

[166] 张琴、李祚山、刘永莹：《我国中小学心理健康教育教师专业化对策研究》，载于《中小学心理健康教育》2007 年第 17 期。

[167] 俞国良、王永丽：《中小学心理健康教育：现状、问题和发展趋势》，载于《教育研究》2002 年第 7 期。

[168] 石建军：《我国中小学心理健康教育面临的问题及对策——基于"国培计划"心理项目首批学员的调查与思考》，载于《中小学教师培训》2012 年第 3 期。

[169] 白世国：《中小学心理健康教育师资培训中的问题与对策》，载于《中小学教师培训》2005 年第 3 期。

[170] 张维平、翁莹秀：《〈校园安全法〉立法基本理论问题研究》，载于《沈阳师范大学学报》（社会科学版）2004 年第 4 期。

[171] 叶燎原：《安全校园：立法的几点思考》，载于《思想战线》2006 年第 6 期。

[172] 王立峰：《高校公共安全的法律维度——来自于法哲学视域的观照》，载于《山西财经大学学报》（高等教育版）2008 年第 2 期。

[173] 曲正伟：《关于制定"校园安全法"的几点思考》，载于《教学与管理》2001 年第 13 期。

[174] 薛澜、钟开斌：《突发公共事件分类、分级与分期：应急体制的管理基础》，载于《中国行政管理》2005 年第 2 期。

［175］郑布英：《关于校园安全立法的几个问题》，载于《武汉大学学报》（哲学社会科学版）2005 年第 4 期。

［176］余凌云：《论行政法上的比例原则》，载于《法学家》2002 年第 2 期。

［177］尹晓敏：《论学校安全管理的适度原则》，载于《现代教育论丛》2007 年第 4 期。

［178］王法敏、杨挺：《从"圈养"现象透视学校安全管理思维》，载于《教育导刊》2009 年第 5 期。

［179］颜丙峰、宋晓慧：《危机管理：解决高校管理困境的组织创新》，载于《国家教育行政学院学报》2005 年第 4 期。

［180］劳凯声、陈希：《〈侵权责任法〉与学校对未成年学生的保护职责》，载于《教育研究》2010 年第 9 期。

［181］王岚：《日本的学校意外伤害事故赔偿制度》，载于《当代教育科学》2006 年第 13 期。

［182］柳京淑：《韩国学校事故处理探析——以韩国汉城学校安全协议会为例》，载于《比较教育研究》2005 年第 7 期。

［183］詹承豫、顾林生：《转危为安：应急预案的作用逻辑》，载于《中国行政管理》2007 年第 5 期。

［184］林鸿潮：《论学校安全立法及其制度框架》，载于《教育研究》2011 年第 8 期。

［185］王大泉：《学校安全立法的现状与需求》，载于《北京教育》2013 年第 10 期。

［186］李昕：《论校园安全保障的制度现状与立法完善》，载于《首都师范大学学报》2011 年第 3 期。

［187］步立建：《当前中小学安全工作的问题与对策》，载于《中小学管理》2007 年第 10 期。

［188］姚金菊：《美国学校安全法律制度概览》，载于《北京教育》2013 年第 10 期。

［189］阎卫东：《建立高等职业院校校园安全管理体系的探讨》，《中国职业技术教育》2005 年第 26 期。

［190］张贤明：《官员问责的政治逻辑、制度建构与路径选择》，载于《学习和探索》2005 年第 2 期。

［191］刘淑华、卜睿、徐晓静：《高校突发事件应急管理中的问责制研究》，载于《教育与职业》2010 年第 29 期。

［192］ERCMExpress，Volume 3，Issue 4，2007，P. 2.

445

［193］National Governors' Association. 1978 Emergency Preparedness Project：Final Report. Washington，DC：NGA，1978.

［194］William L. ，Waugh Jr. Living with Hazards，Dealing with Disasters：An Introduction to Emergency Management. Armonk，New York：M. E. Sharpe，2000.

［195］Louise K. Comfort and Anthony G. Cahill. Managing Disaster，Strategies and Policy Perspectives. Durham，NC：Duke University Press，1988.

［196］Charles Perrow："Disasters Evermore? Reducing Our Vulnerabilities to Natural，Industrial，and Terrorist" Social Research，Vol. 75，No. 3，Disasters：Recipes and Remedies（FALL 2008）.

［197］National School Safety Center. National school safety center's handout on working together to create safe schools［EB/OL］. http：//www. schoolsafety. us/pubfiles/working_together. pdf.

［198］US Department of Education，Office of Safe and Drug – Free Schools. Practical information on crisis planning：a guide for schools and communities［EB/OL］. http：//www. ed. gov/admins/lead/safety/emergencyplan/crisisplan-ning. pdf.

［199］Emergency Management Institute. EMI School Program［EB/OL］. http：//training. fema. gov/emiweb/emischool/.

［200］Megumi Kano. Public Schools Under-prepared for Disasters［EB/OL］. http：//www. start. umd. edu/start/publications/research_briefs/20060926_kano. pdf.

［201］Horst W. J. Rittel，Melvin M. Webber. Dilemmas in a General Theory of Planning. Policy Sciences，1973（4）.

［202］Handy，C. The Age of Paradox. Boston，Mass：Harvard Business School Press，1994.

［203］See Sun stein，C. Cognition and cost-benefit analysis University of Chicago Law School，John M. O lin Law & Economics Working Paper No. 85，1999.

［204］See Bruce Ackerman，Bruce Ackerman，The Emergency Constitution，Vol. 113 Yale L. J，2004 p. 1029.

［205］Caplan G. Principles of preventive psychiatry. New York：Basic Books，1964.

［206］Anderson R. N. Deaths：Leading causes for 2000. In National Vital Statistics Reports（Vol. 50（16））. Hyattsville，MD：National Center for Health Statistics，2002.

［207］Statistics Canada. Mortality，Summary List of Causes，2003. Cat. No. 84F0209XWF. Ottawa：Industry Canada，2006.

［208］Witte T. K., Gould M. S., Munfakh J. L. H., Kleinman M., Joiner T. E. Jr. & Kalafat J. Assessing Suicide Risk Among Callers to Crisis Hotlines: A Confirmatory Factor Analysis. Journal of Clinical Psychology, 2010, 66 (9), 941 – 964.

［209］Mann J. J., Apter A., Bertolote J., Beautrais A., Currier D., Haas A., et al. Suicide prevention strategies – A systematic review. Jama – Journal of the American Medical Association, 2005, 294 (16), 2064 – 2074.

［210］Brent D. A. & Mann J. J. Family genetic studies, suicide, and suicidal behavior. American Journal of Medical Genetics Part C: Seminars in Medical Genetics, 2005, 133C (1), 13 – 24.

［211］Tidemalm D., Runeson B., Waern M., Frisell T., Carlstrom E., Lichtenstein P., et al. Familial clustering of suicide risk: a total population study of 11. 4million individuals. Psychological Medicine, 2011, 41 (12), 2527 – 2534.

［212］Pfeffer C. R. Youth suicide: prevention through risk management. Clinical Neuroscience Research, 2001, (1): 362 – 365.

［213］Claes, Laurence, et al. Comparison of non-suicidal self-injurious behavior and suicide attempts in patients admitted to a psychiatric crisis unit. Personality and individual differences 2010, 48 (1), 83 – 87.

［214］Chatard A., Selimbegovic L. & Konan P. N. d. Self-esteem and Suicide Rates in 55 Nations. European Journal of Personality, 2009, 23 (1): 19 – 32.

［215］Bertolote J. M., Fleischmann A., De Leo D. & Wasserman D. Psychiatric Diagnoses and Suicide. Crisis: The Journal of Crisis Intervention and Suicide Prevention, 2004, 25 (4), 147 – 155.

［216］Venta, Amanda C., Ross, Elizabeth L., Sharp, Carla. Thinking About and Attempting Suicide in Inpatient Adolescents With Borderline Personality Disorder. APA 120th Annual Convention, Orlando, Florida, August 2 – 5, 2012.

［217］Links P. S., Eynan R., Ball J. S., Barr A. & Rourke S. Crisis Occurrence and Resolution in Patients with Severe and Persistent Mental Illness. Crisis, 2005, 26 (4), 160 – 169.

［218］Stewart S. E., Manion I. G. & Davidson S. Emergency management of the adolescent suicide attempter: A review of the literature. Journal of Adolescent Health, 2002, 30 (5), 312 – 325.

［219］Kim, Hun Soo, and Hyun Sil Kim. Risk factors for suicide attempts among Korean adolescents. Child Psychiatry & Human Development 39. 3, 2008, 221 – 235.

［220］Coskun, Murat Zoroglu, SalihGhaziuddin, Neera. Suicide rates among

Turkish and American youth: A cross-cultural comparison. Archives of Suicide Research, 2012, 16 (1): 59 – 72.

[221] Hacker K. , Collins J. , Gross – Young L. , Almeida S. & Burke N. Coping with youth suicide and overdose – One community's efforts to investigate, intervene, and prevent suicide contagion. Crisis-the Journal of Crisis Intervention and Suicide Prevention, 2008, 29 (2), 86 – 95.

[222] Mercy J. A. , Kresnow M. J. , O'Carroll P. W. , Lee R. K. , Powell K. E. , Potter L. B. , et al. Is suicide contagious? A study of the relation between exposure to the suicidal behavior of others and nearly lethal suicide attempts. American Journal of Epidemiology, 2001, 154 (2), 120 – 127.

[223] Garcia, Carolyn, et al. Family and racial factors associated with suicide and emotional distress among Latino students. Journal of School Health. 2008, 78 (9): 487 – 495.

[224] Baumann Ana A. , Kuhlberg Jill A. , Kuhlberg Jill A. Familism, mother-daughter mutuality, and suicide attempts of adolescent Latinas. Journal of Family Psychology, 2010, 24 (5), 616 – 624.

[225] Kuhlberg J. A. , Pena J. B. & Zayas L. H. Familism, Parent – Adolescent Conflict, Self – Esteem, Internalizing Behaviors and Suicide Attempts Among Adolescent Latinas. Child Psychiatry & Human Development, 2010, 41 (4), 425 – 440.

[226] Bertolote J. M. , Fleischmann A. , De Leo D. & Wasserman D. Psychiatric Diagnoses and Suicide. Crisis: The Journal of Crisis Intervention and Suicide Prevention, 2004, 25 (4), 147 – 155.

[227] Austin A. E. , Heuvel v. d. & Byard R. W. Cluster Hanging Suicides in the Young in South Australia. Journal of forensic sciences, 2011 (56): 1528 – 1530.

[228] New Jersey v. T. L. O, 469 U. S. 325 (1985); Thompson v. Carthage Independent School District. , 87F. 3d 979 (1996).

[229] David M. Walker. The Oxford Companion to Law [M]. Oxford: Clarendon Press, 1980. 739.

[230] Ronald Dworkin. Taking Rights Seriously [M]. Massachusetts: Harvard University Press, 1977, 105 – 117.

[231]《甘肃68学生"集体中毒"续：诊断为群体性癔病》，中国新闻网 http://news. sohu. com/20100502/n271889102. shtml. （最后访问时间：2011年7月17日）。

[232] 杨大江等：《长效机制下的校园安全常态化管理》，徐闻教育网，2011

年 12 月 7 日。

[233]《中国民间救助力量在抗震救灾中发挥积极作用》，新华网，http：//news. xinhuanet. com/newscenter/2008 – 05/27/content_8262510. htm.

[234] 中南财经政法大学党委研究生工作部：《校园警情通报》，http：//yjsb. znufe. edu. cn/news. asp？id = 2459.

[235] 中新网：《总理：一个民族在灾难中失去的必在进步中获补偿》，http：//news. china. com/zh_cn/domestic/945/20030617/11490388. html.

[236]《红旗小学突发事件应急预案》，红旗小学网，http：//hmxx. jbedu. net/newsInfo. aspx？pkId = 13265.（最后访问时间：2012 年 12 月 4 日）。

[237] 上海市松隐中学网 http：//songyzx. jsedu. sh. cn/syzxyjyan/2. shtml.（最后访问时间：2013 年 3 月 4 日）。

[238]《我国应急管理行政体制存在的问题和完善思路》，南方网，http：//theory. southcn. com/jcck/content/2008 – 03/07/content_4343084. htm（最后访问时间：2012 年 10 月 4 日）。

[239] 吴江市实验小学安全教育网 2007 年 5 月 20 日，http：//www. wjsx. com/paxy/ReadNews. asp？NewsID = 273.（最后访问时间：2012 年 10 月 2 日）。

[240] 杭州市余杭高级中学网 2008 年 6 月 3 日，http：//www. zjhzyg. net/NewsIndex. aspx？pkId = 6435 & an = systemarticle & aid = 7868.（最后访问时间：2012 年 10 月 2 日）。

[241]《各级各类学校数量统计表》，中国网，http：//www. china. com. cn/aboutchina/data/zgjy/2008 – 08/16/content_16240330. htm.（最后访问时间：2014 年 3 月 1 日）。

[242] http：//news. xinhuanet. com/edu/2006 – 10/11/content _ 5188017. htm（最后访问时间：2013 年 10 月 2 日）。

[243]《我国应急管理行政体制存在的问题和完善思路》，南方网 2008 年 3 月 7 日，http：//theory. southcn. com/jcck/content/2008 – 03/07/content_4343084. htm.（最后访问时间：2012 年 10 月 4 日）。

[244] 吴江市实验小学安全教育网，2007 年 5 月 20 日，http：//www. wjsx. com/paxy/ReadNews. asp？NewsID = 273.（最后访问时间：2012 年 10 月 2 日）。

[245] 杭州市余杭高级中学网 2008 年 6 月 3 日，http：//www. zjhzyg. net/NewsIndex. aspx？pkId = 6435 & an = systemarticle & aid = 7868.（最后访问时间：2012 年 10 月 2 日）。

[246] 哈密地区师范学校《学校安全工作应急预案》http：//www. hami. gov. cn/10180/10401/10012/2011/112325. htm（最后访问时间：2013 年 11 月

16 日）。

［247］闸北区启慧学校《学校各类应急预案》http：//xxgk. zb. edu. sh. cn/
3101086071/3347（最后访问时间：2013 年 11 月 16 日）。

［248］北大附中武汉为明实验学校《校园突发事件应急预案》http：//www.
bdfzwh. com. cn/Article/ShowArticle. asp？ArticleID = 62（最后访问时间：2013 年
11 月 16 日）。

［249］合肥一六八中学《学校火灾事故处理应急预案》http：//www. hf168.
net/news/view. php？id = 833（最后访问时间：2013 年 11 月 16 日）。

［250］西北政法大学防震应急预案http：//gjfxy. nwupl. cn/Item. aspx？id =
1369.（最后访问时间：2013 年 11 月 16 日）。

［251］武汉大学环境污染应急预案http：//aff. whu. edu. cn/jjb/E_ReadNews.
asp？NewsID = 180（最后访问时间：2013 年 11 月 16 日）。

［252］南京大学化学化工学院消防应急预案 http：//chem. nju. edu. cn/9/
chem94005. asp（最后访问时间：2013 年 11 月 16 日）。

［253］彭州市机关幼儿园食品卫生安全应急情况处理工作预案http：//
www. chengdu. gov. cn/enterprises/allPurpose_detail. jspid = ouIYBM3GF6D2K9 jFyzTP
（最后访问时间：2013 年 11 月 16 日）。

［254］劳店中心幼儿园防洪防汛应急预案 http：//zj. 520wawa. com/schools/
schoolr/newsnotice_content. jsp？infoId = 1240310 & schId = 2226（最后访问时间：
2013 年 11 月 16 日）。

［255］长林幼儿园《幼儿园地震应急预案》http：//hlxx. jm. e21. cn/bencan-
dy. php？fid = 33 & id = 371.（最后访问时间：2013 年 11 月 16 日）。

［256］南京大学化学化工学院消防应急预案 http：//chem. nju. edu. cn/9/
chem94005. asp（最后访问时间：2013 年 11 月 16 日）。

［257］合肥一六八中学《学校火灾事故处理应急预案》http：//www. hf168.
net/news/view. php？id = 833（最后访问时间：2013 年 11 月 16 日）。

［258］彭州市机关幼儿园食品卫生安全应急情况处理工作预案http：//www.
chengdu. gov. cn/enterprises/allPurpose_detail. jsp？id = ouIYBM3GF6D2K9jF yzTP（最
后访问时间：2013 年 11 月 16 日）。

［259］《中国互联网发展状况统计报告》（2012 年 7 月），http：//www. cnnic.
cn/hlwfzyj/hlwxzbg/hlwtjbg/201207/P020120723477451202474. pdf.

［260］《2010 年中国青少年上网行为调查报告》，中国互联网信息中心网，ht-
tp：//www. cnnic. net. cn/research/bgxz/qsnbg/201108/t20110819_22589. html（最后
访问时间：2014 年 3 月 5 日）。

［261］《胡锦涛在人民日报社考察工作时的讲话》，载人民网，http：//politics. people. com. cn/GB/1024/7408514. html（最后访问日期：2014 年 2 月 10 日）。

［262］教育部：http：//www. moe. gov. cn/publicfiles/business/htmlfiles/moe/s6200/list. html，最后访问时间：2012 年 11 月 6 日。

［263］《盘点：2013 年中国校园十大事故》，搜狐网，http：//learning. sohu. com/20140108/n393171483. shtml（最后访问时间：2014 年 4 月 16 日）。

［264］《浙江省校园突发公共事件分类》，浙江省人民政府网，http：//www. zj. gov. cn/art/2008/12/5/art_5519_254507. html（最后访问时间：2014 年 4 月 17 日）。

［265］http：//www. ema. gov. au/www/ema/schools. nsf（Last visited 2011 –5 –26）。

［266］Jonathan Walters，FEATURES Contention over Catastrophes，Government Executive Vol. 37 No. 21，December 1，2005，http：//www. govexec. com/features/1205 –01/1205 –01s3. htm（Laste visited2011 –6 –16）。

［267］http：//training. fema. gov/IS/（Last visited2011 –5 –12）。

［268］http：//training. fema. gov/IS/crslist. asp（Last visited2011 –5 –12）。

［269］See http：//training. fema. gov/EMICourses/crsdetail. asp？cid = E436 & ctype = R E436 – Earthquakes：A Teacher's Package for K –6（Last visited2011 –5 –12）。

［270］World – Health – Organization. （2009）. Suicide prevention from http：//www. who. int/mental_health/prevention/suicide/suicideprevent/en/index. html.

［271］World – Health – Organization. （2009）. Suicide prevention from http：//www. who. int/mental_health/prevention/suicide/suicideprevent/en/index. html.

教育部哲学社會科学研究重大課题攻閉項目
成果出版列表

序号	书 名	首席专家
1	《马克思主义基础理论若干重大问题研究》	陈先达
2	《马克思主义理论学科体系建构与建设研究》	张雷声
3	《马克思主义整体性研究》	逄锦聚
4	《改革开放以来马克思主义在中国的发展》	顾钰民
5	《新时期　新探索　新征程 ——当代资本主义国家共产党的理论与实践研究》	聂运麟
6	《坚持马克思主义在意识形态领域指导地位研究》	陈先达
7	《当代资本主义新变化的批判性解读》	唐正东
8	《当代中国人精神生活研究》	童世骏
9	《弘扬与培育民族精神研究》	杨叔子
10	《当代科学哲学的发展趋势》	郭贵春
11	《服务型政府建设规律研究》	朱光磊
12	《地方政府改革与深化行政管理体制改革研究》	沈荣华
13	《面向知识表示与推理的自然语言逻辑》	鞠实儿
14	《当代宗教冲突与对话研究》	张志刚
15	《马克思主义文艺理论中国化研究》	朱立元
16	《历史题材文学创作重大问题研究》	童庆炳
17	《现代中西高校公共艺术教育比较研究》	曾繁仁
18	《西方文论中国化与中国文论建设》	王一川
19	《中华民族音乐文化的国际传播与推广》	王耀华
20	《楚地出土戰國簡册［十四種］》	陈　伟
21	《近代中国的知识与制度转型》	桑　兵
22	《中国抗战在世界反法西斯战争中的历史地位》	胡德坤
23	《近代以来日本对华认识及其行动选择研究》	杨栋梁
24	《京津冀都市圈的崛起与中国经济发展》	周立群
25	《金融市场全球化下的中国监管体系研究》	曹凤岐
26	《中国市场经济发展研究》	刘　伟
27	《全球经济调整中的中国经济增长与宏观调控体系研究》	黄　达
28	《中国特大都市圈与世界制造业中心研究》	李廉水

序号	书 名	首席专家
60	《我国货币政策体系与传导机制研究》	刘 伟
61	《我国民法典体系问题研究》	王利明
62	《中国司法制度的基础理论问题研究》	陈光中
63	《多元化纠纷解决机制与和谐社会的构建》	范 愉
64	《中国和平发展的重大前沿国际法律问题研究》	曾令良
65	《中国法制现代化的理论与实践》	徐显明
66	《农村土地问题立法研究》	陈小君
67	《知识产权制度变革与发展研究》	吴汉东
68	《中国能源安全若干法律与政策问题研究》	黄 进
69	《城乡统筹视角下我国城乡双向商贸流通体系研究》	任保平
70	《产权强度、土地流转与农民权益保护》	罗必良
71	《我国建设用地总量控制与差别化管理政策研究》	欧名豪
72	《矿产资源有偿使用制度与生态补偿机制》	李国平
73	《巨灾风险管理制度创新研究》	卓 志
74	《国有资产法律保护机制研究》	李曙光
75	《中国与全球油气资源重点区域合作研究》	王 震
76	《可持续发展的中国新型农村社会养老保险制度研究》	邓大松
77	《农民工权益保护理论与实践研究》	刘林平
78	《大学生就业创业教育研究》	杨晓慧
79	《新能源与可再生能源法律与政策研究》	李艳芳
80	《中国海外投资的风险防范与管控体系研究》	陈菲琼
81	《生活质量的指标构建与现状评价》	周长城
82	《中国公民人文素质研究》	石亚军
83	《城市化进程中的重大社会问题及其对策研究》	李 强
84	《中国农村与农民问题前沿研究》	徐 勇
85	《西部开发中的人口流动与族际交往研究》	马 戎
86	《现代农业发展战略研究》	周应恒
87	《综合交通运输体系研究——认知与建构》	荣朝和
88	《中国独生子女问题研究》	风笑天
89	《我国粮食安全保障体系研究》	胡小平
90	《我国食品安全风险防控研究》	王 硕

序号	书　名	首席专家
91	《城市新移民问题及其对策研究》	周大鸣
92	《新农村建设与城镇化推进中农村教育布局调整研究》	史宁中
93	《农村公共产品供给与农村和谐社会建设》	王国华
94	《中国大城市户籍制度改革研究》	彭希哲
95	《国家惠农政策的成效评价与完善研究》	邓大才
96	《以民主促进和谐——和谐社会构建中的基层民主政治建设研究》	徐　勇
97	《城市文化与国家治理——当代中国城市建设理论内涵与发展模式建构》	皇甫晓涛
98	《中国边疆治理研究》	周　平
99	《边疆多民族地区构建社会主义和谐社会研究》	张先亮
100	《新疆民族文化、民族心理与社会长治久安》	高静文
101	《中国大众媒介的传播效果与公信力研究》	喻国明
102	《媒介素养：理念、认知、参与》	陆　晔
103	《创新型国家的知识信息服务体系研究》	胡昌平
104	《数字信息资源规划、管理与利用研究》	马费成
105	《新闻传媒发展与建构和谐社会关系研究》	罗以澄
106	《数字传播技术与媒体产业发展研究》	黄升民
107	《互联网等新媒体对社会舆论影响与利用研究》	谢新洲
108	《网络舆论监测与安全研究》	黄永林
109	《中国文化产业发展战略论》	胡惠林
110	《20世纪中国古代文化经典在域外的传播与影响研究》	张西平
111	《国际传播的理论、现状和发展趋势研究》	吴　飞
112	《教育投入、资源配置与人力资本收益》	闵维方
113	《创新人才与教育创新研究》	林崇德
114	《中国农村教育发展指标体系研究》	袁桂林
115	《高校思想政治理论课程建设研究》	顾海良
116	《网络思想政治教育研究》	张再兴
117	《高校招生考试制度改革研究》	刘海峰
118	《基础教育改革与中国教育学理论重建研究》	叶　澜
119	《我国研究生教育结构调整问题研究》	袁本涛 王传毅
120	《公共财政框架下公共教育财政制度研究》	王善迈

序号	书　名	首席专家
121	《农民工子女问题研究》	袁振国
122	《当代大学生诚信制度建设及加强大学生思想政治工作研究》	黄蓉生
123	《从失衡走向平衡：素质教育课程评价体系研究》	钟启泉 崔允漷
124	《构建城乡一体化的教育体制机制研究》	李　玲
125	《高校思想政治理论课教育教学质量监测体系研究》	张耀灿
126	《处境不利儿童的心理发展现状与教育对策研究》	申继亮
127	《学习过程与机制研究》	莫　雷
128	《青少年心理健康素质调查研究》	沈德立
129	《灾后中小学生心理疏导研究》	林崇德
130	《民族地区教育优先发展研究》	张诗亚
131	《WTO 主要成员贸易政策体系与对策研究》	张汉林
132	《中国和平发展的国际环境分析》	叶自成
133	《冷战时期美国重大外交政策案例研究》	沈志华
134	《新时期中非合作关系研究》	刘鸿武
135	《我国的地缘政治及其战略研究》	倪世雄
136	《中国海洋发展战略研究》	徐祥民
137	《深化医药卫生体制改革研究》	孟庆跃
138	《华侨华人在中国软实力建设中的作用研究》	黄　平
139	《我国地方法制建设理论与实践研究》	葛洪义
140	《城市化理论重构与城市化战略研究》	张鸿雁
141	《境外宗教渗透论》	段德智
142	《中部崛起过程中的新型工业化研究》	陈晓红
143	《农村社会保障制度研究》	赵　曼
144	《中国艺术学学科体系建设研究》	黄会林
145	《人工耳蜗术后儿童康复教育的原理与方法》	黄昭鸣
146	《我国少数民族音乐资源的保护与开发研究》	樊祖荫
147	《中国道德文化的传统理念与现代践行研究》	李建华
148	《低碳经济转型下的中国排放权交易体系》	齐绍洲
149	《中国东北亚战略与政策研究》	刘清才
150	《促进经济发展方式转变的地方财税体制改革研究》	钟晓敏
151	《中国—东盟区域经济一体化》	范祚军